永康文獻叢書

# 徐德春集

徐德春 著
徐立斌 整理

圖書在版編目(CIP)數據

徐德春集 / 徐德春著;徐立斌整理. —上海：上海古籍出版社，2024.5
(永康文獻叢書)
ISBN 978-7-5732-1142-2

Ⅰ. ①徐… Ⅱ. ①徐… ②徐… Ⅲ. ①教育—文集 Ⅳ. ①G4-53

中國國家版本館 CIP 數據核字(2024)第 078968 號

永康文獻叢書
**徐德春集**
徐德春　著
徐立斌　整理
上海古籍出版社出版發行
(上海市閔行區號景路 159 弄 1-5 號 A 座 5F　郵政編碼 201101)
(1) 網址：www.guji.com.cn
(2) E-mail：guji1@guji.com.cn
(3) 易文網網址：www.ewen.co
浙江新華數碼印務有限公司印刷
開本 710×1000　1/16　印張 38　插頁 10　字數 476,000
2024 年 5 月第 1 版　2024 年 5 月第 1 次印刷
印數：1—2,500
ISBN 978-7-5732-1142-2
G·749　定價：248.00 元
如有質量問題，請與承印公司聯繫

# 永康文獻叢書編纂成員名單

## 指導委員會

**主　任**　　胡勇春　鄭雲濤
**副主任**　　俞　蘭　施禮幹　胡濰偉　盧　軼
**委　員**　　吕明勇　施一軍　杜奕銘　王洪偉　徐啓波　應巍煒

辦公室主任　　施一軍
副主任　　徐湖兵
成　員　　應　蕾　朱　丹　陳有福　童奕楠

## 顧問委員會

**主　任**　　胡德偉
**委　員**　　魯　光　盧敦基　盧禮陽　朱有抗　徐小飛　應寶容

## 編輯委員會

**主　編**　　李世揚
**委　員**　　朱維安　章竟成　林　毅　麻建成　徐立斌

徐德春先生像

徐德春先生與夫人斯紫輝女士合影

1934年第二届浙江省立學校附屬小學試驗研究會議留影
前排左二爲徐德春先生

1942年位於永康方巖五峰書院的永康縣立簡易師範學校
徐德春先生時任校長

1929年世界書局版《做學教ABC》書影

1934年世界書局版《教學做概論》書影

1933年新中國書局再版本《蒙古人的生活》書影

1935年中華書局版《我國各地的風俗》

師範學校及簡易師範學校用

# 教育通論

編者 徐德春

中華書局印行

1948年中華書局版《教育通論》書影

德航同学惠存

我的著作目录　徐洪·德春

第 1 页

一、已出版的

审定师范简师课本《教育通论》　中华书局1948·4月出版

师范选科课本《教育辅导》　中华书局仝　上版

ABC丛书《做学教ABC》　世界书局1929 7月版　浙教厅师资通讯研究部必读书

做学教合一概论　陶行知、方与严校　世界书局1930 10月版

行为主义儿童心理学　湘湖教育革命出版社1929 10月初版　大华书局再版

小学实用文练习本四册　徐德春　斯紫辉　沈百英　何遇淦　周人杰　张君英　商务书馆1934 8月版

教育实际问题答疑汇编（行政之部）浙江省教育厅（1940.10月版）

教育实际问题答疑汇编（训导之部）师资通讯研究部丛书之一（1941.8月版）

蒙古人的生活　北新书局1933·8月初版　新中国书局再版

我国各地民情风俗（小学社课本）中华书局1935 10月版

中国儿童故事研究《浙江小学教育月刊专辑》1936 9月版

教育实验的基本法则　教育实验研究小丛书之一　浙金师辅导区印行

教育实验研究小丛书（全套8册）浙金师辅导区印行

劳作教育小丛书（全套20册）朱秋庭主编　徐德春校　浙金师辅导区印行

20×15＝300　(94010)

徐德春《我的著作目録》手稿

# 總　　序

永康歷史悠久，人文薈萃。

據南朝宋鄭緝之《東陽記》載，永康於三國赤烏八年(245)置縣。建縣近1800年來，雖經朝代更替，然縣名、治所及區域，庶無大變，風俗名物，班班可考，辭章文獻，卷帙頗豐。

魏晉南北朝至隋唐，是中國經濟重心由北向南轉移的準備階段，永康的風土人情漸次載入各類典籍。北宋以降，永康即以名賢輩出、群星璀璨而著稱婺州。名臣高士，時聞朝野；文采風流，廣播海内。本邑由宋至清，載正史列傳20餘人，科舉進士200餘名。北宋胡則首開進士科名，爲官一任，造福一方；徐無黨受業於歐陽修，深得良史筆意，嘗注《新五代史》，沾溉後學。南宋狀元陳亮創立永康學派，宣導事功，名播四海；樓炤、章服、林大中、應孟明位高權重，憂國憂民，道德文章，著稱南北。元代胡長孺安貧守志，文采斐然，名列"南中八士"。明代榜眼程文德與應典、盧可久，先後講學五峰書院，傳播陽明之學，盛極一時；朱方長期任職府縣，清廉自守，史稱一代廉吏；王崇投筆從戎，巡撫南疆，功勳卓著；徐文通宦游期間與當時文壇鉅子交往密切，吟咏多有佳作。清初才女吴絳雪保境安民，壯烈殉身，名標青史；潘樹棠博聞强記，飽讀詩書，人稱"八婺書橱"；晚清應寶時主政上海，對申城拓展、繁榮卓有貢獻；胡鳳丹、胡宗楙父子畢生搜羅鄉邦文獻，刊刻《金華叢書》，嘉惠士林。民國吕公望，早年投身辛亥革命，曾任浙江督軍兼省長，公暇與程士毅、盧士希、應均等人結社唱酬，引領一代文風。抗戰期間，方巖成爲浙江省政府臨時駐地，四方賢俊，匯聚於此，文人墨客，以筆代口，爲抗日救亡而吶喊，在永康文化史上留下濃重一筆。

據粗略統計，本邑往哲先賢自北宋到民國時期，所撰經史子集各類著作及裒輯成集者，360 餘家，近千種。惜年代久遠，迭經兵燹蟲蠹、水火厄害，相當部分已灰飛烟滅，蕩然無存。現國内外公私圖書館藏有本邑歷代著作僅百餘部，其中收入《四庫全書》及存目、《續修四庫全書》者 20 餘部。這是歷代先賢留給我們的寶貴精神財富，也是我們傳承文化基因、汲取歷史智慧的重要載體，更是一座有待開發的文化寶藏。

爲整理出版《永康文獻叢書》，多年以來，我市有識之士不懈呼籲，社會各界紛紛提議，希望開展此項工作。新時代政治清明，百業興盛，重教崇文。爲弘揚優秀傳統文化，拓展我市文化内涵，提升城市文化品位，推進永康文化建設，永康市委市政府因勢利導，決定由市委宣傳部牽頭，文廣旅體局組織實施，啓動《永康文獻叢書》出版工程。歷經一年籌備，具體工作於 2021 年 3 月正式展開。

整理出版《永康文獻叢書》，以新時代中國特色社會主義思想爲指導，以中共中央《關於整理我國古籍的指示》爲指針，認真貫徹國務院《關於進一步加强古籍保護工作的意見》，繼承與發揚永康學派的優良傳統，着眼永康文化品位、學術氛圍的營造與提升，系統梳理傳統文化資源，讓沉寂在古籍裏的文字鮮活起來，努力展示本邑傳統文化的獨特魅力，積極推進永康文化建設。現擬用八至十年時間，動員組織市内外專業人士和社會各界力量，將永康文學、歷史、哲學、法學、經濟學、社會學、教育學諸方面的重要古籍資料，分批整理完稿；遵循“精選、精編、精印”的原則，總量在 50 部左右，每年五至六部，分期公開出版，並向全國發行。

《永康文獻叢書》原則上只收録永康現有行政區域内，自建縣以來至中華人民共和國成立之前的文獻遺存。注重近代檔案及其他文史資料的收集整理。在永康生活時間較長,或産生過較大影響的外邑人士的著作,酌情收入。叢書的採編,以搶救挖掘地方文獻中的刻本以及流傳稀少的稿本、抄本爲重點;優先安排影響較大、學術價值較高、原創性較强的著作;對在永康歷史上産生過重大影響的家族譜牒,也適當篩選吸收。

本次叢書整理,在注重現存古籍點校的同時,突出新編功能。一些重要歷史人物的著述已經完全散逸,但尚有大量詩文見諸他人著作或志牒之中,又屢屢被時人和後人提及,則予以輯佚新編。一些歷史人物知名度不高,但留存的詩文較多,以前從未結集,酌情編輯出版。宋元以來,我邑不少先賢,雖無著述單行,但大多有零散詩文傳世,爲免遺珠之憾,也擬彙總結集。

歷史因文化而精彩,文化因歷史而厚重。把永康發展的歷史記録下來,把永康的文獻典籍整理出來,把優秀傳統文化傳承下去,關乎永康歷史文脉的延續,關乎永康精神的傳承,關乎五金文化名城軟實力的提升。因此,整理出版工作必須堅持政府主導、社會支援、專家負責的工作方針,遂分别建立指導委員會、顧問委員會、編輯委員會,各司其職,相互配合,以確保叢書整理出版計劃的全面落實與高品質實施。

《永康文獻叢書》整理出版的品質,在很大程度上取决於編纂人員的學識、眼光、格局,也取决於編纂人員的工作態度和敬業精神。爲此,編纂團隊將懷敬畏之心、精品意識、服務觀念、奉獻精神,抱着"爲古人行役"的理念,以"功成不必在我"的境界和"功成必定有我"的歷史擔當,甘於寂寞,堅守初心,知難而進,任勞任怨,將《永康文獻叢書》整理好、編輯好、出版好。

《永康文獻叢書》是永康建縣 1800 年來,首次對本邑古籍文獻進行系統整理,是一套"千年未曾見,百年難再有"的大型歷史文獻,是對永康蘊藏豐富的文化資源的深入挖掘、科學梳理和集中展示，是構築全國有影響的文化高地的有效途徑，對於推進永康文化的研究、開發和傳播，有着不可估量的可持續發展潛力。它是一項永康傳統文化的探源工程、搶救工程，是一項功在當代、惠及千秋的傳承工程、鑄魂工程，是一項永康優秀傳統文化的建設工程、形象工程。我們要在傳承經典中守好文化根脉，在扎根本土中豐富精神内涵，在相容並濟中打響文化品牌，爲實現永康經濟社會發展新跨越，爲打造“世界五金之都，品質活力永康”，提供强大的精神動力和文化支撑。

《永康文獻叢書》編委會

2021 年 10 月

# 目　　録

## 教育通論

## 蒙古人的生活



## 我國各地的風俗



## 文　録

## 附　録

# 序

徐德春(1903—1994),又名洪,字祖華,號芝亭,浙江省永康市城内西街村人。畢業於浙江湘湖鄉村師範,肄業于浙江大學心理學系。先後擔任過永康徐氏小學校長,永康縣女子師範講習所所長,永康私立卉川油桐職業學校校董會主席,浙江省湘湖師範學校教員、校長辦公室主任,浙江省立第七中學(金華中學)及八婺女中教員,永康師範、黄巖師範、台州師範等校校長。1953 年任東北水利專科學校文科部主任,1957 年任杭州師範函授部主任,並曾先後擔任浙江省臨海縣人大常委會委員,遼寧省瀋陽市皇姑區政協委員。

他是"人民教育家"陶行知教育思想的信奉者、闡釋者、實踐者、創新者。1929 年 5 月在《中華教育界》月刊第十七卷第十期發表《做學教合一概論》一文,對陶行知的"教學做合一"理論作系統闡釋;7 月改題《做學教 ABC》,並增加附録,出版單行本,陶知行(即陶行知)、李楚材爲之作序,收入上海世界書局印行的《ABC 叢書》。1934 年,世界書局又請方與嚴校訂該書,調整結構,修改文字,增補資料,改題《教學做概論》,再出單行本。以上三種著述實爲《做學教 ABC》的三種版本,但《教學做概論》文獻價值稍低。1948 年,徐德春又著成《教育通論》一書,由中華書局出版。原稿曾在浙江各省立、縣立師範學校試用多年,五易其稿而成書;此書注重通識,兼容古今中外,是當時較受認可的師範教材。此外,他還著有兒童讀物《蒙古人的生活》、《我國各地的風俗》等,並在多種報章雜誌上發表過數十篇教育學論文及雜文、散文。另有《抗倭外史》、《陳亮年表》、《陳亮朋輩考》等多種未完稿留存。

徐德春是浙江省頗有影響的現代教育家。他的人生軌跡，大體可分爲以下幾個階段：

### （一）少年時期——半工半讀

徐德春出生於書香之家，祖父蒙叙登仕郎；父親爲太學生，獎叙五品銜奉直大夫。家境本屬小康，三位兄長均受正規中等、高等教育，但因丁口衆多，至徐德春和幼弟，求學道路即充滿艱辛。他不得不到果園種樹養蜂，進蠶種場養蠶……斷斷續續，半工半讀，直到1922年2月才拿到徐氏小學的畢業文憑。1950年他在"華東革大"（華東人民革命大學）學習時草擬過一份"自傳提綱"，其中寫到："（1）高利貸過年；（2）迫租鏟田岸；（3）家無宿糧（夏吃大麥粉）；（4）兒女多，父親辛苦一世，母80高齡無人侍養。"——這是向組織交代自己的家境。提綱上還寫着"苦讀經過"，這"苦讀"首先指的就是半工半讀念小學的經歷。小學畢業後，他隨即在僧民小學當教員，後又回到徐氏小學任教，不久升任校長。

### （二）青年時期——熱血滿腔

從25歲到41歲，風華正茂的徐德春懷着一腔熱血，先後投入三項偉大鬥爭：

其一，投身北伐。

徐德春25歲時，在身爲革命軍人的大哥徐長春的感召和帶領下，辭去徐氏小學校長職務，投筆從戎，參加北伐軍，並以"司書"的身份，和大哥一起從事策反浙軍周鳳岐、張國威部的"地下工作"。周、張二部雖被北伐軍成功收編，徐氏兄弟却因被孫傳芳軍俘虜而被投入監獄。徐德春在

"自傳提綱"裏寫到"四個月行伍生活、40天牢獄",指的就是這段經歷。他的"清黨"審查結論爲"思想問題",乃被釋放,仍回徐氏小學教書。

其二,參與陶行知的"平民教育"運動。

1928年,陶行知接受浙江大學校長蔣夢麟邀請,來協助浙大創辦湘湖鄉村師範學校。徐德春聞訊即去報考,成爲該校第一屆學生。陶行知來校考察、講學時,徐、陶之間有一段"三問三答",至今猶爲識者所樂道:

徐問:知和行何爲先?

陶答:行是知之始,知是行之成。

徐又問:于出頭處求自由,何解?

陶答:能出頭便得自由。自由又分公共的(如民族、獨立、富强)和私人的(如議論、出版、信仰、居住)。中山先生謂"在立脚點謀平等",而在出頭處若不自由,則非出現截長攏短現象不可。

徐再問:"教、學、做合一",是爲做而學,如何避免"臨渴掘井"或"臨時抱佛脚"?

陶答:"臨時抱佛脚"是可耻的;"臨渴掘井"未至於"討水""偷水",不無創造精神。主于積極方面,則應立定先後緩急計劃。

徐德春問得有水平,陶行知答得有深度。徐傾慕陶行知的思想言行,便立志追隨陶先生,以極大熱情投身到"平民教育"運動中去。陶行知是針對當時大多數青少年無緣進入正規學校求學而倡導"平民教育"運動的,因而特別重視鄉村教育。湘湖師範作爲曉莊師範的姐妹學校,也致力於鄉村教育。徐德春從考入該校後便立志"要把整個的身心獻給全國三萬萬四千萬以上的農民"①,因爲鄉村改造是改造中

① 徐德春《做學教ABC》,第64、65頁,世界書局1929年出版。

國的基礎。

1929 年,徐德春一邊寫書——撰論文《做學教合一概論》並增補材料出版單行本,一邊讀書——聽浙大理學院心理學部郭任遠博士主講"行爲主義教育學/兒童心理學",一邊教書——到杭州長慶寺小學任義務教員,自稱過的是"三書生活"。同年 7 月《做學教 ABC》一書出版,陶知行和李楚材在序文中贊揚徐德春道:"有些聰明的教育家,已經更進一步而發掘到更深一層,把教育擴大到生活的全部,把知識用於疑難問題的解釋,把方法融於做學教合一中,在此,我們不能不注意新的時代的來臨——在中國教育界裏。"①

更可貴的是,徐德春多次在基礎教育、職業教育和師範教育中將"做學教合一"落實到具體實踐之中。例如他執筆起草《湘湖師範教育局十八年度施政計劃》並在全校推行,包括專門成立"做學教工學制試驗班",將"做學教合一"理論貫徹到學制改革中去,並加以推廣。離開湘師之後,他更是在其任教、主政的每所學校,都繼續不斷地致力於這項工作,從未間斷。

其三,以筆作刀槍,投入抗戰。

從 1931 年"九·一八"開始到 1945 年 9 月 2 日結束的抗日戰爭,徐德春經歷了整個過程。雖然没有拿起槍桿直接上戰場,但他是文化教育戰綫的一名堅强戰士。除了在抗戰中堅持"遊擊辦學",撰寫《抗倭外史》外,再舉三例:

1. 徐德春任教于金華中學時,在 1936 年元旦向校方提出"開闢時事講座"的建議。他説:"不明國際形勢,經濟文化……等演變,那簡直是蒙了雙眼抓迷藏,白化力氣不討好的。""最近全國學生大聲疾呼救國運動,不是由高唱救國教育者來壓平你這運動;華北學生要埋頭讀書,以符合當局讀書救國的功令,不是敵人的飛機大炮隆隆軋軋

① 徐德春《做學教 ABC》,卷首,世界書局 1929 年出版。

地來警醒你的夢。你要組織民衆,説幾句救國愛民的話,敵人會嫉視你們,當局會禁止你們。……爲國要亡了而實施救國救亡教育——因爲教育者本身本應該是勞作的、生産的、救國救亡的……不然還要什麽教育?!”“我祈求本刊特開闢一片談國際政治文化上最重大的問題的講座一類的園地……如此,則一天忙到晚,或窮鄉僻壤的教師,不易有好報章雜誌看的人,一定獲益非淺。”①

2. 民國二十五年(1936)五月十五日出版的《金區教師之友》上,徐德春發表《業餘閒話》,痛心疾首地揭露東北地區出現“以日語代國語,修改課程,改换課本;檢定中小學教師,有反日言論行動者免其職;放學抽查學生,如學生回答‘我是滿洲國人’則放行;若回答‘我是中國人’則痛打……”等情況,甚至製造“日、滿、支(中國)聯絡雙六擲骰圖”的玩具,奴化中國少年兒童。

3. 在《新青年》雜誌 1939 年 11 月第 11 期發表《五四運動和〈新青年〉》,重提“五四”時代《告青年書》内敷陳的六義:

(1) 自主的而非奴隸的;
(2) 進步的而非保守的;
(3) 進取的而非退隱的;
(4) 世界的而非鎖國的;
(5) 實利的而非虚文的;
(6) 科學的而非想像的。

他認爲“當前强敵壓境,萬方多難,上下一心,敵愾同仇,新青年尤其應准此六義,身體力行,那麽,今日的紀念五四才不是多餘的。”

---

① 徐德春《三個建議》,《進修半月刊》1936 年,第 6—7 期,202—204 頁。

## (三) 壯年時期——正氣凛然

漫長的抗日持久戰把徐德春從青年拖進了壯年。他不僅依然揮筆文壇,爲抗戰吶喊,而且把更多的精力放在自己摸索出來的新模式——“遊擊辦學”上。在炮火聲中,他隨着“流動學校”輾轉松陽、麗水、縉雲等地山區教書育人,而集中顯示其辦學理念和“堂堂之陣,正正之旗”人格光輝的,則是在永康方巖壽山五峰書院復學的永康簡易師範學校。

徐德春在他的《抗倭外史》中説,民國三十一年(1942)春,“以敵竄浙東,倉促間隨省校撤退,行裝文稿盡付淪陷,僅獲身免”,末署“卅二年(1943)五五節於壺鎮省立錦師”①。此年8月某日,永康縣政府教育科長持縣長沈濤親筆函,來縉雲縣壺鎮錦堂師範會見徐德春。函云:“先生教育專家,遐邇馳名。桑梓教育,應予重視。永師遷五峰書院整頓,省府批准。特請教育科長持函再次面促,即來方巖就職。”②

這一年,徐德春還兼任永康縣國民教育研究室代表,公職候選人應考資格審查委員會委員及慰勞抗戰將士委員會委員。關於他到永康簡師後的政績,當年的學生程獻群撰有翔實、細緻、生動的回憶文章。他説:德春先生治校舉措之中,有三點使他特别從内心感到尊敬:

一是招生公平公正,絲毫没有營私舞弊之舉。這一期考生有1 215名,僅録取50名。徐校長有個親侄三次考試不録取,“其母吵吵嚷嚷,但徐德春先生仍婉言相勸,要他再去補習班複習”。

二是學校像個大家庭,師生職工親如兄弟姐妹,對富家子女没有特别優惠,對窮苦學生也不歧視,一視同仁。

---

① 引自《永康徐氏世承仁房謙三派下信德堂族譜/年表》(徐斯年主纂,家藏電子版,2021)。

② 引自《永康徐氏世承仁房謙三派下信德堂族譜/年表》(徐斯年主纂,家藏電子版,2021)。

三是新來的縣長劉信芳，到永康後娶了第七個姨太太高懷英。劉信芳叫教育科長薛裕生介紹到永師附小當教員，徐先生對薛裕生説：我們是師範學校，是爲人師表的，高懷英的作風不好，人所共知，絶難從命。後來薛裕生又轉告徐先生，只要校方發一張聘書，人可以不來學校，公糧薪金可由縣分發。徐先生仍拒絶説："這聘書不能發。"最後薛裕生秉承縣長的旨意説："那麽校長不當?"徐答："當不當教廳自有權衡。"結果次年徐德春就"不當"校長，到台州師範任教導主任去了。程獻群説："由此，更使我從心底裏感到徐先生在舊社會這樣硬朗，這樣有骨氣，更增加我對他的敬佩。"①

徐德春在五峰書院雖僅一年，却留下了有口皆碑的成績。特别是這一年日寇侵永，縣方迫令停課，疏散淪陷區的師生回家。徐德春事先已到靈巖踏勘過，選定其地爲應變區；既無後患之憂，乃拒遵縣府命令，在壽山堅持上課，永師學生學業從未荒廢，因而受到省教育廳嘉獎。

新中國建立後，徐德春繼續在教育戰綫效力。他從瀋陽水利學校調回杭州後，却遭到宵小的妒忌和政治迫害，於 1958 年在杭州師範被劃爲"極右"分子，開除公職，勞動改造。這一年他 55 歲。

### (四) 晚年——報效桑梓

當 1978 年獲得平反昭雪時，徐德春已 75 歲了。"烈士暮年，壯心未已"。他的"壯心"是繼續教書、寫作，以報效桑梓！

1977 年，中斷十年的高考恢復，教師斷層，莘莘學子如久旱盼甘霖，對名師望眼欲穿。徐德春得知這一情況，便不顧高齡，欣然接受曾任永康二中校長的老友朱觀成邀請，重拾教鞭，爲該校畢業班、複習班的學生授課。

---

① 程獻群《徐德春與永康簡易師範》，《永康文史》第 2 輯。

20世紀80年代，他在養生之餘，又整理《抗倭外史》，撰寫《陳亮年表》《陳亮朋輩考》等書稿、文稿，直到1994年無疾而終，走完了波瀾壯闊、名垂教壇的一生。

徐德春在一份“思想檢查”的草稿中曾説，他崇奉杜威的自由主義、實驗主義哲學，受梁漱溟、晏陽初的影響也很大。杜威是陶行知的老師，梁漱溟、晏陽初是陶行知的同道。作爲陶行知學生的徐德春，他從縱横兩個維度勾勒出自己的思想——特别是教育思想——的源流，未必完整，却很簡明。

徐德春的教育思想主要體現于他對陶行知思想的闡釋和實踐。行知先生的教育思想包含三大部分：主體論——“生活即教育”；場所論——“社會即學校”；方法論——“教學做合一”。“‘生活即教育’和‘社會即學校’這一主張是從杜威先生的‘教育即生活’和‘學校即社會’的主張裏翻了半個筋斗出來的。”①“翻了半個筋斗”指旋轉180度：杜威的主張以教育、學校爲主體，向生活、社會開門，這裏的生活和社會都被縮小了；陶行知的主張反之，以生活、社會爲主體，向教育和學校開門，這裏的教育和社會都被擴大了，大到與生活同質同構。杜威、陶行知在本體論和場所論上的差異，既反映着國情的不同，也反映著提倡者識見的不同。“教育結果之良窳，胥視教育方法的美惡爲轉移。”②有鑑於此，徐德春即把自己的研究重點放在方法論即行知先生的“教學做合一”理論上。他追隨同道，把“教學做”也“翻了半個筋斗”——變成了“做學教”。他對“做學教”的理論闡釋不同于陶行知對杜威，不存在180度的轉向，而是對陶説的申論和深化。他也不是提出“做學教”的第一人。

1927年，寶山縣立師範欲把生活與教育實踐聯繫起來，因而在教

① 徐德春編輯，方與嚴校訂《教學做概論》，第73頁，世界書局，1934年出版。

② 徐德春《做學教ABC》，第1、2頁，世界書局，1929年出版。

學法改革中學習、運用了陶行知的“教學做合一”理論。爲了避免人們把“教學做合一”誤解爲三個相對獨立互有關聯的環節或由教而學,由學而做的演繹過程,所以他們把這一命題改爲“做學教合一”,初意在於醒目和免誤。1928年,曾在寶山師範任自然指導的孫伯才發表《做學教合一之理論和實際》一文,系統地從理論上闡釋“做學教合一”命題,並詳細介紹了曉莊、寶山兩校的實踐舉措。此文在“做學教合一”理論闡釋史乃至“生活教育”理論史上都佔有重要地位,却多被今人遺忘或忽視。徐德春撰寫《做學教ABC》,即以孫伯先的論文爲主要參考資料之一,所以《做學教ABC》也是對當時“‘做學教合一’論者”群體見解的整理和綜合。

《做學教ABC》第五章給“做學教合一”作出如下定義:

> 總之,我們要在“做”上教,在“做”上學。在“做”上教的是先生,在“做”上學的是學生。在先生對學生的關係説,“做”便是教;從學生對先生的關係説,“做”便是學。先生拿“做”來教,才是真教;學生拿“做”來學,方是真學。不在“做”上用功夫,教固不成爲教;學亦不成爲學。所以“做”是學的中心,也就是教的中心。這是把原來的“教學做”,改爲“做學教”的根據。“教學做”的創始者——陶知行先生,他也承認改爲“做學教”是格外有意思的。①

按這段話原見於陶行知1927年12月2日在曉莊師範的講話(個別文字略有出入),題爲《教學做合一》;“格外有意思”,則是他對寶山師範的贊語。1934年方與嚴校訂《做學教ABC》時,删去了這段文字最後一句,並將書名和正文裹的“做學教”全都改爲“教學做”(書名改爲《教學做概論》)。這些做法,我們認爲頗不妥當。關於改“教學做”爲

① 徐德春《做學教ABC》,第15頁,世界書局1929年出版。

“做學教”的原由，徐德春在《做學教 ABC》的其他章節還編入了另一些可以視爲間接説明的内容，包括附録。他特别爲該書的附録(一)加了如下説明：“‘做學教合一’的創始者——陶知行先生，最近復有很深長、簡括的言論發見，的是‘做學教合一’的一個總解釋。爰亟筆録之，以供關心此問題者之研究。”①其中列舉若干條對於“做”的新定義，尤以强調必須“在勞力上勞心”一條，含義最爲深刻，價值最爲重大。所謂在勞力上勞心，指的乃是“用心以制力”，即“用心思去指揮力量，使能輕重得宜，以明對象變化的道理”②。唯有如此“做”，才是真正的、科學的實踐。

對於上述問題，徐德春分别引用杜威和陶行知開出的認知路綫並作出評論。杜威就勞心之“做”的認知過程，提出五個步驟：1. 感覺困難；2. 審定難點；3. 提出假設；4. 尋繹假設；5. 證實假設(此即胡適所概括的“大膽的假設，小心的求證”)。陶行知則把杜威的理論擴展爲六個步驟：1. 行動生困難；2. 困難生疑問；3. 疑問生假設；4. 假設生試驗；5. 試驗生斷語；6. 斷語生行動。徐德春認爲，杜威的步驟是“反省思想”，只講思想歷程而忽略了“思想的母親”即“行動”。陶行知的步驟是“反省行動”——感覺困難而不行動的，這是庸人、妄人；“行不通，便審定困難之所在，想出種種辦法來，以謀解决，不得到解决不止，這是科學家”③。陶行知的認知論才是真正科學的認識論。

關於徐德春在教學中推行“做學教合一”的實踐，至今留有較完整材料的，有兩個案例：

---

① 徐德春《做學教 ABC》，第 39、40 頁，世界書局，1929 年出版。按互聯網上有一篇出自金鋤頭文庫，題爲《“做學教合一”的總解釋》，署名“陶行知”的文章，其内容即抄自《做學教 ABC》附録(一)，署名亦甚不妥。

② 陶行知《在勞力上勞心》，董寶良主編《陶行知教育論著選》，第 219、220 頁，人民教育出版社 2011 年出版。

③ 徐德春編輯，方與嚴校訂《教學做概論》，第 70 頁，世界書局，1934 年出版。

1. 永康首所職校——私立卉川油桐初級職業學校的嘗試。

該校的創辦者是永康實業家胡欽海。胡欽海在1935年間先後開辦了十多個企業,後來又致力於合作事業,其中以桐油生産合作社經營成績最爲顯著。他利用荒山,墾種油桐4 000多畝,培育出優良油桐品種。合作社急需種植、管理、加工人才,於是决定拿出産值的四成作爲基金,開辦職校,第一任校長是胡欽海本人,徐德春任董事長,負責主持該校校務。他將"做學教合一"的理念融入該校的教育方針和教學設計中去,强調理論與實踐相結合,强調實踐的重要性,把培養學生的主動性和能力放在第一位。

據史料記載,該校創辦時招收兩個初中職業班,共五十人,設植物榨油、農産製造二科,學制三年(半工半讀,修業二年,見習一年)。膳食費免半,自第二學期起,成績優良者可免交全部或部分學雜費,並酌發零用錢。實行"做學教合一",即在做上教,從做中學,以"做"爲教學中心,以期達到"即行即知"之目的。課程分"必修""選修"兩種。必修課程爲:"公民""國文""算學""理化""童子軍""動植物""史地""土壤肥料";選修課程爲:"病蟲害""植物榨油""稻穀""園藝""荒山墾殖""植藍制靛""釀造""農藝""農産運銷""農家副業""農村教育""農村社會學"等。從課程設置中,可看出該校重視基本素質培養,而將專業教育列爲選修課,則是基於尊重學生個人的興趣,給予他們一定的職業選擇自由。在選修課的設置上,特別注意加强教學和生産實踐的聯繫,對於引導學生養成"在勞力上勞心"的科學素質,意義尤爲重要。①

2. 爲落實"做學教合一"擬定上層設計——浙七中附小的"做學教"計劃。

"在勞力上勞心"是"做學教合一"的精髓。如何"在勞力上勞心",却是一個大而深的課題。我國教育界歷來實行過"半工半讀"

① 參見石娟,楊黎新《"做學教合一"——徐德春的職業教育理念與實踐初探》,2011年12月《蘇州教育學院學報》第6期。

“學農”“學工”“學軍”等，之所以成果不大，就是未能自覺貫徹“在勞力上勞心”原則的緣故。徐德春的可貴之處，就在他注重在“勞力上勞心”與其目標之間搭建“引橋”——做好教學設計。下面是他的一個設計——《浙省七中（現金華一中）附小高年級杭江鐵路設計做學教計劃（摘要）》：

目標：培養兒童對浙東風土、人情、實業、文化等歷史和未來的認識，以期收到較好的教育效果。

一般計劃：

1. 搜集參考書（如地方誌、相關報刊、地圖、照片、預算等）；

2. 調查杭江（杭州-江山）綫沿路風俗、特産、名勝、實業、教育等情況；

3. 做小書若干本（各地物産、風俗等調查彙編或剪貼）；

4. 關於交通器具：

沒有火車前的交通情形及火車研究；

火車以外的交通用具研究；

做交通器具的模型及金華至杭州交通圖；

編一本浙東交通器具圖説。

5. 關於交通狀况：

以金華爲中心到杭州市，以前怎樣走？現在呢？

火車開通前後比較：

杭江路長度多少？已經完工多少？

火車一般時速多少？現在杭江路時速多少？

杭江路怎樣成爲幹綫？與各行公路關係如何？

編一本浙東交通狀况圖或幾張掛圖。

6. 關於軍事政治：

浙東吏治歷史及現狀；

杭江路開通前後的軍運情況;

編一本浙東政治及軍事變革小史。

7. 關於民情風俗:

調查杭江路沿途居民的職業、民性、人口數量及各地的風俗人情習慣(如婚喪禮俗),並編一本《浙東民俗調查》小册子。

8. 關於物産及實業:

如火腿制法及運銷,蜜棗的制法及産地研究,杭江路沿途的礦産調查,農業及手工業歷史、現狀,編一本《杭江路的物産及實業概況》。

9. 編一本《杭江路的名勝及古跡介紹》。

三、分科活動:

本部分即是將以上的一般計劃,分别細化落實到各科之中。除國語、體育、音樂三科外,其餘黨義、算術、自然、社會、勞作等科均詳細設計。

徐德春在該計劃的結束語中寫道:"本計劃是本設計法的精神而用做學教合一方法實施的,各科能聯絡的,儘量使其打破科目標的分界,以整個的精神聚會于'杭江鐵道'上,同時師生共同計劃在做上去教、去學,以期真知灼見之獲成。有很多人要知道什麽是'設計做學教',其實,只要明白了'生活即教育'的話,什麽都可不成問題了。"

《教學做概論》第二十章開頭就説:"要實行教學做合一的生活教育,必須要過有目的、有組織、有計劃的生活。生活上有了組織之後,一切才容易走上軌道。一群無組織的導師和學生在一起過生活,必然失去教育的意義,而變爲一盤散沙的、自私的、不能協作以達到生活目的的蠢魯的一群。"①徐德春設計的關於杭江鐵路的做學教計劃,

① 徐德春編輯,方與嚴校訂《教學做概論》,第139頁,世界書局,1934年出版。

即著眼於生活教育之自覺性和科學性。放到現在看,它相當於一個相當龐大的研究課題,讓小學高年級學生去完成,或有相當難度。其精髓在於有目的、有組織、有計劃地讓學生走出課堂,走向生活,主動去探究,去做,去學。若能做好,成效必定十分可觀。事實上這種教學方法在一些發達國家早已實行了。

前面對於"做學教合一"的考察和論析,均還囿於教學法的範疇;至"在勞力上勞心",始進入更廣的範疇。再擴展這個範疇,人們發現:生活便是"做事";人類自古至今,個人從生到死,不知要做多少事! 在做事中充實了自己的,對己而言即爲"學";幫助别人學會做事便是"教";"做"——嚴格地説即"在勞力上勞心"地"做"——則貫穿於始終。原來教學法也是生活法,"生活即教育"! 人類生活於社會之中,"社會即學校"! 我們看到:由方法論的視角考察本體論和場所論,進而介入本體論和場所論,即大力促成了這"兩論"内部矛盾的豁然貫通。這就是理論思維的犀利之處和力量所在。

作爲理想主義的實行家,徐德春也懂得行經從權。行經,指堅持自己的主張,不會動摇;從權,指在具體實踐時權衡環境和各種條件,做出必要的調整乃至局部妥協。表現在論著上,《教育通論》章節目録無一處出現"生活教育""'做學教合一'"和"陶行知"等語詞,這就是從權,乃是貫徹"通識"原則的需要。但是,當述評個人主義、國家主義、社會主義、三民主義、民治主義(即民主主義)五種教育思潮時,徐德春於客觀、全面述介各自内涵之後下結論説:"我們認爲舉世教育思潮,多少均含一二主觀成分,惟有民治、民本、民主的教育思潮,才配稱爲客觀的、正統的科學思潮。"①在國民黨一黨專政的勢態之下,敢説三民主義教育思潮含主觀成分,敢以民治主義爲"正統",這就不是"從權",而是"行經"了。

---

① 徐德春《教育通論》,第243頁,中華書局,1948年出版。

舊時代的統治者都想讓教育從屬政治，爲自己的政治服務，徐德春在《教育通論》裏説："這是不對的。一個現代的民主國家，全民教育的動向應該站在政治的前鋒來左右政治的。"教育應該成爲"國家政治良窳的量尺"，成爲"國家的奠基事業"[①]。這也是"行經"而不"從權"的例子。

徐德春在五峰書院任永康簡師校長時，對於國民政府爲貫徹兵役法而發出的號召——"一寸山河一寸血，十萬青年十萬兵"，他是堅決貫徹的。從他與國民政府的關係説，這也是"從權"，因爲用教育這把"量尺"衡量，此一國策基於衛國、衛民，是正義的，不應因其出於國民黨政府而排斥之。在他的號召下，校内確有學生積極響應，投筆從戎，走上了抗日前綫。但是，對於國民黨政府的"黨化教育"，他則盡力抵制。軍訓教官駐校，被他拒絶了；三青團欲進校建團，也被他拒絶了，因爲用教育這一"量尺"衡量，政府的這些舉措是反民主的。他的離職固然與"七姨太事件"有關，但拿得上檯面的"理由"應該是此類事件。徐德春的"從權"往往没有好結果，原因多在他的堅持"行經"，從性格上説就是"拗"。統觀他的經歷，這樣的例子很多。

儘管做了一年便離職，永師階段確是徐德春最能放開手脚實施自己教育思想的好年華，也是他戰勝困難最多的一個階段。五峰書院是陳亮讀過書、講過學的地方。徐德春景仰陳亮，熟悉陳亮。當時他主要在兩個方面踐行、弘揚了以陳亮爲代表的永康學派之"事功"主張。第一方面是"事'大功'"：他在開學儀式的講話裏引用陳亮的名句："堂堂之陣，正正之旗，風雨雲雷，交發而並至，龍蛇虎豹，變現而出没，推倒一世之勇智，開拓千古之心胸，自謂差有一日之長"，藉以勖勉全校師生做一個有骨氣的人。同時提出自己的口號："壽山壽人須壽世！"身處蓁莽而心懷天下，氣度果然不小！當然，它們都不是

① 徐德春《教育通論》，第 17 頁，中華書局，1948 年出版。

大話、空話，而都落實爲完善的頂層設計並且得到認真執行。第二方面爲甘心“事‘小功’”。由於物質條件極其貧乏，爲了改善辦學環境，他自稱“討飯校長”，真正做到了摩頂放踵乃至忍辱負重。永康市檔案館裹至今仍存徐德春開具的借條一張，内容是向城關小學借用課桌椅若干套。一所培養小學師資的學校，竟要向小學商借課桌椅，否則就開不成學。而且借者和被借者都曉得，這是一樁有去無來的買賣，不會有歸還之日的。悲劇乎？喜劇乎？永師就是這樣復課的！

回顧自己走過的道路，徐德春心目中更加看重的却是湘師時期，因爲那是他親身體驗“生活教育”魅力，並由之自覺踏入社會這個大學校的“起跑期”。《做學教 ABC》的附録（二），是作者對於曉莊、湘湖兩所鄉村師範當時貫徹“生活教育”和“做學教合一”教育法之實踐的全面報道。這裹展現了與一般學校截然不同的多彩畫面，頗有驚世駭俗之處。例如：曉莊師生都住茅屋，每座茅屋住十一個人——一名指導員（曉莊、湘湖都不稱“教員”“老師”），十名學生。茅屋必須由他們自己根據“茅屋指導員”的指導，按照圖樣建造，符合優美、衛生、堅固、合用、省錢的標準。“自校長以至學生，誰不動手，誰就没有享受住茅屋的權利”①。湘湖師範因所在地蕭山風大，不住茅屋，其他舉措一律仿效曉莊。我們介紹徐德春的履歷，説他“畢業於”湘湖師範，其實他根本没有湘師的畢業文憑（當時的湘師亦無“畢業”之説），就讀不到一年，便開始擔任校務工作了；説他“肄業於”浙大，其實不過聽了兩個月的心理學課程而已。他真正接受的是“生活”教育，他真正讀的是“社會”大學，此皆出於湘湖師範所賜。這就是徐德春念念不忘湘師的主要原因。

1978 年，剛獲平反的徐德春應邀赴湘湖師範參加五十周年校慶，歸後並不快樂，原因是在那裹没有看到當年他所浸潤其中的學校面

---

① 徐德春《做學教 ABC》，第 71 頁，世界書局，1929 年出版。

貌,他覺得湘師精神失落了。據説他因此而當場發怒,連校方精心準備的禮品都拒收,場面頗爲尷尬。這未免過火,但我們理解他的心情——對於一位理想主義的實行家,最大的悲哀莫過於突然發現自己參與建設的豐碑竟然久已失落!

進而申論,我們的理解還包括以下兩個方面:

第一方面,舊的教育觀念和部分舊的教育體制確曾回潮,直至今日,“應試教育”和“智育第一”的幽靈猶在教育領域徘徊。這正説明研究、闡揚陶行知派教育理論並付諸實踐,具有强烈的現實意義。

另一方面,要看到新中國建立以來,國力大爲增强,工業化以至信息化的進程極爲迅猛,教育早已實現普及。“平民教育”“鄉村教育”已經轉化爲“全民教育”。如何優化全民教育,成爲當前教育改革或教育革命的主要課題。新的教育革命首先呼唤成批新的教育專家之投入。這些新的教育專家必須深知科學的教育理論,而“陶行知派”必爲其中之重。這更顯示着研究、弘揚陶派教育思想的現實意義。科學是學術的生命,生命之樹長青!

今年是徐德春先生誕生 120 周年。“流光容易把人抛,紅了櫻桃,緑了芭蕉。”作爲上世紀一度蜚聲教壇的德春先生,却差點被流光“抛”了。我市近年來編寫的縣誌、市志、教育志,都對他鮮有記載。他本人恐怕也不會想到,於第一甲子淪入人生低谷之後,竟會有一部《徐德春集》成爲重栽的鮮花,綻開於他的第二個甲子之年!這不能不感謝時代的進步,感謝祖國的文化昌榮。同時也感謝慧眼識珠的李世揚先生和孜孜矻矻挖掘、整理德春先生著作的徐立斌先生。正是他們的辛勞和奉獻,才有今天這本沉甸甸的鄉邦文獻,爲《永康文獻叢書》增光添彩。

徐天送 2023 年 8 月 20 日結稿于永康;

徐斯年 2023 年 9 月 18 日定稿于蘇州。

# 做 學 教 ABC

世界書局 1929 年出版

# ABC 叢書發刊旨趣

徐蔚南

西文 ABC 一語的解釋，就是各種學術的階梯和綱領。西洋一種學術都有一種 ABC：例如相對論便有英國當代大哲學家羅素出來編輯一本《相對論 ABC》；進化論便有《進化論 ABC》；心理學便有《心理學 ABC》。我們現在發刊這部《ABC 叢書》有兩種目的：

第一、正如西洋 ABC 書籍一樣，就是我們要把各種學術通俗起來，普遍起來，使人人都有獲得各種學術的機會，使人人都能找到各種學術的門徑。我們要把各種學術從智識階級的掌握中解放出來，散遍給全體民衆。《ABC 叢書》是通俗的大學教育，是新智識的泉源。

第二、我們要使中學生、大學生得到一部有系統的優良的教科書或參考書。我們知道近年來青年們對於一切學術都想去下一番工夫，可是没有適宜的書籍來啓發他們的興趣，以致他們求智的勇氣都消失了。這部《ABC 叢書》，每册都寫得非常淺顯而且有味，青年們看時，絶不會感到一點疲倦，所以不特可以啓發他們的智識慾，并且可以使他們於極經濟的時間内收到很大的效果。《ABC 叢書》是講堂裏實用的教本，是學生必辦的參考書。

我們爲要達到上述的兩重目的，特約海内當代聞名的科學家、文學家、藝術家以及力學的專門研究者來編這部叢書。

現在這部《ABC 叢書》一本一本的出版了，我們就把發刊這部叢書的旨趣寫出來，海内明達之士幸進而教之！

一九二八.六.二九。

# 序

做學教合一是一個新方法。這個方法便是教育法，也名爲生活法。大家説："教育即生活。"究竟教育的範圍能不能佔領到生活的全部？用什麼方法去涵藴全部的生活於教育裏？這是值得我們研究和注意的。

講起教育，便聯想到學校；講起學校，便聯想起書本；講起書本，便聯想到教授的方法。這是一般人，甚至於一般教育者的一套的舊觀念。最近便有人扯破了這個舊觀念，以爲教育不單在這狹隘的學校裏授受，書本不能包括全部的知識，方法應當注意到教者和學者，於是教育轉入了新生的路徑裏。而有些聰明的教育家，已經更進一步而發掘到更深一層，把教育擴大到生活的全部，把知識運用於疑難問題的解釋，把方法融於做學教合一中，在此，我們不能不注意新的時代的到臨——在中國的教育界裏。

做學教合一是建設在二元哲學的二親原則上的。大家生活在社會環境和自然環境裏，要應付兩重環境，真切的得到知識，那麼"親事"和"親物"是應該的了。怎樣去"親事"和"親物"呢？便是要去做。一件事或一個物不經過做的階段，是得不到真經驗，也得不到真學問的。一位教師立在講臺上講水是輕二養化合而成的，學生會抵死不信，非做個實驗，把水分解開來是不行的。文學家是最會造謊，最會信口開河的，可是他若不經驗人生，是做不出好著作來的：托爾斯泰爲經驗人生而做小説；莫泊桑爲做小説而去經驗人生；這是很好的例子。

在做上學：(Learning by doing)學的纔有用，纔能透；在做上教：(Teaching by doing)教的纔能明白，纔能詳盡。所以做什麽，應當教什麽；也應當學什麽。怎樣做，便怎樣教；也便怎樣學。

自從做學教合一的教育法出現後，許多人很懷疑，也有的感到不能使用這個方法爲憾。以前在報章雜誌裏，不過有些斷片零簡，還没有一部整個的著作，使讀者得到整個的瞭解。現在徐德春同志，本其平日經驗所得，並搜集了許多材料，著成此書；加入世界書局 ABC 叢書發行，貢獻給大家當作研究"做學教"的階梯，凡我覺悟的教育家，想必都懷着熱望而歡迎的吧!?

安徽陶知行、常熟李楚材仝序。一八.五.卅紀念。於浙江湘湖師範之湘雲村。

# 例　　言

一、本書係“教學做”的教育法創行後之第一部專集。内容偏重理論;另有拙著《做學教合一概論》是理論與實際並重的。閱者可與本書參閱。

二、“做學教”即“教學做”。因理論與事實上,都要以“做”爲中心,故已更進而曰“做學教”;本書亦將此名名之。其理由可於本書第五章内閱之。

三、本書因篇幅關係,故言甚簡而意頗賅。閱者倘能舉一隅而作三反,則頗有嚼橄欖般的滋味。

四、本書係研究“做學教”教育法之新刊物。著者純抱研究態度,倘承指正,可致函:杭州湘湖、浙江省立鄉村師範大學部商榷,無任歡迎!

英士先生殉國十三週紀念後二日,著者識於國立浙江大學文理學院心理學講室。

# 第一章　總　論

“做學教合一”這個産兒，自從呱呱墮地於曉莊後，即震動了全國教育界的耳鼓，而引起了不少的反應。大有“銅山西崩，洛鐘東應”之勢。

繼曉莊而樹“做學教合一”之鮮明旗幟，度“做學教合一”之新生活者，有寶山縣立師範、浙江湘湖鄉師、江西伍農鄉師、無錫開原一校、(河埒口小學)及燕子磯、堯化門……等小學；至若覺悟的教育家，抱討論或研究態度，急欲一明“做學教合一”之真相，而苦無專書參考者，尤有雨後春筍、風起雲湧之概！

“教育爲國家萬年根本大計”！教育結果之良窳，胥視教育方法的美惡爲轉移。“做學教合一”，係由進化而來，日臻化境的教育法，也就是人生所必需的生活法！

吾人深信立足於社會上，實無時無刻，不應該受教育；即無時無刻，不應該過着有意義的生活；尤其是無時無刻，不應該“做學教合一”。

“做學教合一”，既是生活化的教育法。那末，就應該以“宇宙爲教室，萬物爲導師，生活爲課程。”牠——做學教——主張：“打倒死的教育，創造活的教育。”“揭破假的教育，創造真的教育。”“剷除死生活，建造新生命。”牠，覺得中國過去的教育方法，既應抛諸江洋大海，任其消沉；即最近的將來所施行的教育方法，亦已圖窮匕見，懸崖勒馬。若不及早回頭，勢必粉身碎骨，病入膏肓而不可救藥了！牠，是應這世運而生的産兒，雖是嫩芽初茁，立根未固；然其所負救國救民之責任，已是重而且大了！

牠的主張是：整個有意義的生活，都應當在“做”上學，在“做”上教。牠，既要創造新生命，開拓新紀元；同時又要革一切教育法的命——牠是個霹靂初降的教育雷，已震醒了不少沉睡在鼓裹的教育家。本書是傳蕩這教育雷的音波者！

## 第二章　過去教育的錯誤

“自從老子做老爺，人人叫我闊少爺！誰知我還自倒洗臉水？遠不如進個學堂兒：聽差替我鋪床又疊被；上課看小説；下課打茶圍；不高興，鬧個風潮兒，直要先生怕我如同兒子怕爹爹！

請看今日害國賊，那一個不是當年的‘雙料少爺？’”①

編者引了陶知行先生輕描淡寫、淋漓盡致的這段現代學生生活的活現形，來做本書的開場白。我想除非他是要和冷血動物並駕齊驅的人，否則看了以後，至少會抖擻精神，不自覺的喊出：“中國教育，應該大革命！”的熱烈口號來！

我們試一稽考中國已往和最近的教育史，那一朝那一代，不是畸形式的，培植了幾許畸形人——所謂學者？

過去的老八股，誰能脱卸古帝王的愚民政策，不受高官厚禄的利誘，而養成奴隸階級，被人豢養的忠君者？！

現在的洋八股，那一個不是拼命的幹那書本傳授不切實際的販賣式、預備式的勾當，去培植了許多“手腦不全”、“所學非所用”的畸零人？！

我們試想，教育的目的是什麽？是不是光去製造一般僞智識階級，來做不勞而獲的人上人？是不是教他們不知耕而食，不識織而衣？整個的生活，全靠他人去服侍？爲社會國家，形成一閒暇階級！而教育之能事已畢？

吾意此種教育，幸喜僅形成畸形的發展！否則，畸形教育普及之

① 雙料少爺：現代的青年，做學生時代，在家中，則灑掃應對，以至寢食……等事，均有僕役代勞，固然是少爺了；入學校後，舉凡勞働之事，復有校役代庖，雖云學生，而少爺化了。由這二重少爺，合成“雙料少爺”。憶馮玉祥氏，前旅北平時，各大、中、小學校請其講演時，屢以“雙料少爺”爲題，聞者必爲失笑！其言蓋有諷焉！

日，即爲中國教育宣告破産之時，中國民族滅亡之候！“盲人騎瞎馬，夜半臨深池”！這是勢所必然的！眼前的事實，已告訴我們不少了！

## 第三章　教育革命應從何處下手

上面我寫了一段奇形怪狀的教育之花，結成不堪聞問的教育之果！對現代教育，未免太悲觀、太消極了些！然而事實具在，誰也不能不作如是想。

明明是個純潔無瑕的青年，一入了現代教育之缸裏，即染成黑色的、畸形的特殊份子。他們過慣了學校生活，等到踏出校門後，社會不惟不歡迎，且拒絶之不暇！自己又因受少爺化或小姐化的供養舒服了，故亦往往不滿意於社會所給予的待遇，純致釀成消極、悲觀，甚至日暮途窮、悲憤自殺者有之！報章記載，日有所聞，誠無往而非是青年學生形成煩悶的結果！

雖然，亦有少數覺悟的青年，頗存“勞工神聖”的思想，喊着“到民間去”（其實這四字是不通的，今係暫借用）的嘶聲，時有所聞，然而思想儘管有，高調儘管喊，結果，學校與社會的圍牆，教育與生活的欄柵，始終不能折卸，於社會絲毫生不出影響來。吾國興辦學校垂數十年，“南轅北轍”如車脱輻者，亦將數十載了，言之堪痛！

這種既害人，又害社會的教育，我們不能不用革命的精神來一邊喊出打倒的口號；一邊抱着破壞的方策，先去剷平了學校與社會隔着的圍牆，和教育與生活攔着的欄柵。同時復須建設社會化的學校，施行生活化的教育，去培植“手腦雙全”能在“勞力上勞心”的活動份子。

總之社會與學校分家，生活與教育離婚後所孕成的種子，始終不會純正的！那末，我們便不能不掉轉頭來，把社會的環境，做教育的中心題材；生活的歷程，做教育的過程；“做學教合一”的原則，做教育的方法。

## 第四章　做學教合一的蜕化

“做學教合一”的方法，是由過去的教育法蜕變而來的，是步步進化，已臻化境的。兹爲行文便利起見，計分下列三期叙述：

1. 教授法時期——這時叫在學校做先生的爲教員或教授，叫他所做的事體爲教書，叫他所用的法子爲“教授法”。好像先生能教學生學些書本上的智識，那其教育之能事已畢！？

教員似乎除教以外，便没有别的本領；除書以外，就没有其他工具。學生呢，善良者虔心受教，頑劣者學其所學。純致歧路徬徨，無所謂學，無從施教！

教員只管教，學生只管受教。教育結果之良窳，要隨教員的教授法爲轉移；學生的學，好像都被教員的教所打消。書獃子、空心大老……一天天的增多。名義上雖是學校，事實上却像教校。重教太過，與學分離。試問此種單戀的教育法，還有什麼好結果？

2. 教學法時期——陶師知行鑒於教授法結果之不良，曾在前南高校務會議時，堅持改教授法爲教學法，不能通過，因此不願接受該校教育主任名義。其所持理由是：

A：先生的責任在教學生學——千萬不可把活潑潑的小孩子或青年，做書架子，當字紙簏；硬帮帮的用書本上的僞智識，向他們塞；害成食而不化，成食積病！所以要把教和學聯絡起來：先生負指導的責任，學生負學習的責任。使受教者，以最經濟的時間，得到相當的經驗，發生相類的理想；能探智識之本源，求學問的歸宿。一切真理，可以取之不盡，用之不竭。這就是孟軻的所謂“自得”；近人所持之自動教育是。故稱先生曰輔導員，又稱教學法曰自學輔導。

B：先生教的法子，必須根據學生學的法子——不顧學生的程度興味，只管挪學生來湊他的書本，配他的教材。結果先生用力多而收效少，學生苦惱多而興味減。教者自教，學者自學；教學既離婚，先生和學生也同時分家了。要收美果，打從那裏收起!?

如果，讓教的法子自然根據學的法子，那時先生可收事半功倍之效，學生也能樂學不疲。所以教學應該合一。怎樣學，就怎樣教；怎樣教，就怎樣學；教的法子，根據學的法子；學的法子，根據教的法子。

C：先生自己也須一面教一面學——學問是學不了的，新理是層出不窮，日新月異的；所以我們相信先生自己須一邊教一邊學。千萬不可衣缽相傳，以其受之於先生者，販之於學生，照樣畫葫蘆，是最危險的。孔老夫子說："學而不厭，才能誨人不倦。""學問如行舟，不進則退。"這是教學合一，最明白的界說。

3. 做學教時期——教學法，革教授法的命後，施行至今；但又鑒於教者與學者的思考，和教材與目的分家，換言之，尚缺少了"做"。例如教學理化，非用儀器或標本來"做"實驗不行，缺少了"做"，教學就成爲玄想，教育的效率，仍等於零。所以教學法，非與"做"鎔爲一爐不可。先生不能在"做"上教，算不得真教；學生不能在"做"上學，算不得真學。因此先生須拿"做"來教，方是真教，學生能挪"做"來學才是真學。"做學教"的原理，就因此產生。其定義……等等，當另章詳之。

由上以觀，吾國近代教育方法之蛻化，其所呈之階段至爲明顯。自教授法時期，進於教學法時期，最近乃更進於做學教時期，其日進化境也明已！茲更伸而論之：

以前的教授法，係以教爲本位，只有教師的教，沒有學生的學，因爲學生奉命惟謹的，只得以教師的意志爲意志，教師的行動爲行動，教師支配的工作爲工作;天經地義似的,他只有低頭受教。究竟心理上要學些什麽?工作上發生興趣與否?教師是漠不關心,不會計及的。他不管學生的四七二十八也好,三七二十一也好,只知硬揹牛頭去吃水,坐高壇、發宏論,教其所教,授其所授,而學生需要學的,却一點没有教。於是教學法乃起而革教授法的命!

覺悟的教育家,既知只有教師的教,没有學生的學,是走不通的路道,乃主張把"教學"聯貫起來。

誰也都知道,教師自己的知識,不是無限公司的資本,能取之不盡,用之不竭的,假使他不會一邊教,一邊學,這販賣知識的勾當,終有一天要買空賣空,發生倒閉的危象的。是以教師應當一面教,一面學;學生也應當一面教,一面學。所謂"教學相長"者在此!

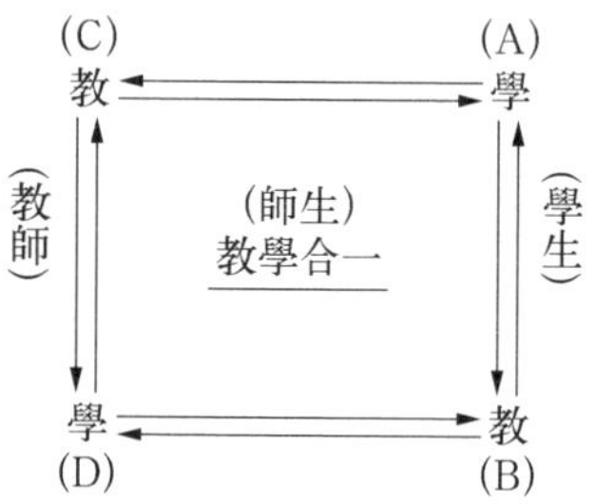


上面略圖的意思是:

(甲) 學生需要(A)學什麽時;就(B)教給教師(D)學——預備——教師學好後,乃(C)教給學生(A)學。

(乙) 教師要(C)教什麽時,就去(D)學——預備(D)學好後,乃(C)教給學生(A)學。

(丙) 同一時間内,教師、學生二方面,都要自教自學。

所以教學合一,是循環往復,周流不息的。教師不只是把書本上記載着的死文字,裝到學生的腦袋裏去,就能了其責任。必須要把學生做"教"的對象,將一切的智識,盡量教給學生。況新知之發現無窮,已有的材料,現成的知識,不能引爲滿足;要指示一條自學途徑,使他找尋無限的知識之庫，觸類旁通，供一生的解決問題、探求學問之用。換句話說，就是對於每個問題，教師與其給與材料之全部，解決那問題，不如指示兒童一條解決該問題的路徑，使他用最經濟的手段、最敏捷的方法，去找尋最適當的材料，得到最正確的新知。

是以教學二字的涵義，是說教師的使命，不只是書本方面的教，應當顧及學生方面的學，是要教兒童如何去學？否則，是徒勞而無功的。

學生有求知慾的時候，教師就得教。他求知什麼？教師就得教什麼。假使没有求知慾的時候，教師就得不教。（另教别樣）因爲他需要“東”，教師不可以教“西”。他不要，就不教。學生的能力高，興味濃時，就會學得多，學得快；那時，教師不妨教得多，教得快。簡單點説：“學習是教的動機，教是學習的出發點”。

教學法既從教授法革命而來，進化而來；雖然勝於單純的教已不少，然終未能把生活與教育連結起來，學校與社會打成一片。因爲學習的動機，未必是從生活經驗、社會需要上發生出來的。如此則仍踏於玄虛、不切實際的困境。所以覺悟的教育家乃竟百尺竿頭更進一步的要把生活的環境、社會的需要……等等，做教育的中心題材，這個中心題材，就是活動的資料，一個活動，必有事焉存於其間，纔算有意義，有意義的活動，就脱不了一個“做”。因爲“做”是學的動機，也便是教的出發點。於是“做學教合一”，又革了“教學法”的命。

## 第五章　做學教合一的定義

“做學教合一”的定義是：做法、學法、教法，應當合而爲一的。

“事情怎樣做？就怎樣學；怎樣學？就怎樣教。教的法子要根據學的法子；學的法子，要根據做的法子。”

（例）比如種田這件事，要在田裏做，就要在田裏學，也要在田裏教。游泳是在水裏游的，便須在水裏學，在水裏教。烹飪是在廚房做的，便須在廚房裏學，在廚房裏教。

總之，我們要在“做”上教，在“做”上學。在“做”上教的是先生，在“做”上學的是學生。從先生對學生的關係説，“做”便是教；從學生對先生的關係説，“做”便是學。先生挪“做”來教，才是真教；學生拿“做”來學，方是真學。不在“做”上用功夫，教固不成爲教；學亦不成爲學。所以“做”是學的中心，也就是教的中心。這是把原來的“教學做”，改爲“做學教”的根據。“教學做”的創始者——陶知行先生，他也承認改爲“做學教”是格外有意思的。

“做學教合一”，既有一個共同的中心，這個中心就是“事”，“事”就是實際生活；“做學教”都要在“必有事焉”上用功夫。

不過，若把這“做學教”看死了，用死了，那是很危險的！我們應當把牠看得活，用得活；看得有意義，有目的；用得有規劃，有步驟。能在“勞力上勞心”，手到、心到、口到、眼到，在一種活動裏所需的工具，樣樣都到，那才是真正的“做學教合一”。

## 第六章　做學教離婚的病狀

做學教是一件事，不是三件事。尋常學校，總以爲教師是教的；學生是學的；而校工和事務員是做的。學生入校，就是入學，就是來學的；所以既不存心“做”，也不存心“教”；他們是要待將來才去“做”去“教”的。教師呢，“教”的是書本，學生“學”的也是書本。他們以爲書本之中，自有真知識在；所謂“書中自有黄金屋，書中自有顔如玉”的陳舊思想，已中得很深刻了！

吾們姑無論書中所記述的，所推論的，是否如此神秘，如此不可思議，祇要問一問學者：能否在這種教育中得到實際生活的經驗，瞭解文字所代表的事實的意義？所學能否應乎所用？這是眼前的一個大前題！

現在一般人若提到“教育”和“學校”這二個名詞，便會聯想到“書本”和“筆桿”上面去。他們以爲“教育”和“學校”所負的使命,只有“讀書”和“寫字”二樁事;除了這二樁事,好像就没有“教育”和“學校”的必要。這是大錯而特錯,最不造化的事體!

所以目前因這傳統觀念所遺害,“學校”就成爲傳遞僞智識,製造書獃子的場所;而“教育”遂成爲摧殘青年、兒童,貽害社會、國家的事業了! 這豈是國家之幸、民衆之福嗎!?

然而推其致此之由,純係“做學教”離婚後形成的病症! 兹復將最易把“做學教”分家的條件舉例如後:

1. 以爲用手是“做”,用嘴是“教”,用耳目是“學”,人家這樣活動,我的活動也就這樣。“知其然,而不知其所以然。”“飽食終日,無所用心。”這便是無意識的,機械式的,事實上已宣告離婚的“做學教”。

2. 把一個活動——做學教——剖開兩半個。這可把目下一般學校裏的所謂“課内”“課外”,來做例證。原來“做學教合一”的辭典裏,並没有“課外”和“課内”;牠只有“課程即生活”“生活即教育”的法則;牠認爲人生是“學到老,學不了”的。在整個的人生裏,無所謂求學時代與做事時代。牠只知道做事就是求學,求學就要做事。所以“做學教合一”的學校裏,並没有做事的校工和事務員,没有讀書的書獃子,没有教書的教書匠的。整個的生活,就是整個的課程。牠認爲“課内”與“課外”,是生活與課程脱輻,也就是“做學教”離婚的宣言。

3. 更有把一個活動——做學教——分成三方面者,叫做(一) 做的方面;(二) 教的方面;(三) 學的方面。把全部活動,劃成三爿,這是只知作“皮相觀”,而不知爲“皮裏春秋”。設想者,最易犯的毛病如此,則是“做學教”分家,不是“做學教合一”了!

準上以觀,“做學教合一”,是樁不易攪得清楚的事件。誰也都知道“兵猶火也”,用之得當,則可以厚生,不當則可以致死! “做學教合一”亦然;蓋思想上發生了誤解,則事實上必引起矛盾;根本既不知“做學教合一”的原則,那裏會爲“做學教合一”開美麗的花,收豐滿的果呢?

# 第七章　做學教的相互關係

在一個由人群組合而成的社會中，分不出“誰是做”“誰是學”“誰是教”；在一個人生的歷程裏，也分不出那一時期是“做”，那一時期是“學”，那一時期是“教”？

但是對環境中各種事物的活動，却始終是“做”：在這“做”上，對己是“學”，對人是“教”。“做”的就是“教”的，“教”的就是“學”的；怎樣“做”就怎樣“學”，怎樣“學”就怎樣“教”。這三者之中，分不出界限來的。“做學教合一”的相互關係，就最明白不過了！

本來一個人生活的歷程，由活動始，由活動終，没有活動，就不成其爲生物。换言之，没有活動，就没有生活，没有生活，就不能算人；况且人類的生活，是群體的生活，是社會的生活，故在每個活動中，祇要以客觀的眼光來分析起來，就有對事、對己、對人的三種關係：對事説，那個活動便是“做”；對己説：那個活動便是“學”；對人説：那個活動便是“教”。所以“做學教”一個活動裏的形成是這般的。在自己本身上説，好像没有“做學教”三樁事；但是“做”的活動，就是“學”的活動；“學”的活動，就是“教”的活動。簡言之，“做”就要“學”，“學”便該“做”；“做”就是“教”，“教”也該“做”。“做學教”是相聯而相貫的。

（例）譬如甲孩拍皮球，那拍皮球便是一種活動。在甲孩自身是始終如一的在“做”這個活動；但是他愈做愈精，拍球的方法，就在這活動上“學”了不少的經驗；同時和他在一起的乙孩是没有拍過球的；丙孩是會拍而未精的。他倆這時候，聚精會神的站在旁邊看，隱隱中已向甲孩請“教”；甲孩亦已不知不覺在“教”人“學”了。那末，這個拍球活動中，就含有“做學教合一”的深義。這便是所謂“在做上學”“在做上教”“以做爲教的中心”“以做爲學的中心”了。

明白點説：甲孩對拍皮球是“做”，對自己是“學”，對乙丙兩説，是“教”。他“做”的活動，就是“學”的活動；“學”的活動，就是“教”的活動。在整個的生活中,只有整個的活動;在整個的活動中,表面上看不出什麽"做學教"。但是隱隱中,已在這活動中過生活,求知識,應付環境,改造生活了! 故在社會環境的自然現象中,他的活動,不知不覺的會發生"做學教"的關係,這是天天有的事情。不過要用抽象的眼光,客觀的態度,才看得出有這: 對事——是"做";對己——是"學";對人——是"教"的現象發生。然而主觀者——即當局者——却只知道整個的活動着。但是無論你説東話西,指南道北,來來去去,去去來來,終跳不出這一個活動三方面的相互關係以外去。兹復圖證如下:

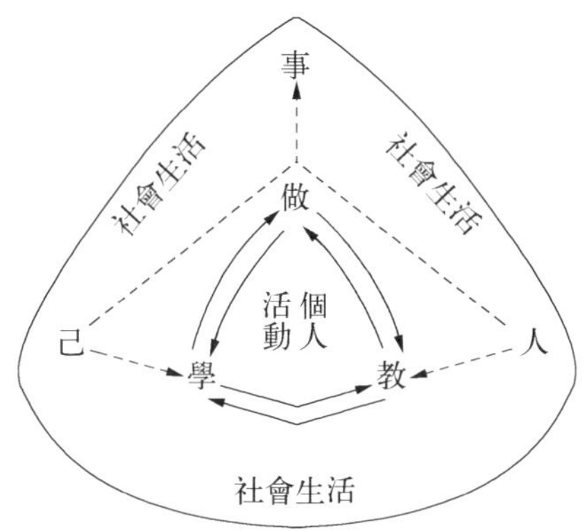


社會生活,是由各個的個人活動所形成的。所以個人的活動是社會的基礎;社會生活,是集個人活動的大成。

個人的活動,是整個的,且因脱不了社會生活,對社會生活,不能不負一部份責任,所以就有對事、對己、對人那三項的關係發生。

上圖所表虚綫: 對事——(一) 那個人的活動是"做";(二) 對己——那個人的活動是"學" ;(三) 對人——那個人的活動是"教"。

箭頭所表示的是: 每個人,每樁事,都免不了"做學教"三者,倘缺其一則變成無意識的盲動。所以每個活動,都須必有事焉的幹: 必須在"做"上教,在"做"上學;怎樣做就怎樣學,怎樣學,就怎樣教;教的法子根據學的法子,學的法子根據做的法子。這是"做學教合一"相互關係的“地義天經”，誰也不應否認的。

## 第八章　做學教應有的認識

在“做學教”原則之下，大家往往有一個似是而非，疑信參半的共通論調；他們以爲對於某一件事物的操作是“做”，去探求某一件事物的原理是“學”；去解決某一件事物的困難是“教”。

（例）比方燒飯這個活動，大家都以爲洗菜、挑水、燒火……都是“做”；看一本烹飪的書本是“學”；請教一次烹飪有經驗的人，是受“教”。

照上例所説是大錯特錯的！這是“做學教”分家，不是“做學教合一”。我們須認清燒飯是一個活動，要在這活動上“做”，在這個活動上“學”，在這個活動上“教”。爲了燒飯而看書是在“做”上“學”；爲了燒飯而受教於人，是在“做”上“教”；同時可將我的經驗影響於他人，也就是在“做”上“教”。我們不能把牠看做三件事。兹復舉例如下：

（例二）種稻這件事，是要在田裏“做”的，便須在田裏“學”，在田裏“教”。再進一步説：關於種稻的講解，不是爲講解而講解，乃是爲種稻而講解。關於種稻的看書，不是爲看書而看書，乃是爲種稻而看書。想把種稻教得好，要講什麽話就講什麽話；要用什麽書就看什麽書。

我們不能説：種稻是“做”，看書是“學”，講解是“教”。我們應認清：爲種稻而講解，講解也是“做”；爲種稻而看書，看書也是“做”。這是“種稻”的“做學教合一”。

一切生活的活動，都要如此，那纔可算是“做學教”原則下的有意義生活。否則，教自教，學自學，連做也不是真“做”了。這是做學教應認識的第一點。

其次，例如：

A 耕田、種稻……似乎都是“做”，然而在“做學教”原則之下，却不一定是真正的“做”。

B看書、作文……照上面説來，似乎也都是“做”，然而在“做學教”原則之下，也不一定是真正的“做”。

這般説來，好像與上文矛盾了！實則不然，我們要知道：爲了種稻而耕田，那耕田才是真正的“做”；爲了種稻而看書，那看書是真正的“做”；爲了種稻而作文，那作文，也是真正的“做”。

盲目的活動，不是“做”；無目的的看書，不是“做”；胡思亂想的，不是“做”；耑門勞心的，不是“做”；專門勞力的，也不是“做”。簡單點説：不能在“勞力上勞心”，“勞心上勞力”的，都不是“做”，是無意識的蠻幹；算不上真正的“做”。——因爲盲目的活動，是没有目的，没有歸宿的！

胡思亂想的做，是超越時代，脱離現實生活的，所以也不是“做”。還有只知在腦子裏翻筋斗的，是一種空想，妄想，或者是玄想，不合實際生活的經驗的，更不是“做”。至於耑門勞力而不勞心的下意識活動，那簡直是社會生活進步的障礙，尤其不是真正的“做”。

教育的目的，是要求適應環境，改造社會，增進生活的。所以生活化的教育法——“做學教合一”，是要以“做”爲“學”的中心，以“做”爲“教”的中心的。牠——做學教——是一切事物發明的源泉，是一切事物的歸宿點。牠——做學教——可以征服自然，可以改進生活，可以革新社會，可以改造環境。“做學教”原則下的“做”，其可貴之點在此。這是應該認識的第二點。

知識之搜集，是要從生活經驗得來的。從生活經驗得來的知識，才是活的知識，真的知識。

中國人一談到教育，就會想到“讀書要做讀書人”，而對於能否用書，能否把書中所記述的前人的經驗體會過來，作改良生活的工具，這是半夜做夢也想不到的！中國教育之壞，即壞於此。

我們須知道書本衹能做記載前人的知識經驗傳遞今人，今人的知識經驗傳給後人的工具。除掉書本以外,應當竭力在現實生活環境中找新生活,造新環境。“做學教合一”是要吾人不死讀書本,不做書本的奴隸;要自己去利用書本,利用前人已有的經驗爲創造新經驗的準備。

陶知行先生説:“書只能用,不必讀。”就是説書只能做我們增進生活的參考,改造生活的階梯的意思!

一般人中了傳統思想的“讀書人”的毒,便忽視了“生活經驗裏活知識之搜集”。以古人爲龜鑑,奉古書爲圭臬;食古而不化,致國家文化形成不進即退的危機。而惴惴以爲“做學教合一”的學校,少讀書的機會,恐怕把學生的程度降低!這或者是一種新理論發現後必呈的現象吧?

吾人姑無論其所慮是否得當,衹要請他從“做學教”原則下所得的經驗上估計一下,則不難使其掉頭相向呢?

總之在三度量裏,説四度量的話,其價值等於癡人説夢。但是叫他一到四度量内去,不難恍然回顧三度量的狹小,而四度量來得廣大了!在被傳統思想迷惑着的人們,他不肯輕易放棄那“讀書人讀書”的成見,這是無怪其然的!我們只希望初茁嫩芽的“做學教”達到開鮮花,收美果的一日,則不難使懷疑者,或徬徨歧路者,覺悟到“原來書本以外,尚有偌大寶藏在”的信念來!這是“做學教合一”原則下,應該認識的第三點。

在“做學教合一”原則之下,社會的活動,是一樁很重要的工作,因爲教育與社會不能分手,教育之花,應叫牠化爲社會之果。教育的勢力,應深入社會的裏面去改造現實的一切。否則,那生活與教育,還是不能結合起來的。我們要知道學校的圍牆,應打在社會輪廓之外去,而使教育之芽,得在社會中發榮滋長!切勿以爲教育是校門以内的事體,與社會格格不入,漠不相關!這是“做學教”原則之下,應有認識的第四點。

基上四點，可知“做學教合一”内容的複雜，實施之不易，而使命之重大了！著者不憚詞費，特在本章内反覆伸論如上；深願全國教育界有以正之，俾使這尚在嬰兒時代的“做學教”，能達長大成人之一日，則非但著者之幸，抑亦全民之福了！

## 第九章　做學教合一即生活

中國過去教育之錯誤，已於本書内第二章略論及之；但是我們既已提出打倒的口號。我們所需要的，當然是切合實際生活的教育，是要從這生活主義的教育，培植“手腦雙全”的活動份子。

生活主義的教育，不是現在始創的，一部分的人們，差不多天天也在喊着生活主義的教育的口號；可是歷年以來，却終不能把生活與教育結起婚來，以至造成單戀，悵惘，徬徨歧路；甚且途窮路末；性情燥急者自殺，柔順者萎靡不振，至少是在社會上做一個分利者。結成這般教育之惡果，是樁多麽痛心的事情！

覺悟的教育家，曾爲現代學校教育的病象，下了三個總裁判如後，但是尚在有期徒刑之列，事實上已應該判處死刑呢。

(1) 罪在書本之傳授；宰割其萬能的雙手。

(2) 唆使被教育者不勞而獲，形同竊盜……等教唆罪。

(3) 唆使被教育者做人上人，造成統治階級；其罪等於謀叛。

兹復將事實證明如下：

1. 病在祗教小學生背誦“牛耕田，馬挽車”……的文句，不一定要使他知道：牛和馬是怎樣的？田與車是怎樣的？耕同挽是甚麽一回事？只要兒童能够熟讀書本，能够琅琅上口；先生所傳授的，能够像交貨脱貨一般，一件件照式照樣還給先生，那就括括叫了！什麽真智識，僞智識；實際生活，空際生活，那是不干他老先生的事的！現在的小學、中學、大學裏的學生，一天忙到晚，專在書本上，在死的文字裏用功夫；而不知在事實上，在活的環境裏用工夫。結果乃弄成學非所用,不切實際的僞智識階級,形成社會裏的畸零人!

2. 病在日常生活裏的供應如洒掃、洗衣、烹飪……等事件,都要校工或旁人代庖;文牘、會計、庶務……等事務,均委職員去做。所以學校變成臭官衙;教師變成官僚化;學生變成少爺化、小姐化。

3. 人在人群中生活着,本來没有"人上人""人下人"的,然而,現在的一般教師却偏偏要鼓勵學生做"人上人"。我們試往各個學校裏的教室去,至少會聽到:"你們——學生——都須向上學,用功讀書,將來好做人上人……"的一篇同流合污、異途同歸的老話頭。他們視讀書爲了不得的一樁事,視爲"升官發財的終南捷徑"。他要教人分利不生利,會吃白米飯,不屑做種稻的老農夫;會穿西裝,不知物力之何來? 會住洋房子,不懂造林子;會坐汽車,會吃大菜……會……的無聊教育!

這"人上人"三字的内涵,不外是"勞心者治人,勞力者治於人。"含有"統治階級"的意味。社會上的一切紛擾,階級鬥争,都是從這不良的教育中造成的! 咳! 危險吧!

以上所舉的三種惡現象,確是教育上的大錯誤、大缺陷、大危機!究其所以致此之由,正是爲了生活與教育脱了輻的緣故!

他們没有知道在生活的歷程中,從各方去搜集新知識,他們認錯了以爲"認識文字,便認識了知識"。所以只知注重書本上面死知識,死文字之傳授,而忽了那實際生活裏的真知灼見。

他們更没有知道人生所需的衣食住行……等一切東西,都是勞動的結晶;人生既不能不需要那些東西,就不能不"在勞力上勞心""手與腦並用",來度"做學教合一"的生活法。

教育是適應人生的,是應培養人生的生産能力的,是要培養人生的生産興味的。他們都患了短視,觀察不到這一層,便以教師學生爲超然的階級,自甘處於受人豢養者,墮落到分利而成一社會中寄生蟲;社會上像這樣的學校,多辦了一個,則多一製造寄生蟲的機關;多一這般的學生子,就多了一條寄生蟲。那末,像這樣的教育普及以後,只怕飯米、衣料、柴薪……都要鬧起飢荒來;哀鴻遍野,餓殍載道,不難即刻呈現於眼前了!危險吧!

他們更没有知道任何人都是社會的動物,在整個的社會中,分不出誰是“人上人”“人下人”。你、我、他、男、女……一樣是人群的一分子,假使你要做“人上人”,除非請他跳出這人群,離開這社會!他們受了幾千年古帝王的厚禄豐勛,迷醉賢智的愚民政策。事到如今,還在那裏做“升官發財”“不勞而獲”的迷夢。揚揚自得的讀書人只要讀書,自尊其所尊,自貴其所貴,説他是超乎人群的讀書人,甘爲社會的蝥賊而不之顧!

與實際生活分了家的教育,孕成這樣的惡果,我們便不能不掉個方向,使生活與教育結合起來。

結合的惟一方法,就是“做學教合一”,因爲“做學教合一”是生活法,也便是最新出現的教育法。

## 第十章　做學教最後的歸宿

“做學教合一”,既是革命的教育的犀鋒利械,那其最後的歸宿點有二:

1. 消滅教育界;拆毁學校與社會,生活與課程隔着的圍牆;剷除寄生蟲一般的教師和學生:

我們相信“世界以外無書籍,事實以外無教材”。真美善的教育法,應以“宇宙爲教室,萬物爲導師,生活爲課程。”這真美善的教育法,就是生活法;生活化的教育法,除“做學教合一”以外,無他法。

牠——做學教——極端否認教育有界,牠以爲世界上的萬物,都有教育之涵義,教育之可能。他認清現在的教育界,是世界上的贅疣;因爲吾人在一個時間和空間上,既不應脱離教育二字,即都應過着“做學教合一”的有意義生活。牠尤其崇拜農、工、商……等匠藝教徒弟的時候，既没有富麗堂皇宫殿式的教室，又不用莊嚴萬千“官僚化的教員”。而教育的力量却比所謂農、工、商……等學校也者，成功多而結果好。這是因爲他們能以“宇宙爲教室，生活爲課程”；而又在“做上教”“做上學”的緣故。牠主張消滅教育界；主張把現在的教育界，改良其方法，充實其内容後擴而大其範圍，俾普遍於全人類，全事業。换言之，就是立足於社會的人，無論其叫化子也好，綁票匪也好，人人都跳不出這個“做學教合一”的生活化之教育法的圈子。

牠——做學教——目睹現在的學校與社會、生活和課程。都有馬嘴不對牛頭，共床各做異夢的惡現象！牠主張做一個魯仲連，自愿做一個和事老；想把已經宣告離婚，如車脱輻的學校與社會、生活和教育，好好的打成一片。

最後，牠認爲這離間着的萬仞重牆，遇必要時當用大刀闊斧來摧毁牠，破壞牠，否則，恐非國家之福，民衆之幸啊！

牠——做學教——又睹目前的學校教師，只是埋着頭去教學生；（一）會唸書，而不會用書；（二）會開口，而不會動手；（三）會分利，而不會生利；（四）只知不勞而獲，做人上人；（五）會吃飯，而不屑種田；（六）會穿衣，而不知種棉……於是把富的教得變窮，窮的更加窮；强的教得變弱，弱的格外弱！牠認爲這樣的教育，不僅斲喪人才，簡直遺害社會國家和民族前途不淺！從這種教育裏培植出來的人才，將來必爲萬人唾駡的罪魁！牠認清這種奇耻大辱都由教育者自召致之。將來即無人爲之剷除，牠自己亦已應在淘汰之列！

總之，牠——做學教——既認清了目標，抱定了大無畏的精神，確已樹起革命的旗幟，下了挑戰的决心。“即行即知”“屢敗屢戰”，爲中國教育創一新途徑；爲中華民族，拓一新生路；爲世界人類，開一新紀元。牠這事業果能成功，則教育可以無界，學校可以取消，教員可以淘汰！

2. 以教育的力量來代替一切:

吴稚暉先生説:"無所謂革命,即教育而已;……日日教育,就是日日革命。亦即教育革命而已!"這是多麽確切而有經驗的話!

誰也都知道,姑無論其是幹黨、軍、政、……的大人先生也好,幹農、工、商……的市儈、匠藝也好,若無充分的教育去涵養,那就可以斷定:黨、軍、政……一定幹得一塌糊塗,農、工、商……一定攪得亂七八糟!

我們相信:要使黨、軍、政……清明,農、工、商……發達,非從教育上根本訓練不可,非用教育的力量深入牠們的隊裏去不可。

但是,最好的教育法是什麽?真善美的教育法是什麽?即"做學教合一"而已。因爲"做學教"是生活化的教育法,牠要在做上學,在做上教;什麽無意識的蠻幹,無目的的盲動,在"做學教合一"的原則之下,是絶對没有的。所以隨時隨地,一舉一動,都在"必有事焉"上用功夫,都有"做學教合一"的涵義!那末,世界上一切"馬馬虎虎","糊裏糊塗"……的事情,都消滅於無形——在"做學教合一"的立場上説——同時,就可把剥削、攘奪、争名、競利、詐僞、誣陷……等事情都消歸於烏有,世界不難進於大同了!

如此説來,教育乃是太上事業,做學教又是這太上事業的利械。無論其爲黨、軍、政、農、工、商、兵……都須從教育上幹起,都須從"做學教合一"的立場上幹起。其所負使命,何等重而且大!其最後的歸宿,何等深而且長!吾人深願牠的力量普遍於大地,深入於民衆的心坎,爲全人類開闢新世界,展拓新紀元!以期實現十八年四月二十六日國民政府公布的《中華民國教育宗旨及其實施方針案》内之"中華民國之教育,根據三民主義以充實人民生活、扶植社會生存、發展國民生計、延續民族生命爲目的。務祈民族獨立、民權普遍、民生發展,以促進世界大同。"

# 附録(一)

贅言:“做學教合一”的新理論産生未久,已引起了全國教育界不少的反應。“做學教合一”的創始者——陶知行先生,最近復有很深長、簡括的言論發見,的是“做學教合一”的一個總解釋,爰亟筆録之,以供關心此問題者之研究:

1. “做”字的新定義——“做學教合一”應集中在一個“做”字上面,這是當然的,因爲“做學教合一”的理論,也是集中在“做”之一字。所以必先要把“做”字澈底的説明一番,然後其餘的問題,便可迎刃而解了。

“做”字有個新而特别的定義,這定義,就是“在勞力上勞心”。單純的“勞力”,只是蠻幹,不能算“做”;單純的“勞心”,只是空想,也不能算“做”。真正的“做”,只是“在勞力上勞心”。

我們“做”一件事,便要想如何可以把這件事做得好,如何運用書本,如何運用别人的經驗,如何改造用得着的一切工具,……那末,纔使這件事“做”得好!

同時,還要想到這事和别事的關係,這事和别事的互相影響。我們要從具體想到抽象;從我想想到共想;從片段想到系統。這都是“在勞力上勞心”的功夫,不如此,則既不是“在勞力上勞心”,也便不是真正的“做”了!

2. “做”與各器官的關係——“做”事必須用器官,“做”什麽事?用什麽器官。耳、目、口、鼻、四肢、百體……都是要活用的。所以有的事,要用耳做,有的事,要用眼做,有的事,要用嘴做,有的事,要用脚做,有的事,要用手做,有的事,要用牠們——耳目口……一起來分工合做。

中國教育普遍的誤解,以爲是:用嘴講,便是“教”;用耳聽,便是“學”;用手幹,便是“做”。這般一來,不但是誤解了“做”,也便是誤解了“學”和“教”了。

我們主張“做學教”是一件事的三方面：對事説是“做”；對自己的進步或退步説是“學”；對别人的影響説是“教”。做要用手，即學要用手，教要用手；做要用耳，即學要用耳，教要用耳；做要用眼，即學要用眼，教要用眼。做要用什麽器官，即學要用什麽器官，教要用什麽器官。

3.“做”與一般工具的功用——“做”不但要用身上的器官，並且要用身外的工具。“做學教合一”的主張是：“做”什麽事便要用什麽工具。望遠鏡、顯微鏡、鋤頭、斧頭、筆桿、槍桿、書本子……都是工具，物雖死而用要活的工具。

中國目今教育界，還有一個更凶的誤解是：一提到教育，就聯想到筆桿和書本，以爲教育便是讀書和寫字。除了讀書寫字以外便不是教育。我們既以“做”爲中心，那末，“做”要用鋤頭，即學要用鋤頭，教要用鋤頭；“做”要用斧頭，即學要用斧頭，教要用斧頭；“做”要用書本，即學要用書本，教要用書本。吃麵要用筷子，喝湯要用匙子，這是誰也知道的。倘使有人用筷子喝湯，用匙子吃麵，大家定是不約而同的笑他是個大獃子。但是我們教育界現在何嘗不是很普遍的犯了這個流行症！?

中國的教員、學生和一般人的見解，實在太迷信於書本了！他們以爲書本可以耕田、織布、治國平天下；他們以爲要想耕田、織布、治國平天下……等事體，只要讀讀書，就可以會了！

書本固然是個重要的工具，但書本以外的工具還多着呢！你們試看一般的學校，專重於書本之傳授，所以講書便成爲教，讀書便成爲學，而那用鋤頭、斧頭的……便算是做了。這是“做學教”分家。他們忘記了書本也是“做”事所用的工具，看不出是和鋤頭、斧頭一樣的東西，於是就成了這差之毫釐，謬以千里的誤解了！

做一件事，要想幹得好，須用鋤頭的便用鋤頭；須用斧頭的便用斧頭;須用書本的便用書本;須合用數樣、數十樣工具的,便合用數樣數十樣的工具。我們當然不是排斥書本,但決不許書本做狄克推多,更不許書本與“做”脱離關係,而成爲所謂“教學”的神秘物。

4. 公共的中心——“做學教合一”,有個公共的中心,這“中心”就是“事”,就是實際生活。怎樣是實際生活?説得明白點,就是日常生活。積日爲年,積年爲終身,實際生活,便是人生的一切。分析開來,戰勝實際的困難,解決實際的問題,生實際的利,格實際的物,愛實際的人,求實際的衣食住行,回溯實際的既往,改造實際的現在,探測實際的未來:這些事總結起來,雖不敢説概括全部人生,但人生除了這些事還有什麽?在做這些事上去學,去教,雖不敢説有十分收成,但是教成的,與學得的,必是真本領。實行這種教育——做學教合一——的學校或社會,雖不敢必其進步一日千里,但是脚踏實地的幫助人類天演歷程向上向前運行,决不致於落空,那是可以斷言的。换言之,决不致教育人類和社會没有進化或致退步,這是“做學教合一”可以自慰而慰人的。

5. 教育是社會經驗之改造者——“教育是傳遞社會的經驗”,這句話不能概括一切教育。假使教育是僅僅把社會的經驗傳遞下去,那就缺少進步的動力。所以與其説“教育是社會經驗之傳遞者”,不如説:“教育是社會經驗之改造者”。

教育上之所謂經驗,原有兩種意思:一種是個人的;一種是人類全體的。但是經驗無論屬於個人或人類全體,决無超越時間和空間的可能。我們至多只可説:有些社會經驗,是不限於一時代、一地域的。經驗又有直接和間接的分别,這當然是不可否認的。

6. 接知如接枝——直接的經驗,就是真知識;真知識是要安根在經驗裏的。但是樣樣的智識,都要從自己的直接經驗上得來,這是大聖大賢也勢所不能的。因爲我們若抹煞别人經驗裏所發生的知識而不去運用,那真可算是大獃子了!

（例）比方某甲因觸電而幾至斃命，這是某甲從經驗裏得來的真知識；假使某乙在旁見了，他不知運用某甲的經驗，而自去觸電斃命，事前不會用某甲的經驗來求避免以致枉死。我相信這樣的大獃子，是連枉死城中也不易找得出的“鳳毛麟角”吧？

我們應該知道，在“做學教合一”的原則下，最重大的問題是要如何運用別人經驗裏所發生的智識，使牠成爲我們的真智識，而不要成爲我們的僞智識。

（例）比如接樹：這一種樹枝，可以接到别一種樹枝上去，使牠格外發榮滋長，開更美麗的花，結更好吃之果。

如果把别人從經驗裏發生出來的真知識，接到我們從自己經驗裏發生出來的真知識上面去，那末，我們的知識必定格外擴充，生活必可格外豐富。

不過，我們要有自己的經驗做根，以這經驗所發生的知識做枝，然後别人的知識方才可以接得上去，别人的知識，方才成爲我們知識的一個有機體部分。

這樣一來，别人的知識在我們的經驗裏活着，我們的經驗，也就要生長到别人知識裏去開花結果。

至此别人的知識便成了我們的真智識；其實，牠已經不是别人的知識而是自己的知識了。

倘若對於某種知識，自己的經驗上無根可找，那末，無論如何勉强，也是接不活的。

以上便是“做學教合一”原則之下的所謂“接知如接枝”的道理。簡言之，就是説：我們必須有從自己經驗裏發生出來的知識做根，然後才能把别人的經驗接得上去。假使自己對於某事毫無經驗，我們相信他决不能運用或瞭解别人關於此事的經驗。

7. 舉一知萬——人類全體的經驗，雖和個人有些分别，但是我們必須有個人經驗做基礎，然後才能瞭解或運用人類全體的經驗，我們必須以個人的經驗，來吸收人類全體的經驗。孔子説："舉一隅，不以三隅反，則不復也。"荀子曰："以一知萬。"無論他是"一隅三反"，或是"以一知萬"，我們可以知道那個"一"字，必定是安根在自己經驗裏的。

我們更應該知道，自己經驗裏的"一"，是一切知識的起點，有了這個"一"，才能收"三反""知萬"之效。

墨辯分知識爲聞、説、親三種。"説曰：'知，傳受之，聞也；方不㢓，説也；身觀焉，親也。'""聞知"，是别人傳授進來的；"説知"，是自己推想出來的；"親知"，是自己經驗出來的。依"做學教合一"的理論説來，"親知"，是一切知識的基礎；没有"親知"做基礎，"聞知"和"説知"，均係不可能的事體。——因爲没有"親知"做安根。

8. 以哥倫布發現新大陸爲證——現在可以引哥倫布發現新大陸一事爲證：如果我們很正確的知道哥倫布發現新大陸的經過，恐怕要請國民政府效法西班牙王，撥下一只大帆船，横渡大西洋才行。即使這樣辦，我們也不能得到完全與哥倫布相同的經驗，因爲現在的情形，和我們的同伴，决不能和哥倫布那時候一樣。

可是，我們爲什麼要這樣正確的知道他發現新大陸的經過？即使是探險家，也不須復演這套老把戲；現在已有更好的海船和工具，决不致發獃氣去模仿哥倫布。"做學教合一"的理論，既不曾主張普通人去模仿特殊人物的特殊事業，"做學教合一"的實際，也不曾主張現代人去復演前代人物之過去事業。那末，所要知道的，是哥倫布發現新大陸的大概情形和影響。但是，要使人知道這件事上，便有兩種不同的辦法：一種是迷信書本的記載，别人的演講，以及所有代表經驗的儲藏庫，以爲只要讀哥倫布的書本，聽哥倫布的故事，便能十分明白，再也用不着任何直接經驗了。一種是確信直接經驗爲瞭解一切事實的基礎，所以要想大略瞭解一切事實的基礎，要想瞭解哥倫布之發現新大陸，也必要各個人的直接經驗做基礎，才能瞭解别人所寫所講的哥倫布故事，才能推想到哥倫布當年的航海情形，想像出哥倫布發現新大陸以後的影響。

假使只知運用書籍演講，那是和第一種迷信書本的記載，迷信別人的演講的人，簡直是“半斤八兩”。所以他若能進一步審查那用以瞭解書本演講中之哥侖布之個人直接經驗是否充分；如不充分，他便認爲他的第一責任是使學生在“做”上補充這種經驗，然後再叫學生去看書、聽講、推論。否則，那便是“耳邊風”，或是“走馬看花”，決定接不上絲毫真知識來。無論你説者説得“天花亂墜”，寫的寫得“湖紙玲瑯”，終生不出半點影響來的。

用以瞭解哥侖布發現新大陸所需的直接經驗是什麽？這可不能一一數出，只好提要列舉數種：坐過帆海船，渡過海，在海裏遇過大風暴雨，受過同事陰謀加害，看過野人生活，住過荒涼大陸……諸如此類，都是瞭解哥侖布故事的直接經驗。如果没有渡過海，不得已而求其次，也要渡過湖，再其次，也要渡過江，更其次，也要渡過河，萬不得已，也要看過池塘。倘使没有坐過海帆船，不得已而求其次，也要坐過鄱陽湖裏的民船，再其次，也要坐過秦淮河裏的花船，更其次，也要坐過西湖或湘湖裏的小划船，頂頂起馬，也要看過下雨時，堂前積水上之竹頭木屑，在水面上如何如何的飄泊，倘使這些直接經驗一點也没有，那我不知道他們打從那裏來會懂得哥侖布之探險?!

9. 以火星爲證——火星裏的生活，必須到火星裏面去過，才能知道清楚，即使我没有去，但至少也要有人到過火星回來，把火星裏的生活告訴我，同時，我又有足以瞭解這生活之基本經驗，纔能間接知道清楚。

但是，如今還没有人到過火星，那末，火星裏的生活，是決没有知道清楚的。關於火星的事，現在知道最正確的，也不過是用望遠鏡所能看到，用算術所能推算得出的知識而已。最大的天文學家，也只能承認他對於火星，衹知道一點皮毛。雖然只知道這點皮毛，但“做學教合一”的天文學家，必定要在天文台上，用望遠鏡及高等數學，在

“做”上去求得關於火星的知識。萬一得不到望遠鏡，也至少要用肉眼對着火星去考究。關於火星的書，他是要看的；關於火星的演講，他是要聽的；但他必定要得到最好的望遠鏡看一看，才算甘心！不然，他假使一有辦法，必定要到火星裏去與火星人共同過一次生活，才能滿足他的求知慾。

10. 以空氣爲例——分子運動、原子運動、電子運動……都是科學家從研究物質上推想出來的理論以解釋種種物質的現象。我們要想真正瞭解這些理論，必須從研究物質的現象入手。在研究物質的現象上“做學教”，是瞭解這些現象上的理想中最有效的辦法。倘使真要拿分子運動裏的生活，來説明“做學教合一”，我們便可舉空氣爲例：分子運動速率增加便覺熱，速率減少便覺冷。我們要想明白分子運動的速率，這氣候的冷熱，却是眼面前一個最顯明的例子。

11. 以飛機無綫電爲例證——飛機和無綫電的知識，可分爲二級：第一級，是製造的知識。製造飛機與無綫電的知識，都要從製造上得來，方爲有效。他要在造上學，在造上教，才能一舉而成。若單在書上學，在書上教，等到造的時候，勢必重新學過，則以前所學的等於耗費了！

第二級是要瞭解知識。這級知識，可從别人那裏或書本上的經驗得來，但學的人，必須有些基本的直接知識才能接得上去。這些基本的直接知識，都是從“做”上得來的。倘使没有從“做”上得來的基本的直接知識，那末，書上所寫的飛機，嘴裏所講的無綫電話，都與學的人漠不相關。

12. “做”是學教的基礎——有了上面的總解釋，我們可以相信“做”是“學”的一切、“教”的一切之基礎。那就無往而不應在“做”上學，“做”上教。但是人生幾何，至多亦不過百年已耳，事實上那裏“做”得完，“學”得完，“教”得完？我們只要遇一事則估量價值，揀那對人生最有貢獻的，最合乎自己的才能需要的去做、去學、去教。那不能參加的只好不參加，不必需要的就不要，不能做的也只好不做。除此以外，還有什麼辦法呢？

不過，人生既爲大事而來，就該做一大事而去！祇要在“做學教”的立場上，打定“做”的基礎就是了。

13. 以牛頓爲證——牛頓看見一個蘋菓落下地上，便發一問：“爲什麼這蘋菓不向天上飛呢？”從蘋菓下墜推到一切，於是想出萬有引力的理論，以解釋這些現象。牛頓看見蘋菓下墜，便是用眼做；他從蘋菓下墜，就推想到一切，以至想出萬有引力的理論，乃是用腦做了。

14. 陽明學説之背謬——王陽明先生雖倡“知行合一”，但是不知不覺中，仍舊脱不了傳統的知識論之影響，又誤於良知之説，所以一再發表“知是行之始，行是知之成”的言論。“做學教合一”的人，都知道這種見解，愈研究愈不對。

陶知行先生説：“行是知之始，知是行之成。”此種議論，恰與陽明先生相反。

誰也都知道：古今中外所發現第一流的真知灼見，實無一不是從“做”中得來。哲學家之發明學説，宗教家之創立教義，何嘗有一例外？上面所説的“牛頓”已是一個鐵證！兹更引二三中外哲人，以資説明：

A. 孔子少賤，故多能鄙事。他入太廟，每事問。晨門稱他是“知其不可而爲之者”。多能鄙“事”，每“事”問，知其不可而爲之，便是孔子發明他的哲學之根源。

B. 達爾文、瓦雷士的天擇學説，不是從天上憑空掉下來的，也不是從腦筋裏空想出來的；乃是在動植物中，經年累月的一面幹，一面想；幹透了，想通了，然後才有這樣驚人的發見。

C. 耶穌基督、釋迦牟尼之創立教義，也不是憑空冥想出來的。試把佛教經典，及基督教的《新約全書》打開一看，便知道他們所闡明的教義，並不是整套同時公布出來；他們是在衆生中，隨行隨明，隨明隨傳的。

由此我們可以下一結論曰:"'哲學起於懷疑','宗教起於信仰';懷疑與信仰,都是應生活需要而來的,都是在做學教合一上面發見的。"

15. 不承認精神與身體分家——我們既以"在勞力上勞心"算爲"做"的定義,當然不能承認身體與精神分家。自動的涵義,便是同時具有力與心之作用,即同時要求身體與精神之合作。"做學教合一",既是人生之説明,所以人人都在做,都在學,都在教。但是"做"錯了,學與教都跟着錯。

怎樣會"做"錯呢?錯用目的,錯用器官,錯用工具,錯用方法,錯用力量,錯走路綫。……這些,都會叫人"做"錯,即會叫人學錯、教錯。

"做學教合一"的要求是:事怎樣做,便怎樣學;怎樣學,就怎樣教。教的法子,根據學的法子,學的法子,根據做的法子。做一事,就免不了這三方面。所以"做學教"是有連環性的。

16. 以革命爲證——革命這件事,要怎樣"做"才能成功?這是我們要首先考察明白的。我們試分析起來,覺得要想革命成功,須有種種條件如下:

A. 適應現代中國需要之主義;

B. 忠勇廉潔愛民的領袖;

C. 紀律嚴明、器械精良的武力;

D. 特具獨立發明之學術;

E. 開源節流的財政;

F. 訓練自立愛國民衆之教育;

G. 聯合世界上以平等待我之民族;

H. 貼標語;

I. 遊行……等等,假使革命要滿足這些條件才能成功,那末,革命"做學教"就該在這些事上整個的"做"着,在這些事上整個的"學"着,在這些事上整個的"教"着。

倘若把頭幾樣撇開，只以"貼標語"、"遊行"爲能事，做雖是做，却是做錯了！因爲把以前幾樣拋開，這是忘本的；所以你在"貼標語"或"遊行"時，在這"做"上，至少須把以前的條件"學着"、"教着"，那末，方才發生效力；否則，是徒勞而無功的！

17. 做學教原則下的看書——"做學教合一"的學校，看書的時間是有規定的；所看的書，也有一部份是指定的。但比別的學校，要自由得多。所以對於書籍，有一條方針：做什麽事，用什麽書。牠——做學教——極力反對爲讀書而讀書；牠——做學教——極力主張爲做事而用書。

但是牠——做學教——現在尚是摸黑路，天天向着光明大道上跑。牠——做學教——想依據生活歷程，編輯一個最低限度的《用書目録》，將來編成之後，看書和用書，就可以上軌道了。

在"做學教合一"的學校過生活的學生，只要謹守"在勞力上勞心"的原則，自然能從具體歸向理論，能從片段走向系統了。

18. 技能與智識——誰也都知道，技能與智識是分不開的。鐵匠或木匠司務，只會把徒弟教成一成不變的鐵匠或木匠，一式一樣的永久不知變化，這是實未足以盡教育之能事：

A. 因爲中國的一般鐵匠、木匠，實在是有一部分教錯了。從粗枝大葉，犖犖大者來説，他們只知"勞力"而不會"勞心"，以致技能與知識都不能充分發展，形成不進則退的病症，長此以往將焉能與這二十世紀物質文明的時代相角勝？

B. 因爲他們除了呆版的職業訓練以外，其餘關於人生需要的教育，都被漠視了；應具的 ABC 知識，也都被在遺棄之列了！這又是一樁多麽危險的事體呀！

假使中國的鐵匠、木匠，都"做"的不錯，"學"的不錯，"教"的不錯：能在"勞力上勞心"，各方面生活需要都能顧到，那末，鐵匠、木匠所應受的教育，便是人人應受的教育了。

王木匠要有技能和知識，也如同達爾文要有技能與知識一樣。達爾文假使没有辨别物種變異的技能，便不能發現天擇的學説；王木匠若没有由克雷地的幾何知識，便要做出七歪八斜的桌子來。

可是，王木匠和達爾文有個不同之點：王木匠把知識化成技能；達爾文却用技能産生知識。不過，王木匠倘使能用知識所變成的技能，進一步去産生新知識，那末，王木匠亦可成爲達爾文一流的人物了！假使達爾文停止在觀察生物的技能上，而不能用牠去發現天擇學説，那末，終達爾文之身，也不過是王木匠的兄弟罷了！

19. 幾個總綱領——“做學教合一”的理論和實際：要説到牠——做學教——的精微處，就搜羅普天地的萬象，集合中外古今的宏哲，實難以究其堂奥；要説到牠——做學教——平易呢，即婦人、孺子、村夫、牧童，也能知能行；换言之，衹要你用抽象的眼光，旁觀的態度，留心去觀察，則一舉措間，一瞬目中，均無往而非“做學教合一”！現在且將幾個總綱領寫在下面，俾供參閲：

A. “做學教合一”，是全人類生活進程中的 ABC。

B. 要想獲得人類全體的經驗，必須從“做學教合一”始，從“做學教合一”終，與“做學教合一”共終始，那才最有效力。

C. 生活教育，就是“做學教合一”。

D. 除了“飽食終日，無所用心”的猪子式的人生觀者外，誰也時時刻刻都須有“做學教合一”的心念。

E. “做學教合一”的生活法，是有意義的，是要“在勞力上勞心”的。

F. “做學教合一”，是有連鎖性的：怎樣做？就怎樣學；怎樣學？就怎樣教。教的法子，根據學的法子，學的法子，根據做的法子。

G. “做學教合一”，不但不忽視精神上的自動，而且又有身體上的自動。——因爲有“在勞力上勞心”，脚踏實地的“做”爲牠的中心，所以精神便隨這"做"而愈加奮發有爲。

## 附録(二)

理想必須應乎事實,否則,簡直是不切實際的"玄想",這"玄想"是於國、於家、於人、於己均無裨益的。

"做學教合一"這樁事,理想與事實能相符應嗎? 曰"能"! 你們試於燕子磯頭的曉莊學校,錢塘江畔的湘湖鄉師略一觀察,則教育革命的鮮明旗幟,嫩芽初茁的新鮮生活,都不難一幕一幕顯現在眼簾。目下雖尚無整個的有系統的報告,著者係在這新生活中的一子民,今特把牠倆的——曉莊、湘湖——現實生活,作一很簡括的報告。詳細情形,另在拙著《做學教合一概論》内羅述之。

1. 贅言——曉莊學校和湘湖師範……等,其惟一目標,是要培養創辦(一) 鄉村師範,(二) 鄉村小學的幹部人才的。所以牠倆的出發點是鄉村中心小學,鄉村中心小學的出發點是鄉村人民的生活。牠倆——曉莊、湘湖——就根據了鄉村人民的生活,而去培養創辦鄉村學校的師資的。

同時,牠倆——曉莊、湘湖——又兼顧到學生本身能力方面的修養,使他們能有一種生活力,使他們在現在或未來,到各種不同的自然環境或社會環境中去生活,得以適應社會,得以改造社會,得以改善生活。

因爲牠倆——曉莊、湘湖——的根據是如此,那末,牠倆的"教育目標"、"設施方針",……便從這上面産生,而與一般普通學校大殊大異了!

2. 教育目標——培養鄉村人民兒童所敬愛的導師。

分目標是:

A. 培養農夫的身手;

B. 培養科學的頭腦;

C. 培養藝術的態度;

D. 培養革命的精神;

E. 培養健康的身體。

3. 教育信條:

凡是幹鄉村教育的同志,都要把整個的心靈獻給全國三萬萬四千萬以上的農民。我們——幹鄉村教育者——要向着農民"燒心香",我們的心裏,要充滿了農民的甘苦。我們常常要念着農民的痛苦,常常要念着他們所想得到的幸福。我們必須有一個"農民甘苦化的心",才配爲農民服務,才配得上擔負改造鄉村生活的新使命。假使個個鄉村教師的心和身,都經過了"農民甘苦化",我們深信必定會叫中國個個鄉村都變做天堂,變做樂國,變做中華民國健全的自治單位。這是我們幹鄉村教育的人,時刻懷抱着的絶大希望,絶大的責任! 我們的座右書紳的信條是:

A. 我們深信:教育是國家萬年根本大計。

B. 我們深信:生活是教育的中心。

C. 我們深信:健康是生活的出發點,也就是教育的出發點。

D. 我們深信:教育應當培植生活力,使學生向上長。

E. 我們深信:教育應當把環境的阻力,化爲助力。

F. 我們深信:做法、學法、教法合一。

G. 我們深信:師生共生活、同甘苦爲最好的教育。

H. 我們深信:教師應當以身作則。

I. 我們深信:教師應當"學而不厭",才能"誨人不倦"。

J. 我們深信:教師應當運用困難,以發展思想及奮鬥精神。

K. 我們深信:教師應當做人民的朋友。

L. 我們深信:鄉村學校,應當做改造鄉村生活的中心。

M. 我們深信:鄉村教師,必須有:農人的身手;科學的頭腦;藝術的興趣;康健的體魄;改造社會的精神。

N. 我們深信：鄉村教師，應當做改造鄉村生活的靈魂。

O. 我們深信：鄉村教師，應當運用科學的方法，去征服自然；美術的觀念，去改造社會。

P. 我們深信：鄉村教師，要用最少的經費，辦理最好的教育。

Q. 我們深信：最高尚的精神，是人生無價之寶，非金錢所能買得來的，就不必靠金錢而後振作，也不可因錢少而推諉。

R. 我們深信：如果全國教師，對於兒童教育，都有"鞠躬盡瘁，死而後已"的決心，必能爲我們民族創造一個偉大的新生命。

4. 教育標語：

A. 增進農民生産力。

B. 發展農民自治力。

C. 打破奢侈的教育。

D. 打破閉門的教育。

E. 打破外化的教育。

F. 打破死的教育，創造活的教育。

G. 打破假的教育，創造真的教育。

H. 以教育的力量，建設新中國。

5. 做學教活動：

他倆——曉莊、湘湖——全部的生活，就是全部的課程。牠倆既没有所謂課外的生活，也没有什麽生活外的課程。惟爲分工合作便利起見，計將全部生活分成五門：

A. 中心小學生活做學教。

B. 中心小學行政做學教。

C. 師範學校校務做學教。

D. 征服自然環境做學教。

E. 改造社會環境做學教。

按：牠倆——曉莊、湘湖——的所謂中心小學，與現在普通的一般中心小學，性質是不相同的。現在各地所辦的中心小學，大概都是模範小學的性質，爲全區的中心機關；或者是一小學區内的小學行政集中的地方。

牠倆——曉莊、湘湖——的中心小學，是要以鄉村實際生活爲中心的；同時，又要爲鄉村師範“做學教”的中心的。

普通師範學校的小學，叫做附屬小學；牠倆——曉莊、湘湖——是要打破附屬品的觀念，所以稱做中心小學。

中心小學，是師範學校的主腦，不是師範學校的附屬品；中心小學，是師範學校的母親，不是師範學校的兒子；中心小學，是師範學校的太陽，師範學校，是中心小學的行星，師範學校的使命：是要傳佈中心小學的精神、方法，和因地制宜的本領。兹將前列五種做學教活動情形很簡括的略述如後：

第一門活動——中心小學生活做學教：就是把中心小學的一切生活，做師範生的生活。

第二門活動——中心小學行政做學教：就是把中心小學的一切行政事宜，叫師範生分任整理進行。

第三門活動——師範學校校務做學教：就是把師範學校的文書、會計、庶務、燒飯、種地、掃地……等生活，叫師範生分别輪流擔任去做。牠倆——曉莊、湘湖——全個學校裏，只有一二個校工，耑管挑水……一類的事，其餘一切事無巨細，概列爲課程，由師生共同躬親操作。

第四門活動——征服天然環境做學教：是關於自然環境、自然生活的一種工作；同時要去利用自然，欣賞自然。好像農事做學教，清潔衛生做學教，自然做學教……等都是。

第五門活動——改造社會環境做學教：是對於現實的社會調查、統計、改善……等工作。例如調查農民生活，編查村民户口、農民娱樂、消費合作……等做學教是。此外尚有“會朋友”做學教一種，爲改造社會最重要的初步活動,他們要在這活動裹,下了根深蒂固的教育的種籽。

6. 做學教大綱:

牠倆——曉莊、湘湖——的全部做學教,皆以生活做中心。他們深信生活與課程不能分家,所以他們的做學教,就是他們的課程,也就是他們的生活。惟爲指導便利起見,將全部的做學教分成若干項,羅列如下:

(1) 國語做學教;

(2) 三民主義做學教;

(3) 歷史地理做學教;

(4) 算術做學教;

(5) 自然做學教;

(6) 藝術做學教;

(7) 音樂做學教;

(8) 園藝農事做學教;

(9) 體育遊戲做學教;

(10) 黨童子軍做學教;

(11) 教務做學教;

(12) 經濟做學教;

(13) 文書做學教;

(14) 會計做學教;

(15) 庶務做學教;

(16) 清潔做學教;

(17) 招待做學教;

(18) 編輯做學教;

(19) 設備做學教;

(20) 小學統計圖表做學教;

(21) 圖表統計做學教;

(22) 整理校舍做學教;

(23) 佈置校景做學教;

(24) 管理圖書做學教;

(25) 學校建築做學教;

(26) 科學的農事做學教;

(27) 工藝做學教;

(28) 醫藥衛生做學教;

(29) 村自治做學教;

(30) 消費合作做學教;

(31) 民衆教育做學教;

(32) 社會調查做學教;

(33) 農民娱樂做學教;

(34) 軍事國技做學教。

7. 日常生活情形:

他們没有什麽叫做教師,叫做教員;他們只有指導員,指導學生各種的做學教活動。指導員與學生共做、共學、共教、共生活、同甘苦。他們相信人非萬能,長於此者,未必長於彼。所以牠倆——曉莊、湘湖——學校裏,不但指導員對於學生負指導員之責,高級程度的學生,對於低級程度的同學,也要負指導之責;同時,學生亦可以指導指導員;他們相信導師不必全知全能,即不必全是教人,而不向人學。學生有一得之知、一技之長的,在那所長所知的事物上,他就可以教他。我們知道六十歲的老翁,可以向六歲的兒童學好些事體;大學的教授,也可以向鄉間的農人,學許多關於農事的智識與技能。會的教人,不會的向人學,這是我們不知不覺中天天有的現象。爲什麽學校之中,教師只教學生,學生不可以教教師呢?

牠倆——曉莊、湘湖——的學校裏,既没有教員,也没有職員,只有指導員。指導員可以指導學生,亦可以指導其他指導員。同時,學生也可以指導指導員,並可以指導其他同學。

例:農藝指導員,就可以指導我們全校師友的農事;拳術指導員,就指導全校師友的拳術。其他若國語、醫藥、音樂、形藝、生物……等事,也無不如此。同學之中,有長於織襪的,就指導大家織襪;有長於養蜂的,就指導大家養蜂;有長於烹飪的,就指導大家烹飪。而且我的同學,國文好的,就可以批閱其他同學的日記。

這是以“做學教合一”爲原則的學校裏,指導員和學生所有的一切生活,都應處此態度的。否則,指導員不願受教於學生,當然不願受教於老農夫!那末,這種指導員,就配不上指導幹鄉村教育的同志。學生不僅要受指導於指導員和同學,同時,也應向着鄉下人學好些事情,否則,也不配做這“做學教合一”原則之下的學校之學生!

他們是住在茅屋中的。每個茅屋,住十一個人。十個是同學,一個是指導員。好像村落一般,那個地方就成了一村,十一個人都叫做村民,生活完全鄉村化了。

圖書館(曉莊的圖書館名字很奇突,叫做“書獃子莫來館”。)、大會堂、飯館、農藝館、科學館、動物院、討論室、鄉村醫院……應有盡有。飯館(即廚房)附近,有菜圃,他們吃的菜蔬,大半取之於是,好像日本武者小路實篤的新村一樣;不過武者小路實篤的新村,是含有出世的意味,想在社會以外再有一個社會,生活以外再生一個不平常的生活的。牠倆——曉莊、湘湖——所懷抱的宗旨,却大不相同,牠倆的惟一目的是:“要把教育之力量,浸入鄉村社會裏面去,把鄉村社會從新改造起來。爲大中華民國,打定很牢固基礎;爲大中華民族,開一新生命的路。”牠倆——曉莊、湘湖——現在已行過奠基禮,已樹下鮮明的旗幟,已下了革命的决心了!同志們拭清眼睛看罷!聳起耳朵聽罷!捲起袖子,伸出臂膊來,加入陣綫去努力!奮鬥罷!

他們住的茅屋，都是自己蓋的。誰蓋的茅屋，誰去住。誰没有把茅屋蓋好，誰就没有住；没有住的，便住在帳篷裹去。假使他一年不蓋好茅屋，他就得在帳篷裹住上一整年。那住的十一個人，都要受茅屋指導員的指導，按照圖樣，造一個優美的、衛生的、堅固的、合用的、省錢的茅屋。個個人都要參加，都要動手，自校長以至學生，誰不動手，誰就没有享受住茅屋的權利。

著者按：湘湖因多風之故，房子都不是茅屋；但其餘情形，都和曉莊相同的。

他們喫的東西，都是自己做的。每個星期：吃二次葷，吃二次麵。其餘都是吃自己種的一二樣蔬菜。飯鐘一打，就有許多布衣草履的人來，團團圍立在桌邊，捧著粗大碗，拿了毛竹筷，虎嘯狼吞的吃一頓，菜根、糙米，别饒風味；田家樂，樂無邊，衹要身臨其境的嘗過一次，就有好多回味了！

燒飯：他們認爲非但是應盡的一種義務，並且是一種美術的生活。中山先生説過："烹調者，美術之一也。"做一樁事情，畫一幅圖畫，寫一張字，如能自慰慰人，就叫做美。燒飯，必得使那餐飯燒得好：能自家吃得愉快舒服，也能够使人家吃得愉快舒服，那就可以自慰慰人了，何況吃飯是人生根本的大問題。吾人一天到晚，無論做什麼事，都要看吃飯做標準。

掃地：也是他們日常生活的一種，他們主張：治國，平天下……等事情，都須於掃地上學起！他們以爲養成掃除骯髒的習慣，是人生應該有的；但是想更推廣到，能以掃地的魄力，去掃除全社會的、全國家的、全世界的一切骯髒東西！假使無論是誰何人，能隨時隨地，見骯髒就除，見污穢就掃！那末，必可使家庭無骯髒，社會無骯髒，國家無骯髒，世界無骯髒而後已！清明景象，就不難顯現於眼前來了！

對於"燒飯和掃地"他們更有極好的譬喻："掃地和燒飯，是'做學教合一'原則之下的學校中，最關重要的日常生活之一，他們以爲吾人一日整個的生活裹,這兩樁事做得不能自慰以慰人,則整個的生活根本發生影響。孫中山先生訓練士兵時,時常説:'你們當兵的人,都須愛護老百姓;因爲你們當兵的時候少,做老百姓的時候多!'所以我們正可推此言以及於'掃地'和'燒飯'——因爲我們住房子和吃飯的時候多,'掃地'和'燒飯'的時候少!"這是多麼重要而剴切的事情呀!

牠倆——曉莊、湘湖——每天一個晨會。他們每日六時前起床,六時一刻就開會,取"一日之計在於晨"的深意。故在開會時確定一日之工作計劃,努力實行,日有所成,月有所就,則一生事業可立根基,一生志愿可以實現!

開晨會的情形:是在每天六時一刻敲鐘,在一分鐘内,任何人都須趕到,隨便在做怎樣要緊的事情,都須暫時拋開——除非例外的——校長以至校工都不能違犯此種規律。人到齊後,就唱歌:農夫歌、鋤頭歌、鐮刀歌、……隨便唱,——由主席指定唱——唱罷,主席演説,同學演説(主席由指導員輪流擔任;同學演説,亦是輪流的。)至多各不得過五分鐘。演説完畢,即有各種報告,各種提議:提議事項,以生活上的困難及生活上的改進事項爲限。開會時間,至多只有三十分鐘;時間到後,無論你怎樣重要的事情,若非得多數人贊成延長時間,則無論如何都要散會。

8. 讀書法:

他們閱讀的書籍,計分二種:一是校中所規定必須閱讀者;二是可以自由閱讀者。校中規定的,每個月把書名公布一次,那些書的内容,都以合於教育目標者爲限;自由閱讀之書,則悉任性之所近,到圖書館去自由選擇,並不加以限制。但閱讀時,無論何書,都須作筆記,於每月終了時考核之。玆將每月指定書目,附録三個月所必要用的書名如下:

第一個學月:

A：三民主義；

B：民權初步；

C：鄉村教育經驗談；

D：各科教學做。

第二個學月：

A：心理學；

B：學校行政；

C：明日之學校；

D：其他。

第三個學月：

A：農學通論；

B：中國教育改造；

C：曉莊學校與中國鄉村教育；

D：其他。

9. 進行事業：

A：大學部——目的在培養辦理鄉村師範學校校長和指導員。曉莊早已開辦，湘湖則自十八年度第一學期起已奉國立浙江大學令行開辦。

B：高中部——目的在培養辦理鄉村中心小學校長，和級任教員。或鄉村師範指導員。

C：初中部——目的在培養鄉村小學教員，或鄉村小學校長；幼稚園教師。

D：幼稚師範部——目的在培養幼稚園，或低年級教員。

E：中心小學——曉莊已辦有八所，湘湖亦有五所，爲師範生“做學教”的中心。

F：中心幼稚園——爲師範生從事幼稚園“做學教”的中心。

G：民衆夜校——爲師範生從事民衆教育“做學教”的中心。

H：鄉村醫院——做鄉村衛生運動的中心，更爲實施醫藥衛生“做學教”的中心。

I：農藝館——分（一）農民生活狀况調查；（二）農事歷程；（三）農場管理；（四）農具改良；（五）農産製造……等項，以宣傳科學農藝，增進農人生産爲宗旨。

J：中心木匠店——依據生利主義，及做學教合一辦法，造就木工人才。活動除做木工外，兼教人生所必需的常識。

K：消費合作社——學校與社會一般農民共在消費合作原則之下組織之。

L：其他………………如借貸合作社……等均在進行中。

10.“做學教”草案舉隅：

牠倆——曉莊、湘湖——做學教分類有數十種之多，勢不能一一寫出，虛占篇幅。兹將烹飪做學教草案舉例如下，俾供參考：

| | | | |
|---|---|---|---|
| A. 大鍋飯 | 四次 | 每次一時一刻 | 時值五 |
| B. 大鍋粥 | 二次 | 每次一時半 | 時值三 |
| C. 小鍋飯 | 四次 | 每次一時 | 時值四 |
| D. 小鍋粥 | 二次 | 每次一時半 | 時值三 |
| E. 煑麵 | 四次 | 每次半時 | 時值二 |
| F. 春季菜 | 六次 | 每次一時半 | 時值九 |
| G. 夏季菜 | 六次 | 每次一時半 | 時值九 |
| H. 秋季菜 | 六次 | 每次一時半 | 時值九 |
| I. 冬季菜 | 六次 | 每次一時半 | 時值九 |

J. 餐事設備；K. 廚房管理；L. 飲食衛生；

M. 廚房建築；N. 預算……等。

11. 各科“做學教”内容：

各科做學教的内容，是分得很詳細的，每一科總有幾十條；幾十種做學教，合計起來，總有幾千條，勢不能完全摘録出來。但是這事

與實施做學教上很有關係,又不能不窺見一斑,俾供參考。茲特將(A)國語做學教,(B)農事做學教兩種内容分列如後:

(A)國語做學教内容:

甲:應行設備和試驗者:

1. 搜集本地民間文學——如故事、歌謠、諺語、兒曲、土白……等,加以整理後,輯成《某某(用地名名之,例如湘湖地方,則名《湘湖民間文藝集》。)民間文藝集》。

2. 限定若干生字,編成《民衆小叢書》。如係分同學爲幾團的,則每團輯成一種或一册;假使是不分團的,則每人限定作幾篇,供給民衆夜校應用。

3. 作《民衆字彙》,用最便捷而最簡明的檢字法;依據國音注音,並有最通俗的注釋。附成語俗詞釋義。

4. 搜集各書店所發行的國語教科書,擇要批評審訂。

5. 徵集各中心小學各種關於國語科的綴法、書法……等成績。作批評或報告,並統計。

6. 參觀各中心小學國語科做學教,作問題研究報告。

7. 作兒童圖畫故事二篇,或造意四篇。

8. 作兒童戲劇二本,並試演報告。

9. 向兒童講述故事十次,作筆記報告。

10. 作四篇詳細的做學教方案。(在中心小學應用的,四篇中包括詩歌、劇本、故事、語言等各一篇)

11. 編輯鄉土教材十篇。

12. 編複式學級,單級學級。共目的異程度的教材,每種各一節。(依照規定標準)

注:以上 1 至 5,11 至 12 每一學月,須做完二種。6 至 10,不拘期限,衹須於十個學月内做完。

乙:補充練習和應用者:

1. 應用：

A. 日記——連續一年以上並不間斷。

B. 寫信——每月至少二封，將稿繳交。

C. 文牘——做呈文、公函每月二篇。

D. 紀録——會場紀録每人每年二次。

2. 議論：

A. 演説——每半年一次，須交演講稿。

B. 作文——作時事論文一篇，普通一篇。(半年)

C. 讀文——閱論文選文十篇，作筆記。(半年)

3. 記叙：

A. 短記——作記事、記人、記景、短文各二篇。

B. 讀文——閱記叙文選文十篇，作筆記。(均半年)

4. 小説：

A. 作短篇小説二篇(五百字以内)，長篇小説一篇(一千字以上)。

B. 讀章回小説一部(約百回以内)，作筆記。

C. 讀短篇小説一部(約五十篇)，作筆記。

5. 詩歌：

A. 作抒情、寫景、叙事、寫意詩各一首。

B. 讀詩選二十首，作筆記。(均半年)

6. 戲劇：

A. 自作，或選用劇本，公演一次——學團活動。

B. 讀劇本及戲劇作法等，作筆記——個人活動。

注：以上標準並不固定，可隨時變更之。

(B) 農事做學教内容：

1：採用經濟栽培法，俾學生得知實地情形，惟不絶對放棄試驗性質，以求栽培法及品種之逐年改良。

2：農事做學教，因地利的關係，以某種作物爲中心材料；其餘輪栽作物，得自由支配。

3：以某一作物之一生（即自整地、播種起，至收穫爲止）爲農事做學教的單元。

4：土地分配後，該地即由該學生負完全管理以及設計實施之責。

5：分得土地後，該學生即須製定“全年計畫表”，擬訂栽培順序，以及其他應有之準備，如選種、肥料、人工估計、管理、預算（收入、支出）……等項，此表填好後，即交農事指導員。

6：農事做學教時，發生一切的問題，隨時公同研究。同開會形式，由農事指導員主席，發生問題者報告，公同追尋原由，并解決之。

7：實施做學教時，須將該作物之整個單元中發育之階段，逐一詳細記載。

8：除按時記載該作物之生活狀况外，更須逐日作日記，將工作經過、心得、疑問、參考、發育等詳情記出。

9：某種作物之生育過程中，即須注意育種（如棉之單本選種法等），逐年育得良種，另由推廣部分配農民。

10：每一單元開始時，指導員即須將全盤統籌計畫。指出參考書，使學生閲讀，并作筆記。

11：每一單元終了時，指導員彙集報告册及生育表，印發各生，以便與參考書對照，着手研究實際問題。

12：一單元終了後，須將該作物之一生經過，參照預定計劃表，兩相比較，造册存核。（孫伯才先生擬）

（C）以農事爲“做學教”之中心的鄉村學校

教育是一國的萬年根本大計，教育法是人民的生活法。中國人辦教育，愈辦愈使國家阽危，愈辦愈使人民不能生活。城市辦教育，就教一班人民羡慕奢華，不務實際；鄉村辦教育，就教一般人民放着田地不種，都往城市裏跑。結果，弄得富的變窮，强的變弱！幸虧這種教育没有普及，假使普及了，不知中國能否存在，更不知中國人在世界上還有什麽地位。覺悟的教育家説:"教育是生活,教育方法是生活法。"那末,教育就應該是"活"的;教育方法,就應該是千變萬化的;因爲生活是活的,生活法是千變萬化的!

城市生活,既與鄉村生活不同,鄉村學校,就不應該模仿城市學校。譬如城市尚奢華,學生才能學跳舞;鄉村重實際,兒童祇可學種田。現在一般鄉村學校,也常模仿城市學校去跳舞,學奢侈,無怪青年們都要往城市裏去跑。

我國鄉村的主要生活是農事,而鄉村的一般學校往往没有農事課程,這也可算是我國教育界的一樁笑話! 不過,鄉村學校没有農事,這或者爲迎合鄉村人民的心理起見,因爲農民的知識淺陋,總以爲教育是升官發財、光宗耀祖的途徑,做夢也想不到教育是指導生活的。因爲過去的教育,也没有一次能指導生活;農民根本就不承認學校裏的先生會指導農事,他們心目中只有教書的教書匠是相信的! 所以教育就變成了貴族式的教育,普通農民尚不容易能令其子弟享受,這也是鄉村學校不發達的一個原因:

鄉村的惟一生活,既是農事,而教育又是生活,那末,鄉村學校,就應該有農事課程,並且要以農事爲中心。農事做了學校的中心,學校的生活,就不致枯燥無味,一切課程,就能發生興味;攪得好,則對於社會,也可以供給一部分的實用,博得一部分的信仰!

農事怎樣能做學校的中心呢? 這倒成了一個問題,研究起來,至少有下列二項先決問題:1. 設備;2. 師資。

1. 設備方面——學校以農事爲中心,當有相當面積的園地;附近還須有一面可以灌溉的池塘,這是决不能缺少的。此外竹園、果園、桑園、荒山……等,亦當有少許可以應用。校舍又應多一二間,以備做煖房,做内沙地,爲收藏種子、農具之用;一切舊的磚石、瓦礫、竹頭、木屑、沙土……等,皆可廢物利用;膠水瓶、粉筆盒、碎玻璃、破燈罩……等、皆有時可以做成最有價值的用具。凡此皆不甚影響學校的經濟。

2. 師資方面——鄉村教師,要有農夫的身手,科學的頭腦,藝術的興趣,康健的體魄,改造社會的精神。以農事爲中心的學校,格外要注意農夫的身手的師資。教師有了農夫身手,便能把一切課程,都依附在農事上去教授。這樣,學校就以農事爲中心了!

一切課程,怎樣才會依附在農事上教授出來呢?譬如教國語的時候,就選用農藝的作品;作文的時候,就做農事的筆記;唱歌的時候,就唱農家的山歌;手工的時候,就做農家的物件。如此,一方面教了國語等,一方面又學了生活需要的農事。畫一紙“帶根瘤的豆科植物”,並不覺得比一張“静物寫生的茶杯”難看;算一個農家實際問題,確比算一個虚設的題目有趣得多。

有人要問:設備既要如此,師資又要如彼;這“以農爲中心”,就要發生困難了?不説别的,單説園地就不容易找到。至農夫身手的師資,更屬困難,那有做教師的,能够指導農事呢?這誠然是有經驗的話,但是事在人爲,有志竟成。鄉村内有的是園地,無論什麼地方,多少總有幾許公山公地;學校辦得好,利用這種公産,當然是可能的,衹怕學校不用耳!至於師資,亦當在教師的努力,鄉村老農,到處皆是,大家都能指導教師農事經驗,再加教師肯從做上學,自然能得到許多。惟有懶工人,才怨器鈍。吾愿鄉村教師和鄉村教育諸同志努力!(邵仲香先生作)

## 附録(三)

編完以後的贅言——年來,“做學教合一”的聲浪,已漸漸瀰漫到了各小學校,各師範學校去了!著者很熱烈的希望大家努力進行,澈底的做一番教育界上的革命工作,使全中國的教育——尤其是占全民衆百分之八十五以上的鄉村教育——全中國的農民,以至全中國的兒童,打定未來的、健全的立國基礎!

## 編後贅言

著者編完本書以後,即承關心此做學教合一之同志,殷殷以具體實施方法……等問題垂詢。所以覺得很需要的把本書的性質和內容,向讀者報告一二。

ABC 是"各種學術的階梯和綱領"。《做學教 ABC》是新教育法的階梯和綱領。本書的性質是這樣的,那末,本書的具體實施和方式……等,將來另有拙著《做學教合一概論》及《做學教實施法》兩書出版,公諸于世。現在當然談不到這些。——具體方式、實施方法……等。

總之,"做學教合一"是教育界最近之新產兒,將來發榮滋長雖不可量,胥在吾人之栽之培之,擁之護之耳。本書不過是這新教育法的開路先鋒,是現在出版界中的開山老祖。未來之限量無窮,敬當與關心本問題的同志們共勉之!

一九二九.六.二六日。徐德春誌於錢江輪次。

## 參考書報

1. 陶知行著:《中國教育改造》。
2. 楊效春著:《曉莊學校與中國鄉村教育》。
3. 孫伯才先生的:《做學教合一之理論和實際》。
4. 鄉村教育同志會的:鄉教叢訊。
5. 湘湖師範的:《湘湖生活》。

# 教育通論

中華書局 1948 年出版

# 編輯例言

一、部頒《修正師範學校課程標準》，各教育科目内容重複之處甚多。本教程爲各教育科目中之綜合的、基本的學科，取材避繁就簡，力免重複。

二、依照教材大綱規定第一章教育之意義與目的，第三章教育之演進，第七、八兩章中外教育家之生活與思想；第九章世界主要教育思潮，均爲本書之主要中心教材，叙述特詳。其他如：教師、訓導、學校教育、國民教育、三民主義教育等章節，因與教育行政、教材教法等科頗多重複，本書祇作一綜合性之叙述，故皆略述梗概。

三、本書原稿曾在浙江各省立縣立師範試用多年，稿經五易。付印之初，又將部頒第二期國民教育實施計劃、民主教育思潮等最新資料，分别採入，實爲最合新時代之新課本。

四、本書對於時彦論著，多所參考引用，而於王鳳喈、朱經農、唐鉞、高覺敷、舒新城、孫愛棠諸先生之著作，引述尤多，書中不及一一備注，特此誌謝。

五、本課程教材綱目，主觀色彩較濃，應隨時代修正。本書編印前備承浙大俞子夷、魏肇基、杭師祝其樂、湘師金海觀、英大程本海、處師王琳諸先生，或指示編輯意見，或提供參考資料，並承台師校友幫同繕校，省内外各師範學校同人予以鼓勵及採用，均應在此誌謝。

三十五年八月五日編者在浙台師輔導室。

# 第一章　教育之意義與目的

## 第一節　教育之意義

教育之廣狹二義　教育是繼續不斷的改造人類生活經驗，使能更適應環境以求滿足其需要的一種有意義的活動。故就廣義言，指凡足以影響人類身心之活動；就狹義言，則其活動更須有一定的方案、一定的目的、具體的教程……等。例如學校教育、社會教育或師範教育、國民教育及各類職業教育是。

教育一辭之字義　教育一辭之字義，中西各國各不相同，分述如下：

《説文解字》："教者效也，上所施，下所效也。""育，養子使作善也。"段注："育不從子而從倒子者，正謂不善者可使作善也。"

又教字古文作敎、𦥠。"爻，交也，象《易》六爻頭交也。"《易·繫辭》："爻者，言乎變也。"又云："爻也者，效天下之動者也。"由此言，爻是交相變化以求改進的意思。攴，音撲，或作扑、撲，"小擊也。"《書·舜典》："扑作教刑。"疏："榎、楚二物，以扑撻犯禮者。"故古文"敎"字，意爲"不善者小擊使之變善"，爲初民教化之原意。至"𦥠"從"子"從"言"，則舍"攴"擊而用"言"以教"子弟"，其教義更明白了。今之"教"從爻、子、攴者，實由古文蜕化而來，我們望文便可知其義了。

"育"原文作"𡿪"。𠫓是子的倒書，月爲身體代表。一個不正的子，養育之使作善，才是教育的本意。

"教育"一辭的字義既明，又可從《書·舜典》："教胄子。"《易·觀卦》:"神道設教。"《書·舜典》:"敬敷五教。"傳:"布五常之教。"《禮·王制》:"明七教以興民德。"《中庸》:"天命之謂性,率性之謂道,修道之謂教。"《荀子·修身》:"以善先人者謂之教。"《孟子·盡心》:"得天下英才而教育之,三樂也。"《易·蒙卦》:"君子以果行育德。"《詩·衛風》:"既生既育。"傳:"育,長也,生也。"《禮·中庸》:"發育萬端。"《詩·小雅》:"長我育我。"《管子·弟子職》:"先生施教,弟子是則。"……等散見我國古書中之語,求其意義。

西洋教育家對教育的釋義,則可從西文 Education 一字知其係從拉丁文 Educare 蛻化而來。考拉丁文 E 爲"出"意,Ducare 爲"引"之意,合起來是"引出"或"伸長"的意思。故柏拉圖云:"教育是使人的身心,達到他們可以達到的完滿。"可美紐斯云:"教育是全人的發展。"裴斯泰洛齊云:"教育的意思是使所有的能力爲自然的、進步的、有系統的發展。"福禄培爾云:"教育之目的在乎真實的、純潔的、神聖的生命之發展。"海爾巴脱云:"教育之目的在産出平衡的、多方面的興趣。"凱欣斯太納云:"國家的一切教育制度,祇有一個目標,便是造就公民。"盧的格云:"教育一個人,即使彼適應於現代生活之環境,且發展組織訓練其能力,使其能有效的、正當的利用此等環境。"

**各學派的教育觀點** 各學派因其立場不同,對教育的觀點亦異。例如:

(一) 心理學家以爲:"教育是改變人的行爲的。"

(二) 社會學家以爲:"教育是生活的準備。"

(三) 生物學家以爲:"教育是幫助人類去適應環境。"

(四) 經濟學家以爲:"教育是以勞動來發展一個健全的人。"

(五) 政治學家以爲:"教育是國家的靈魂"或"教育是立國之本"。

**教育的定義** 綜上各教育家對教育的釋義和看法,無論古今中外均不外於企求:(一) 個人的發展,與(二) 社會的適應。歸納各家學説而成爲比較完整的定義,則當推:

（一）桑戴克:“教育是對人的一種改變：一方在引起每個人的變化,同時還要阻止他的變化。換言之,就是一方面保持和增加他的身體所需要的素質智力及性格,另一方面要排除不需要的。因此教師既要控制人性,便應該知道人性;既要變换人性,所以必先研究如何去改變人性。”

（二）杜威:“教育是經驗不斷的改造,使經驗的意義增加,並控制後來經驗的能力增加。”

所以教育是繼續不斷的改造人類生活經驗,使能更適應環境以求滿足其需要的一種有意義的活動：這一定義是比較完整而爲一般教育家所公認的。

## 第二節　教育之必要

教育的必要　教育之所以必要,約有四端：

（一）天賦能力有限　桑戴克説:“人類的禀賦有限,適應環境的能力,是不完滿而難應付裕如的。”人類單靠天賦能力,不能維持其生命,故必須藉教育以增進其適應環境、圖謀生存的知能。

（二）自然學習太費時　人類累積之經驗,隨年代而增加,以如此豐富複雜的事物,倘專靠自己去學習,則非獨費時勞神,抑且爲事實所不許,故非教育不爲功。桑戴克説:“無指導的自然學習,是遲緩的、浪費的、易入歧途而致錯誤的;如經教育指導,則與此相反。”

（三）人類環境太複雜　上面説過,人事紛繁,環境自極複雜,如欲使毫無經驗的兒童或青年,憑先天的本能去參加或模仿,圖獲得謀生之術,事實上必不可能;故必採集環境中最有價值或經驗中較爲單純易行且有代表性者爲教材,然後運用適宜的方法以教育之。一方面承受先人的生活經驗,同時以最經濟有效的教育法使之改善生活、創造人生,這是全靠教育的力量來完成它的。桑戴克云:“現代世事極複雜,變化萬端,不易適應;故人非有迅速、敏捷、經濟有效的學習,不能對世界有所裨益。”

（四）經驗賴以保存　人類之能生存，全賴其能運用過去適應環境的經驗，此種經驗，如無教育爲之傳遞，必致中斷。故教育之必要，在人類求生存之大需要下，自是十分明顯的。

教育的功能　教育之必要既如上述，究竟它發生了多少功能，亦有一加檢討之必要：

（一）教育能增進個人之怡樂，改變人類的心性　受過教育的人，心地必十分安閑，態度必非常鎮静，人生觀亦能達到樂觀積極、富有朝氣的程度。所謂“學問深則意氣平”，而自有“君子坦蕩蕩”的良好心性。

（二）教育能促進社會之進化，增進人類控制自然的能力　從各種科學研究與發展歷程中，取其精粹以爲教材，則可藉教育的力量，使人類知善群之道、馭物之方，而促進社會之進化，增進人群征服自然、利用自然的能力。例如物理、化學、博物、衛生以及經濟、政治……等科學，均可利用之於教育，以促進社會的進化，增進人類控制自然的能力。

（三）教育能提高人民生活水準，增進人民福利　教育普及，知識程度提高，生産能力加强，則生活自能逐漸改善，而全民福利爲之增進。故建設富强康樂的新中國之工作，胥以教育爲之基幹。

## 第三節　教育之目的

教育之目的　教育之最大目的在：“爲社會創自立之個人，爲個人建互助之社會。”其方法在：“利用環境之刺激，使受教者自動進取而創造其新生活。”故確定教育目的之客觀條件有三，如下述：

確定教育目的之客觀條件　（一）需要根據現實的當前的情况；（二）需要有一定的計劃；（三）是特殊的、具體的。兹舉一例以資證明：造房屋不能憑空理想以建空中樓閣，故必須根據“當前的、現實的情况”，預定“具體的計劃”以謀實現。而此種計劃之製定，須視地基的大小、經濟的能力、所選的圖様及材料等情况來决定。有了計劃方能着手建築，使計劃逐漸實現；同時在計劃開始實行以後，各部門工程亦須詳加考察，則所建之房屋才能合乎理想。教育之目的，自然也是依照此程序建立起來的。

傳統的教育目的説　傳統的教育目的説，大别有三：

（一）文化説　又稱“人文主義的教育”，其目的在造成“文雅”的人或“文化”人，以此爲區别受教育者和未受教育者之標記。在古雅典，受教育者爲自由人，奴隸衹做工服役，無受教育之權利。故亞里士多德把教育的陶冶和職業的準備完全分開，以爲職業的準備是奴隸的訓練，是奴隸的事情，不是自由人所應受的；自由人的教育，在於有充分的閒暇，過文雅的生活。我國亦有“勞心者治人，勞力者治於人”的傳統思想，把教育作爲有閑階級的裝飾品：這觀念是應加糾正的。

（二）自然發展説　又稱“自然主義的教育”，認爲教育之目的在“順乎自然”、“歸返自然”。法人盧騷主張最力；我國老子亦以“返樸歸真”爲教育的最大目的。法國於十七世紀前，社會人心，虚僞矯作，人性日就汩没，罪惡愈演愈多。盧騷乃大聲疾呼，倡自然發展的教育學説，意在發展個人先天賦予之自然能力及態度。氏説：“一切社會制度，全是惡的；因爲它總是趨於壓制和逼迫個性的自然發展，這種壓迫乃人類一切罪惡的源泉。”又説：“一切文雅的社會生活，都是矯作的、不誠意的表現。其結果：只教人注意外觀而忘却真正内心的天性，使各人的個性，趨向於吸引别人注目的得意，如希望得到别人的敬仰及名譽等，簡言之，即教人成爲一種僞君子。”此説適與我國老子所説“聖人不死，大盜不止。剖斗折衡，而民不争”的“返樸歸真”的學説一樣。

（三）社會效率説　教育爲善群之一利器，善群之道，在使人人能爲社會服務。近世實業發達,人類物質享受亦隨之加增,乃群感“效率”之重要,遂起而倡“社會效率”説。此説應用於教育,就産生了以社會效率爲目的的教育學説,在此學説下受教育的個人,其條件包括三點:

(1) 身體的效率:教育應注意健全身體之發展,使人人服務社會可勝任愉快。

(2) 公民的效率:教育應注重公民知識之培養及公民活動能力之訓練,使能參加社會活動而負公民應盡之責任。

(3) 實業的效率:教育應注意適宜職業能力之訓練,使人人皆得充分發展其才能以貢獻於社會。

近代的教育目的説　近代的教育目的説,亦大别有三:

(一) 公民訓練説　依照工作陶冶之意,認教育之目的在訓練良好的公民。主此説者爲德人凱欣斯太納,他以爲工作陶冶之目的,在訓練足以適合國家及時代需要下的良好公民。

(二) 經驗改造説　依照教育即生活之意,認爲教育之目的在於經驗之改造。主此説者爲美人杜威。他説:“教育是經驗不斷的改組和改造。這改組或改造是使經驗增加,並使後來的新經驗控制能力也隨之增加。”

(三) 文質並重説　孔子云:“質勝文則野,文勝質則史;文質彬彬,然後君子。”杜威於一九四四年在《幸福雜誌》發表《自由思想之挑戰》一文,重申其教育哲學的主張,略云:“十七世紀以來,科學進步,使人類對於自然之觀念起大革命,因科學方法進步而産生工程技術猛進之故,使人類對於生命之價值亦覺有嶄新之意義;故科學方法與其結論,應在現代教育上占極重要之地位……德國迄今猶以科學爲工具,爲利器,科學與人文截爲二橛,流弊至大。實則科學與人文之分野不復存在,過去之二元觀念應予掃除。現代教育之一重要問題,亦可謂爲惟一重要問題,則爲‘科學人文化’,使科學方法與工程技術,不爲人類之禍,而爲人類之福。”故人文與科學教育——即文學與科學——一元化,爲現代教育之最大目的。又美國哲學耆宿鮑曼博士亦於同時在《科學月刊》發表《科學與人文主義》一文,内稱:“古代哲人使其生於當世,其對科學亦必能發生濃厚之興趣。”又云:“課程應融合新舊,溝通文質,使保持平衡而有合理之生活觀念。”此種文質並重的教育主張,從現代教育趨勢言,自然是十分重要的。

綜合的目的論　綜合各家的教育目的論,似可以《中華民國的教育宗旨》概括之:“中華民國之教育,根據三民主義以充實人民生活,扶植社會生存,發展國民生計,延續民族生命爲目的,務期民族獨立,民權普遍,民生發展,以促進世界大同。”假使我國今後的教育能遵照《教育宗旨》之規定爲施教目的的話,則近世教育家所主張的“自然發展”、“經驗改造”、“公民訓練”、“文質並重”等學説,自可並蓄兼收,包含在内了。

## 提問要點

(一)何謂“教”?何謂“育”?試就中西文原義解答之。

(二)教育的狹義説法如何?舉例説明之。

(三)引伸各學派對教育的不同看法而加以批評。

(四)確定教育目的之客觀條件如何?

(五)傳統的教育目的説如何?

(六)教育之最大目的爲何?

(七)詳述盧騷、老子的教育學説。

(八)“文質彬彬然後君子”句内的“文”是什麽?“質”是什麽?

(九)人文與科學,何以不能截爲兩橛?

(十)教育一元化與二元化問題,照杜威氏的説法,你以爲然否?

# 第二章　社會組織與教育

## 第一節　家庭與教育

家庭的意義　社會的組織，由於立國的主義政策與環境而來。根據三民主義與大同思想，社會本是一個大家庭，“天下一家”，中外哲人均有此感。故家庭、社會、國家這些機構，在未來世界組織中可以取消。教育衹要根據大同思想，訂成舉世適用的計劃教育方案，普遍實施即可。世界愈進化愈文明，家庭的作用與意義愈削弱，這是誰也不能否認的。

我國向爲農業的氏族社會所組成，除少數都市外，大多是聚族而居的，所以家庭觀念深入人心，家庭組織尚難打破。廣義言之，家庭對兒女直接間接，有意無意，在在均能影響其心身的發展與修養。狹義言之，兒童未入學前，家庭即爲其教育場所。故在今日，家庭教育還很重要，兹舉兩事以資證明：

家庭教育之重要　（一）爲兒童早期學習的環境。羅馬傳教師保羅説：“兒童生後三年間所得的知識，比大學裏三年所得的知識還要多。”試就三歲前的兒童的求知慾與學習能力證之，即可知斯言之不謬。

（二）爲建築個人人格品性的基礎。英教育家羅素説：“兒童的品性，在六歲入學前，已大部分完成了。”心理學家也證明人類行爲的發展，係完成於兒童時期，這是無人能加否認的。

家庭教育的特點　家庭教育之特點有四：

（一）家庭教育的主宰是父母，因父母真摯之情感，易使兒童發生深厚的信仰。

（二）家庭教育是利用家庭中的自然環境，使兒童在自發活動中獲得活的知識與技能，故易於進步，而所得知能亦易於保持。學校是人爲的環境，如果設施不善，教師的服務熱情不够，則兒童不感興趣，所得知能亦不易保持。

（三）諺云："知子莫若父。"兒童的個性，在家庭中最爲父母所明瞭。

（四）兒童在學校中所得的教育，可以因家庭教育的適應而增强發展；反之，家庭教育不善，學校教育的效果也可被不良家庭减弱或消滅。

家庭教育的任務　（一）就生理方面言：兒童健康的增進保持及其發展，全恃家庭教育能顧到：（1）保育、保健、醫療、衛生等，隨時注意，隨時實踐。如飲食的定時定量，起居作息的規律，清潔衛生習慣之養成等都是。（2）遊戲玩具的指導運用，合群合作互助習性的培養等，在在與生理的發展有密切關係。

（二）就心理方面言：兒童行爲的發展，全憑家庭教育的指導得法。例如：（1）教導方法應多用暗示，少用命令，多鼓勵，少責備，宜以詞色來表示道德上之可否。不打駡，不用消極的禁止，多予積極的指導與交替反射等原則的應用。（2）改良情緒——避免恐懼情緒之養成，如怕黑暗，怕鬼魔；不使時常發怒、哭泣、悲觀、消極，而培養其樂觀、積極、活潑蓬勃的朝氣。而唯一的秘訣，則在父母能保持兒童的"天真"，發揚兒童的"天真"。

（三）就父母本身的修練與教育素養言：語云："龍生龍，鳳生鳳，賊生兒子撬壁洞。"父母心身修練與教育素養良否，直接影響子女的地方甚大。例如：（1）產前——配偶的良窳，小之影響子女的賢不肖，大之影響兒女的生存或死亡，故病中及酒後不能與配偶同房。日耳曼民族有取締花柳病或白痴男女結婚生育的法律,甚至有閹去其生殖器者。證以高爾吞的遺傳論①,門得爾豌豆試驗所得的定律②,父母在産子女前即當注意自己的心身健康。(2) 胎教——婦女懷孕期中的飲食、起居、作息、環境、心情,在在均須注意,使臻於善的、美的、樂的。(3) 産後——嬰兒産後應供給適當而有滋養的食物,一切起居飲食保養,均須加以注意,例如:衣服要求整潔輕軟,大小合度;居室要日光充足,空氣流通;坐立起卧的姿勢,須保持優良端正;休閒活動及遊戲,要鼓勵指導其參與兒童隊伍中去做,並爲示範;福氏的兒童恩物二十種,可以作爲訓練兒童聽覺、視覺……各種基本活動之工具。

綜上所述,家庭教育之重要及其任務,可説是整個教育歷程中的奠基事業,影響於未來社會及人類幸福是很大的。

## 第二節　社會與教育

社會與個人　個人不能離社會而生存,他的一切活動直接間接均受社會的影響,同時他也能影響社會。兹略舉其相互關係如次:

(一) 在遺傳上言:據高爾吞的説法,一個人的先天智能,$\frac{1}{2}$得之於父母,$\frac{1}{4}$得之於祖父母及外祖父母,依定式$\frac{1}{8}$、$\frac{1}{16}$……一直類推至人們始祖,年代愈遠,關係雖愈疏,可是在血統上言,和個人相關的人數可真不少。語云:"五百年前本一家。"追本溯源,今日之社會,即上古之個人所孳乳而成的呢。

(二) 在發展上言:一個人誕生下來,幼稚微弱,在在依賴别人;

---

① 高爾吞遺傳公式:$\frac{1}{2}+\frac{1}{4}+\frac{1}{8}+\frac{1}{16}+\frac{1}{32}+\cdots\cdots=1$。$\frac{1}{2}$代表父母$\frac{1}{4}$代表祖父母及外祖父母……的遺傳性,1代表産生下的人。

② 門得爾定律:即奥人門得爾研究植物遺傳所得的結論,詳《辭海》門得爾定律條。

近則父母兄弟,遠則親朋鄰居以至農工商販及社會上的任何一人,無不與一己之生存發生關係。

社會教育的演進　社會是集合多數個人所組成的,茲依據教育即生活、社會即學校的說法,將社會教育的演進分述如下:

(一)初民時代的社會教育　原始時代,穴居野處,茹毛飲血;由漁獵而農牧時代,自耕自食,自織自衣,一切都自給自足,社會之組織既甚簡單,人類生活亦易解決。此時求生知能,均由父兄傳授或參加實際工作觀察模仿而來。所以山林、原野、川澤、田園等就是他們的教育場所。

(二)手工業時代的社會教育　社會組織較複雜後,乃有分業之必要,分工合作,相互扶持,事物日繁,業有專精。於是自給不足,謀生須有一技之長,專憑自己的觀摩參與,已難解決其生活需要,乃不得不隨有專長者在規定年期内完成其謀生技術,"徒弟制"是如此產生的。

(三)工業革命後的社會教育　工業革命後,社會愈進步,新式之生產工具與技術,取手工業而代之。於是發覺徒弟制有下列許多缺點,不足以適應社會之需求:(1)學習時間不經濟,師傅授徒無系統,且有將獨擅之技術秘而不宣,或役使徒弟以雜務,使過着牛馬式的非人生活者。(2)訓練太偏狹:因師傅祇憑一技之長,墨守成法,已既不能改進,故教人者祇有一偏之見與一部分技術而已。(3)業師難得:諄諄善導、親愛和藹之業師不易得。(4)機器工業大量生產,手工業不能與之競爭。因此產業革命以後的社會教育,因分業之愈精,必須應用科學知能,作有系統、有條理、有計劃的大量訓練各部門需要的人才。於是徒弟制既被打倒,即所謂人文主義的教育家們,亦爲之動摇。此時之社會教育已走上了科學的、職業化的工業教育路上去了。

幾種社會教育文化機關的性能　(一)宗教與教會　初民知識淺薄,在在以神道設教。神是人類行爲的準則,教育路向除了爲解决生活而從師習業外，施教大權，半落教徒之手。

（二）文化團體與社會教育　教育文化與學術團體之組合，在社會教育上甚爲重要：例如圖書館、博物館、公園、戲院、體育場、民教館、報社、書坊、茶園、學會……等，有的可補家庭、學校教育之不足，有的可供高尚的娛樂而免於“閒居爲不善”之害，有的可集合專家作高深學術之研究。至於近代之無綫電廣播事業等電化教育，已具空中大學的性能，電視可以衝破狹小課堂而教育着廣大民衆。時賢且有以三館教育來代替學校教育的主張[①]。將來科學愈進步，社會愈進化，社會教育是一定日見重要的。

## 第三節　國家與教育

國家的性質　國家具有完美的組織，它是各種社會中間比較最複雜的一種。社會學家告訴我們：凡有特定的土地、人口，與特殊組織的一種區域社會，同時具有一種特殊勢力的，稱爲國家。國家的要素有三：（1）人民，（2）土地，（3）主權。國家的功用對内爲維持社會秩序與督促社會進步；對外爲保衛其領土、人民與主權的完整。

國家的政治與教育　國家在起初的時候，主權操於君主之手，所以人民感覺“日出而作，日入而息……帝力於我何有哉！”其後由君主降至平民，於是國家之盛衰利害，與多數人民發生了密切的關係，所謂“天下興亡，匹夫有責”。我們今日，應當以整個的國家爲一大學校，全部的政治爲一大課程，而共同研究其處理的方法，實現民主國家的政治教育。

現代的國家政治當中，教育已被認爲重要行政之一。國家教育當採何方針？如何普及？各級教育如何管理？都成爲國家組織上的主要課題。教育與國家政治的關係乃日益密切。

---

① 三館教育：爲現代教育家莊澤宣氏等所倡導，大意稱今後社會進步，衹須把圖書、科學、體育三個館辦得完善，並由專家住館充指導，即可取學校教育而代之。

有人説教育是政治的尾巴,這是不對的。一個現代的民主國家,全民教育的動向應該站在政治的前鋒來左右政治的。歸納言之:

(一)教育是國家政治良窳的量尺——一個政治上軌道的國家,教育政策是能培育國力、轉移政局的。所以教育全民是國家的義務,享受教育是國民的權利。民主國的教育計劃、實施、指揮、監督,要處處以國民的福利、國家的前途爲標準,所以國家的强弱與政治的良窳,可以教育設施的好壞爲量尺。

(二)教育是國家的奠基事業——有怎樣的國策便有怎樣的教育,有怎樣的教育才能實現怎樣的國策,所以教育是國家的奠基事業。教育要站在政治的前面去領導全民,教育全民,以改良政治,培養國力,這是開明的政治家認爲非常重要的一件根本事業。

國家的文化與教育　一個國家,必有其累積的文化,這累積的文化,與教育有重大關係。比如:(一)歷史人物——一國的歷史,在教育上能使國民興奮感動。我國古代國勢的强盛,發明的偉跡,都足引起後人無限的崇敬和奮發;歷史上許多先賢,也足令後人景慕、欽仰和效法。意大利訓練青年,教人因追念羅馬的遺跡而振起民族復興的精神,這種訓練祇要不流入狹窄的國家主義的範域,它的價值,還是够偉大的。(二)風俗習慣——一國的民風,一地的習尚,與教育有莫大關係。由此可以保存其優良的民族精神。(三)鄉土觀念——我國有長江大河,有巍峨蜿蜒的長城,有崇高的崑崙山和泰山,這都是先代人民生活的所在,多少經營,多少努力,化費於其間。教育兒童和青年的時候,可自其對於鄉土的拳拳懷念,而喚起其民族意識,激發其愛國愛家的觀念。(四)國家象徵——一個國家,必有其象徵的文物,用資代表,對了這些物件,令人肅然起敬,愛護之念也即油然而生。這些文物包括國旗、國花……等。例如法國的國旗,包含自由、平等、博愛的象徵;法國的國歌,教人回憶馬賽抗戰英勇的事略等。這些東西,都富有教育上的意義。

## 第四節　學校與教育

學校的起源　初民時代本無學校的形式,及後人口繁殖,社會情形日見複雜,先民知識經驗之傳遞日見寶貴與需要,學校就在無形中基於下列三原則而產生:

(一)由於人類累積之經驗日多,非個人僅恃直接參預仿效所能習得;

(二)社會交往頻繁,範圍日大,專靠直接學習,勢不可能;

(三)由於文字發明,文化發達,傳遞記載,日形便利。

學校的性質　《孟子·滕文公》:"設爲庠序學校以教之。庠者,養也;校者,教也;序者,射也。夏曰校,殷曰序,周曰庠,學則三代共之,皆所以明人倫也。"我國古代以學校爲明人倫的場所;在西洋則School一字,含有閒暇的意義。因爲西洋古代國家,如希臘、如羅馬,人民中能入學校的,必須是貴族的子弟,此項人物,都是社會上的有閒階級,平日無所事事的。時代漸漸推移,學校的性質也逐漸改變,自從工業革命以後,因爲要訓練大批工業人才,所以有職業學校的産生;自從十八九世紀起,學校的性質,與古代較,已經大大的不相同了。

學校的特能　學校教育爲各種教育中間最重要的一部分,也是最有效力的一部分;學校教育的内容,跟着時代推進而有不少的變遷。比如起初的學校,由私人設立者甚多,政府不大加以管理,如今却視爲國家的要政,而積極注意起來了。起初學校裏面的課程,不過文學、音樂、體育、天文、算學等科,如今却爲了應付複雜的社會環境的變化,而增加了不少實用的課程。

學校的發展,係先有大學,而後有大學的預備學校——中學,而後又有中學的預備學校——小學。十八世紀以後,由於幾個開明專制君主的倡導,工業革命的影響,民主主義思潮的激盪,和宗教改革運動的發生，而有平民小學的興起；又因工業革命以後的需要，而有新的職業學校設立起來。從此學校教育的内容，便益加複雜了。

學校的環境簡單純潔，範圍廣大，工作整齊而有系統，所以在各種教育當中，都比較優越一點。但是如果辦理不善，也往往會變成死氣沉沉，枯燥乏味，和不切實用。所以我們應當盡量展其所長，避其所短，則其成效庶幾可以發揮而没有什麽缺憾。

學校與家庭　學校與家庭之間，應當取得聯絡，俾收合作之效。學校中間有不及兼顧的訓練，可由家庭予以補充。比如下列二事，即可由家庭的合作以補其不足的：（一）知能的補充——經濟的常識，人事的應付，一部分生活必需的技能之傳習等，皆因在家庭中接觸較繁，學習較易。（二）品性的修養——我國家庭中間素來主張基本道德的培養，“弟子入則孝，出則悌，謹而信，泛愛衆，而親仁……”這是《論語》裏面所主張的品性修養條件。用現在的話説起來，就是學校應當切實與家庭合作，培育學生良好的品性，養成社會生活所必需的種種基本道德。

學校與社會　“學校爲社會的縮影，教育即生活，不是生活的預備。”這是杜威的見解。陶行知先生甚且把他改爲：“生活即教育，社會即學校。”兩者的説法，都昭示我們教育應當怎樣與社會生活相適應，“閉門造車”，這是絶對要不得的事。

綜上各節所述，社會組織與教育之關係，發端於家庭與國家之需要，而形成“家庭”、“學校”、“社會”三種教育機能的産生，以决定一個國家政治和國力的量尺，其相互間的關係和重要，可想而知了。

## 提問要點

（一）保羅和羅素二氏對家庭教育的看法，列舉事實以證明之。

（二）略述高爾吞的遺傳公式，和門得爾的定律。

（三）社會教育的演進情形如何？

（四）徒弟制的產生及其缺點怎樣？

（五）就當地社會列舉幾種社會教育文化事業機關。

（六）教育是否爲政治的尾巴？應當怎樣發揮其領導政治之作用？

（七）試就所知略述學校教育之起源。

（八）未來學校教育之轉向及三館教育的可能性如何？

# 第三章　教育之演進

## 第一節　我國古代教育

我國古代教育概述　初民社會,組織簡單,所有教育,都是根據當時社會的習慣;此種習慣,非有外力壓迫,不易有重大變動,故教育之目的,即在將此習慣,妥爲保存,傳之後代。教材、教法,不外謀生與自衛之術,故多模倣參預;或於閒暇時間,加以教導;或於舉行各種儀式時,加以訓練。既無專施教育之場所,亦無專管教育之人員。此可名之曰民族習慣時期的教育。

君師合一　因此,當時爲領袖者,學問才智均須超越群衆,一面爲政治首領,一面爲地方長官。《書·泰誓》:"天佑下民,作之君,作之師。"《禮·學記》:"能爲師然後能爲長;能爲長然後能爲君。"可見"君"、"師"之名,二而實一。

教無定所　"君""師"職務,既未劃分,辦公地點,亦在一處。故阮元嘗云:"明堂者,天子所居之初名也;是故祀上帝則於是,祭先祖則於是,朝諸侯則於是,養老、尊賢、教國子則於是,饗射獻俘馘則於是,治天文告朔則於是,抑且天子寢食恒於是。"蔡邕《明堂論》亦稱辟雍、明堂、太廟,異名同實;以朝,以祭,以教,以饗,以射,均於是地行之。據此,古代學校並無特定場所;就士大夫階級言,明堂便是施教的地方。

至於平民階級,更無學校形式可言,物質的環境如山川、林木、漁獵、禽獸以及氣候等,社會的環境如風俗習慣、典章文物等,都是他們的學校，他們的教材和導師，頗與近人倡導的生活教育學説中所謂“天地是教室，萬物是教材，自然是教師”的“社會即學校，生活即教育”的主張符合。

以上爲我國古代教育的概述。兹再就教育之發端、學制、課程、教材、特徵等略述之：

古代教育之發端　原始人的生活，是純本能的，當時既無教育的定式，亦無教育的定形。飢思食，渴思飲，倦知休息，樂極舞蹈，禍害來時，人與獸鬥，部落與部落鬥。克服環境，利用自然，模擬仿效，以求生存。故生活一日，即教育一日，而且“怎樣生活就怎樣教育”。生活是教育的目的、方法和課程，社會是教育的場所，萬物是他們的教材和教師。生活一日得一日之經驗，即是受一日之教育，故自有生活，即有教育。我國的教育定式與定形起自何時，迄無定論，惟其大概亦可得而述之如左：

教育制度　我國的教育制度起自唐、虞。《尚書》載舜命契爲司徒，敷五教，又命伯夷作秩宗，典禮，夔典樂。《舜典》：“百姓不親，五品不遜，汝作司徒，敬敷五教在寬。”《左傳・文公十八年》：“使布五教於四方，父義、母慈、兄友、弟恭、子孝。”《舜典》：“有能典朕三禮者乎？僉曰伯夷。”馬融云：“三禮，天神、地祇、人鬼之禮也。”《隋書・禮儀志》：“祭天爲天禮，祭地爲地禮，祭宗廟爲人禮。”《舜典》：“夔，命汝作樂，教胄子，八音克諧，無相爭奪，神人以和。”據此則當時管理教育文化事業已有專官，君師合一制度已漸分立了。

學校制度　據《禮・王制》文，當時學校，有虞曰庠，夏曰序，商曰學。周代兼用之，故天子之學有五：中爲辟雍（養國老），南爲成均（學德），北爲上庠（學書），東爲東序亦稱東膠（學射），西爲瞽宗（學樂學禮），這是當時的“太學”。但有以天子之大學爲四者，辟雍居中，外爲虞庠、夏序、商校。小學則有二説，今並存之：（一）鄉有校，州有序，黨有庠，閭有塾；（二）鄉有庠，州有序，黨有校，閭有塾。設學的要旨在使生徒明五倫之教，學科以禮、樂爲主而兼及於書、數。

教育課程　《禮·王制》："司徒修六禮以節民性，明七教以興民德，齊八政以防淫，一道德以同俗，養耆老以致孝，恤孤獨以逮不足，上賢以崇德，簡不肖以絀惡。"又："六禮：冠、婚、喪、祭、鄉、相見。七教：父子、兄弟、夫婦、君臣、長幼、朋友、賓客。八政：飲食、衣服、事爲、異別、度、量、數、制。"注："飲食爲上，衣服次之；事爲，謂百工技藝也；異別，五方用器不同也；度，丈尺也；量，斗斛也；數，百十也；制，布帛幅廣狹也。物各有度，毋使於淫。"

《周禮·地官·司徒》："以鄉三物教萬民，而賓興之。一曰六德：知、仁、聖、義、忠、和；二曰六行：孝、友、睦、婣、任、恤；三曰六藝：禮、樂、射、御、書、數。"所謂"賓興"，與今之選舉近似，《周禮》原注："物猶事也，興猶舉也，民三事教成，鄉大夫舉其賢者能者，以飲酒之禮賓客之，既則獻其書於王矣。"

教材教法　古代教育本無書籍，知識經驗多以口傳。年齡愈大，知識經驗愈多，愈爲國人所尊敬，一切重要事務必就詢之。《禮·王制》云："五十養於鄉；六十養於國；七十養於學，達於諸侯；八十拜君命。"又："有虞氏養國老於上庠，養庶老於下庠；夏后氏養國老於東序，養庶老於西序；殷人養國老於右學，養庶老於左學；周人養國老於東膠，養庶老於虞庠。"於此可見當時的教材均取給於老人口述，以指導後人模仿。此外尚有以釋奠、釋菜的祭禮爲教者，使學者從祭禮的實踐中學習體味，這是十分真切的教材與教法，頗與近代實驗主義的教育學説近似。當時又有主張教材教法須視學者心性而定其進度與方法之理論，例如《學記》："學者有四失，教者必知之。人之學也，或失則多，或失則寡，或失則易，或失則止。此四者，心之莫同也。知其心，然後能救其失也；教也者，長善而救其失者也。"

本期教育之特徵　我國古代教育，唐、虞、夏、商以前僅憑傳説；周代教育雖在《周禮》、《禮記》所載頗詳，亦恐難以置信。但根據群書，詳加推究，其特徵可得而述者如下：

（一）當時元老不但爲學校教師，亦爲政治最高顧問，國有大事必就詢之。

（二）當時學校，無論國學鄉學，不僅爲施政和教育的場所，亦爲人民聚會宴射之處，天子饗飲，鄉飲酒，鄉射，均在學校舉行，於娱樂之中，寓施教之意。蓋當時教育，在禮、樂、射、御之學習，元老口訓之遵行，其形式，其精神，與後代教育之專重書本知識者完全不同。

（三）當時選士，均由學校，所重者在德行與才能。

（四）當時教育，均根據於當時之民俗習慣，以宗法思想爲其根本精神。

以上爲我國古代教育之特徵；原始的生活即爲教育之内容，社會乃廣大的教育場所，教育雛形迄庠序鄉學而略備。至於教育學術之黄金時代，當於下節詳述之。

## 第二節　春秋戰國教育

時代背景　春秋戰國，爲中國學術之黄金時代，諸家並起，學術研究十分自由，推其原因，實由周室衰微，諸侯並起，社會秩序破壞於春秋而結束於戰國，兹將此兩期的時代背景作一比較如下：（一）春秋時爲霸主者挾天子以令諸侯，天子之權雖失而名尚存；至戰國則各自稱雄，天子之名實俱亡了。（二）春秋時政制雖漸變更，但輿論制裁甚力，人主尚知畏懼（其時譏變法之事甚多，如宣十五年初税畝，哀十二年用田賦等）；至戰國則一切興革惟問其能否强國利民，古法古禮全都不顧，教育亦難例外。（三）春秋時貴族政治尚存一部勢力，握大權者仍爲世卿；至戰國則特權階級完全消滅，以布衣爲卿相者甚多。（四）井田之廢，起自商鞅，改用田賦及初税畝，經濟重心全憑農業；至戰國漸趨工商業化，當時都市如秦之咸陽、齊之臨淄、趙之邯鄲，均甚繁榮，而商業起家之吕不韋，竟以金錢勢力，左右政治，且賄買文人，著《吕氏春秋》行世。（五）春秋時公立學校雖就衰，但尚留遺跡，如《左傳》載鄭人游於鄉校，以誹執政；至戰國則全無可考了。（六）春秋時個人經濟競争尚不劇烈，大家庭制度尚能存在，至戰國因競争之故乃爲動摇。所以賈誼説："秦人家富子壯則出分，家貧子壯則出贅，借父耰耝，慮有德色，母取箕帚，立而誶語。"賈誼去秦不遠，所説當屬可信，故當時經濟競争之烈與大家庭制度之動摇可以想見。（七）社會制度破壞，其原因有三：第一、起於人口增加，原有經濟制度，不能維持；第二、起於戰争，因戰争而引起改革政治之需要；第三、起於民俗之同化，從前所謂夷狄如楚、秦、吴、越等悉混合於諸夏，於是民族分子日雜，前此之典章文禮，不足以維繫，教育遂因而隨之變革。

學術發達　春秋戰國，戰争甚烈，各國君主，無暇顧及教育，一般人民所學習者，耕種戰鬥之術而已，所以平民教育，殊無可觀。但私人講學之風甚盛，當時各國需才甚急，求士甚殷，所以民間之才俊，各訪名師，發奮讀書，以求應世，此爲學術發達原因之一。當時貴族之制既被摧毁，一般權貴，降爲平民，平民之俊秀者，求得高深學問，竟有以布衣而執政柄者，此爲學術發達原因之二。當時書籍傳寫方法似很發達，故"蘇秦發書，陳篋數十，""墨子南遊，載書甚多。"書籍流行，於此可見。此爲學術發達原因之三。當時社會變遷甚劇，人民所受刺激太深，因刺激而引起思考，因刺激而産生問題並求解决問題之方法，此爲當時學術發達原因之四。當時政治不統一，中央無統制權，對於言論、思想甚爲自由，諸家乃得並出，形成學術研究之黄金時代。此爲學術思想發達原因之五。

有此五大原因，故春秋、戰國時期學術之發達爲前所未有，影響後世教育趨勢者甚大。

諸家並起　上述春秋、戰國時代學術發達之五大原因，産生很多大思想家，對於當時紛亂世局，頗有以拯救生民爲己任的。雖然各人學説不同，而影響未來教育事業却非常重大，兹分述之如下：

（一）道家的教育學説　以老莊爲代表。老子生春秋之末，眼看那種紛亂狀況，以爲種種罪惡，均根源於人類多欲多知，及政府之妄事干涉。唯一救濟的辦法，在極端的放任無爲，恢復那種原始的自然社會。故其言曰："我無爲而民自化，我好静而民自正，"對於教育，主張絶聖棄智，返樸歸真，恢復自然社會之人，使他們不識不知，無争無奪，故其言曰："古之爲道者，非以明民，將以愚之。"所謂愚民者，即返民於自然之謂。蓋老子以自然的社會爲理想的社會，自然的人爲理想的人。其説與盧騷之自然主義相似。莊子承老子之後，其學説有獨到之處，根據他的學説，則教育之目的，在於使人對世上的是非善惡，概抱達觀，能超出"形骸之外"而"依乎天理，因其固然"。

（二）儒家的教育學説　第一、儒家認定教育的能力偉大，論政治，以教育爲基礎，謂政治要好，必從化民下手；又以教育爲究竟，謂政治所以重要，在其能爲教育的工具。第二、儒家釋"教"之意義，見於《中庸》。《中庸》首章説："天命之謂性，率性之謂道，修道之謂教。"可見儒家所謂教，即是教人恢復本來善性之意。第三、儒家所説教育目的，見於《大學》。《大學》首章説："大學之道，在明明德，在新民，在止於至善。"明明德係復性的工夫，即上文所謂善性之意；新民爲化人的工夫，即是不但復己之善性，同時須能復他人的善性；止於至善則爲盡性的工夫，即是要做到最完善的地步，能使天稟的善性全然復現，《中庸》所謂"至誠"，《論語》所謂"仁"即指此。第四、儒家論教育的方法，詳見於《大學》、《中庸》、《論語》諸書。《中庸》説："修道以仁，仁者人也，親親爲大。"細案此文意，則教育方法最重要者爲教人以仁，仁者温厚慈祥、感覺鋭敏與物一體之意，要發展此慈祥的鋭敏感覺，最好是從親親下手，即是從孝弟下手，故《論語》説："孝弟也者，其爲仁之本歟。"但是要知道如何爲孝，如何爲弟，又非求知不可。求知之法即《中庸》所謂博學、審問、慎思、明辨，終結則在篤行。知行俱到好處，爲學之事始畢；《大學》所謂格物致知，係求知之事；誠意、正心、修身,係篤行之事;齊家、治國、平天下則係以個人之人格來感化他人。儒家甚注重人格的感化,彼等以爲只要個人人格高尚,能盡己之性,則他人當受其感化而歸於善。故《論語》説:“一日克己復禮,天下歸仁焉。”《易・繫辭》説:“君子居其室,出其言善,則千里之外應之。”由此可見儒家講學,是始於修身,終於平天下。儒家的重要代表爲孔子、孟子、荀子,此三子學説雖微有不同,但大致相差不遠。孔子學説最要者爲“仁”,孟子爲“仁義”,荀子爲“禮法”。孔子稱性相近,習相遠;孟子稱性善;荀子稱性惡:此又三家論性之不同點。三家均重視教育,對於政治則孔、孟主張法古,荀子主張法後王。

(三)墨家的教育學説　墨家教育以宗教爲源泉,而用人格的注射,以保存其活力。宗教爲情感之產物,墨家雖非純粹宗教家,但其講教育,全以情育爲中心,而其領袖又有極高尚之人格,犧牲之精神,故徒屬甚多,影響甚大。其教育學説,主張教人法天,教人兼愛,教人節用;但是因爲“其道太苦”,所以其偉大領袖死了以後,勢力亦漸減小。

(四)法家的教育學説　法家立法以制馭人民,其術似與教育異。實際不然。他們也是要以法來達到教育之目的。《韓非子・五蠹篇》説:“今有不才之子,父母怒之弗爲改,鄉人譙之弗爲動,師長教之弗爲變,……州部之吏,操官兵,推公法,而求索奸人,然後恐懼,變其節,易其行矣。”由此可見法家亦言教育,但教育材料,教育人員,則與各家所主張者不同。《韓非子・五蠹篇》又説:“故明主之國,無書簡之文,以法爲教;無先王之語,以吏爲師。”據此則法家所提出之教材唯有法律;所提出之教員即爲現職官吏。法家的教育目的,也在“施於國以成俗”,法治爲教育之一手段。其與儒家不同者,儒家之教育,教人做人;法家之教育,教人做他們理想中所規定之國民。

各家教育學説對後世教育之影響　各家學説,對後世教育之影響如下:老子苦禮節之拘束,倡言恢復自然,崇尚無爲,在漢代對於政治有影響(漢之政法家喜言黄老),在魏晉六朝於士子之人生觀有影響。莊子主張超絶物質世界,專求精神幸福,其説與吾國之宗法社會思想相衝突,所以不能普遍,但遯世之士,喜尋味之,六朝人士,受其影響甚大。商韓功利論,偏重刑法,殘忍過甚,與吾國民族心理不合,故其説不能久行,但中國之法律政治,亦稍受其影響。墨子主張兼愛,當時勢力甚大,與儒家相抗衡,故漢以前多孔墨並稱;但因"其道太苦",而吾國人宗教信仰心薄弱,故其説亦不能久行。儒家立論到處本家族精神,倡調和主義,論道德以孝弟爲本,論教育以明道復性爲本,論政治以禮樂爲本。雖倡尊君,而同時又注重民意;雖重禮儀,而同時又顧及人情;雖重感化,而不廢除刑法;雖重道德,而不毁棄功利;雖致恭祭祀,而不迷信鬼神。他的哲學閎深,不及道家;法理精覈,不及法家;人類平等觀念,不及墨家。但以其適合中國民族心理及社會情形,故其學説能久行於中國。自漢至清,所有政治、倫理、教育的思想,莫不受其支配,其維持社會秩序之功甚大;但因受專制政府之利用,其束縛思想之害亦不小。

本期教育之特徵　本期的社會背景與前期不同,故本期教育亦與前期教育大異。第一、本期的教育是革新的,是變動的;前期的教育是守舊的,是不變的。第二、本期的教育中心在私人或私人的團體中,如孔、老、墨等,均爲當時教育中心;前期的教育中心在政府,在公立學校。第三、本期的思想是不統一的,是個人各有主張的;前期則較爲統一。第四、本期的教育是注重功利的,注重解决問題的;前期的教育則注重模範人格之養成,舊制之保守。第五、本期教育注重養成政治上學術上之人材,而教育之普及,則不及前期。

## 第三節　漢至清末教育

秦漢教育之特點　戰國七雄,統於一尊,秦始皇廢封建,置郡縣,由地方分權而成中央集權。於是教育目的在養成事君的官吏、能守法能生利的平民;教材則供給平民的,祇有醫藥卜筮等應用技術的書籍,仕宦則祇習法令,教師就是官吏。思想統制極嚴,專制暴虐,亘古未有。他認爲讀古書的儒生,無益有害,便把他們活埋了,造成“焚書坑儒”的慘劇。論者認爲秦代教育破壞、殘酷,祇講實利,好在年代極短,漢高帝即取而代之。

漢代教育,雖也以養成事君人才爲主,但其方法是以學術統於一尊,罷黜百家,提倡儒學,對後世學術思想影響甚大,兹述之如左[①]:

(一)經學之注重　漢代人民經過大亂以後,很想清静無爲。所以當時談政治、談教育者均順自然趨勢,主張黄老之學説,以静寂無爲爲根本精神。漢武帝雄才大略,承文、景昇平之後,厭倦静寂生活,又以當時匈奴强盛,屢辱中國,極想報復,所以有攘夷之念。而儒家是贊成攘夷的,因此他竭力提倡儒學,罷黜百家。但是要明儒家學説,必求之於經籍。經籍經秦火後,殘缺不全,於是搜尋遺經,考證訛誤爲必要之事,武帝極力提倡,並以此爲仕進之路,於是天下士子乃用畢生精神於考證遺經。經籍雖借此而得保存,但學術乃因此而反無進步。

(二)儒家之宗教化　春秋戰國時代,儒家的學説,純係注重人事,絶無宗教意味。孔子説:“未能事人,焉能事鬼?未知生,焉知死?”可以爲證。到漢朝,武帝特别尊崇孔子,郡國必立孔子之廟,歲時致祭;學説背於孔子者,便認爲非聖無法,由此儒家乃有宗教之形式。漢儒若董仲舒、劉向輩,又以災異之説,符讖之文,陰陽五行之道,糅入經義,由此而儒家之言論,亦含有宗教性質了。

上列二事,對於漢代教育影響甚大。漢儒專重解經,所以思想不能開展,教育不能進步。儒家既帶有宗教色彩,所以精意失而形式存,使人厭棄,故研究無進步。

---

① 原爲竪排,後文在左,故云“如左”;今改横排,後文實已在下方,然爲保存原貌,不予更改。以下類此者不再説明。

漢代教育之地位　漢代教育，在中國教育史上占很重要的位置，後代教育制度、教育思潮，多源於漢。戰國時，學術競争，紛擾未定，到漢尊儒，儒家思想，遂支配中國教育界數千年。秦火後，中國經籍散亂；漢代經學家，加以整理注釋，此種經籍，遂變爲中國數千年的教科書。漢代尊經重古，一切制度，多本經術，所立學校制度、選舉制度，爲後代教育制度所本；詳細節目，雖各代不同，而大體無變。魏、晉、六朝、隋、唐時代，雖佛家學説，盛行一時，但對於遺傳下來的教育制度，不能推翻；儒家的思想，亦未能完全打破。到了宋代，佛家學説與儒家融化，而儒家的權威更大，更能支配一切。就社會教育方面説，支配能力最大者爲一時的社會信仰。在西洋，社會信仰宗教，中古絶對受宗教支配。在中國，並無一種共同信仰的宗教，但是一種遺傳下來的普通迷信，如星相醫卜、神仙鬼怪等等，均能支配個人行爲和社會生活，而此種迷信，在漢代已盛行，歷數千年依然存在。教育與政治有密切關係，秦漢之政治與以前大異。以前無中央集權的大國家，各小國（或稱之爲諸侯）各自爲政，自秦漢始成統一的大帝國。後代雖間有分崩割據局面，但是政治的統一思想，則始終未曾打破，割據是出於不得已。教育思潮亦受其影響，而有要求統一之趨勢。無論何時代，學者總是要求有統一之學説，絶對不許有歧異。這個趨勢，也是漢代立的根基，漢代教育地位之重要即此可知了。

漢代之教育制度　漢武帝採取董仲舒之議，黜百家，崇儒術，興太學，立五經博士，置弟子五十人；又令天下郡縣設學校，教育大盛。迄王莽篡位，西漢亡；光武中興，復立太學。明帝以後，注重教育，至質帝、桓帝之際，生徒多至三萬餘人，但因喜論朝政，見惡於人，黨錮禍起，學校乃衰。至於學校種類，在京者除太學外，復有四姓小侯學（明帝時爲外戚樊氏、郭氏、馬氏、陰氏諸子而設）、鴻都門學（靈帝時以諸生能文賦尺牘及工鳥篆者居之）；在京外，有學、校、庠、序等，均爲官立之學校。私人講學之風尚存，聚徒多至千萬人者，所在多有。

教材教法　漢時學校，教授注重記憶及師承。漢人無“無師承之學”，訓詁章句，皆由口授，不像後世之書，音訓都有，可視簡而誦。書皆竹簡，得之甚難，若不從師，無從寫録，不像後世之書，購買甚易。因此之故，當時求學，必須從師。前漢經師，有時學生多至千餘人，《後漢書》所載張興著録且萬人，牟長著録前後萬人，蔡玄著録萬六千人，比前漢爲尤盛。學生既多，教師不能直接教授，所以教師高坐講堂，向前列高足弟子講説經義，聽者又以次傳授，以至最低之新學生。所以高足弟子，常得聽師之講説，新進之學生，則師之音容，都不得聞見，相傳馬融之學生，有及門三年而不得一面者。這可以叫做傳遞式教學法，和現在利用高年生做助手的複式教學法也很類似。

漢代學校主要教材爲經籍，當時印刷術未發明，書籍傳播，全賴鈔寫，而鈔寫又容易錯誤，常常引起紛争。後漢熹平四年，詔諸儒正五經文字，刻石列於太學門外，以爲糾正錯誤之標凖，此爲《漢石經》，係蔡邕所書。字皆隸體，即《隋書·經籍志》所謂《一字石經》。自此之後，各朝相沿，均有石經，惜迄今保存者甚少。

秦漢教育之大發明　秦、漢時代在教育用具上有兩大發明，即紙與筆是。秦將蒙恬以兔毫製筆，於是竹簡刀筆漸廢，當時以絹布與毛筆代之。漢蔡倫又以樹皮發明造紙，由是書寫工具日益簡便。再就文字言，亦由繁趨簡。中國文字，初爲倉頡所創之“古文”，至周宣王時太史籀著“大篆”，古文之異體，乃變成整齊劃一。秦李斯取“大篆”省改成“小篆”，罷異形，崇正體。程邈復增減“大篆”，以赴急速，作“隸書”。漢代變“隸書”之筆勢爲“真書”；東漢末劉德昇又創“行書”，較“真書”尤便書寫。我國文字至漢代而真、隸、篆、行四體皆備，實爲對於教育文化的偉大貢獻。

魏晉南北朝之教育　漢末，國土分裂，天下大亂。魏、晉及南北朝，國祚極短，教育設施，實無足稱。兹綜述此時期教育之大概如下：

（一）委靡放誕　風俗的浮華，道德的墮落，爲此時期之特色。士大夫崇尚清談,放誕玩世。王謝子弟,鬥靡爭華;何曾食費萬錢,猶嫌無下箸處,當時之奢侈,於此可見。他們的人生觀,僞《列子·楊朱篇》中一段有描寫得很好:"凡生難遇,而死易及,以難遇之生,俟易及之死,可孰念哉? 而欲尊禮義以夸人,矯情性以招名,吾以此爲不若死。爲欲盡一生之歡,窮當年之樂,唯患腹溢而不得恣口之飲,力憊而不得肆情於色,豈暇憂名聲之醜、性命之危哉?"

(二)無廉恥無氣節　當時外夷侵害中國,士民安常習故,忍辱含垢,殊無振作之氣和報復之心。其尤甚者乃以媚外謀生爲教子孫之目的,請舉一例爲證:《顔氏家訓·教子篇》中有曰:"齊朝有一士大夫,嘗謂吾曰:'我有一兒,年已十七,頗曉書疏,教其鮮卑語及彈琵琶,稍欲通解;以此伏事公卿,無不寵愛,亦要事也。'"由此可見當時士大夫之無氣節。

(三)浮而不實　《顔氏家訓·勉學篇》中描寫得很好:"士大夫耻涉農商,羞務工伎,射則不能穿札,筆則纔記姓名,飽食醉酒,忽忽無事。……梁朝全盛之時,貴遊子弟,多無學術,至於諺云:'上車不落則著作,體中何如則秘書,'無不熏衣剃面,傅粉施朱,駕長簷車,跟高齒屐,坐棊子方褥,憑斑絲隱囊,列器玩於左右,從容出入,望若神仙。明經求第,則顧人答策;三九公讌,則假手賦詩。"讀此一段,可知當時貴遊子弟之惡習。

(四)南北朝學風概述　西晉設學未久,被侵於五胡,教育事業不振,故人材甚少。自後南北對立,南朝多好佛老之學,設學以儒玄並設,而所重在玄,故儒術不振,而佛老思想,支配一時。北朝人主,多好述經,故北朝經學發達,而經學人材特多。考當時南人虛華,北人樸實,南人好文學,北人好經學,南人好玄學,北人好實學。"長城飲馬,河梁攜手",北人氣概,何等雄偉。"江南草長,洞庭始波",南人風趣,如是而已。此固由於地理環境之不同,教育亦有很大關係。

(五)此時代對教育之貢獻　上面所述,俱其缺點,然當時對於教育,亦有相當之貢獻。(1) 審美的教育。當代文學、美術、音樂,均極發達,且有特殊之長處,足以引起審美的情感。(2) 音韻學。切韻之學,與佛經同入中國,其書能以十四字貫一切音,文省而義廣,謂之婆羅門書,字母之法,權輿於此,可惜其書不傳。曹魏時代,孫炎作《爾雅音義》,始創反切,以兩字約成一音,其上一字與本字爲雙聲(同子音),下一字與本字爲疊韻,所以六朝之韻文特佳;且便於識字,可以促教育之普及。(3) 哲學。在此時代,許多人研究佛學,把佛學介紹入中國,於思想界影響甚大。宋代哲學家如周、程、朱、陸等,均受其影響。從這幾點看來,魏、晉、南北朝的教育與文化,在歷史上亦有相當之地位。

隋唐的教育 (一) 隋的學校制度 隋是由分離而趨統一的一個過渡時代,爲期雖不久,教育事業,頗有可觀。文帝時置國子學,設祭酒一人,領博士五人,助教十人,學生七十二人;又置太學及四門學,設太學博士十人,助教二十人,太學生二百人;四門學博士二十人,助教二十人,學生三百人。此外對於州縣,也令興學,教育頗有振興的氣象。可惜文帝晚年,專好刑名,又以當時學校生徒,多而不精,遂於仁壽元年,詔廢太學、四門及州縣學,國子學唯留學生七十人。(當時國學胄子,垂將千數,州縣諸生,咸亦不少,所遣散之學生,數極可觀。)煬帝即位,雖諸學復開,徵召儒生,講學東都,然當時外事四夷,戎馬不息,盜賊群起,儒生多轉死溝壑,經籍付於煨燼,教育無由振興了。

(二) 唐的學校制度 唐高祖既統一天下,非常注重教育;定都長安之後,就恢復國子、太學、四門、郡縣等學。太宗英才大略,亦潛心學問,居藩邸時,便開文學館,以杜如晦等十八人爲學士;到了做皇帝時,更大興學校,别置弘文館、崇文館,增學舍一千二百間,國學、太學、四門亦增生員。書算各置博士,凡三百六十員。其屯營飛騎,亦遣博士授以經業,教育於是大振。高麗、百濟、新羅、吐蕃、日本,都派子弟,留學中國,國學裏面,學生增至八千餘人。

唐時之學校制度,頗爲完備,京師有六學,即國子學、太學、四門學、律學、書學、算學,均隸於國子監。國子監長叫做國子祭酒,總管學政。兹將六學制度略述於下:(1)國子學(國子學有石經,成於開成二年,凡十二經,無《孟子》),學生定額三百人,文武三品以上子孫、二品以上曾孫有入學的資格,學科以《禮記》、《春秋左氏傳》爲大經;《詩》、《周禮》、《儀禮》爲中經;《易》、《書》、《春秋公羊》、《穀梁》二傳爲小經。(2)太學,學生五百人,文武五品以上的子孫、三品以上的曾孫,有入學的資格;學科與國子學大略相同。(3)四門學,學生千三百人,其中五百人爲文武七品以上之子,八百人爲庶人之俊異者,學科與上同。(4)律學,學生五十人,學科除律學外,略與上同。(5)書學,學生三十人,學科有《説文》《字林》等。(6)算學,學生三十人,學科有中國古時各種算學。律、書、算三學以八品以下之子弟及庶人之通其事者,爲入學資格。六學學生的定額,合計約二千二百人。每學置博士及助教,主司學事,但書算二學,不置助教。六學之外又有弘文館,學生三十人;崇文館,學生二十人,以教育皇親及貴族子弟。此六學二館均在京師。

就地方學校而論,規模很有可觀。京都學生定額八十人;大都督府、中都督府、上州的學生,定額各六十人;下都督府、中州學生的定額各五十人;下州學生四十人;京縣學生五十人;上縣學生四十人;中縣、中下縣學生三十五人;下縣學生二十人。凡地方官吏的子弟和平民子弟都可入學,學科均以諸經爲準。從上述觀之,可知唐初學校的隆盛;到了中葉以後,天下紛亂,教育也就退步,遠不及從前之隆盛了。

(三)唐的選舉制度　唐代取士方法,多照隋制,登進之法,概由選舉。選舉共有三種:(1)生徒法,由京師之六學二館及州縣之諸學校選其成績優良者,送入京師尚書省試驗。(2)貢舉法,爲一般士子而設,其法投考生不入學,先試於州縣,及第則送至京師覆試。(3)制舉法,是天子特地爲非常之人才而設的制度,考試没有定期,由天子親自試驗,手續非常鄭重,及第的人,往往可得高官。

除制舉外,試士科目甚多;最著者有秀才、明經、進士、明法、明字、明算、史科、開元禮、童子等科。考試之法:秀才,試方略策五道,以文理粗通爲主;明經,先帖經,後口試經問大義十條,答時務策三道;進士,試時務策五道,帖一大經,其後改重聲韻;明法,試律令十條;明字,先口試,通,乃墨試《説文》、《字林》;明算,先口試,後乃試以各算書;史科,每史問大義百條,策三道;開元禮科,試大義百條,策三道;童子科,限十歲以下,試《孝經》、《論語》及其他任何一經。此係考試法的大略。唐代科目雖多,但爲世俗所重者,不外明經與進士二科,故此二科得人獨多。武后時策問貢士於洛城殿,殿試自此始。又設武舉,以騎射、馬槍、材貌、言語、負重等閱人,武舉始於此。唐代取士亦不盡由科舉,有由上書而得官的,有由隱逸而召用的,有出於辟舉的。其中辟舉之風,肅代以後,最爲盛行。

(四) 教育制度與當時的人才　唐代教育制度,以考試爲中心,考試所重者在詞章、書法、記誦,結果唐代文人特多,詞章華麗嚴整,書法亦甚優美,唐人寫經,至今稱爲美術品。唐代考經,注重記憶,故唐代經學不甚發達,即如王、韓、李等,均以文章稱,對儒學雖有提倡之功,然於學術上並無何種新穎之貢獻。唐代選舉制度不良,吏、禮兩部(取士由禮部,任官由吏部)争權,結果致養成不良的士風。

隋唐教育的特徵　隋唐教育,雖因政治安定,盛極一時,然亦不能絶無流弊,兹分述其優點及缺點於左:

(一) 學術空氣　隋時有講學大師王通,稱文中子,以紹述北方的學術思想自任。李靖、魏徵、房玄齡、杜如晦等均出門下。其教育主張頗有可取之處:(1) 他反對當時賤視農工的風氣,他説:“一夫不耕,或受之飢;一婦不織,或受之寒。”乃躬自耕種,藉以謀生。(2) 他以爲:“化人之道,在正其心。”(3) 他説:“君子之學進於道,小人之道進於利。”他以爲求學在道不在利。(4) 持身處世,主去憂疑而努力本職。他説:“樂天知命吾何憂? 窮理盡性吾何疑?”朱子謂王氏之學,頗近於正而粗有可用之實,允稱的當。文學方面,韓昌黎文起八代之衰,提倡散文,開文體革命之先河。唐詩,迄今猶膾炙人口。僧玄奘西遊,取回經典不少,貢獻尤多。

(二) 士鮮氣節　士以投牒自進之故,多不尚氣節。加以當時女主、權相、藩鎮、宦官,迭執大柄,士子以依附爲榮,不以自薦爲恥。常有帶破帽,策蹇驢,攜其所爲文,以干謁當時之王公大人者,名之曰“求知己”。如是而不得見,則照樣再做一次,名之曰“温卷”。照這様辦,還不得見,就執贄於馬前,自贊曰“某人上謁”。士風之壞,於此可見。廉耻道喪,實基於此。

(三) 科舉流弊　科舉之制,當時盛行,其流弊甚多:(1) 考官偏私,衡鑒不明;以韓愈之才,四試於禮部始得出身,三試於吏部無成,十年還是布衣。(2) 舉士、舉官分爲二途,標準不一,去取難公,吏部、禮部常致衝突。(3) 末流偏重詞章,忽視實用之學。(4) 選人猥衆,人浮於官額。開元中内外官萬八千餘員,而合入官之資格者凡十二萬餘人,大率十人争一官,有出身二十年而不獲禄的。不能獲禄,無以謀生,於是奔走權貴之門,以求速用。士風之壞,此爲原因之一。

此僅就當時流弊而言,對於後世,爲害更大。蓋科舉之制,起自隋、唐,歷宋、元、明至清而始廢。其流弊除上述者外尚有更大者:(1) 政府利用科舉爲束縛人心之具,人民思想不得自由的發展,此爲近世學術不振原因之一。(2) 士子求學,以取富貴爲目的,於是盡心竭力,以求模仿考官所好之文章,對於學問本身全置之不理。而考官所好尚之文章全是注重形式的,規律非常嚴的,士子須耗費許多的光陰精力,去學習這種規律,遲鈍者終身學習規律,模仿時文,而終不得達;聰明者學好以後,便可取功名,得美官,美官得而學問之事告終。

宋元明之教育　唐室既衰,宇内分裂,其先後據中原而稱帝者有梁、唐、晉、漢、周五代，五十四年中，凡五易國主，人民受禍甚深，避死不暇，求生不遑，風俗敗壞，道德淪替，自無暇顧及教育了。到了宋代，國内統一，宋、明諸儒，援佛入儒，遂産生光華燦爛之理學，"静敬穎悟"等修養法，盛行一時。南北學派，亦告合流；雖仍有朱、陸之争，然其言教育，目的尚同。至明末，中國文化與西洋學術接觸較多，於是中國學術思想、社會生活習慣起了變化。兹分别叙述如後：

思想界的變動　我國學術思想，向有南北之分：南派好研究宇宙根本問題，北派好研究政治道德等實踐問題。到了漢朝，淮南王劉安、揚雄的學説，頗有調和之趨勢。魏、晉、六朝、隋、唐間，南派近佛老與文學，北派則抱守殘經，偏重訓詁。迄宋儒，一面濡染佛老學説，一面墨守孔孟微言大義；一面潛心於心性修養及宇宙本體之研究；一面根據經籍建立儒家的政治與倫理的學説，名曰"理學"，亦稱"道學"，實則調和南北思想，混合儒、釋、道於一爐。惟細分之，仍有朱(熹)、陸(九淵)、吕(祖謙)三系。朱重道問學，守古義，故專攻訓詁之學；陸主尊德性，尚自由思想；吕氏與陳亮等主匡時濟世實用之學，史稱浙東學派。

宋元明的教育制度　兹再就宋、元、明三朝的教育制度及其設施，詳述於後：

(一) 宋朝的教育制度　叙述宋朝教育制度，可分爲兩方面：一爲學校制度，一爲選舉制度。宋代管理教育最高機關爲國子監，國子學及太學都歸他管轄。凡七品以上的子弟得入國子學，八品以下的子弟及平民的俊秀者得入太學。神宗熙寧四年立三舍法，以太學學生分爲内舍、外舍、上舍，生員初入外舍，外舍升内舍，内舍升上舍。既升上舍，則有得官及享受他種權利之希望。這種升遷法，是獎勵士人求實學而不專作詩賦以博取科名的。此制亦時興時廢。國子學、太學，學科大體相同，均以經義爲重。此外，重要的學校爲下列各種：(1) 律學，宋初即立，置博士掌其事，習斷案律令，古今刑書，朝廷新令。(2) 算學,徽宗時立,後併入太史局,以九章周髀及假設疑數爲算問,兼習天文,此外每人須習一小經。(3) 畫學,徽宗時立,後併入翰林圖畫局,習畫佛道、人物、山水、鳥獸、花竹、屋木,兼習《説文》、《爾雅》、《方言》等。考畫分等,以不仿前人,而物之情態形色,俱若自然,筆韻高簡爲工。(4) 書學,徽宗時立,後併入翰林書藝局,習篆、隸、草三體字,兼習《説文》、《爾雅》、《論》、《孟》。(5) 醫學,宋初隸太常寺,後併入太醫局,南宋復獨立學,習方脈、鍼科、瘍科。(6) 武學,仁宗時立,生員百人,習諸家兵法、步、騎、射。(7) 四門學,仁宗時立,爲士庶子弟而設。(8) 小學,神宗時立,功課爲誦經習字,能文者補内舍或上舍。(9) 宗學,大學生五十人,小學生四十人,凡宗室疏遠者,皆得就學。(10) 諸王宫學,北宋立,南宋併入宗學。(11) 内小學,理宗時立,宗子十歲以下者入之。(12) 州學。(13) 縣學。二者均爲地方學校,功課以誦經爲主,仁宗時始設立,各置教授或教官以司其事。此外又有書院,性質與學校相似,當時著名的書院有四,即白鹿洞書院、石鼓書院、應天府書院、嶽麓書院。

宋代科舉制度,起初多沿襲唐代,神宗以後,漸漸改革。宋代試科,有下述八種:(1) 制科,是爲非常的人才而設立的。有應試資格者先試於有司,然後天子再加面試。(2) 宏詞科,試以章表露布等文,對於選上者賜進士及第,後此科又改爲詞學兼茂科,南宋時又改爲博學鴻詞科。(3) 進士科,試詩賦、雜文、論策、經義等。(4) 新科明法,以斷案試法令,以律義試文理,仍兼試經義。(5) 元祐十科,細目有十:行義純固,可爲師表;節操方正,可備獻納;智勇過人,可備將帥;公正聰明,可備監司;經術精通,可備講讀;學問該博,可備顧問;文章典麗,可備著述;善聽獄訟,盡公得實;善治財賦,公私俱便;練習法令,能斷請讞。(6) 童子科。(7) 醫學科,試脈義經義。(8) 武舉,以策爲去留,以弓馬爲高下。

宋代對於學校和科舉,都很注重,但是當時學校,實不及漢唐之盛,任教職者對於生徒也没有德行道藝上的切實教誨,科舉亦有尚詞章而輕視實學之弊。但是當時私人講學之風,甚爲發達,私人教授,多注重人格之感化,學理之研究,宋代人才,多從此出。

與宋處敵對地位者爲遼與金,遼居我國的東北部,以武功經營域内,典章文物,不及南土,於是在遼京設學校,興科舉,以與南朝相競。金滅遼,沿遼舊制,舉行考試法,命征服各州,以女真文翻譯經書。由此可知遼金教育,均受了中國的影響。

（二）元朝的教育制度　元爲蒙古遊牧人種,世居荒漠,初到中原的時候,對於中國文化,少有興趣。後來爲籠絡人心起見,亦因宋舊制,興科舉,設學校。但是所謂學校者,多是名存實亡。學校分京師、地方兩種:京師有國子學、蒙古國子學、回回國子學;地方則各州各有書院,路有路學,縣有縣學,此外還有蒙古字學、醫學、陰陽學等。國子學及各州縣學,以讀經爲主要功課。國子學以《孝經》、《小學》、《四書》、《六經》爲課本,博士助教,親授句讀音訓及講説,次日抽籤令諸生復説;其功課如屬對詩章,經解史評,則博士出題,生員具稿,先呈助教,俟博士閲定,始録附課簿,以憑考校。蒙古國子學額設百人,後又增五十人,以《通鑑節要》用蒙古文譯寫教之。回回國子學,生員五十餘人,爲公卿大夫子弟而設,學習回文備翻譯之用。蒙古字學,功課與蒙古國子學大約相同。醫學習醫經文字,陰陽學習天文術數之學。

科舉制度,大約沿宋之舊。太宗滅金,取得中原以後,從耶律楚材之言,用儒術選士,命試諸路儒士,考以論文、經義、詞賦三科。世祖既定天下,許衡立法,定科舉制度,科場每三歲一次開試,考試程式,蒙、漢人各有不同。蒙古、色目人,第一場經問五條,出題以《四書》爲限,注釋以朱氏爲主,其義理精明,文辭典雅者爲中選。第二場策一道,以時務出題,限五百字以上。漢人、南人,第一場明經經疑二問,以四書出題,並用朱注,亦可以己意結之,限三百字以上;經義一道，各治一經，《詩》以朱氏爲主，《尚書》以蔡氏爲主，《周易》以程朱爲主，以上三經，兼用古注疏，限五百字以上，不拘格；第二場考古賦詔誥表章，古賦詔誥用古體，表章用四六體兼用古體；第三場策一道，由經史時務内出題，限一千字以上。分進士爲左右榜，蒙古、色目人爲右，漢人、南人爲左。

當時初等教育狀况如何，現在無由查考。唯有一書在當時用得非常普遍，即是宋末王應麟所著的《三字經》。是書每句三字，文義淺顯，韻調和諧，易於誦讀。内容包括甚多，哲學、經學、文學、歷史以及普通常識，均包括在内。自元以及清末，均用是書做初入學校兒童的讀本。此外則《四書》亦用得普遍。

（三）明朝的教育制度　明代諸帝，多重視教育。太祖定都金陵，即首立國子學；二年詔令郡縣立學校。照當時定制，地方學校，府有府學，設教授一人，訓導四人，生員以四十人爲限；州有州學，設學政一人，訓導三人，生員以三十人爲限；縣有縣學，設教諭一人，訓導二人，生員以二十人爲限；鄉有鄉學，使民間子弟，讀當時大誥及律令。成祖遷都北京，就元朝國子學遺址設國子監，自此太學有南北的區别。在京師者除國子監外，還有宗學，以教貴族子弟。

明代對於生員異常重視，管理亦嚴。明太祖立卧碑於明倫堂，備載各條禁例，與現代學校之管理通則相似：（1）府州縣生員有大事干己者許父兄陳訴，非大事毋輕至公門。（2）生員父母欲行非爲，必再三懇告，不陷父母於危亡。（3）一切軍民利病，農工商賈皆可言之，惟生員不許建言。（4）生員學優才贍，年及三十，願出仕者，提調正官奏聞，考試録用。（5）生員聽師講説，毋恃己長，妄行辨難，或置之不問。（6）師長當竭誠訓導愚蒙，毋致懈惰。（7）提調正官務常加考校，敦厚勤敏者進之，懈怠頑詐者斥之。（8）在野賢人，有練達治體，敷陳王道者，許所在有司給引赴京陳奏，不許在家實封入遞。

明代科舉制度，仍照宋、元舊制。鄉試試於各省，中式的人叫做舉人;會試試於禮部,中式者天子再覆試,叫做廷試,亦曰殿試,分一二三甲,以爲名第序次:一甲止三人,曰狀元、榜眼、探花,賜進士及第;二甲若干人,賜進士出身;三甲若干人,賜同進士出身。狀元授修撰;榜眼、探花授編修;二三甲選用庶吉士者,均爲翰林官。考試命題以《四書》、《易》、《書》、《詩》、《禮》、《春秋》爲限。科舉定式,初場試《四書》義三道,經義四道:《四書》主《朱子集注》,《易》主程《傳》、朱子《本義》,《書》主蔡氏《傳》及古注疏,《詩》主朱子《集傳》,《春秋》主《左氏》、《公羊》、《穀梁》三傳及胡安國、張洽《傳》,《禮記》主古注疏。永樂間頒《四書五經大全》,廢注疏不用,其後《春秋》亦不用張洽《傳》,《禮記》只用陳澔《集説》。第二場試論一道,判五道,詔誥表内科一道。第三場試經史時務策五道。所試文章關於經義者,通稱制義,也叫做八股,八股文(顧亭林謂八股始於成化時,閻百詩謂八股制定於洪武十七年)必須用排偶,合於古人的語氣。從此以後,科舉之毒,深中人心;要想考試及格,必須消磨精力,以學習制義之格律聲調,以模仿當時好尚之文體,士子日流於空疏淺陋,講實學者日益減少。

(四)書院制度　書院之名,起自唐朝,玄宗置麗正書院,集文學之士,實爲設書院之始。書院雖創於唐代,而其制度之發展,實自宋起。宋初有白鹿洞、石鼓、應天府、嶽麓四大書院。由皇家賜九經肄習,生徒異常發達。後來各地均仿效此制,設立書院,書院之數日多。考書院制之特點有四:(1)教育經費由私人捐助或地方供給,不依賴政府,不比有司奉詔旨所建之學,時作時輟,等於具文。(2)長書院者,謂之山長,多係賢士大夫及德高望重之人,人格感化能力特大。(3)書院多就各州縣風景清幽、交通便利之處而設,於該地士子之讀書甚便。(4)書院多富藏書,便於研究。就書院内部規程而論,各院不必盡同,因爲各種規章,是由山長訂的。朱子主講白鹿洞書院訂有教條,特別注重道德教育。他又曾主講嶽麓書院,定忠孝節廉爲校訓,石刻至今尚存。顧憲成主講東林書院,注重政治與時務。如此種種,均是以個人之教育主張,借書院以爲習驗場所,所以書院實爲有價值的學校。負責的山長對於課程,有詳細的指定,有定期的講演;對於作文,有精細的批改;對於行爲,有適當的指導;均以適合個人的需要爲主,細考其制,頗與近日之道爾頓制相近。但是爲時既久,精意易失,末流當山長而不負責者很多,書院也多流於有名無實。

(五)私人講學　宋、元、明三代講理學者甚多。他們均以傳道自任,熱心教育,在各處私立學校,講學授徒,如胡瑗、周敦頤、朱熹、陸九淵、許衡、王守仁等都是最著名的。這種私人教授,主張方法雖各有不同,綜合起來,可得到幾種共同之點:(1)此三朝教育以科舉爲中心,士子所志在科名,所習爲科舉之業,由學校産生之人材,均係科舉的人才;正式研究學術者,還在於私人的傳授,故當時學術之中心,實在私人而不在學校。(2)自漢以來,講經者尚墨守,讀書者重記憶,教授重威權,重服從,因此之故,自漢至唐,哲學方面,教育理論方面,均守舊無進步;宋代學者受佛家影響,思想大起變遷,對於哲學與教育,均有新穎的貢獻,形式上他們雖説篤守孔孟,而實質上他們已將佛理融化於儒家。就解經方面説,自王安石以新義解經,一時相習成風,注經者、講經者多以新意,後代學者雖詆毁他們解經爲臆造,爲儒表釋裏,但宋代學術的進步,正在於此。就教授方面説,宋儒受佛家之影響,教學注重省悟:省悟即是令學生由自動的思考而得到真確的瞭解,其方法則在敬與静,敬與静即是屏除煩擾,注意集中的意思。據此二點,可見宋儒的教授,也較從前爲進步。

(六)科舉與學校　學校爲研究學術、作育人材之地,科舉爲一種考試制度,二者關係密切,應當聯貫一氣。但是隋、唐以後,貢舉與學校分爲二事;自宋、元以後,民間教育,又與國家教育判爲二事。民間教育目的有三:(1)就大多數而論,目的在取得功名利禄;(2)就平民教育而論,(與國家教育制度,關係較少。)目的在識字算數,以便應用。(3)有最少數學者,目的在講學傳道。當時國家對於民間,不加何種干涉,聽其自然;國家只用科舉方法,以考其成績,奬勵其競争而已。所以此時代之教育,是用科舉之制,統轄一切。至於國家所辦的學校,在京師的,或在各地方的,均時興時廢——地方學校有名無實者更多。就普通一般小學而論,均讓民間自行辦理。讀書多從經籍入手,初步只求其能背誦,並不深求其意義。管理取絶對嚴格主義,學生絶少自由活動。在此狀况之下,學生均是被壓迫而讀書,視學校爲畏途,視先生如仇敵,壓力一去,則嬉遊如故。

宋元明教育的特徵　宋、元、明三朝教育之特徵與其批判,述之如左:

(一) 理學的影響　宋、明理學家很多,其最大的貢獻:(1) 在混合佛、老、儒三家學説(名義還是絶對崇信儒家),調和南北兩派的思想,創立一種有系統的哲學,對於心性與宇宙的關係,能爲一貫的説明。(2) 在能實行遵守儒家的道德法則,以砥礪名節,矯正卑鄙的士風。(3) 對於個人的修養,心理的觀察,有心得的報告,例如關於“敬”“静”等説明是。(4) 在矯正漢唐經學家只講訓詁考據,不講義理的流弊。(5) 在其教授注重自動,注重興趣,其言論多與近代心理學趨勢相合。這五點,算是當代理學的優點。但其缺點,亦可略述於下:(1) 關於性惡的起源,不能有徹底的説明。自周秦以來,常有性善、性惡兩派:主張性善者,雖孟子不能説明惡之起源;主張性惡者,雖荀子不能説明善之起源。宋明理學家,大都是承孟子之後,主張性善,以爲性即是理,理無不善,惡則由於氣質之性,人之禀氣有清濁厚薄之不同,所以就有善惡賢愚的區别,這種説明,就形式上看,似較孟子進一步,實則仍非徹底的説明。因爲當時理學家無論爲理氣二元論者,或唯理、唯氣之一元論者,均承認理或宇宙的本體爲絶對善。宇宙既爲絶對的善,則宇宙之惡何由産生?(王安石謂惡之起源,由於性情發動之不適宜,頗有獨見,並能自圓其説;但是若云宇宙的本體,是絶對善,則兩者實又發生衝突。因爲既係絶對善,自無由産生惡。若説

“宇宙的本體是静,静是絶對善,由動而後有善惡的區别”,這便近於老子的學説,但此説亦不能解答上面之疑問。因静的時候是絶對善,動的時候何以就有善惡的區别呢?换句話説,即是不適宜之動作,又何由産生呢?)據此,則宋儒對於惡之起源,實不能有徹底的説明。(2)偏重静的修養,忽略動的修養。宋儒講學,曰“敬”,曰“主一”,曰“心當如明鏡止水”,均是屬於静的方面。推求其意義,亦不過是要人“注意集中”而已。但是要“注意集中”,亦當注重興趣之提起,習慣之養成,决不當僅以静坐閉目的方法得之。天地間事物至繁,當逐一研究,以求瞭解其原理,使他們能於人生有用,方爲求學的正當態度。若説只要去人欲,存天理,則心明如鏡,萬物自照,恐亦無是理。朱子之學,本注重格物窮理,但是彼所謂格物窮理者,乃偏重在經籍方面,宜乎陸氏譏其爲逐末。陸、王之學,專重德性,致良知,以爲吾心自有天則,不當支離而求諸道。實則吾人之所以能知道外界事物,固是因爲我們先天的有這種可能性(知道事物的可能性),但是這種可能性的發展,知識的得來,又何處不是由經驗?據此則教育者當使學生多與外界接觸,多加觀察的工夫,方能養成活潑的、有實用的人才,徒言静的修養,實無大益。元、明以後,講理學者多有空疏不講實用之弊,或者即是因爲太重静的修養的緣故。(3)把天理與人欲處於對立地位。其實人欲之適當處便是天理,兩者並不是冰炭不相容的。

(二)儒家之宗教化　上面之批評理學,係就其本身而言,若是論到他的影響,則爲害更有大於前所言者。儒家學説,自漢武提倡以後,已具有宗教的形式,但是威權尚不甚大。所以魏、晉、南北朝之間,佛、老學説得以盛行。到了宋代,儒家學説,經理學家之特别發揮,政府之特别提倡,遂有宗教之形式,絶對之威權。以後政府取士,純以經義,注解必尊程朱,反是者便爲異端邪説。講政治法律者,講教育者,講處事接物之理者,均須根據經籍,一有不合,便爲非聖無法。儒家所崇奉之經籍,遂變爲教條,無復討論之餘地了。

（三）思想之束縛　宋儒均尊孔、孟，對於孟子尚有敢議論其是非者，對於孔子，則絶對不敢置一詞，孔子遂變爲儒教之教主。他是絶對的善，他是理想的人。他所説的是天經地義的大道，絶對不可違背。事物的是是非非，均只看他是否合於孔子的道理。所以有了問題發生，不必從根本去討論，也不必以論理相繩，就只看他與孔子的道理合不合，合者爲是，不合者爲非。自宋至清，千餘年間，講學者不能跳出孔子的範圍以外。李卓吾公言不以孔子之是非爲是非，即得焚書殺身之害。據此則儒教之束縛思想，何減於歐洲之基督教。

（四）科舉之流毒　科舉在唐代流弊已經很多，到宋更盛，到明清更達了極點。（1）科舉之毒在束縛學者思想，使他無自由發展之餘地。宋代經義，所宗之注解，均由欽定；明代制義，規律更嚴，處處須模仿古人口氣，文體又須合於當時考官所特别好尚者。（2）在改變求學者之目的，由高尚的到卑鄙的，由爲人的到爲己的；所以自有科舉，求學者的唯一目的，便在做官發財。（3）在不切實用。學者把精神腦力犧牲在制義中，而所學對於修己治人，毫無關係。上列各種流弊，在宋明均甚普遍。

（五）當代之風尚　一時代之風尚，均是當時的教育政治所養成的。宋、元、明三代之教育制度及思想，既如上述，當代之普遍風尚如何，亦當研究。（1）爲尚文的民風。宋太祖鑒於唐代藩鎮之禍，削除權臣兵柄，尚文輕武，相習成風，遂致千餘年而不能改變。（2）爲委靡不振之風氣。兩宋受遼、金、元之辱，士民少枕戈待旦、卧薪嘗膽的氣概；元代中原人民受極端的壓制，亦少反抗的運動；明代雖係漢族中興，但苟安中原，對於蒙古、滿洲無暇顧及，末年卒爲滿族所滅。綜觀當時之士人風尚，可分三種：一則奴顔婢膝，以求富貴，恬不爲耻；二則放浪山水，縱情詩酒以自遣，對於國家之存亡，毫不關心，如文及翁之詞，描寫得最好，“借問孤山林處士，但掉頭、笑指梅花蕊。”這種消極的態度，實是亡國的現象；三則感憤時事，不能有爲，但以詩詞寓其諷刺，寫其悲哀，於國事毫無裨補。（3）婦人守節的風尚。古代雖重守節，但是再醮者，亦不以爲辱。宋范仲淹母再適朱氏，後仲淹貴，回贈其繼父以太常博士，而以蔭補朱氏子官，曾不以爲過；自程頤以爲婦人餓死事小，失節事大，於是以再醮爲辱，以守節爲貴。

（六）教法與課程　當時課程只有五種：讀經、讀史、讀文、寫作、習字。此五種功課以讀史爲較不重要，以其與科舉無大關係之故；私人講學則時有超出上列範圍者。教授方法最重記憶。他們的教授步驟：第一步在記憶文字（年幼時記憶力强，尤宜特别利用），必使能背誦而後已；第二步在研究其意義；第三步在模仿其文體，使其聲音相貌畢肖，學至此便止，因爲能如此，便可考得功名，取得禄位。至於性理之學，致用之學，實非普通人所注重的。當代學者若程、朱、陸、王均反對此種教法，他們教授注重人格的感化，注重實踐，注重義理之研究；但其影響所及，只限於一部分講理學者，於普通教育界，無大影響。普通人對於程、朱不過是墨守他們的注解，竊取幾個性理之名詞而已，教育實施方面還没有受着很大的影響。

（七）當代之新發明　與教育關係最密切者爲書籍之傳播。自秦漢時發明毛筆與紙，書寫日益簡便，唯書籍之傳播仍屬困難。雕刻之術，起初不過施之玉石，到了五代時馮道始用木板雕刻書籍（亦有謂雕板起於唐代者）。自此以後，官書、家刻，同時並作，書籍日多，傳播日便，此爲五代時對文化之大貢獻。宋仁宗慶曆中有布衣畢昇，發明活字版。法用膠泥，薄如錢唇，每字爲一印，火燒令堅，先設一鐵板，其上糊以松脂、蠟和紙灰之類。印時，以一鐵範置鐵板上，密布字印，滿鐵範爲一板，持就火烤之，藥稍鎔，再以平板按其面，則字平如砥，甚便印刷（見宋沈括《夢溪筆談》）。自此以後，活字板通行，得書更易。所以在宋、明時代，藏書之家，到處均有；得書既易，學術自易發達。宋、明之所以能創造理學，清代之所以能重整漢學，均有賴於印刷。故活字板之發明，實爲宋代對於文化之大貢獻。

**清代教育思想概述**　宋、元、明三代的教育思想，以理學爲中心。理學之産生一面是受了佛教的影響，一面是訓詁學的反動，其長處在能注重心性之研究，品質之陶冶，人生與宇宙關係之説明。末流有空疏之弊，學者多束書不觀，游談無根，其詳細情形，已如上述。因爲理學有這樣多的缺點，到了明末清初，學術界遂生一種反動，即是鄙棄宋明理學，復取漢儒治經之方法，竭精力於考據與訓詁；加以清代大興文字之獄，學者不敢復談政治，而群趨於古經籍之考證，於是漢學（或名樸學）遂爲清代學術之中心，講程、朱、陸、王之理學者寥若晨星了。此種漢學運動既爲當時學術之中心，則其主旨，其影響，自有研究之必要。漢學運動的主旨在復古。漢學家顧炎武、閻若璩等，以爲舍經學便無理，故學者須脱離宋明之羈勒，直接反求之於古經。古經有真有僞，故須精確考證，以辨真僞；古經意義，不易明瞭，因文字的聲音與意義均有古今的不同，故要明白古經的意義，非注重訓詁不可。所以考證真僞，解釋字義，便是他們的求學方法。他們的考證真僞，解釋字義，均是用科學的方法，有分析的研究，有論理的排列，有歷史的證明；其根本的精神，即在“無徵不信”。若以此種運動與歐洲的“文藝復興”運動相比較，則有許多類似之點：（1）兩者均爲復古運動，一則受中古宗教之反響，而提倡復希臘之古；一則受宋明理學之反響，而提倡復兩漢之古。（2）“文藝復興”是反對宗教專制的運動，漢學復興是反對理學專制的運動。故此兩種運動，均是時代之産物。但就兩種運動的結果論，則大相懸殊。文藝復興産生物質科學及文學發達之結果，乃有近代歐洲之文明；漢學運動的結果，在整理國故，使後學者易於入門，至於儒教之專制，經籍之威權，還是和從前一樣。他們雖用科學的方法，而影響始終未到物質的及心靈的研究上。近代科學、近代教育的産生，是受西洋文化的影響，不是受了漢學運動的影響。

**清代的教育制度**　清代的教育，係舊教育之結束，其概况得以數言述之：(1) 政府所注重者純爲高等教育，高等教育之目的，全在安國定邦，造成善良的官吏。在多數人民的意思，亦不過是以教育爲求功名之具，故朝野對於高等教育，完全是捨棄其本身的價值，而以他爲養成官吏或取得官吏之手段。(2) 政府雖注重高等教育，而如何去發達高等教育，則全未顧及，各省各縣雖設有書院，而所謂書院者，亦徒有名而無實。故所謂高等教育，盡付諸私人或團體之善舉。政府好像採果的人一樣，他只以功名與官職及他種榮耀來獎勵果木之繁植，至於培植灌溉諸事，則概付諸園丁，自己毫不過問。(3) 政府對於初等教育，毫不注意，聽各地人民自爲之。人民以爲這種教育，既不能取得功名，故只注重狹義的應用，即是只要能記賬算數而已，其他一切知識，皆非所需。(4) 政府對於初高兩等教育，均無一定之制度，可以遵循；教法與課程，均聽各地人民之自由。(5) 政府雖常言注重德育，但是所謂德育，既屬無形的，不能以科舉的方法來考查，故所謂注重德育，只變爲一個口頭禪，實際上並無何種效果。這五種情形，不但在清代如此，即自漢、魏以至元、明，固莫不皆然。

(一) 學校教育　清代因明之舊，國立學校有兩種：(1) 爲專教宗室及八旗子弟而設者，有宗學、覺羅學、景山官學、咸安宫官學、八旗教場官學、盛京官學、黑龍江官學。此類學校(有幾種，亦允許漢人入旗籍者之子弟去讀書。)可稱爲貴族學校。(2) 爲滿漢通設者，有國子監。國子監的學官與教員，均爲一時之選，學官則滿漢人員各半數，入學之生員爲秀才、貢生、廕生、監生、外國留學生、滿漢勳臣之子弟，以及聖賢後裔，人數多少没有定額。功課分經義、治事二門，令諸生選習。選經義者修一經或數經。習治事者對於歷代之典禮、賦役、律令、邊防、水利、河渠、算法，均在研究範圍之内。或治一事，或兼治數事，均可自由决定。此外京師所設的翰林院、欽天監、太醫院，均與教育有密切的關係。

地方學校，受政府管理的，有各省之書院，各府之府學，各州之州學,各縣之縣學。用地方公款爲貧苦子弟而設的,有社學與義學。此外則私人設學,亦甚普遍,富貴之家,家各有學;中人之家,亦有合數家而設學者。只要請了一個教師,有二三個以上的學生,就可以謂之學堂。課程最要者爲讀經、讀八股文、作八股文、習字、習讀詩賦。實施教育最重要的處所,不在公立之縣、府、州各學及書院,而在各私人設立之學堂。在縣、府、州學及書院,多變爲考課的機關,對於實行教授,並無人負責。清代對於教育,雖無優良制度,但因有科舉的獎勵,故讀書者亦甚多,雖窮鄉僻壤,亦有很多的人參與考試。

(二) 科舉制度　清代科舉制度,雖因襲明朝舊制,而實更爲完備。第一爲小試(原爲入學試驗之意),先縣試,次府試或直隸州試,終爲學政試,中選者叫做生員,通稱秀才,各縣均有定額,不得增減。第二爲鄉試(原爲畢業試驗之意),三年一次,投考生的資格爲秀才及監生(監生係納資取得之學位),朝廷簡考官分赴各省考試,中選者叫做舉人。第三爲會試,每三年在京師舉行一次,投考生爲舉人。第四爲殿試,皇帝把會試中式者親試於太和殿,及格者第一甲三名,曰狀元、榜眼、探花,賜進士及第,二甲、三甲無定數,二甲賜進士出身,三甲賜同進士出身,上選入翰林院。第五爲特科,也歸皇帝親試,自舉人以上,均有應試的資格,中選的授以職官。此外又間有舉行博學鴻詞科者,又有召試者。武舉亦盛行,其學位與投考程序,均與文考同。但是世俗所重者,在文而不在武,所以武藝取得之武學位,地位遠在文學位之下。武舉所考者弓馬而已。

清代教育實施狀況　當時學校以私立爲主,富家都單獨聘請先生,在家裏教授,平民則聯合多數人家共聘一先生,其校址多在祠堂廟宇。校内除桌椅外,並無何種設備。壁上必書“至聖先師孔子之神位”,學生入校出校,必向之行敬禮,平日無短假,也無休息日,只有端午節、中秋節、清明祀祖,及中元祀祖,就放幾天假。平民子弟於割麥時、打禾時,得請假或由先生放假。過新年時,假期特長。平民子弟讀書都是通學，朝出暮歸，富家子弟則晚間亦必須讀書。教科書以《三字經》、《千字文》、《幼學》、《四書》、《五經》爲主，預備考試者須讀注解，不預備考試者另讀一種雜字書，書中包含一切尋常日用的雜字，此外還須學點珠算。教授方法：讀書方面，學生持書往先生處，由先生口讀，學生模仿，能成誦後，歸原位自行誦讀，至能背誦爲止。習字由先生寫樣本，或買已印樣本，初步用紅字樣本，以筆在樣本上填寫，次用薄紙蒙上樣本照寫，純熟後，再照樣本自行書寫。學堂規律甚嚴，有違犯者多加體罰。——此是當時初等教育的概況。預備考試者，《五經》、《四書》讀完以後，便行講解經文，兼讀制義。學生作文，多從學習做對入手，以虛字對虛字，以實字對實字，初由一字二字（如雲對雨，明月對清風）對起，漸漸成句。能成句後，便作時文之開首二句，謂之"破題"；由"破題"而"承題"，而"起講"，至能作完全一篇，謂之"成篇"。成篇後便可應考。時文而外，還須學習作詩賦、對策等。到了此時，可以自動讀書，便只請人改文章，或到各書院去讀書。所讀之書，多限於經書及制義、詩賦等。對於史地、曆數等科，除少數人外，全不講及，故當時士子，常識甚爲缺乏。——此是當時高等教育的概況。

清代各學派教育學説　清代學術，統全體觀之，可分五派：第一，經史派，以顧炎武、黄宗羲爲代表。第二，理學派，以孫奇逢、李顒、陸世儀、陸隴其爲代表。第三，實利派，以顔元爲代表。第四，天算派，以王錫闡、梅文鼎爲代表。第五，考證派，以閻若璩、戴震等爲代表。兹將上列各家之學説與教育有關係者，分述於後。

（一）經史派　明末清初諸大儒若顧炎武、黄宗羲、王夫之等鑒於明學空疏放蕩之弊，講學趨重實際應用方面，而以應用之學，須從經史中取得，故特别注重經史，因名之曰經史派。這派有幾個鮮明的主張：第一，學以致用爲主；第二，爲學須從博學入手，經史子集必須詳加研究；第三，宋明理學，缺點甚多，宜加糾正。

（二）理學派　講理學者無論程朱派或陸王派，均至明代而告一結束，清代理學，特其餘波而已，學術中心，實不在此。清代理學家對於教育的主張，概括言之，有兩點：第一，教育最要者在使人有良善的行爲，爲學要從人倫日用上切實做工夫；第二，多注意於兒童教育，以爲教之道必以小學爲基礎。

（三）實利派　清初大儒講學，均重實用，如顧、黄輩均謂須從經史中求得致用之學，惟彼輩仍認讀書爲求學的方法，對於漢宋諸儒之學説都不反對。實利派則以狹義之實用主義爲出發點，對於漢宋諸儒之學説，一概推翻之。謂讀書非求學的方法，求學須從日用事物上下手，須從實行下手，所有無益於人生之事，概不宜學。這種學説，在思想界算是一種大革命。爲此種思想的代表者，便是顔元及其門人李塨。詳下第七章第四節，兹不贅。

（四）天算派　中國教育受外國學説之影響者：第一次，是漢時佛學之流入；第二次，便是西學之流入。西學之流入中國，以曆數爲最早。自明萬曆中利瑪竇入中國，製器作圖，甚爲精密。中國學者若徐光啓等，從學曆算，是爲西洋曆算輸入中國之始。到了清朝，有王錫闡、梅文鼎等，研究曆數，更爲精深。他們一面輸入西洋之曆算知識，一面整理中國固有曆數之知識。他們對於中國教育之影響有二：一爲引起研究科學之興趣，故當時雖在科舉時代，而亦間有研究數學者。一爲引起對於西學之注意，中國人素以爲外國文化，均在中國之下；自彼等輸入西洋之數學，始知西洋學術，實有較中國學術更高深者，因而去輕視之心理，取歡迎之態度。故西學之輸入，新教育之成立，天算派實有大功。

（五）考證派　考證派即經學派，彼輩講經學，特別注重考證，故謂之考證派。考證派治學的範圍，是以經學爲中心，而旁及小學、史學、天算、地理、典章制度、金石、校勘、輯逸等。他們的引證取材，多自兩漢，所以又有"漢學之稱"。考證派對於教育的意見，可以戴震爲代表。戴氏以爲教育在救人性之偏失，人性之偏失爲“私”與“蔽”，救私在“恕”，救蔽則在“學以牖其心知”。又以爲經以載道，所以明道者辭，所以成辭者字，學者當由字以通其辭，由辭以通其道；易言之，戴氏主張求學須從治文字之學入手。

清代教育與宋明教育之比較　要把這兩個時期的教育，來互相比較，可從兩方面着眼：一從各家的教育學説着眼，一從教育實施的狀況着眼。若從前者着眼，則清與宋明實處於相反對的地位：一極空疏，一極樸實；一重義理，一重考證；一重主觀的省悟，一重客觀的考證，其詳細内容，已見前節，兹不贅述。若就教育實施狀況而論，則清之與宋明大約相似。第一，制度均係沿襲而來，無大變動。第二，辦學宗旨兩期相同，高等教育以養成行政人才爲主，初等教育以化民成俗爲主。第三，科舉制度兩期通有，其爲害亦相同。第四，兩期對於普通教育，都不甚注意，讓民間各自爲風氣，政府並無積極的指導。第五，關於課程與教法方面，兩期亦相同：教材以經籍爲本，教法注重記憶。第六，兩期教育的缺點亦相同，即是偏重文藝（注重格律的文藝），忽略實用；偏重書本上知識，忽略順應環境的方法（處世接物及修己治人之道）及身體的鍛鍊。

清代教育在教育史上的地位　清代教育，在教育史中，占有重要地位：一在繼往，一在開來。所謂繼往，即是把中國舊有的學術，大加整理；而整理最重要的工作，便是把各種書籍考證真僞，校正訛誤，求出作者本來的意義。這種偉大的工作，清儒是完全成功的。自經此次整理以後，我們就知道那些經書是真的，那些經書是假的；那些注釋是對的，那些注釋是錯的；以及文字語言音義之變遷如何，典章制度之沿革如何，我們均得有正確的瞭解。所謂開來，即是介紹西洋文化。中國文化，除受印度文化之影響外，純係本國的，未曾羼雜他種成分，印度文化之根本精神與中國的相差甚遠，故輸入以後，不能産生特異之文化。到了清代，中國社會與西洋社會接觸之機會日多，因接觸而知道西洋文化之特點，因而漸漸輸入。在起初僅僅輸入天算的科學知識，繼因兵戰商戰失敗以後，日覺中國舊有文化之缺點，西洋文化之優點，於是盡量輸入科學、政治、工業、商業、哲學……等知識。輸入的結果，遂產生近日中國之教育、政治和社會。

## 第四節　現代之教育

現代教育的產生因素　在第一節談及民族習慣教育的價值，完全在保守一方面；而社會之進化，則在除舊更新。我們所以必須除舊更新，必因爲舊的東西不適宜於現代的社會生活；其所以不適宜，必因爲社會生活有變遷。變遷之原因，大要不外下列五種：（一）物質方面的變遷，（二）人口的增加，（三）戰爭的爆發，（四）思想的變遷，（五）異族文明的接觸。此五者爲普遍之原因，清末以至民國舊教育舊社會之所以破壞，新教育新社會之所以產生，其原因亦不外於此。

我國社會制度，教育制度，自秦漢以後，變遷甚少，其根本原因，在未曾多與異族文明接觸。與漢族接近之民族，其文化均在漢族之下；對於西方民族，因東南有大海之隔，西北有大山沙漠之隔，難得有交通的機會。因此我國人遂產生一種自大自高的思想，對於傳統的學説與制度，只有絶對的信仰，從不發生疑問，二千餘年來共同遵守，無很大的變動。到了明末，與西方民族接觸之機會日多，西方文化漸漸輸入，破壞之因，遂種於此。自此至清道光時代（十七世紀至十九世紀）爲醖釀時期，咸豐、同治、光緒時代爲爆發時期，民國以後爲建設與革新時期。兹將舊社會舊教育破壞原因之重要者，依時代之先後，略述於下：

（一）耶穌教徒之影響　明代萬曆崇禎之間（十六世紀至十七世紀），耶穌教徒先後入中國者甚多，最著者有意大利之利瑪竇，西班牙之龐迪我，日耳曼之湯若望等。他們均精於曆算，關於曆算及宗教的中文著述甚多。中國學者如徐光啓、李之藻等，均與他們來往，研究曆數之學。利、徐合譯之《幾何原本》，徐光啓之《農政全書》，均爲中國科學之傑作。耶穌教徒對於中國文化之影響，於此可見。上面所述耶穌教徒係舊教徒（天主教），原來歐洲自馬丁路德創新教以後，羅馬舊教徒受此大打擊，於是想改革舊教内部，傳教海外。在中國的傳教方法，便是迎合中國人的心理，專把中國人所缺乏的科學知識做引綫，表面上以傳教爲附帶事業，對於敬天拜祖，並不反對，這種方法行之數十年很有成效。在歐洲的羅馬教皇，不懂此種理由，於一七零四年（康熙四十三年）下令反對此種傳教方法，禁止信徒拜祀祖宗。此事結局引起中國人的憤激感情，反對耶教，傳教事業因此停頓，西洋科學之輸入，遂亦因此而中斷。到了道光二十一年《江寧條約》成，開五口通商，而傳教來華者日衆，於是立教堂設學校以宣教義（新舊教都有），起初信教者多爲下流社會，其於中國教育之影響，反不如前次之大。然前次耶教徒所輸入科學，已種下了新教育的種子（清儒治學，多用科學方法，與西洋曆算學之輸入中國不無關係），中間雖有停頓時代，而影響所及，實未嘗中止。

（二）清儒之影響　清儒若實利派之顏李等學説，實含有學術革命的精神；經史派之顧黄等學説，實含有種族革命的精神；考證派之閻胡等學説，實含有疑古的精神。此三種精神均含有破壞舊教育舊社會及建設新教育新社會之性質，在當時雖因舊勢力之壓迫，不能充分發展，但潛勢力依然存在，到適當時機，遂向外發展而促成新教育新社會之産生。

（三）通商之影響　自清初以來，中外交涉不外兩種：一爲傳教，一爲通商。自明代葡萄牙人租借澳門以後，歐洲商船來中國者日多。康熙乾隆之間，歐人（英人爲最多）商業，集中於廣州與寧波兩處，而廣州爲尤盛。自訂五口通商之約以後，來廈門、福州、上海之洋商亦日多，其勢力逐漸由沿海而侵入内地，對於中國的政治、社會、教育均有大影響：第一，自通商以後，中國經濟權逐漸落於外國資本家之手，有識者見此經濟之危機,又不能禁止外貨之輸入,於是知欲富國强兵,非發達工商業不可,此爲提倡工商實業教育之動機。第二,外貨輸入日多,人民羨其貨物之精美,崇拜其物質文明,因思所以模仿之,此亦爲輸入西學動機之一。第三,自通商以後,中外人士,接觸之機會日多,而風俗習慣各有不同,因接觸而得有比較,因比較而引起對於中國舊社會、舊教育之懷疑。綜此三點,可知中國社會生活因中西交通而起了大變化,舊教育之缺點乃漸呈露而覺非改革不可,故通商對於新教育之産生有極大影響。

(四) 戰争的影響　道光以後,對外戰争常常失敗。道光二十年(一八四〇年),英軍陷舟山,侵寧波;二十三年陷吴淞,逼金陵。咸豐十年(一八六〇年),英、法兩軍破天津,入北京。光緒十一年(一八八五年),法兵侵福建、臺灣,占安南。二十年(一八九四年),與日本宣戰,海陸軍皆敗。二十六年(一九〇〇年),八國聯軍破天津,入北京。各次戰争對於中國的社會與教育均有很大的影響:每戰敗一次,朝野均受一次重大的刺激,這種刺激有除舊更新的作用,即使國人益覺本國政治腐敗,因而産生革命思想;益覺本國科舉教育之不切實用,因而産生改革教育之思想;益覺西洋堅船利礮之可怕,因而産生學習機械的思想。此三種思想,均爲舊教育破壞新教育産生之因素,故科舉制度之廢止,學校制度之訂定,乃在光緒二十六年大敗之後。

(五) 革新的思想家　在這風雨飄摇外侮日甚的時候,一般思想家看明白當時中國地位的危險,亟思救治,而救治方法,主張各不相同。大概可分二派:一爲革命派,以孫中山先生爲代表;一爲改良派,以康有爲、梁啓超爲代表。中山先生極力鼓吹國民革命,以爲要救中國,須以國民的力量,推翻滿清及列强之雙重壓迫,掃除專制政治,而後新中國有建設之可能。他一面宣傳革命主義,以唤起民衆;一面組織革命政黨,實際從事革命運動。當時青年,尤其是留學海外的青年,咸信仰之,革命思潮,遂爾播及全國,滿清政府,因之而倒;舊式的科舉教育,亦與之俱去。反對上述之革命思潮,主張但變法維新以救中國者爲康梁。他們對於當時政治之觀察與主張,雖然錯誤,然其以文字唤醒國人,亦復大有影響。最著者爲梁氏主編之《新民叢報》,是報極力描寫中國政治之腐敗,地位之危險,主張採納西洋學術,振興學校,改造民性,刷新政治;其文平易,條理明晰,筆鋒帶有情感,極富於刺激性,青年學生讀其文,如受電焉。在新舊教育改進過程中,梁氏亦有其相當地位。

（六）結論　中國社會與西洋社會接觸之後,受了耶教、通商、戰事及革新思想家之影響,舊教育逐漸崩潰,新教育逐漸産生。但是所謂新教育,决不是一個完全嶄新之教育,新教育觀念之本身,亦隨時代而變遷:第一個時期,以容納西洋學術之教育爲新,所謂"中學爲體,西學爲用";第二個時期,以採納西洋之教育制度爲新;第三個時期,以主張思想解放之教育爲新;第四個時期,以本之科學與民主的教育爲新,本之傳統與習慣的教育爲舊。

現代學制的演進　新式學校之誕生始於清同治元年同文館之設立;自此以後,迄於現在,學制的演進,約可分爲四期:第一,爲萌芽時期,起自同治元年至光緒二十六年。第二,爲發展時期,起自光緒二十七年至宣統三年,學堂章程於此時釐定,教育官制亦於此時粗具規模。第三,爲民國新學制頒布時期,起自民國元年至民國十一年。第四,爲學校系統改革時期,起自民國十二年至現在。各期教育制度實施狀况,在教育行政課程内當有詳細説明,兹不具贅。

現代教育之特點　現代新教育之特點,約有六項,分述如次:

第一特點在注重科學　尤其是物質的科學,物質科學在中國學校課程中,向來没有的,就是在西洋,物質科學之編入課程,也是最近的事——十九世紀的事。在中國,自新教育産生後,科學乃爲重要功課。

第二特點在注重平均的發展　就周代學校課程而論,對於德育、智育、體育，均有同等的注意。唯自漢代以後，學校課程，全然沒有體育一門，教授者亦從未言及，結果中國的教育遂成畸形的發展。新教育制下的課程對於德、智、體三育，及職業教育、審美教育等，均有適當的分配，使受教者能有調和的平均的發展。

第三特點在注重實用的教育　周秦的教育，本來注重實用；乃自漢以後，教育偏重文辭方面，職業的知識、生活的知識，幾全不顧及。新教育選擇課程的標準有二：一在適合心理的需要；一在適合社會的需要。目的在使學校教育能發展兒童的本能，改進兒童現在的社會生活與將來的社會生活，故學校的課程雖多，均有實用的價值。

第四特點在適合學習心理，提倡自動的教育　中國教育，向來注重記憶與模仿，一切以"率由舊章"爲好。新教育則提倡打破一切的束縛，注重自由的思考、自動的教育。舊教育注重注入，新教育注重啓發；唯其注重啓發，故教材之難易、種類和分量，均有適宜之分配，使學者能循次以進。

第五特點在打破"百科全書主義"，注重專門的研究　在學術不很發達的時代，學者每以爲讀書人應該無所不知，無所不曉。西洋十七世紀之培根與可美紐斯，均爲提倡"百科全書主義"者。中國學者，亦多提倡"百科全書主義"，主張博學於文，事事均在研究範圍之内，故曰："一事不知，儒者之耻。"新教育一面認定普通知識是必要的，故主張人人須受普通教育；一面認定高深的知識只能分門專究，故主張一人只能各選其性之所近而專習之。

第六特點在其周詳的教育制度　前面已經講過，中國教育制度以周代爲最周詳，自漢以後，政府取士偏重考試，學校制度甚爲簡略，大抵均是讓民間自爲風氣，故教育制度，殊無足觀。新教育根據一定原理，訂立周詳的教育制度：教育行政的機關、學校的種類、設立的地點、課程的編制、教科書的審查以及一切教育行政的大綱，均有法規上的規定，其周詳細密，遠過於舊教育。

但是自新教育施行以後，這六種特點，並未能完全表現出來。大概社會上的事業，破壞易而建設難，建設一種新制度，使能完全成功，須經過長久的時間，打破各種的困難。在此新舊交替期間，常有一種很大的阻力，使新的建設難於全部實現。中國施行新教育爲期尚不甚久，實施上雖未能盡如理想，而以與舊教育相較，則已進步多多。故我們對於新教育，應抱樂觀而加以精密的研究。

**現代教育的幾個實際問題**　下列各項教育問題，均係現代我國教育上重大而困難之實際問題，希望大家能以科學的方法，從事於這些問題之研究。

（一）國民教育推行問題　真正的新教育，必須革命化、科學化、全民化。教育能爲革命的工具，繼續不斷的改造社會，則爲革命化的教育；教育設施，能處處本之科學，則爲科學化的教育；教育能打破階級的界限，使全體人民得着同等受教育之機會，則爲全民化的教育。今日之中國，如何去普及國民教育，實爲重要問題。但是在中國言普及教育，就發生兩種困難：一爲行政上的困難，一爲教學上的困難。就行政的困難而論，又可分爲三種：第一，中國幅員甚大，人口無正確統計，學齡兒童及失學民衆人數亦未有正確調查。第二，師資缺乏。現在已有國民學校（與現有學齡兒童及失學民衆數比較起來）爲數甚少，已難聘得好教員，若學校再加擴充，師資更感困難了。第三，經費困難，已有之學校，尚難維持，遑論擴充。此係就行政方面的困難而言。若就教學而言，則最感困難者爲文字之學習。中國文字本身不能表音，而形體又非常複雜，兒童學習甚不易，對於教育普及，甚有妨礙。如何調查學齡兒童及失學民衆確數，以爲設施國民教育之依據；如何造就師資，充足經費，以利國民教育之推行；如何減少文字語言教學上之困難，以增進國民教育之效率：都是我們急須研究解決的問題。

我國國民，還是在鄉村務農的占大多數，國民教育之設施，如何始能適合廣大的鄉村社會之需要，一切設備、課程、教材，如何始能適合鄉村兒童身心之發展，亦急待研究解决。又在教育已普及之國家，但須施兒童以基本教育，即可將現代人類社會之經驗與文化，傳遞於下一代國民；而在我國，則幾千年來，向僅少數人得入學，清季改革教育以後，教育亦迄未普及，失學民衆之多，幾占全人口四分之三；欲建設一現代化之新中國，除對於下一代國民施以基本教育外，對於這一代國民之不幸失學者，尤須趕快動員現有教育機構，將現代人所必需之最基本的知識技能，以最經濟之方法傳授之，而負此重任者，即爲國民學校之民教部。因此，我們做師範生的，除致力於兒童教育之研究外，尤須獨闢蹊徑，致力於失學民衆教育——廣言之則爲成人教育——之研究，凡學校一切措施，如何始能適合我國失學民衆之需要，皆當於教育學科各部門中，詳爲探討鑽研，務期得切實可行之有效方法，以爲建國之助。由此言之，國民教育推行問題中，包含鄉村教育與民衆教育二大問題，此廣大之新園地，其開闢實有待於我們師範生之努力。

（二）科學教育問題　中國舊日最缺乏者爲科學知識，而現在社會所最需要者爲科學知識。所以如何纔能使我國的科學教育發達，實爲一個緊急問題。國内各學校課程上，科學雖占重要之位置，但據實際考察的結果，科學教育在中國乃最爲失敗者。查考失敗之原因有五：一爲教學方法不良，教授自然科學，多用講演式，不重自動的研究，不重考察與實驗。二爲缺乏良好的師資。三爲缺乏科學的設備。四爲學生受舊教育舊社會之遺毒，對於文學之興味濃厚，對於自然科學，以其費腦力，多取漠視或厭惡的態度。五爲工商業不甚發達，需用科學人才之處尚不多，高工專科甚至理工大學畢業之學生，常有學無所用之患。科學教育失敗之原因既如此，則要解决此問題，當從上面五點入手；而最重要者，爲糾正過去只重講解記憶之死的書本教育，革除學生不願動手做的心理，並使各級學校與各級生産機構聯繫,視學生能力與課程内容而課以適當之生産實習,以養成科學的精神、技術的身手。

(三)體育問題 前面説過舊教育最大缺點在忽視體育,新教育雖注重此點,而成績如何?從各校學生檢查身體之結果而觀,中國的學校體育,仍舊是失敗。而其失敗之原因則爲:一、課堂時間過多,學生無時間從事運動。二、學校少體育設備。三、缺乏優良師資。四、辦學者不知重視體育,縱有一二提倡者,又多注重選手的體育,而不注重普及的體育。五、學生受舊教育舊社會之遺毒,亦多不重視體育。六、學生營養太差,不足以供應其一面發育、一面消耗的養料。七、學校環境距衛生條件太遠,戰後各校,即以宿舍一項言,跳蚤、臭蟲、蒼蠅、蚊子,日夜侵害學生之健康,學生生活其中,實難得到正常發展的機會。欲使我民族健康,首須糾正上述諸缺點。

(四)公民教育問題 公民教育的目的:一、在養成人生正當的態度,對於道德有判斷的能力,有實行的習慣。二、在增進社會常識,瞭解人己關係。三、在增進改造環境的能力。在中國,公民教育要達到此三種目的,有特殊之困難。現在中國之社會,正值劇變,舊道德既已破壞,新道德又未成立,社會失所維繫,遂呈紛亂狀況。要免除此種紛亂,永奠國家根基,我們須注意下列各事:第一,須斟酌中國社會情形,根據倫理原理,訂立道德標準。道德是跟時代與地域而變遷的,現代社會既經急變,則舊道德當有不能完全適用者,故有重新訂立之必要。但道德律原非法律,其能力行與否,全視社會之瞭解與信仰如何,社會上大多數的人能瞭解和信仰,自可形成一種社會力量,而促其實行。第二,在指導學生的社會活動。公民教育,不僅在灌輸學生以社會常識,同時並須指導學生從事於實際社會活動,培養學生對於政治社會問題的正確判斷力;尤要者在使學生能深切的瞭解民主精神,處處以人民生活作批判之準繩。第三,在保持並發展我國國民性之優點。我國國民性有儉樸、和平、博愛、忍耐四種特點,公民教育應當保存之,發展之,以立國民道德之根基。第四,在矯正我國國民性之弱點。我國國民性之弱點有四:一爲缺乏自由思想。國家與人民乃兩人格間之法律關係,即是權利與義務之關係,國家對於人民有統治權,人民須服從之,是爲人民之義務;人民對於國家,有國民權,即廣義之自由權,國家不能侵犯之,是爲國家之義務。國家而不認個人之自由,是蔑視個人人格而爲國家之不法。我國民對於政府之不法,每漠不關心,即爲缺乏自由思想之一證。二爲缺乏法治思想。法治思想,由自由思想而出,各個人均須立於法律保障之下,始有其確定自由。國人因爲缺乏法治思想,故對於政府,不以法監督之,對於一己之行動,亦不守法。社會紊亂,此爲其原因之一。三爲卑弱。何謂卑,持消極道德之謂;何謂弱,不能競争心之謂。我民族處世之方法,以不争之争爲争之上,以自屈自損爲守己之本,此種消極態度,實爲我民族文化落後之原因。四爲惰性。我民族富於惰性,因而産生苟且偷安之習,萎靡不振之風。公民教育必須改革上述四種弱點,用積極的方法,指導學生入於正軌;使他們由消極而變爲積極,由悲觀而變爲樂觀,由無規律而變爲有規律,由無信仰而變爲有信仰。認清客觀之環境,確定奮鬥之目標,繼續不斷的改造自己,繼續不斷的改造社會,如此乃是革命的人生觀,如此乃是公民應有的態度。

（五）改良教育實施的問題　新教育之實施,其制度與方法,大部分是模仿西洋。中國的國情與西洋不同,則適於西洋者未必適於中國;西洋的教育制度與方法,均從經驗之演進而得來,故所謂某種制度優良,是由經驗的結果而知其優良,所謂某種制度不良,是由經驗的結果而發現其不良。中國教育上實行的新方法多出自模仿,缺少充分的經驗,充分的預備,故其結果多不良。例如道爾頓制、設計教學法,在西洋正在實驗時代,其價值若何,全視其實驗之結果而定。在我國也應當採取實驗的態度,只有幾個特殊學校,纔有實驗之資格。可是當這兩種方法傳入之初,大家草率模仿,風行一時;而在今日,則道爾頓制、設計教學法,均竟告失敗。此種苟且的草率的模仿,非徒無益而且有害;今後教育上一切措施,均須革除此種作風。

舊教育是受習慣的支配,新教育應該受科學的支配;舊教育是注重尊古的,以不變爲原則;新教育是注重演進的,以變爲原則。但是在變遷的時候,常發生種種的困難問題,如上列國民教育、科學教育、體育教育、公民教育及實施教育方法之改良,均爲現代我國教育上之大問題。欲解决這些問題,須調查現在教育實施之狀況,以科學的眼光,尋求這些問題産生之原因與解决之方法。本章的工作,就是要從歷史方面尋求問題産生之原因,以作解决問題之幫助,概括本章的陳述,所得結論是:

(一) 中國的文化,有特殊的優點,我們應該以教育之力量保存之,發展之;即有其缺點,亦應以教育之力量補救之,使日趨於完善。

(二) 中國的教育問題,不可專靠輸入西洋的學説來解决,必須注意歷史的背景與社會的情况;對於西洋學説的本身,亦宜加以選擇,不可作盲目的介紹。

(三) 中國的民族地位,現在是方從被壓迫的民族,次殖民地的地位拯拔出來,所以教育方針,第一應發揚民族精神,集合民族力量,促國民革命之成功,建設民有、民治、民享之新中國;第二應發揚"天下爲公"的精神,集合被壓迫人類的力量,促世界革命之成功,建設民有、民治、民享之新世界即大同世界。大同世界是建築在民族平等、人類平等的基礎上,教育應該永遠朝着這個方向前進!

## 提問要點

(一) 民俗習慣時期的教育,其大略情形怎樣?

（二）古代教育有何特徵？

（三）春秋戰國形成學術的黃金時代之原因如何？

（四）略述儒家思想對後世教育的影響。

（五）秦漢時代學術工具的二大發明是甚麽？

（六）我國文字的演進如何？

（七）略述魏晉南北朝的教育有何缺點。

（八）試述科舉的流弊。

（九）《三字經》係何人編著，内容及其應用對象如何？作爲教材而加以研究，你覺得此書有何優點。

（一〇）書院制度起自何時？盛於何時？有何特點？

（一一）理學在宋明很流行，有何利弊？試分别説明之。

（一二）活字板的發明經過及其影響如何？

（一三）清初倡復興漢學，與歐洲文藝復興運動有何異同？

（一四）清代學術計分五派，就你的觀點説明何派思想和近代學術關係最切，何派爲反時代的落伍思想。

（一五）試就清代教育的特徵，與宋明一加比較之。

（一六）清代教育，其重要性在繼往與開來，試略述其情形。

（一七）我國新教育産生的原因有幾，試略述之。

（一八）略述現代教育制度師範階段的缺點。

（一九）試擬國民教育困難問題的解決方案：

（1）文字教學問題。

（2）鄉村國民學校之設施問題。

（3）國民學校民教部之設施問題。

（二〇）讀完本章後，個人對於教育，發生何種見解與信念？

# 第四章　普及教育趨勢

## 第一節　各國普及教育略史

各國普及教育概述　國家之强弱，繫於教育之能否普及者半，故列强對於掃除文盲，提高国民基礎教育年限及其水準，無不以全力赴之。玆就蘇、美、英、法、德、日、意、丹麥等國，分别略述其概况於後：

蘇聯的普及教育　蘇聯的國土占全世界六分之一，在帝制時代施行愚民政策，大多數的農民，以奴隸生活終其身，渾渾噩噩，無知無識。大革命後，一九一九年十二月六日，列寧下令："凡共和國的一切人民，從八歲到五十歲，不會唸書寫字的，必定要學習識字……或本民族的文字，或俄文，聽其自願。"蘇聯實施國民教育時的口號有"打倒文盲"、"文盲是五年計劃的仇敵"、"提高蘇聯文化水準"等。

蘇聯的教育制度是把民衆教育和兒童教育一般看待的，所以從八歲到五十歲的不識字者，認爲都在掃除之列。工作開始，各地知識分子，即自動的組織文盲掃除會，從事肅盲運動。此項分子，賠錢又出力，興奮異常，所以效力也就驚人。試看下面的統計，就可明瞭：

**蘇聯識字者的百分比例表（採自董渭川《歐洲民衆教育概觀》）**

| 時　　間 | 1926 | 1929 | 1930 | 1931 | 1933 |
|---|---|---|---|---|---|
| 全國識字者 | 50% | 56% | 62% | 75% | 90% |

以上統計還係就全國而論，在城市方面則一九三三年的識字者已達96.3%。

考蘇聯國民教育成功的主因有四：(1) 政治力的倡導與推進。(2) 知識分子的總動員。(3) 農工生活集體化。(4) 新文字的創造。蘇聯國内本有民族一八〇種，語言有一五〇種，如此複雜，而竟能普及國民教育，其原因在於利用新的文字——羅馬字拼音——試驗的成功。我國華工一千餘人在蘇做工，蘇聯也以數個月的時間教以羅馬字拼音，不費若干力量，也居然能底於成。所以新文字的創造，實對於蘇聯文化普及上有不少的貢獻。“他山之石，可以攻錯”，我國注音符號的推行已經有了相當的時間，看了蘇聯的成功，我國上下如果也能把注音符號努力地來推廣，則文盲的掃除和國民教育的普及，也自然不在話下了。

蘇聯的義務教育年限，定爲八歲至十五歲共七年。其學制係基於農工大衆而設置，略述如下：(一) 兒童預備學校，包括託兒所、幼稚園等而言，係爲三歲至八歲兒童的需要而設。三歲以下者，歸衛生局公育或管理；三歲以上者，則受幼稚階段之教育。(二) 民衆教育，爲全國文盲及八歲至十九歲之兒童及青年必須强迫完成的一般農工教育。(三) 工廠學校，大都係各工廠自辦之福利事業，所有學生就是工人，每日至少受四小時的教育，連同四小時的工作時間，作八小時的工廠生活。此種學校的學生多爲十四至二十歲之青年。(四) 工人學校，與前者略有不同，係專爲失學之年長工人而設，技能訓練重於識字教育，以補充工作知能之不足爲目的。(五) 勞動學校，爲八歲至十五歲之兒童而設，此種學校亦稱爲七年課程學校，就是現在的蘇聯小學校。

美國的普及教育　美國立國之初，對於教育不甚重視，一八一〇至一八三〇年間，始有建設公共教育之要求，於是各州直接徵收教育税，而小學規定免費，一面並改進小學的設施，整頓其組織系統，從此普及教育的運動，便稍稍有些端緒了。

美國的義務教育爲四年至九年，其小學的期限爲八年或六年(以八年者爲多),各州的規定至不一律。如該州規定義務教育爲九年,則在小學期滿後,尚須繼續延長一年或三年。最近有延長至十四年之説。

英國的普及教育　英國因爲崇尚自由的關係,對於教育並没有嚴格的規定。在十八世紀,一般學者們曾鼓吹過實行普及教育,可是並没見諸實行。十九世紀初,培爾和蘭格斯脱都以慈善家的立場來創辦平民小學,予一般平民以受教育的機會。到了一八八〇年,始頒布强迫教育法令,以十一歲爲免除就學義務年齡。一八九九年,改定爲十二歲,小學概不收費。一九一八年,改定爲十四歲或十五歲,自五歲以迄十四或十五歲,須受義務教育九年或十年,在規定期内不准其免除。並且地方教育當局,得到中央的許可,能够將兒童的義務出席延長到十六歲,這就是所謂補習學校制度。本來,這補習的計劃,包括自十四歲至十八歲,每年應授課三二〇小時,義務出席。經人反對,始改爲每年二八〇小時,自十六歲至十八歲二年間的補習,改爲七年内延期實施。地方教育當局負有設立補習學校的義務,中央教育當局負有監督補習學校的責任。

法國的普及教育　法國在大革命時,教育家羅蘭曾主張普及教育,但未實現。一八七〇年,第三次建立共和後,教育部長佛黎於一八八二年提出强迫教育法案,規定兒童强迫就學的年歲是從六歲到十三歲,初等小學一律不收學費。

德國的普及教育　普魯士的腓特烈威廉一世於一七一三年即位的時候,頒布學校管理法令:命父母遣其子女入學,違者重罰,貧寒者學費一概由國家資助。數年以後,小學增設達一千餘所。一七六三年,頒布海脱所擬學校規程,規定兒童自五歲至十三歲强迫入學,違者罪其父母。一八〇六年,普魯士耶拿戰敗以後,奮發圖强,更鋭意圖小學教育的改進,國王腓特烈威廉三世倡導於上,菲希特和黑智爾輩鼓吹於下,一般小學教師們都振起精神,努力將事。到了一八一三年,便大敗拿破侖於來比錫;又二年,再敗之於滑鐵盧,從此湔雪國耻,雄霸西歐。教育功績,可真不能算小。

德國的義務教育段稱爲國民學校,八年畢業,其前四年稱爲基礎學校。

自從國社黨秉政以後,對於國民教育,更有如下種種設施:(一) 職業教育補習——德國憲法規定,凡已受過八年義務教育的青年男女,不論在工廠爲學徒或已就相當職業者,年在十四歲至十八歲之間,必須受補習教育。這就是説德國的義務教育,又延長若干時間。(二) 民衆教育設施——對於民衆教育,致力擴展,以推進國社黨的主義與政策。於是他們的民衆教育,變成了加强民族意識和排斥外來文化的工具,一切設施,均以此爲準則。

日本的普及教育　日本從明治維新以後,鋭意普及教育。明治十八年,森有禮任文部卿,規定尋常小學四年爲義務教育期間。二十六年,將尋常小學改爲六年,義務教育延長二年,年齡自六歲至十二歲。到了大正十四年,國會通過普選案後,更要求人民教育程度的提高,一時盛倡義務教育的推進。七七事變未爆發前,廣田弘毅更有"軍備爲骨,教育爲肉"的呼聲,並主張把義務教育延長爲八年。

日本的義務教育,自昭和十六年起(民國三十年)又有三端改革:(一) 義務教育改稱爲國民教育;(二) 延長爲八年,自六歲起至十四歲止;(三) 國民教育初級六年,高級二年。二次大戰後,又將國民義務教育改爲六三制,一律須修完初中課業,堪資吾人警惕。

意大利的普及教育　當一八五九及一八七七年間,意大利兩次頒行義教法令,均鮮成效。一九一四——一五年間,意國應入學兒童共四八一八四三六人,曾報名的衹三四四六〇六人,實到校的則不過三二〇五四二〇人,可見其問題嚴重的狀況。

自香第爾施行教育改革以後,國民教育漸推廣。其義務教育期間,始於六歲,繼續至十四歲,惟實際上多以六至十一歲爲强制期間。

其强制辦法：父母、監護人及童工之傭主，負督令學齡兒童入學之責任；已達學齡兒童，由各地方里區長，按年調查名單，呈交政府視察員，每年届開學日，如有應入學而未來注册者，公布其姓名，如父母、監護人等不能提出滿意的解釋，就處以罰金。自此以後，其教育雖漸普及，惟其教育之法西斯化，亦日甚一日。

丹麥的普及教育　丹麥國土褊小，在十九世紀初，因爲受戰事影響，經濟瀕於破産，人民生活困難異常，然而經格龍維（一七八三——一八七二）與軻勒（一八一六——一八七〇）等提倡民衆教育，興辦合作事業，終於挽救垂危的國運，民族仍能復興。

丹麥的義務教育，早已普及，普及教育的法令，頒於一八一四年，其義務教育的年限，爲七歲至十四歲，共八年。

## 第二節　我國普及教育運動

廢科舉，興學校　我國普及教育開始於清末，光緒二十八年，頒布《欽定蒙學堂章程》，内有："蒙學爲各學基本，西律有兒童及歲不入學罪其父母之條。今學堂開辦伊始，未能一一仿照，所有府州縣各處鄉集，應於奉到章程之日，予限半年，一縣之内先立蒙學堂一所，以後逐漸推廣辦理。"二十九年，頒布《奏定學堂章程》，又申明此義，要地方官紳們認真推行普及教育運動。三十三年，頒布《女子小學堂章程》，規定女子小學修業的年限。三十二三年間，頒布《强迫教育章程》。宣統元年，頒布《簡易識字學塾章程》。宣統三年，確定初小四年爲義務教育年限。

以上種種，不過僅爲普及教育之開始，這些章程和辦法，僅作一番開端而已。

民元定制　民國元年，教育部頒布《普通教育暫行辦法》，學堂一律改稱學校；二年，《天壇憲法草案》規定中國人民有受初等教育之義務。四年，袁氏當國，將教育定爲雙軌制，升學的入中學預備段；而一般平民,則限四年的義務教育,稱爲國民教育。袁氏勢力不久消滅,此辦法没有見諸實行。六年,第三屆全國教育聯合會開會時,又有呈請促行義務教育一案,但是當時也没有什麽影響可見。

民七以後,政府辦理普及教育,衹山西一省成效較著,其推行的辦法係分十年爲一期,作七期進行。據九年的調查,全省入學兒童,占全省兒童總數百分之十六强。其他各地都毫無成績可言。所以三五有識的人士,認爲靠政府力量無可發展,不如私人共同發起推行爲是。於是民國九年,就有晏陽初、傅若愚、傅葆琛、陶行知等在各地組織平民教育促進會,努力進行。十年,江蘇省又有義務教育期成會的發起。迄十六年止,因私人方面不斷的努力,成效尚著,但終於爲了没有政府的後盾,所以杯水車薪,到底無濟於事。

北伐以後　自從國民革命軍北伐完成,建都南京以後,對於義務教育積極推行,其經過之事實,可資記載者,約有下列各點:

(一) 民十七年,大學院召集第一次全國教育會議,通過厲行義務教育案,並通令各省市厲行義務教育,各省市縣奉令後,均組織義務教育委員會。

(二) 十八年,教育部頒布《民衆學校辦法大綱》,同時國民黨中央執行委員會也制定《各縣市黨部設立民衆學校辦法大綱》及《各縣市黨部設立民衆學校經費籌措預算標準》。

(三) 同年,教育部又公布《識字運動宣傳計劃大綱》。

(四) 十九年,第二次全國教育會議開會,擬定《實施義教計劃》及《成人補習教育計劃》。

(五) 二十年,國民政府公布《訓政時期約法》,將國民教育列入專章。

(六) 二十四年,頒布《實施義務教育暫行辦法大綱》,規定義務教育施行程序,共分三期:第一期由各小學區設置一年制短期小學,第二期逐漸改爲二年制短期小學,第三期改爲四年制普通小學。

（七）二十五年，教育部頒布《實施失學民衆補習教育辦法大綱》，規定自二十五年起，各省市儘六年内普及教育，先自十六至三十歲的男女實施，再推及年齡較長的民衆。

最近趨勢　七七抗戰開始，根據各方面的觀察，知國民教育不普及，則一切政令均難施行，建國大業無從開始。所以二十九年三月十九日在重慶召開全國各省市國民教育會議，決自二十九年八月起至三十四年七月止，在此五年内分三期完成國民教育：（一）第一期，自二十九年八月起至三十一年七月止，各鄉鎮均應成立國民學校一所；在本期終了時，須使入學兒童達到學齡兒童總數的百分之六十五以上，入學民衆達到失學民衆總數百分之三十以上。（二）第二期，自三十一年八月起至三十三年七月止，保國民學校應逐漸增加，或就原有之國民學校增加班級；在本期終了時，須使入學兒童達到學齡兒童總數百分之八十以上，入學民衆達到失學民衆總數百分之五十以上。（三）第三期，自三十三年八月起至三十四年七月止，保國民學校數盡量增加，以達到每保一校爲目的，或就原有之國民學校增加班級；在本期終了時，須使入學兒童達到學齡兒童總數百分之九十以上，入學民衆達到失學民衆總數百分之六十以上。

保國民學校分設小學部、民教部，其小學部大都包括小學的初級段，即每一學齡兒童至少須受義務教育四年（但爲迅速普及起見，得設一二年結束之班級）；失學的民衆則由民教部施以教育。保國民學校與地方行政機構聯成一氣，實施管、教、養、衛的工作。其教育目的爲："注重民族意識、國家觀念、國民道德之培養及身心健康之訓練，並應切合實際需要，養成自衛自治之能力，授以生活必需之知識技能。"

第二期國民教育實施計劃　第一期國民教育五年實施計劃，成效未甚顯著，教育部復於三十五年一月公布第二期實施計劃，其要點爲：（一）已實施國教之川、雲、貴、二廣、二湖、陝、甘、浙、閩、贛、皖、寧、青、西康、新疆、河南、重慶等十九省市,一律自三十五年一月起,將第一期實施國教五年計劃作一結束,並分别檢討其實施結果,另訂二期五年實施計劃。(二)尚未實施國教(即收復區)之蘇、魯、綏、熱、察、河北、山西、東北九省及平、津、滬、青、京、大連、哈爾濱等二十三省市,一律自三十五年一月起,訂定第一期計劃實施。(三)臺灣省自三十五年一月起,依據本計劃並參照該省過去辦理義教及失學民衆補習教育實際情形,擬定第一期實施計劃。

實施程序 (一)四川等十九省市擬定二期五年實施計劃如次:

(甲)已完成一保一國民校,一鄉鎮一中心校,受教育之學童與失學民衆已達第一次五年計劃規定標準者:(1)切實調查各校設施内容,分甲、乙、丙三等分期整理並予充實。(2)全部學童及失學民衆均受義務及補習教育。(3)國民學校一律辦高級班,兒童均受六年義教。(4)國民校及中心校教員至少應爲簡師畢業之人員。

(乙)設校及入學兒童與失學民衆數量尚未達到第一期五年計劃之規定標準者:(1)設校數應達一保一國民校,一鄉鎮一中心校。(2)入學兒童應達學童總數百分之九十以上,入學民衆應達百分之六十以上。(3)切實調查各校設施,加以整理並充實。(4)教員至少爲一年以上國教短期師訓班畢業之人員。

(二)蘇、魯、燕、晉、遼、安東、及京、滬、平、津、青、大連、哈爾濱等十三省市,原有地方教育,較有基礎,實施時應規定在三年内完成一鄉鎮一中心校,一保一國民校;入學兒童至少占百分之九十,入學民衆至少占百分之六十以上。在後二年,再予充實其設施内容。其進行程序略。

(三)綏、熱、察、吉、遼北、松江、嫩江、黑龍江、興安、合江等十省,在規定五年内完成一鄉鎮一中心校,一保一國民校;入學兒童至少占百分之九十,入學民衆至少占百分之六十以上;其進行程序略。

(四)臺灣省原有各地方國民學校已有相當數量,入學兒童已達

99%,義教已臻普及,惟行政學制及一切設施,均與各省市不同,應於五年内加以整理改善,其要點如次:(1)在第一二年内,應先完成保甲組織,將原有市街莊之國民學校,擇其規模較大者,改爲中心國民學校,並就原有教職員舉行登記,加以短期訓練後,分别任用,並儘先推行國語教學。(2)在第三年内,應切實調查中心國民學校内容設施……(3)在第四五年完成充實設施之標準。

經費　關於國民教育經費,規定如左:

(一)國民教育經費,應列入縣市預算。

(二)國民學校開辦費、設備費等,以由各鄉、鎮、保自籌爲原則,不足之數,由縣市政府補助之。

(三)第一年内,應依照規定籌集特種基金,辦法另訂。

(四)中央視各省市情形,酌量補助縣市國民教育經費。

教員　關於國民教育師資,規定如左:

(一)各省市應照計劃,估計需要教員人數,增設師範學校或簡易師範學校,預爲培養師資。

(二)各省市應辦理全省市小學教員總登記。

(三)各省市得視需要,辦理六個月或一年制短期師訓班,造就國民學校代用教員。

强迫入學　關於强迫入學,規定如左:

(一)各省市應依照强迫入學條例,强迫兒童及民衆入學。

(二)各縣市及各鄉鎮,得設强迫入學委員會,辦理强迫入學。

(三)學童及失學民衆之調查,及强迫入學等手續,應由國民學校及中心國民學校教員會同鄉保長切實辦理。

## 第三節　國民教育之理論基礎

國民教育的意義　國民教育是國家用法律來規定國民應受的最低限度的教育,爲一切教育的根本。我國國民大多未受教育,文化水準低落,缺乏知識技能,尤其是缺乏民族意識與國家觀念,未能擔當國民應盡的責任,故爲提高國民文化水準,達成建國之任務計,必須普及國民教育。牠的理由是:

(一)就國民教育的性質上説　國民教育,不是什麽天才教育、專門教育,也不是什麽職業教育、特殊教育,而是一種國民人人應受的教育,是國民的權利,國家須給予人民以教育的機會,同時又是國民的義務,國家要用法律來實施强迫的教育。因是之故,國民教育應該做到"人人必須受,人人可以受"的地步。倘對學齡兒童,不爲廣設學校,使受義務教育,則將來仍是一個文盲,於國家於個人均屬不利。倘對失學民衆不施以補習教育,則亦必不能負國民的責任。所以從教育的性質上説,必須普及國民教育。

(二)從教育的機會均等上説　"教育機會均等"本是一個天經地義的原則,不管是男女老幼貧富貴賤,祇要具有中華民國的國籍,就可享受國家給予教育的權利。换句話説,每個國民應該有受這個國民教育的義務,絶對不可當做教育是獨占性的,只有少數人才能享受。同時國家和社會應負擔教育經費,設立學校;爲父母家長或保護人的,也應該遣送子弟入學。務期人人受教育,才能培養民族意識和國家觀念,擔當建國的工作。所以從教育的機會均等上説,必須普及國民教育。

(三)就國家的政策上説　我們的國家,是以三民主義爲立國的最高原則,當然要實現三民主義的教育,所以我國的教育宗旨是"中華民國之教育,根據三民主義,以充實人民生活,扶植社會生存,發展國民生計,延續民族生命爲目的;務期民族獨立,民權普遍,民生發展,以促進世界大同"。然而我們要達到民族獨立,就必須人人具有民族意識、國家觀念,争取了抗戰的勝利,接着更須使建國成功;要做到民權普遍,就必須國民參加地方自治,完成新縣制,進而行使民權,促進憲政之治;要使民生發展,更必須人民具有生産知能,才能增加生産,滿足衣、食、住、行、樂、育六大需要。總之,我們要建設三民主義的新國家,務必要普及國民教育,提高國民的文化水準,才能收效。我中央確定推行國民教育爲國家重要政策,期以此種政策,實現三民主義,完成建國大業。所以從國家的政策上説,必須普及國民教育。

國民教育的對象　國民教育既是"人人必須受、人人可以受"的基礎教育,自必以全體國民——學齡兒童及失學青年成人和一般民衆,爲施教的對象,這就是綜合性别、年齡不同的人民,在一個中心國民學校或國民學校受最低限度的教育。因此我國國民,凡具有左列各項情形的,必須受法定的國民教育:

(一) 學齡兒童:自六足歲至十二歲的兒童,除可能受六年制的小學教育外,應受四年或二年或一年的義務教育。

(二) 失學民衆:自十五足歲至四十五歲的失學民衆(包括男女),應受初級或高級民衆補習教育,但得先自十五足歲至三十五歲的男女實施,繼續推及年齡較長之民衆。

(三) 年長失學的兒童:自十二足歲以上,至十五歲以下之失學兒童,視當地實際情形,及其心身的狀況,施以相當的義務教育或失學民衆補習教育。

(四) 中心國民學校及國民學校,爲一鄉(鎮)或一保的社會中心,學校教員是全體民衆的導師,全體民衆即爲施教的對象。這種一般民衆的教育,是無期的,必須使民衆受終身的教育。"鄉村學校是鄉村的中心,教師是全民的靈魂,"應切實的説到做到。

國民教育的範圍　國民教育要以全民爲教育對象,已如上述,那末,這種全民性的教育,應該把那各種職業不同和生活不同的民衆施以不同的教育。所以《國民教育實施綱領》具體的規定,國民教育是以整個社會爲施教的範圍,而以社會一切實際的事物爲教材,務使教育與生活聯系,申言之,凡具有某種職業生活的民衆必須采用與其生活相關之教材,俾能引起民衆學習的興趣,達成國教的任務,因此應該做到：

（一）把生活當做課程和教材　美國教育家杜威説："教育即生活。"這是證明教育應與生活打成一片。因爲教育是人改造人的事業。我們要使每一人都能具有生活的知能，做到自立生存的話，那就非把社會上的一切實際事物和繼往開來的經驗，教育兒童不可。同時教育如果脱離了人群的生活，那被教出來的學生，便不能生活，更不能自立生存，教育也就毫無意義。反之，如果没有教育去傳授經驗，和發明事物，那末，生活就會停滯，没有進步，不能滿足人類的需要。所以今後中心國民學校和國民學校，應該注意生活的教育，就是把生活上的一切事物作爲課程教材，做到教育實際化的地步。

（二）把整個社會當做學校的教育　杜威又説："學校即社會。"這是證明學校要社會化。我們中國過去的教育，衹知教兒童讀書，傳授知識，對於學校以外的社會現象，就毫不過問，這顯然是學校和社會相隔絶了。所以蔣主席曾批評過："過去的學校教師，僅爲講堂的講課，於出校後之學生，及校外之社會環境如何，均不注意。在很多地方有學校設立多年，而其左右前後之民衆，還是不當兵，不納税，不實行新生活，這個原因，是由於教育者未能盡其應盡之職責，今後亟宜糾正。"我們要負起我們教育者的職責，只有擴大我們教育的領域，把整個社會當做學校的教育，切實做到學校社會化的地步。

## 第四節　國民教育之普及與國家建設

國民教育必須普及　上節已一再提及國民教育是全民教育，是每個國民應受的基礎教育，因此對於國家的建設，實爲一重要的核心。蔣主席認爲建國有三個要素——教育、經濟、軍事，這三個要素適當配合起來，即構成整個的革命武力。在三個要素中，尤以教育爲首要。他説："講到教育，首先要使受教育的人發揮其知識、道德、體力和群性，所謂智、德、體、群四育。智育就是知識技能的培養；德育就是品性人格的提高;體育就是精神體力的增强;群育就是團結一致、互助合作習慣的養成。"要智、德、體、群合一的教育,才能與經濟、軍事配合而構成整個的革命武力,完成建國的任務。

要建國工作能圓滿的完成,這種"國家民族精神與文化,亦即永久生命根基之所託"的教育,應該普遍施於全體的國民,以提高國民之道德與體力,養成人人皆爲健全之公民,俾人人皆能擔負應負之任務,然後生活得以改進,國力由此增加。這便是今日所實施的國民教育的使命。

國民教育的内容是什麽?在《國民教育實施綱領》中有明白的規定:"國民教育之實際,應遵照中華民國教育宗旨及實施方針,注重民族意識、國家觀念、國民道德之培養及身心健康之訓練,並應切合實際需要,養成自衛自治之能力,授以生活必需之知識技能。"簡言之,就是要使受教育的人發揮其知識、道德與體力和群性,使人人均能成爲健全之公民,擔當建國的重任。

從二十六年七月十八日蔣主席在廬山訓練團所講的"建國運動"一文中,我們可以知道建國的工作,在發揮建國的原動力,培育建國的三大要素,以培養國民能力、推行地方自治爲入手方法,完成建設民族獨立、民權平等、民主自由之三民主義的新中國。其主要而具體的工作,端在用教育與訓練的方法來培養國民的能力,推行地方自治,以達到人盡其才、地盡其利、物盡其用、事盡其功四大目標,建國工作才算第一步完成。蔣主席認定國民教育爲建國必需的教育,同時更鑒於國民教育與地方自治關係之密切,故以國民教育機關與政治基層組織相互配合,"使教育人員所努力者,由學校之講習,進而爲地方社會實際之完成"。由此我們可以知道國民教育的普遍推行就是建國工作的實施。

**國民教育與國家的建設**　國民教育的普及,對建設國家的重要貢獻,有如左述:

（一）建國原動力的培養　蔣主席説："建國的原動力没有別的，就是我們中華民族固有的道德，即忠、孝、仁、愛、信、義、和、平八德。在固有道德之下，足爲一切行動之最高基準的，就是誠字；再表現之於行爲與態度方面的，就是嚴字；與這個嚴字相關係的，有智、仁、信、勇；在行爲的法則上，有禮、義、廉、耻。"我國國民教育的設施，無論保校或中心學校，其小學部均應遵照國民學校規則及有關國民教育法令辦理，民教部均應遵照修正民教學校規則及有關之民衆教育法令辦理。在部頒《訓育綱要》中第四節甲項規定："小學應根據總理遺教、《幼童軍訓練法》、《新生活規律》及《小學公民訓練標準》，以制定訓練兒童之具體方案。"又在《小學公民訓練標準》中，也明白規定："根據建國需要，發揚國民道德與民族精神……訓練兒童，養成禮義廉耻的觀念，親愛精誠的德性，使能自信信道。"又部頒《中心學校國民學校民教部成人班婦女班暫行課程標準》中所定之目標："堅定建國信仰，激發民族意識，培養國民道德，灌輸公民常識……"由於法令的規定，我們可窺知國民教育的實施，在使受教的成人和兒童，人人成爲健全公民，都能恢復民族固有德性，具備智、仁、勇三者集團生活所必備的條件，以自强不息的犧牲精神實現民族主義，以公忠愛群的服務精神實現民權主義，以實事求是的創造精神實現民生主義；更歸一於誠，俾人人能自信以求事業的創造，能信道以期建國的成功。

（二）建國要素的推行　蔣主席説："我們分析人類一切的活動，大概都包含有精神、物質、行動三方面，我們艱難巨大的建國工作，更要從這三種要素上加以推進……以發揮巨大的功用，來完成建國的事業。"並指出在精神方面要推行新生活運動，物質方面要推行國民經濟建設運動，行動方面要推行勞動服務運動。根據蔣主席的指示，我們來檢討國民教育的内容有些甚麽？依照部頒《訓育綱要》，小學訓育的實施，應根據《新生活規律》訓練兒童，並養成節儉勤勞的習慣、生産合作的知能和勞動的身手、計劃創造的能力、生産的興趣和能力;民教部訓練成人(婦女)的科目有新生活之實行、國民經濟建設、園藝及其他家庭副業等。分析這些科目的内容,并加以歸納,與蔣主席所提示的建國三大要素——推行新生活運動以提高精神的力量,推行國民經濟建設運動以增進物質的利益,推行勞動服務以促進行動的積極與普遍——正相胳合。所以從國民教育的内容説,就是建國要素——精神、物質、行動三方面的大運動的推行。

(三) 建國工作的具體實踐　蔣主席在建國運動的演講中,指出建國運動的入手方法,就國家所由組織的地區單位説,要推行地方自治;就國家所由組成的人民而言,要用教育與訓練的方法培養國民能力。推行地方自治,培養國民能力,是建國的入手方法,也是建國的具體工作。

孫中山先生説:"學校者,文明進化之泉源也,必學校立而後地方自治乃能進步。"由此可知政教有密切關係。我們再看現行的《縣各級組織綱要》,也是將政治與教育合一的,保國民學校擔負着政與教的兩重責任。所謂政治的工作,不外乎管教養衛;所謂管教養衛,據蔣主席説:"管是管理的訓練,教是常識的訓練,養是生産的訓練,衛是國防的訓練。"我們再看國民教育的實施,與這四種訓練有什麽相關呢? 在《小學課程標凖》中所定的小學教育總目標是:(1) 培養健康的身體與健全的精神;(2) 養成愛護國家、復興民族的意志與信念;(3) 培養愛護人群、利益大衆的情緒;(4) 培養公德及私德;(5) 啓迪民權思想;(6) 發展審美及善用休息的興趣與能力;(7) 增進運用書數及科學的知能;(8) 訓練勞動生産及有關職業的基本知能。民教部暫行課程標凖所列舉的目標是:(一) 堅定建國信仰;(二) 激發民族意識;(三) 培養國民道德;(四) 灌輸公民常識;(五) 傳習實用文字;(六) 增進生産技能。由此我們可以知道國民教育的實施,在對受教者灌輸公民常識,啓迪民權思想,使從各種實際事項或實際工作中領略管理的重要,具備管理的知能。以常識訓練爲基礎,使常識充足,能擔負國民的實際任務;施以各種職業與生産訓練,養成勤勞的習慣,革除其倚賴的惡習,使有自養養人的能力;提高其對於國家民族的觀念、犧牲奮鬥的精神,養成其服從紀律的習慣。這種種設施,便是管理訓練、常識訓練、生産訓練、國防訓練的實行,其終極目標即爲培養國民能力的目的之達成。

從另一方面説:"保校不單是兒童的樂園,同時亦是社會教育的中心。"可知國民教育不是單純的學校教育,而是:"須以全體民衆爲對象,以社會爲學校,以實際上一切事物現象爲教材,注重訓練國民如何辦事,如何做人",使"由學校之講習進而爲地方社會實際之示範"。在三位一體制實行之下,鄉(鎮)保之經濟、警衛、文化、衛生等建設事業之執行,亦由小學教師負責分擔,所有組訓民衆、實行自治之使命,完全以小學爲中心。故國民教師之任務,不僅爲培養現代兒童健全之師資,更已進爲擔當建國基礎、訓育全民之導師,故除辦理文化等事業外,並應協助各主管機關辦理政治、經濟、自衛等方面有關教育工作,使教育人員從保甲壯丁隊、合作社等群體機構中實施訓導,成爲經久不斷之社會教育,而後教育事業功績之累進,即爲地方自治真正之完成。

由上所述,我們知道國民教育的實施,即在用教育與訓練之方法,培養國民能力以輔助地方自治的完成,故從國民教育的實施上講,即建國工作的具體實踐。

(四)建國工作的達成　由上所論,國民教育的實施,是建國原動力的培養,建國要素的推行,建國工作的具體實踐。我們由此可以看出國民教育實施後,所必然獲得的效果:(1)由於民族固有特性的恢復,對歷史文化之偉大的認識,民族意識的激發,國家觀念的提高,一般民衆便有明確的自信,認定建國之必能成功,民族之必然復興,是即恢復民族的自信力。(2)由於民權思想的啓迪,公民常識的灌輸,奉公守法的觀念與愛國愛群的思想的養成,和地方自治實際工作的參與,一般國民得以領略民權主義的真諦,獲得管理地方事務和行使四權的知能,是即恢復民族的自治力。(3)由於勞動身手的養成,計劃創造能力的發展,生產興趣和能力的增進,科學生產方法的接受,生產技術得以改善,國民生計的需要易於解決,則民族的創造力也由此而恢復。蔣主席説:"建國運動的目標,是要建設三民主義的新中國,分言之,即要實現民族獨立、民權平等、民生自由。我們爲要達到這三項目的,就必須要恢復民族的自信力,恢復民族的自治力,恢復民族的創造力。"國民教育實施的結果,既然可以恢復民族的自信力、自治力和創造力,那末國民教育的實施,其終極目標,便是建國目的的達成。

培養建國原動力,是國民教育的涵義;推行建國要素——精神、物質、行動三方面的三大運動,是國民教育的内容;用教育方法培養國民能力,輔助地方自治的推行,以實踐建國的工作,是國民教育的目標。由此我們可以知道國民教育的實施是建國的手段,建國工作的完成——建設三民主義的新中國——是國民教育的目的。故國民教育與三民主義建國工作,實是互爲表裏的。

國民教育爲建國之根本,革命建國之完成,實皆以國民教育之普遍推行爲其發軔。

## 第五節　推行國民教育應注意之問題

推行國民教育,應注意下列各主要問題:(一)近世各國國民教育的趨勢如何?(二)我國國民教育應走的路向怎樣?(三)國民教育應具何種特性?(四)如何確立國民教育的目的?(五)國家對國民教育經費應如何下决心使之增加?(六)國民教育師資應如何大量培養以應需要?(七)其他有關問題。兹特分述如後:

如何認識近世各國國民教育的趨勢　近世各國國民教育的趨勢,有如左述:

（一）民主國家的國民教育　民主主義國家，多數是個人主義的國家，民主國家的國民教育，主要是個人主義的國民教育。其根本精神，導源於古代的雅典教育，再生於文藝復興時代，而發揚光大於現代英、美、法等國。這種國家的國民教育之主要動向，約有下列幾點：

（1）個性的趨勢　依民主的見解，兒童的個性，是天賦的神聖不可侵犯的最可寶貴的東西。所以國民教育最大的任務，是兒童個性之逐漸的和圓滿的發展，教育應使兒童在豐富的社會生活中，作最特殊的和最有創造性的貢獻；至於每人貢獻的方法，則讓各人在生活中自己去決定。這足見民主國家的國民教育，是以發展兒童個性爲最高理想。

（2）平等化的趨勢　因爲一切的個性，都需要圓滿的發展，所以“教育上的機會必須平等”，早就成爲民主國家的國民教育的一個最高原則。其所謂國民教育機會均等的意義是：一、平等的國民教育，應是不收費的教育；二、平等的國民教育，應是保障學生的生活的教育；三、平等的國民教育，是無階級性的教育；四、平等的國民教育，是標準化的教育。

（3）自由的趨勢　個性的發展需要自由的環境和自由的活動，所以自由是民主國家的國民教育另一重要原則。

第一，所謂自由的環境，是包括自然的和社會的兩部分。比如自然的環境，以鄉村爲最自由，學校應多設在鄉村裏；社會的環境，以家庭爲最自由，學校兒童應分成若干組，在教師和父母的指導下，過着自由快樂的家庭生活。

第二，所謂自由的活動，包括身體的、精神的、社會的各方面，所以使學生在運動、勞作、藝術研究及集體的生活中發展其創造的自由的精神，亦爲民主主義國民教育的重要設施原則。

個性化、民主化、自由化，是民主國家的國民教育之三種主要動向。

（二）法西斯國家的國民教育　民主國家的國民教育，是個人主義的教育，已經在上面説過。而與個人主義相反的教育，是集權主義，其根本精神，淵源於古代的斯巴達教育，再生於十九世紀末葉，而勃興於現代的德、意、俄等國。現在先把德意法西斯的國民教育的趨勢，簡述如後：

（1）軍事化的趨勢　法西斯國家的國民教育，所要養成理想的人格，是“勇敢的士兵”，兵士第一種資格，是健康壯大的身體，所以希特勒主張在教育價值的等級上説，要以體育第一，德育第二，智育第三。同時意大利的國民教育，亦以軍事化爲其最高任務，小學校每個教室裏，都陳列着各種兵器，把學校變成兵營，使學生過着兵營的生活。這是造成二次大戰的禍根。

（2）民族化的趨勢　所謂民族化的國民教育，就是恢復民族自信力，實現民族使命，擴大民族遺産的教育。所以德國的小學注重歷史教材，儘量誇耀日耳曼民族的優勢，增加學生的自信力。至於意大利的小學教材，極端宣揚“在意大利，祇有一個宗教，就是天主教；祇有一個信仰，就是法西斯；祇有一個天才創造者，就是墨索里尼。”使學生從獲得中心觀念中，擴大侵略的野心。

（3）勞動化的趨勢　所謂勞動化的國民教育，就是注重生産，特别是農業生産的教育。德意兩國的小學生，每每有一半時間在都市，一半時間在鄉村。在鄉村上課的時候，學生要學習種菜、養鷄、修溝、耡田等勞作；同時小學生在學校裏，得有一公尺見方的土地，以爲農藝勞作的場所。學生畢業了，還要到鄉村裏去服務一年後，才能發給畢業證書。所以法西斯國家的國民教育，是特别注重勞動化的。

軍事化、民族化、勞動化，是法西斯國家的國民教育的三大動向。但是由於法西斯主義的猖狂，使人類飽受戰禍；現在法西斯國家都已告崩潰，今後的教育趨勢是應該走向民主的坦途了。

（三）社會主義國家的國民教育　社會主義國家的國民教育，他的動向是：

（1）階級化的趨勢　所謂階級化的國民教育，是以發展無產階級的利益爲目標的教育。依照列寧的主張，第一，教育是階級性的；第二，教育應與政治相聯系，所以國民教育應和國家政治打成一片；第三，國民教育最高理想，是無產階級的大同世界。因此蘇俄的學生，自第一年級至第四年級，每週有二小時的社會學，專門研究共產主義，明瞭世界鬥争的歷史，同時在公園、戲院、電影院、圖書館中，小學生無時不受階級化教育的薰陶，無時無地不吸收階級的鬥争的空氣。

（2）多藝化的趨勢　蘇俄的小學校，最初稱爲統一勞動學校，後來改稱爲多藝學校；其意義謂蘇俄小學校是實施多藝教育的場所。多藝教育是由馬克斯首先提出的，他主張在社會主義的社會中，每個兒童或青年，應學習二三種的手藝，使他將來在社會中，可隨時改變其職業，不至爲某種職業所束縛，並可於多次改業中，最後選擇到最合興趣和能力的工作。所以蘇俄的小學生，在各個年級中，有幾種不同的藝術課程，養成多藝的學生。

階級化、多藝化，是共產主義國家的國民教育的兩種主要動向。

我國國民教育應走路向如何　我國以三民主義爲立國的最高原則，當然要實施三民主義的國民教育。這種教育的趨向，不是民主國家的個人主義的教育，也不是法西斯的軍國主義的教育，更不是共産國家的社會主義的教育，乃是綜合的三民主義的國民教育。茲分述如左：

（一）我國的國民教育應是民主化的教育　教育機會平等是我國新教育的一貫的主張，蔣主席說："現在民國人民受教育，大家都要有平等機會。"足見平等機會，是國民教育最高的原則；要實施真正平等的理想，國民學校僅是免學費，是不够的，還要供給學生書籍衣食等。孫中山先生說："平民學校，不收學費，並且發給書籍，窮家的小孩子本可去讀書，但是鄉村的孩子，要去放牛，每年要賺幾個錢；水上的孩子，要去划船，每日要賺兩毫錢。因爲他們不賺錢，便没有飯吃，没有衣穿，到了没有飯吃，没有衣穿的時候，就是平民學校不收學費，他們怎能够去讀書呢？要那窮家的小孩子能够讀書，不但是學校内不收學費，還要那讀書的小孩子有飯吃、有衣穿、有屋住。”這些話是要國民教育真正做到平等的主張。

國民教育要做到真正的民主化，還要實行民生主義，使人民都能滿足衣食住行四大需要，走上經濟的民主。到了經濟民主之後，當然民富則國富，公家有錢來辦理良好的學校，大家都受着設備、課程、教材、師資等標準大體相同的教育，這才算是真正的平等。但在目前民貧則國不足的時候，爲了迅速普及國民教育，那能等待着實行了民生主義的時候呢？在我們看來，不妨模仿蘇俄的辦法，根據家長富力爲比例，累進繳納學費，利用富人的錢，均匀到窮家子弟，做書籍衣食等費，這也不失爲一個救急的辦法，事在我們靈活去運用哩！

（二）我國的國民教育應是民族化、軍事化的教育　在國民教育上，我們應該遵守“民族至上”“軍事第一”的原則，所以國民學校教師應該做到下列幾點：第一，要恢復民族的自信力。要使學生知道中華民族是世界最優秀民族之一，中華民族對於世界的文化，亦有獨特的貢獻，中華民族是整個的，不可分離的，永遠不可征服的，所以驅除倭寇，建設新國家，奠定東亞和平基礎，建造高尚優美的文化，是中華民族的使命，也是國民神聖的任務。因此學校裏的國語、社會、公民、歷史、地理的教學，都應以“民族至上”爲出發點。第二，要增進兒童的健康和鍛鍊青年的體格。我們應提倡國民體育，在天氣良好的日子，學校應盡量在露天上課，每天早晨應有一小時的課前操；每日散學前，應有一小時的强迫運動。務使每個兒童和青年，都有壯健的體格，才能擔當救國的責任。第三，要實施初步軍事訓練。國民學校的教師，要把教壯丁訓練的經驗，充分應用在小學生的訓練之上，務使每個兒童和青年,都能知道初步軍事常識和技能,做到文武合一的教育。

（三）我國的國民教育應是生産化的教育　生産教育,原是我國近數十年來的教育運動,所以教育部曾通令各省市,實施農業生産教育,要學生養成生産勞動的習慣,獲得生産知識和技能。鄉村的小學生,可給他三尺見方的園地一塊,以爲勞作實習之地。城市的小學生,不妨多多到鄉村去參加生産勞作,或者依照德國“鄉村服務年”的制度,使學生畢業後,還要在鄉村服務一年才能發給畢業證書,訓練出生産勞動的學生,做到人人能自活,國家能富强的地步。同時生産教育,又是“由行而學”的教學方法,即是在做上教、在做上學的教學方法,一切學科都要以勞作爲出發點。例如：自然科應使學生採集標本,種植花木;社會科應使學生研究國民工藝和地方物産;數學科應使學生測地、量米、秤油等;勞作是代表最新的教學法,學生只能從勞作中實現其自由理想,只能在勞作中表現其自動和創造性,勞作是教育的核心、教育方法的本質。

總之,我們是以民主化的原則,决定我國國民教育的目標;生産化的原則,决定我國國民教育的内容和方法;只有民主化、生産化、民族化、軍事化的國民教育,才能建設光輝燦爛的三民主義的新國家。

國民教育應具何種特殊性能　教育的作用,滲透空間和時間,然後政治建設方有根基,經濟建設乃能活動,軍事建設始有進步,社會建設得以成功。這不是説教育是萬能的,也不是説先教育而後建設,這不過説,教育是手段,應與國家政策密切合作,國民教育自也不能例外。因爲它是樹立建國基礎,促成真正憲政之實踐,不論在空間,在時間,國民教育都能發生這種偉大的滲透作用。它所以能發生這種滲透作用,實在因爲它有五種特性：

（一）全民性　國民教育是國民應享的權利,也就是國民應盡的義務,所以無階級之分。過去那種士之子恒爲士,農之子恒爲農之傳統觀念，在我國還没有剷除，因此辦了幾十年的義務教育，失學兒童現在還占全國總人口七分之一以上；辦了幾十年的民衆教育，到現在全國文盲還是占人口總數百分之七十五。今後國民教育，要改變過去關門式的教育，以全體民衆爲教育的對象，所以在鄉鎮中心國民學校、保國民學校規定都分設兒童班、婦女班、成人班，强迫人人入學，使全體人民都不能漏過教育網，都得受國民教育，使全國兒童、婦女、成人，都須盡教育義務，同時都得享教育權利。這種包含全民性的教育，是國民教育所具的第一個特性。

（二）統一性　過去基層教育組織，於普通小學外，更有民衆學校、短期小學、簡易小學、鄉村學校、特種教育等辦法，用以補充正規教育的不及。但教育在國家應有其統一性，過去這樣複雜的設施，就無法訓練出一種統一的力量來。各人對教育的看法，隨立場的不同，認識的不同，所辦教育機關名稱的不同，乃反映出種種不同的教育目標：有的注重知識的教學，有的注重技能的傳習，有的着眼於個人生活的改善，有的着眼於團體生活的組織，把整個國民基礎教育劃分得鷄零狗碎，所以結果離開希望很遠。今後國民教育是採兒童成人合校制，將所有義務教育及民衆教育合一實施；而將所有全部課程，各項設施辦法，爲全國性的統一規定。這種含有統一性的教育，是國民教育所具的第二個特性。

（三）組織性　我國過去四十年來的所謂新教育，始終尚不出個人主義的教育範疇。雖然過去教育也教人做好人，但只教人做一個獨善其身的君子，所以受過教育的分子，以個别言，是好的多；若以參加組織論，則完全是一盤散沙，無法團結。國民教育是全民的教育，是注重組織的教育，並且這種組織與政治上、經濟上、軍事上的組織是互相聯繫，在教育上爲兒童班、成人班、婦女班，在政訓方面即爲少年隊、成人隊、婦女隊。教育本是組訓民衆的手段，以教育自下而上組訓民衆，由民衆力量來改進社會，乃是民衆自己的社會，這種民衆才不致爲社會的奴隸,而成爲社會的主人。這種含有組織性的教育,是國民教育所具的第三個特性。

(四) 生活性　過去教育,它將生活與教育分家,知識與技能脱節,只講教科書,只授死知識,結果是製造了無數雙手無能、一事無成只會吃大衆血汗的寄生蟲。蔣主席説:“注重訓練國民如何做人,如何辦事,均應在教育範圍以内。”這是指示教育應合乎生活的需要。今後國民教育,它以全體國民爲對象,使教育不只是人生某階段中的事,而應和每個人與生俱來,與死偕亡,並且教個人如何生活,教民族如何生存,學校即社會,教育即生活。這種生活性的教育,是國民教育所具的第四個特性。

(五) 聯繫性　學校本來是教育上的一種經濟方法,但是辦學校的人,大都自命爲清高,與衆無争,隨着就將學校與社會隔離,成了特殊生活的一種機關,與社會其他各部門不發生關係,或不屑發生關係,甚至老死不相往來。今後國民教育設施就不然了,它不能孤立,它一定要與管、養、衛各部門事業取得密切聯繫,它的學生用政治力量去强迫,它的經費是要從經濟建設來自給,它要靠地方武力保衛而存在;它處處協助管、養、衛的推行,並且要繼續不斷的改造管、養、衛的事業。這種聯繫性的教育,是國民教育所具的第五個特性。

根據上面所述,國民教育是兼具全民性、統一性、組織性、生活性及聯繫性的教育。因爲它是具有全民性的,所以能實現普及教育;因爲它是具有統一性的,所以能促進學制改革,統一國民訓練;因爲它是具有組織性的,所以能加强民衆組織;因爲它是具有生活性的,所以能提高民族文化;因爲它是具有聯繫性的,所以能鞏固基層組織,促進地方自治。具有這種偉大性能的教育,自然能起滲透空間和時間的作用,來奠定建國的基礎。

如何確立我們的國民教育目的　國民教育之實施,自應遵照《中華民國教育宗旨及其實施方針》辦理。從個人方面説,是給與每個人一種服務於社會的知能與信心;而從國家社會方面説,是繼往開來,謀民族獨立、民權普遍、民生發展,以促進整個人類的幸福與進步。所以實施國民教育的目的,分析説來,應有下列各點:

(一)民族意識及國家觀念的灌輸　根據我們革命精神、建國理想,務使國民教育設施的對象能澈底明瞭民族意識,理解國民與國家之關係,認清國際的環境,把民族意識、國家觀念,深深印入每一個國民的腦子裏;並且每一個人的腦子裏留下一種清楚的印象,就是在現代國際環境下,我們所要建設的理想國家須是甚麼樣的?如果在每一個國民精神裏面都賦與這樣的"内在的力量",那末發揚起來,才是純正愛民族愛國家的熱誠,把這種純正的熱誠集合起來,才是真正牢不可破的力量。建設新國家,必須有這種力量。這是實施國民教育的第一個目的。

(二)國民道德的培養　不論在什麼情形的國家裏,健全的國民道德的養成,是極端重要的。管子曾説過:"禮義廉耻,國之四維;四維不張,國乃滅亡。"蔣主席也曾指示我們:"我們的立國基礎,在道德的教條方面説,是以禮義廉耻爲四維;但表現在行爲方面,則以忠孝仁愛信義爲中心。可見一切愛國家愛民族種種精神力量,都是由禮義廉耻忠孝仁愛諸德的涵養而發揚出來的。"如果我們全國國民個個都有這樣道德的修養,當民族危急存亡的關頭,怎會有漢奸走狗産生?怎會有自私萎縮不肯把力量貢獻國家的這類分子存在?所以國民教育要注重生活指導,從生活實踐做起點,以培養國民道德,使人人陶冶成完善的人格;然後一切知能的運用,才有裨益於國家社會。這是實施國民教育的第二個目的。

(三)身心健康的訓練　國民身心健康的訓練,在體格方面應注重培養運動的興趣與習慣,優良衛生習慣的養成,以及營養問題的注重改進。可是單有健康的身體,而心理仍無健康的訓練,則意志不堅,精神萎靡,或膽怯心虚,便像過去一般青年,熱心有餘,毅力不足,一遇挫折，就灰心失意，以致個人和國家皆蒙受甚大之損失。所以國民教育同時要注重心理健康的訓練，使國民身心健全。這是實施國民教育的第三個目的。

（四）生活必需知能的授予　教育就是生活，脱離生活的教育，是開倒車的教育，是古董式的教育。國民教育必需教育國民手腦相長，知識技能同時並進。在知識方面，最低限度凡國民生活必需的地理、歷史及政治、經濟等常識，予以灌輸，因爲能自知始能自立自强。又知識首重實用，關於應用科學的知識，亦不能忽略，應當同時施教。在技能方面，可分職業與生活的訓練，前者是關於職業所需技能的訓練，如農事、工業等等；後者是生活必需的技能訓練，如駕車、駛船、爬山、騎馬等等。這生活的教育，手腦相長的訓練，是實施國民教育的第四個目的。

（五）自治自衛能力的養成　地方自治的完成，自須國民人人認識參加地方自治工作，才能達到目的。所以培養國民自治能力，擴張其政治的權能，使爲國家健全之公民，當然是迫切需要的。同時國民自衛的訓練，也應切實施行，使發動全國國民之武力，鞏固國防的力量。在自治方面，舉凡四權的運用，自治團體的組織，遵守團體生活的規範和秩序等等；在自衛方面，舉凡軍事訓練及偵察看護防空等常識，都應予施教。自治自衛能力之養成，這是實施國民教育的第五個目的。

綜上所説，國民教育之目的，在養成健全之公民，俾能革命建國，以促進世界和人類的進步。

**國民教育經費應盡量提高**　國民教育之重要，既如前述，但我國教育經費歲出百分比之少，實爲舉世各國所無。經費爲事業之母，世界各國，要求國民教育的普及，都曾經化上不少的金錢，有的國家甚至教育預算超過最高的國防經費，這樣，國民教育的普及自然没有問題了。我國爲要普及國民教育，也下過不少的工夫，教育經費，一俟政治上軌，自當大事增加，而且，《國民學校基金籌集辦法》的規定，使窮鄉僻壤的學校,也能有充足的經費,得以致力發展,這是最須促其實現的。

我們所期望和要提出的便是:(1)要使教育經費能逐年增加。(2)要使教育經費的支出,先於其他經費。(3)要使教師本身,都能從事於生產,能經營,能工作,能管理:這樣,教育的事業,不爲純粹的消耗事業,自然要好得多了。

**國民教師應如何設法大量培養** 國民教育之普及,學校大加擴充,教師人才便有大量的需要。除了擴充師範學校的數量以外,還要謀暫時的應付,訓練一大批速成的人才,如塾師訓練、初中生訓練等等。關於這一個問題,有幾點值得我們注意討論:(1)分配方面,要使人地相宜。人才經造就之後,分配必須得當,鄉村中間,多少保有些封建的勢力,一時不易剷除,如果分配不當,便會窒礙難通,經費籌集、學生招收等,都會發生掣肘之處。(2)素質方面,要使逐漸改進。現今世界各國,對於小學師資,一般有提高其本身受教育時期至十一二年的趨勢,如德如英,均屬如此情形。我國師範訓練,僅及高中程度,已屬相形見絀,且爲應付急需,連此項程度也談不上,這在一時固屬不得不爾,但爲久遠計,當然須將不合格的師資,逐漸改進,一面訓練新的人才,充實其學識與修養,提高其程度,以便增進國民教育的效率。

**有關國民教育的其他問題** 其他問題如教材之編印;成人婦女班之不易辦理;國民經濟困難,求生不遑,衣食不足,焉知教育;以及文字繁複,學習頗多障礙;政局不安定,教育行政長官屢易,你來你一套,我來我一套,無一貫政策等等,不勝枚舉,以限於篇幅不贅。

## 提問要點

(一)蘇聯國民教育的成功主因有那幾種?試説明之。

（二）略述戰前德意二國國民教育的方針和第二次世界大戰的關係。

（三）廣田所提出的普及教育的口號，你認爲是否得當？

（四）我國第一期實施國民教育的結果，就你所見（至少是本鄉本縣所見聞的），提供幾點改進意見。

（五）試就教育部公布二期實施國民教育計劃中"經費""教員""强迫入學"三項，説明你的意見。

（六）就教育的功能上説明國民教育的重要性如何。

（七）就教育的機會均等上説明國民教育的重要性如何。

（八）民主化的國民教育基於何種要素方能完成其任務？

（九）國民教育應具何種特性，其相互間的關係如何？

# 第五章　教　　師

## 第一節　教師的意義

教師的起源　初民社會，穴居野處，其教育稱爲民俗習慣時期的教育，天地是初民的教室，萬物是初民的教材，自然人是初民的教師。此種自然人，便是初民社會中的强有力者。他有本領教你，他便是你的教師。後來民族社會形成，父母、長老乃成爲家庭、社會的自然教師。

專門教師的起源，相傳爲宗教師——僧侶。其實古代“君師合一”，君即是師，師就是君。到舜的時候，眼看百姓不親，五品不遜，命契爲司徒，敬敷五教，伯夷作三禮，夔典樂教，傳之長老，以化萬民。司徒是我國最早的教育行政長官，長老是我國最早的專任教師。已詳前《教育演進章》，兹不具贅。

教師的定義　教師的定義有廣狹：（一）就廣義言，“三人行，則必有我師”。至於家庭中的父母兄姊以至祖母、奶媽，他們就做着家庭教師，職能甚大。至於社會上有權位，有知能，術業兼工，德望孚衆的人，也能化民成俗，教育全民，正如《論語》説的：“君子之德風，小人之德草，草上之風必偃，”這又不能不使我們承認社會教師力量之重大。所以廣義的教師是從“有教育就有教師”一語可以説明的。（二）狹義的教師，就是我們現在要討論的。韓愈説：“師者，所以傳道授業解惑也。”又説：“師嚴而後道尊。”教師必須有崇高偉大的理想與人格，正確遠大積極樂觀的人生觀，明道方能傳道；有豐稔的事業心，方能授業;有完整的學術體系,方能解人之惑;律己謹嚴,師道自尊。孔子説:"吾學不厭而教不倦,"學不厭,知也;教不倦,仁也;知且仁,孔子才不愧爲萬世師表! 末流但以販賣知識濫竽教師,只可算是教書匠,離狹義的教師尚遠得很呢!

## 第二節　教師的地位與責任

教師的地位　"天生蒸民,作之君,作之師"。教師在社會上居領導的地位,爲人表率,應當受人崇敬。他幫助人們從無知識、幼稺脆弱,而變爲有知識、有能力。二者之間,本來隔着一條鴻溝,教師便是幫助人們渡過這條鴻溝的寶筏,在大海汪洋中指示路徑的明燈。荀子説:"禮者,所以正身也;師者,所以正禮也。無禮,何以正身;無師,吾安知禮之爲禮。"(《修身篇》)董仲舒説:"是故善爲師者,既美其道,有慎其行,齋時早晚,任多少,適疾徐,造而勿趨,稽而勿苦;省其所爲,而成其所湛;故力不勞而身大成。此之謂聖化,吾取之。"(《春秋繁露・玉杯》)這是古人説的教師之地位與責任。

我們再就現代的眼光來説明教師的地位,可自下列二點分析申述之:(一)就社會一般的觀點言——社會一般的觀點認教師的道德學問都應當高人一等,否則,就目爲不堪爲人師表。(二)就規定的學歷和經歷言——各國對於教師資格的規定,都十分慎重。德國小學的師資程度,相當於大學二年級;其中學師資,則檢定考試的經過尤爲嚴格;往往學者認取得博士學位爲易事,而求得通過中學教師的檢定考試則難如登天。其他各國現今亦無不謀提高中小學教師的程度。我國最近對於師範的訓練,也可見其在嚴格規定教師的資歷和程度。就以上二點觀之,可知教師的地位,素爲一般人所重視,其崇高與偉大,是毫無問題的。

教師的責任　教育事業是百年的大計,是樹人的工作。所以教師的責任,比任何人都來得重大,來得艱鉅。教師們教得好,便是作育英才;教得不好,便是誤人子弟。普王腓特烈威廉三世因爲受了耶拿一擊的恥辱,便發憤圖强,他曾説:“我喪師失地,損害了國家對外的權力和光榮。現在衹有努力教育,先發揮内在的權力和光榮。”他的呼聲引起了國内教師的同情,大家戮力同心,不辭艱苦,於是數年之後,就有巴黎的捷音。我國春秋戰國時代,越王句踐受了會稽的恥辱,放歸本國,十年生聚,十年教訓,二十年之後,終於沼吴雪耻。我們當教師的,應當記着,永遠地記着,教師的責任非僅爲兒童們生活的指導而已,還有整個民族國家生存復興的大計,繫在後頭。教師們如果都能克盡厥職,那麼他們的榮譽,將傳史册而不朽,他們的事業,將垂千古而不滅。

## 第三節　教師的工作

教師的工作　教師的工作,至爲繁多,兹綜述其犖犖四端如次:

(一) 教師是國民的保母　《虞書》:“教胄子。”我們可就此三字,根據韓愈的説法把教師的工作爲如下之分析:(1) 傳道——保育國民,培養人格;(2) 授業——傳授學生求生知能;(3) 解惑——解決疑難,指示事物之瞭解與抉擇。

(二) 教師是社會的先驅者　社會的風氣,有時頑固,有時閉塞,有時退化,須有識之士爲之前驅,爲之倡導。孟子説:“天之生斯民也,使先知覺後知,使先覺覺後覺也。予,天民之先覺者也,予將以斯道覺斯民也,非予覺之而誰也。”教師便是社會的先驅者,便是天民的先覺者。漢朝時候文翁治蜀,廣興教化,蜀郡大治,後人稱他“至今巴蜀好文雅,文翁之力也。”瑞士的裴斯泰洛齊在十八世紀時,因鑒於兵禍滔天,流亡遍地,慨然有以教育改革社會的志向,就於一七九九年在斯坦士地方創設孤兒院,苦心孤詣,悉力經營,他的影響,近及德法,遠達英美,至今開教育界的風氣,給兒童們留下幸福的根苗,真是千古不朽的人物。至如蘇格拉底的教化青年,澄清濁世,捨身成仁,死而無怨，則更可以風世了。

（三）教師是社會的聯絡者　社會中間的分子，有老的，也有小的；有出生的，也有死亡的。新陳代謝，繼續不斷，而無青黄不接的毛病，把老的小的，生的死的聯絡起來，使社會的經驗得以傳遞，知識、技能永遠綿延而不絶，這就要靠着教師們的努力了。

（四）教師是文化的傳導者　教師是社會文化的傳導者，他把人們的一切知識、技能、經驗等傳遞發揚着，分配給人們。古人説："一物不知，儒者之耻。"朱熹《白鹿洞書院教條》有"博學之，審問之，慎思之，明辨之，篤行之"。教師既然是社會裏知識經驗的導源，自應當努力求知，多方學習，以期不愧他所處的地位。

## 第四節　教師應備的條件

教師應備的條件　教師應備條件的方面甚多，以却透斯和華伯耳兩氏分析研究優良教師應具的二十五條件較爲完整：

（一）應變力：例如（1）能够於必要時轉變原來的計劃。（2）能捨棄預存的觀念……等。

（二）容貌姿勢引人生愛：例如（1）走路身體挺直。（2）衣服樸素整齊……等。

（三）興味廣：例如（1）常讀雜誌月刊。（2）對於網球、游泳活動有興味。（3）常旅行……等。

（四）審慎：例如（1）慎言。（2）慎下判斷……等。

（五）體貼人意：例如（1）顧及怕羞的兒童。（2）不在其他兒童面前，使某兒童難爲情……等。

（六）合作：例如（1）在他人求助時願意幫忙。（2）與校長、教育局長等欣然合作。（3）樂意接受本分以外的責任……等。

（七）可靠：例如（1）不背信約。（2）忠實地盡行其本分内的事務……等。

（八）熱情：例如（1）有興味的提示作業，使兒童熱烈的從事工作。（2）用聲調態度，引起兒童熱烈的態度……等。

（九）流利：例如（1）説話清楚而有力。（2）迅速簡捷地發表其意思……。

（十）有力：例如（1）使兒童覺得他有學問。（2）教學精神飽滿。（3）説話能集中聽者的注意……等。

（十一）判斷正確：例如（1）勸告時能供給充分理由。（2）對於無關重要之點不妄費時間來討論……等。

（十二）健康：例如（1）從事各種運動。（2）强烈地工作，不致發生疲勞……等。

（十三）誠實：例如（1）常説真話。（2）做事不敷衍塞責……等。

（十四）勤勉：例如（1）惜時。（2）常在圖書館内找新鮮材料……等。

（十五）領袖力：例如（1）讓兒童參與活動而不濫用命令。（2）有效率的指導學生組織……等。

（十六）吸引力：例如（1）能得同事愛好。（2）能爲學生所愛好……等。

（十七）整齊：例如（1）做報告正確而整潔。（2）辦公桌不亂堆物品。（3）衣服整潔……等。

（十八）虛心：例如（1）把沒有效率的教學法捨棄不用。（2）尊重學生的意見……等。

（十九）創造力：例如（1）自動的應付並解決各種問題。（2）尋求新的做事方法。（3）提新計劃……等。

（二十）進步的：例如（1）從事研究的工作。（2）與時俱進。（3）讀最近發表之關於教學的論文……等。

（二十一）迅速：例如（1）迅速的上課和下課。（2）迅速的解釋和解決複雜的動境……等。

（二十二）文雅：例如（1）有良好禮貌。（2）有教育素養……等。

（二十三）學者態度：例如（1）常投稿發表。（2）對於教的科目融會貫通……等。

（二十四）克己：例如（1）克制自己脾氣。（2）在困難境遇中態度安閑……等。

（二十五）節儉：例如（1）愛惜校具。（2）利用光陰……等。

## 第五節　教師之哲學修養

人生理想　教師應有的人生理想，可略舉數端如下：

（一）教學相長的信念　《禮·學記》云："雖有嘉肴，勿食不知其旨也；雖有至道，弗學不知其善也。是故學然後知不足，教然後知困。知不足，然後能自反也；知困，然後能自强也。故曰教學相長也。"梁啓超氏也説過："教育這門職業，一面誨人，一面便是學；一面學，一面便拿來教誨人。兩件事併作一件做，形成一種自利利他不分的活動。"對於人生目標的實現，再没有比這種職業，更爲接近，更爲直捷的了。做教師的應具有這種的抱負。在積極方面，他可以感到工作的興趣，發生進取的觀念和老當益壯的精神；在消極方面，他不會墮落、厭倦和唾罵自己的職業。

（二）淡泊寧静的志趣　"君子固窮，小人窮斯濫矣。""士志於道而耻惡衣惡食者，未足與議也。"這是孔子的金玉良言。做教師的應有爲教育鞠躬盡瘁的精神，不辭勞苦，不計酬報，祇求最低限度生活的享受。黄庭堅所作《濂溪詞序》上説周敦頤的性格："先生胸懷磊落，如光風霽月，廉於取名，而鋭於求志；薄於徼福，而厚於得民；菲於奉身，而燕及煢嫠；陋於希世，而尚友千古。"周敦頤是理學的大師，是教師的典型人物，這一段文字很足以供一般教師們奉爲圭臬的。

（三）樂觀愉快的精神　教師應有樂觀愉快的精神，和積極的態度。孔子云:“知其不可爲而爲之。”《墨子·貴義》云:“子墨子自魯即齊,遇故人,謂子墨子曰:‘今天下莫爲義,子獨自苦而爲義,子不若已。’子墨子曰:‘今有人於此,有子十人,一人耕而九人處,則耕者不可以不益急矣;何則? 食者衆而耕者寡也。今天下莫爲義,則子宜勸我,何故止我?’”這便是積極的態度。王守仁年譜中有一段説:“滁州山水佳勝,先生督馬政,地僻官閑,日與門人遨遊瑯琊、瀼泉間,月夕則環龍潭而坐者數百人,歌聲振山谷。諸生隨地請正,踴躍歌舞,舊學之士日來臻,於是從遊之衆自滁始。”本來教師的生活很清苦,如果没有樂觀愉快的精神爲之調劑,怎能不見異思遷呢?

宇宙觀念　教師應有的宇宙觀念,可略述如下:

(一) 兼善天下的抱負　教育事業是綿延社會國家的大計,影響至大,關係至重。孟子謂:“居天下之廣居,立天下之正位,行天下之大道。得志與民由之,不得志獨行其道。”又謂:“古之人得志,澤加於民;不得志,修身見於世。窮則獨善其身,達則兼善天下。”這是教師們應有的一種抱負。擴而充之,則爲“己立立人,己達達人”,以及“伊尹思天下之民,匹夫匹婦,有不被堯舜之澤者,若己推而納諸溝中”的態度。教師們應以促進社會福利、改良大衆生活爲己任,這主張和抱負略有等級,由小及大,由近及遠,由狹窄的範圍而及廣大的範圍。

(二) 民胞物與的信念　張載謂:“民吾同胞,物吾與也。”儒家主張“親親而仁民,仁而愛物。”這是教師們應有的倫理觀念之本。愛是同情心的積極表現,墨子云:“視人之身若其身,視人之家若其家,視人之國若其國。”這是對於人類的同情,或愛人類愛大衆的念。孟子云:“君子之於禽獸也,見其生,不忍見其死,聞其聲,不忍食其肉。”這是愛物的念。有了這般豐富的同情,才配得上幹教育的工作。

關於教師的訓練、任用、待遇、進修及職責等具體規定與説明,教育行政課程中當有詳,兹不具贅。

## 提問要點

（一）我國的專任教師起於何時？

（二）民俗習慣時期的教師是怎樣的？

（三）舜命契敷五教的動機怎樣？

（四）我國第一位樂師是誰？

（五）君師合一作何解？

（六）教師的地位既甚重要，何以抗戰後迄今，教師地位江河日下，試就你的觀點說明其原因及將來對國家社會的影響。

（七）教師的責任，除所引事例外，試再引證其他實例並說明之。

（八）教師的工作，應以濟世爲己任，試說明你當教師後將如何濟世。

（九）你覺得却透斯等對教師條件的分析研究是否完備？你檢討自己有那幾點不易做到，原因何在？

（一〇）試述你的人生觀和宇宙觀。

# 第六章　訓　　導

## 第一節　訓導之重要

我國古代的訓育論　我國向來評論教師，有“人師”與“經師”之分。所謂“人師”，是道德高尚，術業兼工的人。因此論人亦以德行爲先，以爲士必先器識而後文藝；無形中，把做人的道理擺在學問的前面。《論語》：“弟子入則孝，出則弟，謹而信，泛愛衆，而親仁。行有餘力，則以學文。”《大學》稱：“正心、誠意、修身、齊家、治國、平天下。”正心、誠意、修身三者，視爲齊家、治國、平天下的基礎。《中庸》：“子曰：‘好學近乎知，力行近乎仁，知耻近乎勇。’知斯三者，則知所以修身；知所以修身，則知所以治人；知所以治人，則知所以治天下國家矣。”由此可知道德基礎的建立，可以勝過一切政令刑法而有餘。孔子說：“道之以政，齊之以刑，民免而無耻；道之以德，齊之以禮，有耻且格。”所以教育兒童和青年，應當以德行爲重，個人的德行優良，人與人的關係就能協調，社會的團結也能鞏固了。

我國古代的教育家如孔子，他的訓育標準爲忠恕。《論語・里仁章》：“子曰：‘參乎！吾道一以貫之。’……曾子曰：‘夫子之道，忠恕而已矣。’”孟子教人則爲擴充仁、義、禮、智四端。《公孫丑章》云：“惻隱之心，仁之端也；羞惡之心，義之端也；辭讓之心，禮之端也；是非之心，智之端也；……凡有四端於我者，知皆擴而充之矣。若火之始然，泉之始達，苟能充之，足以保四海；苟不充之，不足以事父母。”此均爲我國古代訓育論的要旨。

西洋學者的訓育論　西洋學校中對道德訓練,向極重視,因爲國民道德不良,在在足以妨害國家行政。道德的訓練,有與宗教合作的,有獨立訓練的。西洋教育學者如海爾巴脱,以爲教育的目的在培養道德的性格,而所謂道德的性格是下列五種道德觀念所統率的:(1)内心的自由,(2)意志的完全,(3)好意,(4)正義,(5)公平。他説:“教育全部工作可用道德一個概念以統括之。”英國威爾頓和步南佛二氏説:“教育須啓發知識,培育才能。……殊不知吾人何貴乎有知能,推知能自身之可貴,乃由知能而用之正當之途,始足爲貴也。不然者,有知能而無道德,如虎傅翼,適足以增加其害人之力,吾人曷爲不憚煩而興辦如是之教育哉?”

綜觀上説,中外教育學者們都以訓育爲重要課題,教育應當德育先於智育,道德先於學問,這樣才可以造就有用的人才,使成社會的中堅分子而不爲破壞分子。

訓導的意義　教育部二十八年頒行《訓育綱要》,其第一點,就論及訓育的意義云:“訓育之意義在於陶冶健全之品格,使之合乎集體生存之條件,而健全品格之陶冶,在於培養實踐道德之能力。培養實踐道德能力之道無他,好學、力行、知耻三者而已。好學而不惑,智者能之;力行而不憂,仁者能之;知耻而不懼,勇者能之。培智之道在於求真,求真則知益;行仁之道在於博愛,博愛則情厚;養勇之道在於自强,自强則意堅。而培養此三者,尤以意志之堅定爲先,蓋意堅而後力固;今之青年之大病,在缺乏自動能力與勞動習慣,欲培養此能力與習慣,尤非先堅定其意志不可也。故知、情、意三者之發展與完整,爲構成品格之要素,缺其一則不能全其功。過去各級學校對於學生意志之激勉,知識之傳授,情感之陶冶,未能遂其平均之發展,是故道德式微,精神衰頽,青年心理不流於浮誇,即趨於消沉,致此之咎,責在訓育。……”這一段話,表示出訓育的意義,我們應當資爲依據,切實注意兒童和青年的知、情、意三者的發展,訓練學生養成其智、仁、勇具備的人格。如此,教育的功用庶幾大顯而無缺憾了。

再者,過去各校多認“訓育”與“教學”是兩件事,以爲“教學”是管知識的,“訓育”是管行爲的。這種二元的教育論是錯的。今後須將訓育與教學打成一片,在行爲上要積極的教導學生做人,在知識上尤其要訓導學生獲得做人的知能。訓導合一制的理論和實際的重要性,可以想見一斑。語云:“以身教者從,以言教者訟。”教師尤需在躬行實踐中,潛移默化學生的個性與行爲。

## 第二節　訓導之目標

**訓育目標與建國的需要**　教育是百年樹人的大業,如何樹人?樹人的目的在能建國。如何建國?建國的工作不外求下列四大建設之實現:

(一) 管:管的對象爲事,其標的爲政治建設。

(二) 教:教的對象爲道,其標的爲文化建設。

(三) 養:養的對象爲人,其標的爲經濟建設。

(四) 衛:衛的對象爲國,其標的爲軍事建設。

訓育目標即須針對着這四項的建國需要而定。由“己立立人,己達達人”的理論,和教學上的自動原則——不重呆板模仿與抄襲,教育應以兒童或青年生氣蓬勃的自發的活動爲依據——,訓育目標的規定當即以受教育者自身的活動爲出發點而使推及上面的四大需要。其目標如下:

(一) 自信信道(教):養成高尚堅定之志願,與純一不移之共信。

(二) 自治治事(管):養成禮義廉耻之信守,與組織管理之技能。

(三) 自育育人(養):養成刻苦儉約之習性,與創造服務之精神。

(四) 自衛衛國(衛):養成耐勞健美之體魄,與保民衛國之知能。

**訓育目標的内涵與實踐**　訓育目標爲:(1) 自信信道,(2) 自治治事,(3) 自育育人,(4) 自衛衛國四項。自其内容方面來看,可分别説明如次：

（一）自信信道——養成高尚堅定之志願，與純一不移之共信——做人要有高尚堅定的信仰，有了堅定的信仰便能發揮潛力，勇往直前，邁進無疑，雖歷艱難與險阻，亦不變其初衷。信仰的基本在於立志，佛語所謂“立定脚根”，孟子所謂“志至焉，氣次焉”，“得其志毋暴其氣”，都是這個意思。讀書的人首先要能立志信道——道，這裏當作主義解——然後他的行爲，能循於正規而不至無所適從。自己立定志向以後，還要和别人在同一的志趣下面協力共進，各盡厥職，以期達到預定的目標。

（二）自治治事——養成禮、義、廉、耻之信守，與組織管理之技能——這一項的目標，可分做兩方面來説：一方面是“自制”，另一方面是“服務”。自制是對己的，服務是對人的。能自制以後，所以待人有“禮”，見利顧“義”，取與有“廉”，守節知“耻”。有了自制的能力，處處都能達到禮義廉耻的標準以後，便可以爲人服務而不失其忠恕之道。服務的基本在自制，自制的最後目標爲服務。

（三）自育育人——養成刻苦儉約之習性，與創造服務之精神——學以致用，學生是社會的中堅分子，應當本其所學，以求福國利民。要求福國利民，必先自其本身生活的經營始。所以學校訓練，應當先求充足兒童與青年的生活知能，使能自給自足，然後進而求得國計民生之發展。學問之道，不在裝飾身分，而在利己利人。

（四）自衛衛國——養成耐勞健美之體魄，與保國衛民之知能——國家是個人的集合體，保國始能保家，有群然後有己，所以訓練兒童與青年，應當注重培養國家的觀念，激發民族的意識，鍛鍊强健的體魄，充實軍事的素養，使一旦有事，都能執干戈以衛社稷。有文事者兼能注意武備，秀才也會談兵，書生可以拜將，在我國歷史上不乏先例，這便是自衛衛國的教訓。

## 第三節　訓導之組織

訓導組織之重要　做一件事必須有一健全的組織和機構，組織或機構靈活，則如身之使臂，週身輕捷，無往不利。現行訓導的組織有訓導主任制、級任制和導師制三種，現在分别叙述如次：

（一）訓導主任制　早年我國學校，只有舍監專司一切訓導的責任；今則改爲訓導主任，主任之下，設訓導員，秉承主任處理訓導事宜。這種制度的優點是：（1）責有所專；（2）計劃辦理俱臻統一；（3）工作少受牽制，得以迅速進行。其缺點則爲：（1）訓教分離；（2）與學生接觸難期普遍，學生個性無從探悉；（3）祗能消極管理，不能積極指導。

（二）級任制　一般的訓導事宜，由級任負責處理，訓導主任雖仍設置，不過總其大成，並作訓導的動力而已。這種制度的優點是：（1）訓教較可合一；（2）瞭解學生較爲清楚；（3）推動工作比較便利；（4）訓導學生比較親切。其缺點則爲：（1）職務比較繁瑣；（2）各級易生界限；（3）科任教師易與訓育脱離關係；（4）工作計劃不易統一。

（三）導師制　英國的牛津及劍橋大學，於教授、講師之外，另聘導師，指導學生生活；美國威爾遜總統任潑靈斯頓大學校長時，也採用此制。教育部於二十七年頒布《中等以上學校導師制綱要》，通令各中等以上學校切實施行。現今中等學校方面係將導師分爲兩種：一種是級導師；一種是組導師。級導師相當於從前的級任。組導師每人管理學生五人至十五人，負責指導其思想學業，及身心攝衛，體察各人的個性，從事嚴密訓導，使得正常的發展，以養成健全的人格。大學方面則不另設級導師，導師之上，設置訓導長或主任導師，負責分配導師及總理一切訓導事宜。訓導方式是採取個别談話和利用課餘及例假時間舉行團體談話或遠走等，以調劑身心，並爲性行上的指導。各組導師每月舉行訓育會議一次，會報各組訓導實施情形，並研究關於訓導之共同問題。導師們對於本組學生的思想與行爲等項，負有積極指導責任，學生在校或出校後在學問或事業方面有特殊之貢獻者，其榮譽歸導師；但其行爲不檢，思想不正，如係出於導師之訓導無方者，原任導師應負責任。

訓導組織的概況　訓導組織的完密與否，關係青年思想行爲之誘導甚大。訓導組織，各級學校各不相同，兹列舉我國各校現行訓導組織概況如左：

（一）大學及專科學校：實施訓導制，設訓導處總理訓育事宜。訓導處之下分設：（1）生活指導組，（2）軍事管理組，（3）體育衛生組三組。處設訓導長或訓導主任，組設組長，均由專任教師擔任。

（二）中等學校：實施導師制。九學級以上的學校設訓導處，置訓導主任，下分設：（1）訓育，（2）管理二組。組各設組長，組長以下置組員及書記。主任及組長均由專任教師任之。八學級以下的學校設教導處，教導處下設訓育組，置組長一人，負責訓育事宜。

（三）小學（包括國民學校及中心學校）：中心學校規定組織訓育委員會，設教導處，置教導主任一人，各級設級任教師，分負訓育責任；保國民學校的訓育事宜，多由校長兼任。小學訓導的組織當視其學級的多寡，和教員人數的多少，而有繁簡之别。

## 第四節　理想的教學與訓導

理想標準　我國古時候所謂道德，以現代的説法翻譯起來，道就是指高尚的理想，而德則爲具體的良好行爲。教育學者告訴我們：理想是情緒的反應，和行爲相伴而生的。理想包括正義、同情、信實、忠誠……等等。

人類的天性，照孟子説是良好的。他説："人性之善也，猶水之就下也。"又説："人之所不學而能者，其良能也；所不慮而知者，其良知也。"但是照現今心理學家的説法，則人的本性，原來無分乎善不善。

有生之初，不辨什麽是好壞，是善惡，不過人的天性，却有一種愛好學習的趨向，有一種便於學習的禀賦。所以凡有高尚的理想，優良的道德，都可以學習得來。人類自出世以後，便不斷地學習，且成就非常迅速，其他動物真是望塵莫及。

人類的道德理想，包括若干等級。有應普遍地培養的，有可不必普遍地培養的；有屬於初級的，有屬於高級的。比如同情、公正、誠實、有禮貌、守秩序……等理想，爲人人應當具備的，也即是比較初級的理想。孟子所謂"富貴不能淫，貧賤不能移，威武不能屈"，孔子所謂"未若貧而樂，富而好禮者也"，這種理想非一般人所能普遍達到，也即是比較高級的理想。

理想教學的重要　一般學校，都因爲知識的教學，有方法可以考量，所以悉心經營；對於理想則因爲缺少考量的標準，所以不甚注重。其實知識和理想，是相輔爲用的，徒有知識而無理想，則人的思想既易流於空疏、摇動，而他的生活也必至唯現實是好，鋭意追求。其結果社會上充滿了衝突、争執、浮蕩、散漫的現象，人類前途，勢將不堪設想，團體幸福，也必趨於崩潰；所以理想教學，十分重要。蘇格拉底説："知識爲理想的源泉。"照此看來，似乎人們衹須努力求知，有了知識自然便會有高尚的理想，理想似乎無特别教學的必要。但是我們今日，一般的知識，總還是以具體的生活經驗爲多；這些經驗，又多着重於實體世界的，很少有高尚的理想包括在内。所以如果側重知識教學而不重理想教學，則衹能造就些實體世界的營求者，紛紛擾擾，蠅營狗苟，有什麽高尚的理想可言？

理想教學與訓導　理想的培養在教學當中是屬於附學習的範圍。克伯屈分學習爲主學習與附學習二者。比如寫字要寫得不錯，寫得好，這是主學習；因練習寫字而獲得愛好整潔的習慣與養成嫻静的態度，這是附學習。克氏的意見認附學習遠較主學習爲重要。所以理想教學應當在各科教學當中，盡量注意插入。如史地科的灌輸愛國愛群的觀念,公民科的養成忠誠服務的精神,國文科的激發民族意識等,都是附學習的應用。

至於訓育的設施,實爲達到理想教學的具體辦法,徒有理想而無實行的機會,等諸空中樓閣,仍屬無濟於事。訓育方面所期望的理想計有三種:(1)紀律和秩序的維持,(2)活動的入於正軌,(3)基本道德的養成。其實施的步驟,應當徹底從教訓合一入手,而分爲下列數端:(1)良好校風的養成,(2)休閒活動的注重,(3)教材内容的充實,(4)教學方法的改進,(5)自治精神的培養,(6)優良理想的紹介。

## 第五節　訓導實施之原則

訓導實施的一般原則　訓導實施的一般原則,與整個學校教育設施有關。兹列舉一般原則如下:

(一)全校的行政設施,環境布置,應按照訓育標準,直接間接以改進學生全部生活爲目的;關於衛生的設備,尤須特别注意。

(二)各科的教材和教法,應盡量根據訓練要項,以謀培育學生的公民理想,養成學生的公民習慣。

(三)全校的教職員,共負訓練的責任,應隨時隨地注意學生的活動。

(四)訓練用的材料,各校得根據情況,酌量減少或活用,或竟將最重要的細目,儘先實施。

(五)訓練學生的方法,應注重間接的和積極的指導,並注意實踐和考查;教師須以身作則,常和學生的家庭密切聯絡。

訓導實施的五個具體原則　美教育家皮列氏著《兒童訓導實施》一書稱,兒童的訓練有五大原則,即:(一)暗示,(二)代替,(三)合作,(四)指示,(五)贊譽等是。兹分别列舉實例説明之如次:

(一)暗示　直接的命令,成效不及間接的暗示。“夫子循循然善誘人,博我以文,約我以禮,欲罷不能。”這就是暗示的訓練。小朋友們坐得不端正，注意力不能集中，先生説："那一位小朋友坐得最好，我要講故事了。"於是全堂端坐静聽，這比説："不要吵，坐好！"自然要容易見效得多了。

（二）代替　即以善的事物代替惡的習慣。比如某處圖書館，借書者多喜借閲下流小説，圖書館管理員就想了一個辦法，他在每册下流小説的背面，都注上一行：比這小説更有趣味的還有某某等小説。他所指爲更有趣味的，實際上是些略爲高尚的小説，等閲者們來借這些較爲高尚些的小説的時候，他又在背面寫了比這更有趣味的還有某某等小説，那些小説自然趣味更高了。這樣數月之後，他發現閲者們的興趣都比較提高了，這就是代替的功用。

（三）合作　李廣將兵，與士卒同甘苦。吴起替負傷的士兵吮血，士兵的母親聽了就大哭，她説："她的丈夫因爲受了傷，吴將軍替他吮血，他就感恩而戰死了；現在我的兒子又蒙吴將軍吮血，豈非他也要戰死了？"華盛頓當軍官時，看到一個屬下的什長，督促一群兵士們在搬木頭，什長自己却站在旁邊看。華盛頓走去幫助兵士們一同搬木頭，搬好了以後，就對什長説："我是上級軍官，你僅僅是一個什長，我尚且幫同士兵們工作，你爲什麽站着一動也不動呢？"這些都是合作的好例子。

（四）指示　欲兒童有所爲，應當在語氣之間，表示其指望，如此則兒童聆聲知意，察貌辨色，自會成功一種習慣。語氣必須和婉而扼要，切不可游移不定。例如兒童跌了一交，教師切勿驚惶失措，而鎮定、和婉、簡切的説："跌得快，起得快，乖乖不痛！"

（五）贊譽　人人喜歡受人家的贊譽，所以兒童一有好的行爲表現，教師應當立即贊許，不應絶不假以辭色。有某小孩因爲要博得父親的喜歡，所以清晨起來，把父親的書桌整理揩抹，弄得清清楚楚。他以爲父親回來，一定要大加贊許的了，不料父親一回來，並不提起這事，過了一會，找尋物件，發見了桌上的陳設，位置略有移動，反而大罵:“誰曾來桌上玩要,把我的東西弄得不見了?”這個小孩弄巧成拙,啼笑皆非,從此以後,自然灰心,不再有這種好的行爲表現了。

**實施程序** 小學訓導實施程序,依照《小學課程標準》規定如下:

(一)全校教職員應組織訓育委員會,共同議定訓育的組織系統和訓育具體方法。惟國民學校或不滿四級的小學,得由教導會議主持訓育事宜。各教職員對於兒童的智力、體格、興趣、家庭狀況、社會環境和訓育有關係的,應在學期開始時,精密地檢驗和調查;並應隨時注意兒童的活動,和檢驗調查的結果對照比較。

(二)各校在每學期開始時,應將各學年訓育要項分别印成小册或活頁,分發兒童,使兒童明瞭本學期内應該注意的事項,常常對照反省;並可根據“適合兒童程度”和“易獲訓練效果”兩原則,將全部細目依各年級兒童程度,分别編定若干階段(例如每一學期或每一學年爲一階段),以利訓練。

(三)各校教職員應指導兒童組織自治團體,實施集體生活的訓練,養成兒童適應群體生活的能力,獲得各種現實的知識,並促進兒童經驗的發展,練習辦事的才能等。每學期開始時,各級級任教員應指導兒童組織“級會”;全校各級的級會應聯合組織“校會”。各級級會得分總務、學藝、健康、娱樂……等組,校會得設巡察團、衛生隊、圖書館、講演會、體育會、新聞社、合作社、俱樂部……等各機關,都須切合實際環境,適應兒童需要,並且要有實際工作可做,例如由兒童分别擔任輪流工作等。開始時組織不妨簡單,以後可以逐漸擴充,並應隨時改進以求完善。級會、校會,可仿照地方自治組織,以每個兒童爲一户,自己做户長;每十人或八九人爲一甲,甲設甲長;每級爲一保,保設保長;合全校爲一鄉鎮,設鄉鎮長;以便實施學校自治,並可互相策勵。

(四)團體訓練的時間,應利用每天舉行的晨會、夕會,此外每週週末的週會,及本學期内的各種紀念會和其他集會時,都可實施團體訓練。各種團體訓練,應分别規定訓練要項;訓練的方式,不可常用一種方式,陷於呆板機械,務使變化多而效率大。

(五) 各校應定期舉行健康檢查,如每天一次的清潔檢查,每月一次的身高、體重測量,每學期或每學年一次的健康總檢查或總比賽,都得設計實施。

(六) 各校應照常舉行:(1) 避災練習,如避火災、避盜劫、避空襲、避毒氣等;(2) 救護練習,如各種急救法的練習;(3) 警備練習,如站崗、偵察、報信等。

(七) 各校應定期舉行懇親會,或邀請家長参加集會,或引導家長参觀學校各項設施和兒童集團活動。如全校兒童過多,懇親會等可分部(高、初二部或高、中、低三部)舉行,並應隨時訪問,或通訊商討,或邀請面談。實施訓育須與家庭充分聯絡,纔能收效。

(八) 各教職員對於兒童的實踐訓練綱目,應隨時並分期糾正、考查、記載、統計,並應將考查結果,在學期終了時,填入成績表,報告兒童家庭。

(九) 訓育委員會在學期終了時,應檢討本學期實施狀況和實施效率,擬具改進的計劃,作爲下學期實施方案的張本。

實施方法　訓育實施方法,無一定規範可循,全看教師隨時隨事能指導得法。兹就《小學課程標準》規定各點引述如次:

(一) 訓練事項就是行爲的規範,要使兒童一切行爲合乎規範,必須在實際的情境裏實施訓練。訓練細目有些已經表明情境,或在某時或在某地應有某種行爲;教員應利用這些情境,隨時指導兒童實踐。例如要訓練兒童"唱國歌的時候我一定脱帽立正",教員應在每天升降國旗和其他集會唱國歌時,隨時注意兒童是否脱帽立正,並予以指導糾正。又如要訓練兒童"我和别人並坐不多占坐位",教員應在上課(特别注意寫字、圖畫等課)、用膳等情境中,隨時指導兒童和人並坐時,怎樣可以不占别人的坐位。這類訓練細目,另編起居規律及社交禮儀和圖説、歌詞;教學時,應該先揭示掛圖,使兒童觀察;次由教師參照圖説,説明作法,並令兒童演習;在中高年級,最後可教授歌詞,使兒童吟唱。有些訓練細目未曾標明情境的,教員應提示各種常見的重要情境,指導實踐的方法;有些訓練細目也許不易遇到實際的情境,教員應時常假設情境,施以訓練。

(二)訓練細目中有一部分目的在養成兒童的觀念。觀念的訓練方法:第一要應用歸納的方法,例如要訓練"我願意犧牲自己保衛國家和民族"這一細目,教員不僅應在訓練時間指導兒童如何犧牲自己保衛國家民族,並應在各科教學中盡量以愛國愛民族爲中心教材,如常識科中教學我國歷史文化的悠久,疆域領土的廣大,以及近代列强加於我國的種種壓迫和暴行,與中日戰争時我國將士的英勇奮鬥,義民的慷慨捐輸等等;國語科中教學我國古今毁家紓難、捨身救國的英勇故事;算術科中計算我國人口的分布、國土的面積以及各種物産資源的數量;音樂科中教學愛國愛民族的歌曲;體育科中舉行擬戰演習;美術勞作科中繪製各種抗敵兵器模型等;使兒童在許多實際的情境裏,經驗了許多特殊的行爲,而後建立一個"我願意犧牲自己保衛國家和民族"綜合的理想。第二要培養兒童的情操,情操是超脱利害打算的高尚的感情,這種高尚的感情可以支配日常的行爲。例如我們要訓練兒童"我不説謊話",必須培養兒童不願説謊的情操。兒童有了這種超脱利害打算的高尚感情,不但能在某種情境中實踐這一個細目,並且能够依據不説謊的條目,推行到各種需要不説謊話的情境上去,决不會爲了目前的利害(例如受罰等),變更他平時所持的態度。

(三)訓練細目中有一部分目的在養成兒童的能力。能力的訓練方法,可分爲三個步驟:先分析某能力必須包含幾種基本的能力,次診察兒童身體的和心理的程度,而後按照兒童程度,施行漸進的訓練。例如要訓練"我能利用空地栽種蔬菜果樹"這一個細目,教員必須知道“栽種蔬果”這種能力是包含：(1) 選種，(2) 整地，(3) 施肥，(4) 播種，(5) 中耕和除草，(6) 收穫等幾種基本能力。按照兒童程度，經過多時的訓練，才綜合而成“栽種蔬果”的能力。

(四) 訓練細目中有一部分目的在養成兒童的習慣。習慣的訓練方法，可分五個步驟：(1) 分析，(2) 示範，(3) 試做，(4) 糾正，(5) 練習。例如“我開關門窗很輕……”，可以分析爲把握門把兒或門扣，推上或拉上等幾個動作。先由教員示範後，兒童試做，如有錯誤，須即糾正。複雜的動作，須經滿意的反復練習，纔成習慣。在練習的時候，或養成習慣以後，不可偶有例外，以致盡棄前功。

(五) 團體的訓練，應利用團體生活的方式，借重社會制裁的力量，所以當讓兒童做主體。例如各種兒童自治活動，都應由兒童主動，教員僅處於輔導地位。又如舉行清潔、勉學、秩序等比賽，當以一組一團或一級爲團體單位。在較高年級，應隨時訓練兒童調查並判斷自己各種團體組織和社會環境中各種事業的優點和劣點，並計劃如何改進。又應酌量各年級兒童的能力，隨時使兒童參加社會活動，如滅蠅運動、大掃除運動、人口調查等，以發展社會的意識，練習社會的服務。

(六) 團體的訓練，爲集中注意加强訓練效能起見，得舉行中心訓練。中心訓練應根據全校兒童的共同需要，選擇適當的守則爲某一時期内的訓練中心。例如學期開始時，校内秩序往往不像平時整飭，兒童的行動也不上軌道，可參考訓育標準中“禮節”“服從”等守則，以“秩序”或“禮貌”爲訓練中心，引用兩守則中的適當細目，編爲訓練條文，並訂定實施大綱，爲實施的根據。舉行中心訓練，應注意訓練目標、環境佈置，並與各科教學、兒童自治活動等充分聯絡。

(七) 晨會或稱早會，在每天早晨上課前，集合全校兒童在一處舉行，目的在使兒童在空氣清新的早晨，振作活潑愉快的精神，作全日工作的準備。實施訓育可以利用晨會時間，檢查或報告各級兒童的清潔和秩序的成績,以及其他偶發事項,促起兒童的注意和反省。如全校兒童過多,可以分部(高中低三部,或高中與低二部,或高初二部)舉行。在晨會前,應先舉行升旗禮;晨會後,並可實施十分鐘的早操。

(八) 夕會,在每天下午放學前分級舉行,目的在使兒童對一天的活動有反省的機會。實施訓育也可利用夕會時間,促起兒童自己省察全日的行爲,並報告次日應注意的事項。夕會以後,各級排隊到運動場,舉行降旗禮,然後放學。每日晨會、夕會的時間,都以十分鐘爲度。

(九) 個别的訓練比團體訓練尤其重要。團體訓練,往往側重普遍的原理;個别訓練,可以指示實際的情境,糾正惡劣的行爲(一般所謂頑劣兒童,尤當受個别的訓練)。訓練開始時,當先探究錯誤行爲發生的原因,用調查法分别研究兒童産生前後的家庭環境、特殊的習慣和興趣、父母的健康狀態、家庭經濟和家庭教育以及鄰里情形。用體格檢查法研究兒童的身長、體重、體力、發育狀況以及各種缺陷疾病。用心理檢查法研究兒童的智力、聽覺、視覺以及精神平衡等狀態。次考察校内情形及當時情境,或足以影響兒童發生錯誤的行爲。明白了原因,纔可予以相當的矯正或訓練。

(一〇) 訓育的考查法可分二種:一由教師考查,一由兒童考查。教師考查可從幾方面着手,平日隨時考查、記載,並徵求其他教師的報告,聽取兒童間的輿論,詢問家長的意見。兒童考查重在反省;或按期做報告,或隨時記反省表,或共同批評、討論,或受測驗。又屬於習慣和能力的訓練細目,應在平日隨時隨地注意考查、記載;屬於觀念的訓練細目,可採用測驗法。教師記載表、兒童報告單、反省表以及測驗材料等,得由各校斟酌情形,自行擬訂。

此外在每週末舉行週會或週末晚會(寄宿生),由教導處指導學生自治會主持。其活動節目可分:(1) 儀式,(2) 報告(本週工作),(3) 討論(檢討本週工作得失,計劃下週活動事宜),(4) 導師訓話,(5) 餘興……等;如指導有方,舉行得法,對於訓導上幫助也很大。

## 第六節　禮儀教學與訓導

禮儀詮釋　《史記·禮書》:“觀三代損益,乃知緣人情而制禮,依人性而作儀,其所由來尚矣。”禮儀又稱禮法,用作一詞講,係指依據特殊的形式,而表示自己的思想及感情的一種方法。分開來説,禮便是禮節,儀便是儀表和儀式。禮儀的範圍包括:(1) 爲保持自我品性之言動;(2) 在尊重他人之品性,融和他人之感情,以及他種交際上應有之形式表示;(3) 關於國家、社會、家族之一切儀式及典禮。

禮儀教學的重要　“禮節爲治事之本”,我國號稱禮儀之邦,對於禮儀的教訓,自當更密切注意。“禮禁於未然之先,法施於已然之後”,禮儀的訓練要是能有成效的話,一切社會的紛争,自可以迎刃而解了。本來禮儀出乎一個人的内心,却何以需要教學呢? 因爲内心縱有種種良善的觀念,如無適當表現的方法,或表現而不爲人所瞭解,則不但不能合禮,反貽人以失禮之譏,所以禮儀教學就變成重要了。

禮儀的訓練,要從基本做起,在小學中,應當特别注意。訓育綱要小學公民訓練標準第十一條:“中國公民是守禮的,我不粗暴,不驕傲,無論對什麽人,都有禮貌,並且遵守一切應守的禮節。”這幾句話應當時刻向兒童提醒,切實去施教。

禮儀教學的原則　禮儀教學的實施原則,以(一) 明確、(二) 實踐、(三) 真誠爲主,分述如後:

(一) 明確　禮儀的用意與重要,明瞭之後方能見諸實施。禮節是相對的,你對人家有禮貌,人家對你也有禮貌,決不是單方面的。有禮守法,處處便宜。禮節是人類交際的工具,做人所必不可少的。所以訓練學生,應當先使之澈底明白以上的意義,然後施行訓練,就易於見效了。

(二) 實踐　禮儀的訓練,重在實踐而不在空言。教導學生有禮貌,要處處注意,隨時矯正,光有訓練而不加督促,就等於一暴十寒,決無成效可收的。

（三）真誠　禮貌可分真實的和虛僞的。虛僞的禮貌不過表面上的態度表示，比如説慣了“謝謝你”，即使人家踹他一脚，也還要説聲“謝謝你”，這豈非虛僞的口號嗎？我們訓練學生有禮貌，在消極方面，固然要使他能够懂得應守的禮節，在積極方面，還要培養學生有温文爾雅的態度，虛懷若谷的心理，不亢不卑的精神，慈祥愷悌的顔色。對於一般人固然都有禮貌，並且還能推而廣之，敬老憐貧，慈幼恤孤，滿腔同情，一團和氣，這才是真實的禮貌。

禮儀教學與訓導　禮儀作法教學得法，訓導效果成功已在一半以上。《小學課程標準》規定的起居規律，分成十八項目，如次：

（一）早起：每天清晨，應當早起，練習運動，呼吸空氣。

（二）盥洗：朝起飯後，都要洗臉；頭髮易髒，常梳常剪。

（三）刷牙漱口：朝晚刷牙，飯後漱口；口既清潔，牙可經久。

（四）整理被服：睡醒起身，整理牀鋪，摺疊被服，清除垢污。

（五）穿衣：穿着衣裳，所以蔽體，保持清潔，樸素整齊。

（六）戴帽穿鞋：帽須戴正，鞋須拔上，修補破綻，刷去骯髒。

（七）開關門窗：朝晨起來，開門開窗，流通空氣，透進陽光。晚間就睡，門窗關閉，卧室中間，仍須透氣。

（八）灑掃：打掃場地，必先灑水；再用箕帚，清除污穢。地板門窗，洗刷仔細；椅脚桌底，亦須擦洗。

（九）進膳：一日三餐，定時進膳，細細嚼碎，慢慢下嚥。

（一〇）正立：伸直脊梁，挺起胸膛，手垂脚並，眼看前方。

（一一）端坐：坐須端正，身不偏倚；兩膝略開，兩脚着地。

（一二）行路：上身挺直，脚步穩重，力在脚尖，手臂擺動。

（一三）讀書：端坐讀書，距離相當；遠看近視，易傷目光。

（一四）寫字：端坐寫字，背脊勿歪；指腕用力，右臂略開。

（一五）咳嗽噴嚏：咳嗽噴嚏，須掩口鼻；勿在人前，噴濺唾涕。

（一六）洗澡：皮膚骯髒，健康難保；要免疾病，時常洗澡。

（一七）便溺：便有定時，溺有定地；注重衛生，不可隨意。

（一八）睡眠：睡要側身，勿仰勿伏；寒不蒙頭，熱不露腹。

又社交禮儀，亦分十八項，如次：

（一）敬禮：遇見長輩，肅立鞠躬，身體端正，態度從容。

（二）相見禮：與人相見，必須行禮，脱帽鞠躬，表示敬意。

（三）坐立次序：長幼坐位，各有次序；上位前面，不宜占據。

（四）並坐：兩人並坐，各占一位；手脚横伸，受人責備。

（五）共食：齊舉碗筷，同時進膳；菜勿挑選，骨勿抛散。

（六）宴會：舉行宴會，認清坐位；上座向外，主座向内。倘是西餐，主坐一端；先右後左，客分兩邊。

（七）集會：集會規則，必須遵守；準時而來，準時而走。依次發言，依法表决；服從多數，勿相攻訐。

（八）應對：客有詢問，誠懇應對；不可嘮叨，不可虚僞。

（九）進退：上堂揚聲，入室敲門，未得允許，不宜進身。進出房屋，脚步要輕；開關門窗，動作要靈。

（一〇）授受：授人物件，須在當面，要使對方，接受方便。受人物品，點頭含笑，表示謝意，不失禮貌。

（一一）招待與作客：接待客人，必須敬謹，陪坐談笑，態度殷勤。出外作客，恭敬對人，説話謹慎，舉動温文。

（一二）同行：同行狹路，人先我後；並肩過市，人左我右。

（一三）行旅：上車登船，買票交票，各守秩序，不可吵鬧。船艙車廂，勿争坐位；男讓婦孺，幼讓長輩。

（一四）拾遺：拾得遺物，歸還原主；勿貪小利，私自藏貯。

（一五）慰問：親友患病，鄰里遭災，懇切慰問，表示關懷。

（一六）慶賀：親友喜慶，應表賀意，敬謹登門，拜壽道喜。

（一七）弔唁：親友死亡，前往弔奠，對於喪主，殷殷慰唁。

（一八）祭祀：逢時過節，紀念祖先，舉行祭祀，必恭必虔。

附注内對於實施方法亦有具體説明,如次:

(一)訓練細目一部分注重道德修養,一部分注重作法練習。注重作法練習的一部分,要適合規矩和禮節,養成習慣,終身力行。根據此原則,將注重作法演習的一部分,訂定起居規律與社交禮儀各十八節,與訓練細目相輔而行。(按訓練細目計二百條,從略。)

(二)起居規律與社交禮儀,除繪製掛圖(由教育部印行)一套外,制定起居規律歌二十首,社交禮儀歌二十四首。在訓練某條合於起居規律或社交禮儀的細目時,先揭示掛圖,使兒童觀察;次即參照圖説,由教員加以説明,並使兒童演習;在中高年級,最後可教學歌詞,使兒童吟唱,以助記憶。

(三)起居規律圖説,教育部另有印發,從略。

## 第七節　構成禮儀的道德基礎

構成禮儀的道德基礎　忠、孝、仁、愛、信、義、和、平,是我國人固有的道德,構成禮儀的道德基礎也不外這八端。現在説明如下:

(一)忠孝:忠是對國家社會的表示,孝是對民族父母的表示。要處處有忠孝存心,然後方能現於形色,施於行爲,禮貌的觀念也即油然而生。對國家的一切象徵如國旗國歌……等,都要行敬禮,對自己的父母尊長也要有敬禮,反過來説,這些敬禮也就是忠和孝的開端。忠孝的存心和禮儀的基礎,本來是可以合而爲一的。

(二)仁愛:“仁愛爲接物之本”,尤其是禮儀訓練的基本。“子張問仁於孔子,孔子曰:‘能行五者於天下,爲仁矣。’曰:‘恭、寬、信、敏、惠。恭則不侮,寬則得衆,信則人任焉,敏則有功,惠則足以使人。’”(《論語・陽貨》)孟子曰:“君子所以異於人者,以其存心也。君子以仁存心,以禮存心;仁者愛人,有禮者敬人;愛人者人恒愛之,敬人者人恒敬之。”(《孟子・離婁下》)這裏孔子所謂恭、寬、信、敏、惠,孟子所謂仁者愛人,有禮者敬人,都是禮儀訓練的基本條件。又如“仁者人也,親親爲大;義者宜也,尊賢爲大;親親之殺,尊賢之等,禮所生也。”(《中庸》)仁愛爲構成禮義的基礎,觀乎此自更明顯了。

（三）信義:“民無信不立。”曾子曰:“吾日三省吾身: 爲人謀而不忠乎? 與朋友交而不信乎? 傳不習乎?”(《論語・學而》)注:“信者,言之有實也。又: 心實之爲信。”以上是信的解釋。《論語》朱注:“義者,事之宜也,”韓愈《原道》:“行而宜之之謂義。”這是義的解釋。個人生存於社會團體當中,免不了與人接觸,處處要和人發生關係,明白了信義的性質,能言之有實,能處事得宜,自然禮儀即在其中了。

（四）和平: 立身處世貴乎和平,和平爲禮貌的開端。《中庸》:“發而皆中節謂之和。”《論語・學而》:“禮之用,和爲貴。”可見和平實爲禮儀訓練的基礎。

**道德基礎與其實踐**　八德爲構成禮儀的道德基礎,從這基礎去躬行實踐,過着合理的生活,才能成功一個好公民。我們的日常生活,必須求其合理,而且必須時時實踐,行之既久,才能成爲習慣;大家的習慣都一樣,即成一民族共同的道德基礎。由此看來,所謂道德基礎是建築在生活習慣上的,我們不能不加注意。

## 提問要點

（一）根據中外教育家的意見,何以道德先於學問,德育先於智育、體育? 試綜合説明之。

（二）訓育是管行爲的,教學是管知識的,這種二元論對嗎? 如何使之一元化? 試舉例説明之。

（三）國民學校的訓導組織當如何?

（四）照克伯屈的意思,理想的教學與訓導關係如何? 試舉例説明之。

（五）皮列的五個訓練原則,照你經驗所及,各舉實例以資參證。

# 第七章　中國教育家之生活與思想

## 第一節　孔　子

孔子的生活　孔子，名丘，字仲尼，魯人，生於周靈王二十一年，卒於周敬王四十一年。幼陳俎豆戲，能習禮；十五志於學；及壯，問禮於老聃，問樂於萇弘。魯定公時做大司寇，攝行相事三月而魯大治，齊人懼，婦女樂以沮之，季桓子受之，三日不朝，孔子遂行。從此周遊列國，凡十四年，終不得行其志。晚年回魯，删《詩》《書》，定《禮》《樂》，贊《周易》，修《春秋》，以傳後世。教子弟三千餘人，身通六藝者七十又二。年七十三，卒於魯。

孔子的思想　孔子爲儒學之祖，思想的宏大，爲古今所罕見，凡宇宙、知識、人生諸論，無不具備；而於教育理論與實際，建樹尤多。

孔子以前的教育，肇端於虞的五教，大備於周之制禮；孔子本其遺緒，乃構成有系統的教育學説。

孔子最重德育，而以"仁"爲德育之中心。仁的意義與基督的博愛相近，但實行時的程序，則二者各異其説：基督教不但以人類的平等爲目標，並其出發點亦爲平等。孔子却不然，主張由親及疏，由近及遠，循家族制度的精神，而推本於孝弟。樊遲問仁，子曰："愛人。"仁便是我們所説的同情。有了同情而能推己及人則爲"恕"，子貢問："有一言而可以終身行之者乎？"子曰："其恕乎？己所不欲，勿施於人。""夫仁者，己欲立而立人，己欲達而達人。"將此種同情擴充到極量，便是仁人的世界，這世界名叫"大同"，和近代大政治家如美故總統羅斯福等所企求的聯合國組織,人類四大自由的崇高思想,正復相近。孔子的思想之偉大,可想見了!

孔子的教育論　孔子的教育學説,述其大要如左:

(一) 教育的必要　孔子對學問和修養均甚注重,他説:“學而不思則罔,思而不學則殆。”“好仁不好學,其蔽也愚;好知不好學,其蔽也蕩;好信不好學,其蔽也賊……”孔子見人常有知之而行之則或過或不及的,於是又倡以詩、禮、樂爲涵養心性之具。他説:“興於詩,立於禮,成於樂。”又曰:“詩可以興,可以觀,可以群,可以怨。”他的思想,以爲人的學問和修養,都要靠教育的力量陶冶之。

(二) 教育的可能　孔子對於教育的估價,其説往往有矛盾處。他説:“有教無類。”“性相近,習相遠。”以爲教育的能量無限。可是又説:“中人以上,可以語上也;中人以下,不可以語上也。”又説:“惟上智與下愚不移。”這又像教育非無限量而只可能了。

(三) 教育的目的　孔子的教育目的論,最爲宏大,而其大要在《大學》所説的三綱:(一) 明明德,(二) 親民,(三) 止於至善;八目:(一) 格物,(二) 致知,(三) 誠意,(四) 正心,(五) 修身,(六) 齊家,(七) 治國,(八) 平天下。所以教育最高的目標在使學者止於至善、平天下,其理想的遠大可以想見。後世奉行孔子之教的人,於立身處世,大抵可進則進,可退則退,得志則經綸天下;否則以五倫之教,教化萬民,故士雖窮而不濫,雖困而不屈,影響我國,數千年而不衰。

(四) 教育的方法　孔子的教育方法,可以“因材施教,適應個性”八字包括之。他説:“不憤不啓,不悱不發,舉一隅不以三隅反,則不復也。”又説:“學而不思則罔。”他注重學生的心理與思維,可以想見。孔子爲人,循循善誘,其教材由易至難,由簡至繁,秩序整然,毫不紊亂;而因材施教,尤具卓見。例如與諸生論仁時,對顔淵説:“克己復禮爲仁。”對仲弓説:“己所不欲,勿施於人,在邦無怨,在家無怨。”對司馬牛則説:“仁者其言也訒。”對樊遲則説:“居處恭,執事敬,與人忠。”可見孔子能因人的立場不同而各正其短以濟其長了。

## 第二節　董仲舒

董仲舒的生活　仲舒姓董，漢廣川人。少治《春秋》，好學不倦，有三年不窺園的故事。景帝時爲博士；武帝時以賢良方正文學對策擢江都相；公孫弘治《春秋》不及仲舒，嫉之，奏於武帝，陷使相膠西。仲舒恐久獲罪，託病請退，家居修學，教育子弟，以壽終天年。著《春秋繁露》及《天人策》，有名於時。

董仲舒的思想　仲舒的思想，在中國教育上，影響甚大，分述如次：

（一）主張滅絶異學尊崇孔子，以統一思想。《天人策》中説：“臣愚以爲諸不在六藝之科、孔子之術者，皆絶其道，勿使並進。”所言爲武帝採用，結果學術統於一尊，進步遂少。

（二）立天人契合之説。儒家注重人事，不多言天道，仲舒則否。他以人爲一小宇宙，自然界（天）爲一大宇宙。自然界之變異無不與人事相關，人若作了惡事，則天示災異，以爲警戒。《天人策》中云：“《春秋》之所譏，災害之所加也；《春秋》之所惡，怪異之所施也；書邦家之過，兼災異之變，以此見人之所爲，其美惡之極，乃與天地流通而往來相應。”氏以爲人道本諸天道，故《天人策》中説：“聖人法天而立道：春者，天之所以生也；仁者，君之所以愛也。夏者，天之所以長也；德者，君之所以養也。霜者，天之所以殺也；刑者，君之所以罰也。”

此種思想對後代影響有四：（一）學術統於一尊，思想不能自由；（二）使人畏天敬天，生宗教之念；（三）産生迷信；（四）崇君敬天，奴性過甚。

董仲舒論教育　其一，氏對教育主張承天之道，積極指導。他説：“天令之謂命，命非聖人不行；質樸之謂性，性非教化不成；人欲之謂情，情非度制不節。是故王者上謹於承天意，以順命也；下務明教化民，以成性也；正法度之宜，别上下之序，以防欲也。”這是他的教育主張。他以性爲可能性，即是可以爲善，而不是善，其説與近人論性者頗相近。《春秋繁露·實性篇》：“善如米，性如禾，禾雖出米，而禾未可謂米也。性雖出善，而性未可謂善也。善，教訓之所然也，非質樸之所能至也。”

其二，對於倫理，立純粹的動機論，排斥功利之説，故曰：“正其義，不謀其利；明其道，不計其功。”這種學説，頗爲宋儒及後人所深信，影響甚大。

綜上所述，可知仲舒與我國教育思想之關係。論學術，主張尊孔，此後論學，遂鮮敢出孔子的範圍；論天道，雜以五行之説，劉向繼之，災異之説大盛，二千多年來，陰陽五行的迷信，成爲我民族精神上的桎梏：這是壞的影響。至於論教育，注重積極指導；論道德，注重動機；在當時實爲氏之創見，這是好的影響。

## 第三節　朱　熹

朱子的生活　朱子名熹，字元晦，一字仲晦，號晦庵，謚曰文，人稱朱文公，俗以朱夫子名之。先世徽州婺源人，父爲閩尤溪縣尉，寓尤溪生熹；晚遷建陽之考亭，後人又稱爲考亭先生。氏爲宋代大哲學家，功在集各家學説之大成，分析整理，成一家言。蔡元培氏譽之爲：“宋之有朱晦庵，猶周之有孔子，皆吾族道德之集成者也。”此論斷誠確當。著述很多，最著的有《論孟集注》，《大學中庸章句》、《文集》、《語録》、《近思録》等，對哲理及教育思想頗有貢獻。

朱子的學術思想　朱子的學術思想，近以張横渠、程伊川爲本，而以周濂溪、程明道爲輔；遠以荀子爲主，而用語多取諸孟子。其爲學，大抵是窮理以致知，反躬以實踐。彼以經籍爲載道之文，所以主張窮理須從讀書入手；彼以學者須知天地萬物之理，故對於自然現象，亦能相當注意；彼以學者須知心性之源，故對心理現象有精密之研究;對於任何事項,均肯求真踏實,頗有近代科學家的治學精神。但綜觀氏之著作,論者均以爲整理之處雖多,創作之處太少;守舊之成份很多,革新之精神甚少。静的修養,講得太多;動的方法,講得太少。氏之尊崇孔子爲絶對的善的代表,結果致使孔子學説加大權威,變成宗教型而産生不良影響。

朱子的教育論　氏對教育學説,本諸哲理。其教育方法與目的,見《白鹿洞書院教條》。其目的在教人明五倫:(一)父子有親,(二)君臣有義,(三)夫婦有别,(四)長幼有序,(五)朋友有信。達到此目的方法有五:(一)博學,(二)審問,(三)慎思,(四)明辨,(五)篤行。

篤行當如何?曰自修身以至處事接物皆爲篤行之事,皆各有要:(一)言忠信,行篤敬,懲忿窒欲,遷善改過,爲修身之要。(二)正其誼,不謀其利,明其道,不計其功,爲處事之要。(三)己所不欲,勿施於人;行有不得,反求諸己,爲接物之要。以上所述係氏之教育大綱,兹再就《語録》及《文集》中所言與教育有關的,分述於後:

(一)教育之目的既如上述,各級學校的目的則爲:小學學其事,如事君、事父、事兄、處友等事,只是教他依此規矩去做;大學窮其理,研究這些爲何要如此。

(二)求學方法,知行都須注重。他説:"致知必須窮理,持敬則須主一。學者工夫唯在居敬、窮理。此二事互相發明,能窮理則居敬工夫日益密。"據此則求學方法最要者,一在主敬,一在窮理。所謂敬不是萬慮休置之謂,只是隨事專一謹畏,不敢放逸;非專是閉目静坐,耳無聞,目無見,不接事物,然後爲敬。整齊收斂這身心,不敢放縱,便是敬,静坐不過是學敬之一方法。窮理即是格物,格物須格得通透。格物十事,格得其九通透,即一事未通透不妨;一事只格得九分,一分不通透最不可。窮理既如此重要,其方法如何?曰最要在讀書。讀書時在定其心,使之如止水明鏡,萬不可先自立説,所以須虚心,須循序而漸進，熟讀而深思，字求其訓，句索其旨，未得於前，則不敢求其後；未通乎此，則不敢志於彼；先須熟讀，使其言皆若出於吾之口；繼以精思，使其意皆若出於吾之心。這些話都是散見於氏的《語録》和《文集》中的。

氏對教學之道，可從其所輯《近思録》第十一卷分别略言之：（一）注重正蒙："大學之法，以豫爲先，人幼時，當以格言至論，日陳於前，使之盈耳充腹，安之若固。"（二）在提興趣："教人未見意趣，必不樂學，欲且教之歌舞。"（三）在先以禮教學者，使學者先有所據守；若語學者以所見未到之理，不惟所聞不澈底，反將理看低了。（四）注重平均發展：除道德教育外，須歌詠以養其性情，聲音以養其耳目，舞蹈以養其血脈。（五）適應心理需要："教人至難，必盡人之材，乃不誤人；觀可及處，然後教之。聖人之明，直若庖丁之解牛，知其隙，刃投餘地，無全牛矣。"以上爲氏對教學方法之創見，頗多與近代教育方法符合的。

## 第四節　顔　元

顔習齋的生活　習齋，姓顔名元，字渾然，河北博野縣人。生於明崇禎八年，卒於清康熙四十三年。爲貧家子，三歲，父被清兵擄去，母親改嫁，易姓朱。年二十，才知生父被擄，屢欲出關尋父，均爲兵事所阻，到五十一歲方能成行，經過一年多的辛苦艱難，卒能負父骨歸葬。年六十二歲時，曾應肥鄉漳南書院之聘，在此時，他預備實驗他的理想教育，在書院分設：文事、武備、經史、藝能四齋。正在開學，碰到漳水缺口，把書院淹了，自此即歸家不出，刻苦終身。氏幼年好神仙之説；三十歲後，倡實用之學；南遊中州時曾張卜肆於開封，閱人甚多。商水大俠李子青，館習齋於家，見習齋佩短刃，戲詢曰："君學者，亦善此乎？"氏謝不敏。一夕，子青飲酣，欲授氏拳法，月下踴躍自試。習齋笑曰："請姑與君爲戲。"二人折竹爲刀，相擊數回合，中子青腕，子青擲竹拜服。氏幼習兵法，技擊、馳射、陰陽、象緯無不精。他反對著書，故著述甚少，只有《存學》、《存治》、《存人》、《存性》四編，名四存學説。其言行，詳見《顔李叢書》中的年譜和言行録。氏之學説能顯於世者，全是門人李塨之功，世稱“顔李之學”。

顔氏的教育思想和理論　顔氏的教育思想和理論，和近代教育學説甚符合，詳述如後：

（一）實利主義的歷史根據　習齋以爲教育須重實用，不當重書本上的知識，從歷史觀察，可證之。唐虞時代的教學是六府：水、火、金、木、土、殳；三事：正德、利用、厚生。《周禮》教士以三物：六德（知、仁、聖、義、忠、和），六行（孝、友、睦、婣、任、恤），六藝（禮、樂、射、御、書、數）。孔子以四教：文、行、忠、信。由此可見古人之言教育，重在實用，和後世之專講記誦、静敬和冥想者，大不相同。因此氏以爲離却事物，便無學問，從事物上求學問，則非實習不可，所以他名其所居曰“習齋”，以示重“習”之意。他説：“必有事焉，學之要也；心有事則存，身有事則修，家之齊，國之治，皆有事也；無事則治與道俱廢。故正德、利用、厚生曰事，不見諸事，非德、非用、非生也。德、行、藝曰物，不徵諸物，非德、非行、非藝也。”

（二）實利主義的内容　氏以宋儒講學，高談性命，參雜佛老，亂孔孟之真，叛聖王之道；故竭力提倡致用之學，反對静坐讀書。他講學以實利爲本，與董仲舒之動機論正好相反，他以爲正其誼適以謀其利，明其道適以計其功。故所有學問是否有價值，須以其對於人生有無利益爲斷。欲得此致用之學，又非從實行中得來不可，所以他説：“天文、地志、律曆、兵機等，須日夜講習之力，多年歷驗之功，非比理會文字之可坐獲也。”據此則習齋之言教育，是以實利爲目的，實習爲方法，與西洋蒙泰因所倡之“社會崇實主義”相似。

（三）排斥讀死書　氏否認讀書是學問，尤其否認注釋古書是學問，乃至否認一切文字所紀載的是學問。氏説：“以讀經史、訂群書，爲窮理處事,以求道之功,則相隔千里;以讀經史、訂群書,爲即窮理處事,而曰道在是焉,則相隔萬里矣。”意謂前者以讀書爲求道之功,則相隔千里;後者以讀書爲道,則相隔萬里了,故讀書實不可以爲求道。不但不能求道,有時還有大害處,所以氏拿讀書比服砒霜,他說:“僕亦吞砒人也,耗竭心思氣力,深受其害,以至六十餘歲,不能入堯舜之道,但於途次聞鄉塾讀書聲,便嘆曰:可惜許多氣力!但見人抱筆作文,便嘆曰:可惜許多心思!但見科場出入人群,便嘆曰:可惜許多人才!故二十年前,見有志之士,便勸多讀書;近來但見才器,便戒勿多讀。噫!試看千聖百王,是讀書人否?吾人急醒!”又說:“人之歲月精神有限,誦讀中度一日,習行中便錯一日;紙墨上多一分,則身世上少一分。”其門人李塨亦云:“讀書久,則喜静厭煩,而心板滯迂腐矣。故予人口實曰白面書生,曰書生無用,曰林間咳嗽病獮猴!世人猶説誦讀可以修身,誤哉!”又説:“紙上之閱歷多,則世事之閱歷少;筆墨之精神多,則經濟之精神少;宋明之亡以此。”這都是幾千年來忽略實用之學的反響。

(四)排斥宋明理學　理學空談性理,不講實用,習齋反對甚烈。他說:“宋儒如得路程本,觀一處又觀一處,自以爲天下路程皆通,人亦以曉路程稱之。其實一步未行,一處未到。”又說:“余昔尚有將就程朱,附之聖門支派之意,自一南遊,見人人禪子,家家虚文,直與孔門敵對,必破一分程朱,始入一分孔孟,乃定以孔孟與程朱判然二途,不願作道統中鄉愿矣。”此是氏對宋儒之普通批評;至於論求學方法,則有四點意見極爲名貴:

(1)宋儒求學之法在“主静”,氏反對之,以爲人若能消除雜念,静到極處,則所謂“鏡花水月”之境,本可達到,但是達到以後不能持久,縱能持久,亦是無用。在《存學編》説:“洞照萬象,昔人形容其妙曰鏡花水月,宋明學者所謂悟道,大率類此。吾非謂佛學無此境也,亦非謂學佛者不能致此也,正謂其洞照者無用之水鏡,其萬象皆無用之花月也。”在《存人編》説:“天地間豈有不流動之水,不着地、不見泥沙、不見風石之水? 一動一着,仍是一物不照矣。今玩鏡裏花、水中月,信足以娱人心目,若去鏡水,則花月無有矣。即對鏡水一生,徒自欺一生而已矣。若指水月以照臨,取鏡花而折佩,此必不可得之數也。故空静之理,愈談愈惑;空静之功,愈妙愈妄。”總之,氏以爲主静不能見道,主静毫無實用,不但無用,且有二大害處: 一是壞身體,他説:“終日兀坐書房中,萎惰人精神,使筋骨皆疲軟,以至天下無不弱之書生,無不病之書生,生民之禍,未有甚於此者也。”一是損神智,他説:“爲愛静空談之學久,則必至於厭事,遇事即茫然,賢豪且不免,况常人乎? 故誤人才、敗天下事者,宋人之學也。”這是主静的二大害。

要免主静之害,唯有提倡主動。他説:“常動則筋骨竦,氣脈舒,故曰立於禮,故曰制舞而民不腫。宋元來儒者皆習静,今日正可言習動。”又説:“養身莫善於習動,夙興夜寐,振起精神,尋事去做,行之有常,並不疲困,日益精壯,但説静息將養,便日就惰弱了,故君子莊敬日强,安肆日偷。”這是從生理與體育方面着眼,説明習動之必要。再就心理與道德方面立論,他説:“人心,動物也,習於事,則有所寄而不妄動,故吾儒時習力行之,皆所以治心。”又説:“吾用力農事,不遑食寢,邪妄之念,亦自不起,信乎力行近乎仁也。”本此可知氏以身心均須習動,知育、德育、體育均賴乎動。故他説:“提醒身心,一齊振起,身無事幹,尋事去幹,心無理思,尋理去思,習此身使動,習此心使存。”又説:“一身動則一身强,一家動則一家强,一國動則一國强,天下動則天下强,自信考諸前聖而不謬,俟諸後聖而不惑矣。”這是習齋反對主静提倡動的教育之大要,頗與近代勞動教育主張相符。

(2) 反對宋儒主敬功夫。宋儒脱離事物而言主敬,故以静坐爲居敬容貌,以主一無適爲居敬工夫,以舒徐安重爲居敬作用,以心常惺惺爲居敬本體。氏以爲這種敬,全是錯了。氏謂主敬不能離事物,他引《論語》爲證: 曰“執事敬”;曰“敬事而信”;曰“敬其事”;曰“行篤敬”……這些都是身心一致,無往非敬的。若將古人成法舍棄,專向静坐收攝、以徐行緩語處言主敬,則是儒其名而釋其實,去道遠矣。(見《存學編》)所以氏反對宋儒離却事物而言敬,他以爲離却事物,便無敬可言了。

(3) 反對宋儒的明道窮理。宋儒所講之道與理,均以宇宙天體爲立論之根據,這是一個髣髴空明的虚體,與老子所謂:“有物混成,先天地生,名之曰道”者相似。就處事接物,修己治人方面言,宋儒稱爲格物窮理,窮得理出,便是明道,順理去做,便是合道。所以宋儒所謂道與理,異名而實同,但其所指,則有時是具體的事物之道理,有時爲宇宙之本體。可是氏不承認有離却事物的道或理。他以爲道不遠人,故道即在人事之中,不能超出五倫六藝之外。若捨人事而言天道,便是荒唐。

氏對“理”之解釋,亦與宋儒異。氏之所謂“理”,是條理之理,凡事凡物皆有條理,故理即在事之中,除却事物,便無所謂理;除却應接事物,便無所謂窮理,窮理即是求分析事物之謂。朱子説:“豈有見理已明而不能處事者乎?”習齋説:“見理明而不能處事者多矣。有宋諸先生便是見理不明,只教人再窮理;孔子則只教人習事,迨見理於事,則已徹上徹下矣,此孔子之學與程朱之學所由分也。”據此則氏是主張於事物中窮理,從事物中窮得之理,便真而可靠;若離事言理,便是捨棄質據,捕風捉影,結果必至執理自是而好武斷。

(4) 反對朱子之百科全書主義(即博學)。朱子以世間一切事理,儒者都應知道。所以他説:“上而無極太極,下而至於一草一木一昆蟲之微,亦各有理。一書不讀,則缺了一書道理;一事不窮,則缺了一事道理;一物不格,則缺了一物道理;須逐着一件與他理會過。”習齋以爲要無所不知,無所不能,是不可能的。他説:“孔門諸賢,禮樂兵農,各精其一;唐虞五臣,水火農教,各司其一,後世菲資,乃思兼長,如是必流於後儒思著之學矣。蓋書本上見,心頭上思,可無所不及而最易自欺欺世,究之莫道一無能,其實一無知也。"(見《言行録·刁過之篇》)據此可見博學萬能,不如專門研究了。

(五)實利主義的知識論　氏雖排斥書本上的死知識,可是對於活知識,實用的知識,仍甚重視,他以爲實用的知識,要從行動中得來。所以他的主張和西洋實驗主義所謂"從行中求知"很相似。

關於知識的來源,氏在《四書正誤》解釋《大學》格物章中,説得很明白:"知無體,以物爲體,猶之目無體,以形色爲體也。故人目雖明,非視黑視白,明無由用也。人心雖靈,非玩東玩西,靈無由施也。今之言致知者,不過讀書、講問、思辨已耳,不知致吾知者,皆不在此也。譬如欲知禮,任讀禮書幾百遍,講問幾十次,思辨幾十層,總不能知,直須拜跪周旋,親下手一番,方知禮是如此。譬如欲知樂,任讀樂譜幾百遍,講問幾十次,總不能知,直須搏拊、擊吹、口歌、身舞,親下手一番,方知樂是如此。此之謂格物致知,物格而後知至,格,即手格猛獸之格。故曰手格其物而後知至也。"從這段解釋看來,可知氏以爲從見聞所得的知識是不可靠的,只有從實驗中所得知識,才靠得住。换句話説,知識須經親身實驗才可變爲有實用的真知識。這種知識論,和杜威的實驗主義的教育學説很相近。

(六)實利主義的個性論　氏之論性,亦與宋儒相反。宋儒將性分爲二:(1)義理之性是善的;(2)氣質之性是有善有惡的,所以他們的教育方針,在變化氣質。習齋竭力反對此説,他在《存性編》説:"若謂氣惡,則理亦惡;若謂理善,則氣亦善。蓋氣即理之氣,理即氣之理,烏得謂理純一善而氣質偏有惡哉?"氏謂性是善的,以爲:"絲毫之惡,皆自玷其光瑩之體;極神聖之善,始自踐其固有之形。"故惡皆從外部引蔽習染而來,絶非本性所固有。譬如水,清乃水之氣質,濁乃雜入水性本無之土,正如性本是善的,惡由外界蔽染而來的相同;若説濁是水之氣質,則濁水有氣質,清水無氣質了。(見《存性編》)氏認定氣質是善,但亦承認各人氣質各有所偏,不過這種偏處,正是各人個性的基礎,教育家不但不當厭惡,並且要從而發展之。所以氏說:"偏勝者,可以爲偏至之聖賢……宋儒乃以偏爲惡,不知偏不引蔽,偏亦善也。"又說:"氣禀偏,而即命之曰惡,是指刀而坐以殺人也,庸知刀之能利用殺賊乎!"又說:"人之質性各異,當就其質性之所近,心志之所願,才力之所能以爲學,則無齟齬扞格終身不就之患,故孟子於夷惠曰不同道,惟願學孔子,非止以孔子獨上也,非謂夷惠不可學也,人之質性近夷者宜學夷,近惠者宜學惠。今變化氣質之説,是必平丘陵以爲川澤,填川澤以爲丘陵也,不亦愚乎! 且使包孝肅必變化而爲龐德公,龐德公必變化而成包孝肅,必不可得之數,亦徒失其爲包爲龐而已矣。"(見《四書正誤》卷六)這段説明教育須注重個性之理特别透澈。氏常言教育須發展個性之特長,對於個人之所短,也並不是任其自然而不加以補救。不過他的補救方法,不是變化其本性,而是發展其本性。他說:"甚剛的人,亦必有柔處;甚柔的人,亦必有剛處,只是偏任慣了。今加以學問之功,則吾本有之柔,自會勝剛;本有之剛,自會勝柔。"據此則氏之論個性甚爲周密,非偏於一面者可比。

綜觀顔氏的教育思想和理論:(1) 以實利爲教育之目的;(2) 以做事爲教育之方法;(3) 以主動習勤、勞作神聖爲教育之精神;(4) 以即事窮理、行中求知爲教育之過程。此論見於明末清初,距今約三百年,所言均與現代教育思潮,頗爲符合,故特詳述如上。

## 第五節　王　筠

王筠的生活　王氏名筠,字貫山,一字菉友,清山東安邱人,道光舉人。博涉群史,尤精《説文》之學,對兒童教育具深切研究。著有《文字蒙求》、《教童子法》等書,頗能順應兒童心理,適合教學興趣,思想新穎,見解卓越,爲我國先儒唯一無二之兒童教育專家。

我國數千年來,對兒童教育有深切研究者,除王守仁外,氏更具精湛獨到之處,而貢獻"教育兒童方法"與提供"具體教材"兩者,厥功之偉,更屬前所未有。譽之曰"中國之福禄培爾",實甚切當。

所著《説文句讀》,與段玉裁《説文解字注》、桂馥《説文解字義證》並重。又有《説文釋例》、《説文繫傳校録》等書,亦很有價值。

王筠的教育思想及理論　王氏之教育思想及理論,以關於教學方法上之創見爲最多,兹述其要者如下:

(一) 注重直觀　直觀教學法,在我國可云王氏創之最早。惜當時國情特别——君主專制,以科舉羈縻漢人——一般士大夫者流,均迷醉於科場舉業,十年窗下,攻研章句,而不尊重兒童的個性與學習方法,因此王氏此種主張不能普遍推行,不知有多少兒童被塾師戕賊於夏楚鞭笞之下,殊堪痛惜。氏云:"蒙養之時,識字爲先,不必遽讀書,先取'象形''指事'等純體字教之。識日月字,即以天上日月告之,識上下字,即以在上在下之物告之,乃爲切實。純體字既識,乃教以合體字,又須先易講者,而後及難講者。講又不必盡説正義,但須説入童子之耳,不可出之我口,便算了事。"又説:"識字必裁方寸紙,依正體書之,背面寫篆;獨體字非篆不可識,合體則可略。既背一授,即識此一授之字。三授皆然,合讀三授,又總識之。三日温書,亦仿此法,勿憚煩。積至五十字作一包,頭一遍温仍仿此法,可以無不識者矣,即逐字解之;解至三遍,可以無不解者矣,而後令其自解,每日一包。此無上下文,必須逐字解,則茁實,異日作文,必能逐字嚼出汁漿,不至滑過。既能解,即爲之横解:同此一字,在某句作何解,在某句又作何解,或引伸,或假借,使之分别劃然,即使之輾轉流通也。"可見王氏對學習心理已具獨到的見解(雖其先識單字然後讀書之主張與現代心理學研究所得結果不合,然爲時代所限,未可求全責備也);而卡片教學,王氏亦早已創行之了。

(二) 即教即講　向來學塾課蒙,了無生趣,不論識字讀書,概不講解。只令蒙童死記課文即爲已足。王氏一反前人之死教育而代以活的教育。他對《説文解字》,特具興趣,主張除前述直觀教學以外,進一步還須講解。他說:"能識二千字,乃可讀書,讀亦必講。然所識之二千字前已能解,則此時合一句講之。若尚未解,或並未曾講,只可逐字講之。"此二千字者,當係常用字也,若是有良好教材,即此二千字即教即講,斯於兒童識字教育已過半矣。

(三)引發興趣　氏對蒙童學習興趣特别注重,故云:"學生是人,不是猪狗,讀書而不講,是念《藏經》也,嚼木札也。鈍者或俯首受驅使,敏者必不甘心。人皆尋樂,誰肯吃苦? 讀書雖不如嬉戲樂,然書中得有樂趣,亦相從矣。"

(四)適應個性　氏云:"人之才不一,有小才而鋒穎者,可以取快一時,終無大成就;有大才而汗漫者,須二十年功,學問既博,收攏起來,方能成就,此時則非常人所及矣,須耐煩。"又云:"教弟子如植木,但培養澆灌之,令其參天蔽日。其大本可爲楝梁,即其小枝亦可爲小器具。今之教者,欲其爲几也,即曲折其木以爲几,不知器是做成的,不是生成的,迨其生機不遂而夭閼以至枯槁,乃猶執夏楚而命之曰,是棄材也,非教之罪也。嗚呼,其果無罪耶!"順應兒童個性,與盧騷之主張可云不謀而合。

(五)健全人格　氏云:"功名、學問、德行,本三事也,今人以功名爲學問,幾幾並以爲德行。教子者當别出手眼,應對進退,事事教之;孝悌忠信,時時教之;讀書時常爲之提倡正史中此等事,使之印證,且兼資博洽矣。"氏之教育以德行、學問、功名三者具備爲全程,糾正當時教育專着眼於功名的獵取以爲釣名沽譽之工具,誠能闢當時士大夫之大謬,非有先見者其誰能此。

此外,氏對一般教師之死教育亦有精闢的批判,首先,他痛斥塾師教學方法之錯誤。他說:"若日以夏楚爲事,則其弟固苦,其師庸樂乎? 故觀其弟子歡欣鼓舞,侈談學問者,即知是良師也;若疾首蹙額,奄奄如死人者,則笨牛也,其師將無同?"正與禁止體罰學生同其見解,而積極提出以良好的教學法代之。兹再引《教童子法》書中"活典故”一節以爲之證:“小兒無長精神,必須使有空閒,空閒即告以典故。但典故有死有活。死典故日日告之,如《十三經》何名?某經作注者誰?作疏者誰?《二十四史》何名?作之者姓名?日告一事,一年即有三百六十事,師雖枵腹,能使弟子作博學矣。如聞一典,即逢人宣揚,此即有才者。然間三四日,必須告以‘活典故’,如問之曰:‘兩鄰争一雞,爾能知確是某家物否?能知者即大才矣。不能知而後告以《南史》(忘出何人傳中)。先問兩家飼雞各用何物,而後剖嗉驗之。弟子大喜者,亦有用人也,自心思長進矣。’”

閱此可知王氏對兒童教育之注重啓發,貢獻良多。如云:“小兒無長精神,”即兒童注意力,不能長久集中的意思;所謂“死典故”,即如現在的國學常識測驗資料等是。“活典故”的教法,不但能引起兒童的興趣,且能啓發兒童的智慧,此實已發前人所未發的了。

綜觀氏之兒童教育思想及其教材教法,頗與盧騷、福禄培爾等之教育思想相似。舉凡“直觀教學”“適應個性”“廢止體罰”等主張,和中國幾千年來的教育措施相反;而竭力主張“尊重兒童個性”“適應心理需要”,把當時蒙館塾師摧殘兒童心身的反自然教育予以無情抨擊,尤爲難能可貴。所可惜者,氏之《教童子法》一書流傳不廣,《文字蒙求》坊間雖有印行本,亦鮮有人注意耳。

## 第六節　蔡元培

氏之生活　蔡元培,字鶴卿,號孑民,浙江紹興人。生於一八六七年(清同治六年)。原籍諸暨,明末移居山陰,祖代經商。父名光普,爲錢莊經理,以長厚稱。氏十七歲補諸生,專治小學、經學,不事舉子業;可是鄉會試均聯捷,壬辰得翰林,甲午補編修。此後對東西洋新學漸注意,設東文學社,習和文;曾任紹興中西學堂監督、上海南洋公學教授。辛丑冬創辦愛國女學,并在滬鼓吹革命。丁未,留學柏林,讀書外,兼事譯著書籍。辛亥革命後,任第一任教育總長,對新教育建樹甚多;嗣因南北和議不成,氏乃辭職出國,考察英德法教育。民五年冬,由法返國,任北京大學校長,鋭意革新,北大竟成劃時代的新學府。氏以爲理想的大學生,應以研究學術爲天職,不應作爲升官發財的階梯,學生翕然風從,學風丕變。氏又在校倡休閒教育,行學分制;羅致各種專才,凡有一長者不論其思想主義如何,兼收並蓄,無美不彰,容人之量,世所罕見。

民十六年,北伐完成,氏任大學院長,試行大學區制,設國立音樂及藝術專門學校,對於藝術教育提倡不遺餘力。民十八,大學區制取消,氏改就中央研究院長,脱離行政職務,悉心致力於學術研究。迄抗戰發生,避難香港,二十九年春病歿,享年七十有三。氏之生平,就高著《孑民傳略》,摘述如後:

(一) 好好先生　吴稚暉先生稱氏爲周公型之人物,處武侯型之時勢,故未有彰彰之成就。然其一生人格,不復屑屑於學問事業之迹象,而存之於人人之心,已爲近代少數若而人之一矣。稚老於氏殁之時,輓云:"世界失完人。"實非溢詞。彼心目中所謂完人,是通人而兼學人。在我國則三代以上之代表人物有周公,三代以下有武侯。周公型者,兼才與美,不驕不吝,嘉善於不能,涵蓋一切,而人自化;武侯型者,信賞必罰,食少事煩,罰二十親覽,非此不可者也。實皆今所謂環境爲之,非有異同也。蔡先生,通人而兼學人,處處"温良恭儉讓"以應世、接物、待人,秉周公之才之美;而於武侯之"細針密縷",或較遜之。所以世人都以"好好先生"稱之。(兹以北大同學請求介紹工作爲例:不問其先、後、知、否,祗要爲其門生,有求必應,無拒絶者。)稚老之言,實足以狀先生了。

(二) 平生行誼　氏之生平行誼,於寬柔敦厚中仍不乏凜然不可犯的風格。是非之辨,持之最嚴,而於"出處"尤然。民五,氏在法,教育部電促歸國長北大。時北大屢經易長,學生視學校如旅舍,視文憑資格爲升官發財的敲門磚,視師生關係爲他日提挈引薦的基本條件,故雖有大學之名,而乏世界各大學應具的規範與實質。當時友人紛泥其行,力勸不必就職。而氏以我不入地獄誰入地獄之志,毅然於民六到校就事;氏以爲“出處”光明,在個人即爲犧牲,對事業亦有價值。困難、掣肘,在所不計。當時整理北大的嘉言懿行,片錦雜萃,人多稱道之。當其離北大時,其動機與决心尤足風世。民十一,教育部長彭允彝,以金佛郎案兩度構陷羅文幹氏於獄,引起氏與蔣夢麟、邵飄萍諸先生之不平,氏發表啓事,表示與彭不能合作,悄然離京,遂去北大。啓事用白話體,末段説:“……現在法庭果然依法辦理,宣告不起訴理由了(指對羅案)。可是國務院竟提出再議的請求,又立刻再剥奪未曾證明有罪的人的自由,重行逮捕。而提出者,既非司法當局,却爲我們的職務上天天有關係的教育當局,我不管他打官話打得怎樣圓滑,我總覺得提出者的人格是我不能再與爲伍的,我所以不能再忍而立刻告退了。”氏不顧與直接上司同流合污而潔身引退,並且名正言順宣布不得不走的道理,磊落光明,也可見氏之守正不阿了。

(三)崇尚自由　北大當時各種措施,頗具革新氣象。中有二事爲氏對大學教育行政之一貫主張,彌足珍貴:(1)循思想自由原則,採兼收並蓄主義:具體指陳,見於氏長北大時《覆林琴南書》内,略云:“對於學説,仿世界各大學通例,循思想自由原則,取兼容并包主義。與公(按指林氏)所提出之圓通廣大四字,頗不相背。無論何種學派,苟其言之成理,持之有故,尚不違自然淘汰之命運者,雖彼此相反,當聽其自由發展。”(2)發展個性,補短截長,爲羅致名師準則:氏對羅致教師,亦有特殊主張。覆林書内亦有道及:“對於教員以學詣爲主,以無背於前項主張爲界限(按即循自由思想)。其在校外之言動,悉聽自由,本校從不過問,亦不能代負責任。例如復辟主義,民國所排斥也,本校教員中,有拖長辮而持復辟論者,以其所授爲英國文學,與政治無涉,則聽之(按指辜鴻銘)。籌安會之發起人,清議所指爲罪人者也,本校教員中有其人,以其所授爲古代文學,與政治無涉,則聽之

（按指劉師培）。嫖、賭、娶妾等事，本校進德會所戒也，教員中間有喜作側艷之詩詞，以納妾挾妓爲韻事，以賭博爲消遣者，苟其功課不荒誤，並不誘學生與之墮落者，則姑聽之。夫人才至難得，若求全責備，則學校殆難成立。”先生此言，今日讀之，一如針對時弊。我國學術的不自由，不發達，是誰之咎？

（四）不亢不卑　氏之爲人，不亢不卑，亦亢亦卑。黄任之先生稱之曰：“和若春風，而嚴如秋霜。”和易處，人皆仰之，如晚年之爲人書介紹函件，幾日不暇接。氏自謂：要求介紹者，幾無日無之，一而再，再而三，以至於無窮。他如擔任兼職，有多至二十三種的，都由氏之和易待人使然。——可是其嚴肅處，對於一事之出處及不隨波逐流的地方，却有凜然不可犯者。五四當年，氏秉一腔義憤，尊崇群衆心理，不欲摧抑青年的正義感，始則以投鼠忌器之故，不得不周旋於當國武人之間，至千迴百折，而終於引去。用心之苦，立場之正，當時京中士大夫者流，雖大不謂然，終能完成五四的歷史任務，無先生誰能任之？晚年在滬，與馬相伯、宋慶齡、楊杏佛等，對國是頗具明確主張，未爲當權所重視，戰事開始後避地香港，爲國事鬱鬱而終其天年，真堪悲悼。

氏之思想　氏之生平略如前述，今再就其教育中心思想，一詳述之。當氏任民國首任教育總長時曾宣布其教育宗旨和方針，内多明確遠大之見，其概要是：據清季學部的忠君、尊孔、尚公、尚武、尚實五項宗旨加以修正爲：軍國民教育、實利主義、公民道德、世界觀、美育五項。前三項，與尚武、尚公、尚實相同；至提出世界觀教育，就是哲學的課程，意在兼採周秦諸子、印度哲學及歐洲哲學，以打破二千年來墨守孔學的舊習；提出美育，因爲美感是普遍性的，可以打破人我的界限與偏見，美感是具超越性的，可以打破生死利害的顧念，在教育上應特别注意。對於公民道德的綱領，揭法國革命時代標舉的自由、平等、博愛三項爲總綱。兹分别引伸其説：

（一）軍國民教育　我國自從抗戰發生以後，國民政府公布《國民精神總動員綱領》，（二十八年三月十二日公布）揭櫫“國家至上，民族至上；軍事第一，勝利第一；意志集中，力量集中”的口號，其實孑民先生在民國創立的時候，早已注意及此了。他說：“我國强隣逼處，亟圖自衛，而歷年喪失之國權，非憑藉武力，勢難恢復。……所謂軍國民教育者，誠今日所不能不採者也。”孑民先生又主張全國皆兵，這也正是我們今日所積極努力着的國民兵制。

（二）實利主義　實行全國皆兵，在軍備上是足以自衛一切了，但沒有經濟的供應，自衛力量仍復薄弱，所以必須輔以實利主義的教育：“以人民生計爲普通教育之中堅。”“我國地寶不發，實業界之組織尚幼稚，人民失業者至多，而國甚貧，實利主義之教育，固亦爲當務之急也。”

（三）公民道德　講軍國民主義、實利主義，而無公民道德爲其基礎，則難免彼此間的利害衝突，而形成社會不安的狀態，我國國民正因爲缺少此項道德，所以“上下交争利，而國危矣。”孑民先生的所謂公民道德，以自由、平等、博愛三者爲本。他說：“孔子曰：‘匹夫不可奪志也。’孟子曰：‘大丈夫者，富貴不能淫，貧賤不能移，威武不能屈。’自由之謂也，古者蓋謂之‘義’。孔子曰：‘己所不欲，勿施於人。’子貢曰：‘我不欲人之加諸我也，吾亦欲無加諸人。’……平等之謂也，古者蓋謂之‘恕’。孟子曰：‘鰥、寡、孤、獨，天下之窮民而無告者也。’張子曰：‘凡天下疲、癃、殘、疾、惸、獨、鰥、寡，皆吾兄弟之顛連而無告者也。’禹思天下有溺者，由己溺之；稷思天下有飢者，由己飢之；伊尹思天下之人，匹夫匹婦，有不與被堯舜之澤者，若己推而納之溝中；孔子曰：‘己欲立而立人，己欲達而達人。’博愛之謂也，古者蓋謂之‘仁’。三者誠一切道德之根源，而公民道德教育之所有事也。”孑民先生提倡“義”、“恕”、“仁”這三項道德，正所以救治我國人一般“私”的毛病。有了義，自己固然不願以私害公，並且見了别人的營私舞弊行爲，還能見義勇爲，起而干涉。有了恕，處處以推己及人爲念，自然私的觀念，也就無由發生了。有了仁，則不但能大公無私，更且擴而充之，處處以大我存心，親親而仁民，仁民而愛物，私的觀念當然一些兒也没有立足的餘地了。

（四）世界觀　軍國民教育、實利主義，都是所以補自衛自存之力之不足，道德教育（即公民道德）則使之互相衛，互相存；而世界觀則爲一種高尚的理想，導人使之超脱現實，進乎另一世界。孑民先生説："人既無一死生破利害之觀念，則必無冒險之精神，無遠大之計劃，見小利，急近功，則又能保其不爲失節墮行、身敗名裂之人乎？諺曰：'當局者迷，旁觀者清。'非有出世間之思想者，不能善處世間事。吾人即僅僅以現世幸福爲鵠的，猶不可無超軼現世之觀念，况鵠的不止於此者乎？"他的意思教我們應當化除人我之見，將現象世界之各别的意識合而爲渾同的，使之與實體的世界相脗合，於是肉體享受，可任諸自然，意識界的營求，無非追求理想，追求進步而已。

（五）美育主義　孑民先生曾經倡導美育代宗教之説。因爲世界觀的教育，非普通的人類所能領受的。"墨子摩頂放踵利天下，爲之"，然而後代的人終以其道太苦而莫之繼；佛家教人明心見性，超脱現世，企慕未來世界，也必輔以天堂地獄、火山刼數等説，以資吸引。要不這樣，除非應用美感教育以爲引導。"美感者，合美麗與尊嚴而言之，介乎現象世界與實體世界之間，而爲之津梁。……在現象世界，凡人皆有愛、惡、驚、懼、喜、怒、悲、樂之情，隨離、合、生、死、禍、福、利、害之現象而流轉。至美術，則即以此等現象爲資料，而能使對之者生美感以外，一無雜念。例如采蓮、煮豆，飲食之事也，而一入詩歌，則别成興趣；火山赤舌，大風破舟，可駭可怖之景也，一入圖畫，則轉堪展玩。"所以美感思想實爲導人超乎現象世界而進於實體世界的階梯，極有研究的價值在。

綜觀氏之生活與思想，慈祥中具謹嚴之態，而其寬宏氣量與包容流品的風度,尤非他人所能及。長北大時,崇尚學術研究之自由,注重學生個性之發展,致力教育民主化的實施,造成劃時代的五四運動,非先生誰能當之?至於長教育部時,對新教育行政體制的建立,釐訂宗旨辦法,作時代之前驅;北伐完成後主持大學院時,尤具革新氣象,祗以内憂外患,交相煎迫,氏之思想不易遂行。晚年離開行政,專攻學術研究,復以種種客觀條件與當權不甚契合,息影滬港,鬱鬱終其天年。我們認爲吴稚暉先生所謂"氏爲周公型的人物,處武侯型的時勢,故未有彰彰之成就",語語中的。换言之,假使氏能生在政治安定的英美各國,深信其必能與杜威博士等並駕齊驅,而成功必不止此。

## 提問要點

(一)孔子的教育目的,爲三綱八目,試申論之。

(二)董仲舒的思想,影響後世教育甚大,試言其要者。

(三)朱熹的教學方法,頗多創見,試與近代新教學法一加比較。

(四)顏元的教育思想,其與現代教育思潮相符合者,試列舉之。

(五)近人有把升學指導習題硬叫兒童强記的,證以王筠的活典故和死典故的説法,其利弊得失如何?

(六)綜述王筠的教育思想及其教材教法之優點。

(七)試述蔡元培對於我國現代教育之影響。

# 第八章　西洋教育家之生活與思想

## 第一節　蘇格拉底

氏的生活　蘇格拉底生於紀元前四六九年，爲希臘雅典人。父名梭夫羅尼斯可斯，業雕刻；母名費那雷替，以産婆爲業。氏少時僅受雅典的普通教育；一生從戎三次，以忠勇名。曾任議員，不久辭去。氏少時抱繼承父業之志，及長，乃以爲精神方面的工作尤爲重要，就從事教化事業。

當時雅典社會思想複雜，青年道德頹喪，氏不避譏辱，不慮危難，思有所以糾正之，每天照例走到街頭或多人聚集的地方，和一般青年討論各種問題。其教學方式爲問答法，頗爲青年所歡迎，稱氏爲“青年之愛人”，其爲人愛戴可知。惟氏之行動言論，頗爲當權和一般人所誤解：如亞里斯多芬所編劇中之蘇格拉底，直和詭辯派一樣。掌握政權的民主黨，對氏之主張甚爲嫉忌，適有人控氏誘惑青年，否認舊神的；民主黨的政治家安尼土司和雄辯家李孔，就借此下氏於獄，判死刑；氏之門弟子克里敦，勸氏越獄，氏不從，仰藥死。時爲紀元前三九九年。

氏之生平多奇癖，其舉動往往出人意外。可是自持謹嚴，立論精闢，能發前人所未發，啓後賢所欲啓。如重人事，尊道德，抑權貴，明是非等，皆有功於世。其高潔之品德，崇偉恢宏之正氣，與薰陶感化青年之人格，不失爲萬世師表，故有西洋孔子之稱。

氏的思想　氏爲古希臘之大哲學家兼政治家，世之談哲學者必推希臘,而希臘之哲學又必言柏拉圖及亞理士多德。二氏系出蘇氏之門,所以研究哲學的,不可不瞭解氏之學説。不過他的學説既無組織,又鮮著述。我們能略知他的學術和思想的,全靠色諾芳的《紀念録》,柏拉圖的《對話篇》而已。兹略擷述如次:

(一)自知　氏以爲哲學是精神修養之極致,其學偏重於人事,對天文、物理則少研究,所以有人説他的哲學是自天界引至人界的。氏的學説,和當時的詭辯派最重要的分别是:詭辯派否認知識上之不易標準;氏則於人性的根蒂承認普遍必然之原則,以爲道德含有普遍的真理,求得普遍的真理,須賴知識,知識是領人向真理的指路碑,故求學之出發點在自知。

(二)教育目的在明德　氏以爲欲定教育之目的,須先定人生之目的。他以爲善乃吾人之所好,既爲所好,故必求之;吾人之所以能達至善之境,則在明德。教育首重發達人内具的知識力,使能明德。他對雅典當時社會的無是非,無邪正,認爲是無知而不能明德之故。

(三)知行合一　氏又以爲行德必先明德。不知善之爲何,而求行善之道,實無異於緣木求魚,必不可能。他説:"無知故缺德,有知才有行;行而不知,雖善不取;知而不行,不是真知。"所以他主張知行必須合一。

(四)教育方法　氏之教育方法有二:(甲)反詰法。氏既倡知行合一之説,所以他論涵養德性的方法,重知識之陶冶,他認爲教學是訓育的唯一手段。所以他教導青年,先使各述己見,然後加以論駁,要青年陷於矛盾而悟其無知,青年既悟自己無知,那末,追求知識之念必切。史家稱之爲反詰法或反問法。(乙)知識之産婆術。青年自覺以後,氏乃爲之搜集事實和參考資料,叫青年自己研究而比較之,使之達到共通的原理,後世稱之爲歸納研究法,他自己認爲這是知識的産婆術,因爲青年自己能産生新知識,做教師的不過是助他産生而已。這二種教學法,實在是啓發教學的始祖。

## 第二節　可美紐斯

氏的生活　可美紐斯，奥國人，十歲喪父，未幾母亦去世，幼年孤苦失學，十六歲始學拉丁文，爲信仰極堅的新教徒；及長，在大學習神學，畢業後回鄉任牧師，在傅爾内克地方的教會服務，同時兼任該地中學的校長，這是他辦教育的起端。不幸適逢新舊教的衝突，戰争打破了他的家庭，使他背井離鄉，過着流亡的生活。流亡波蘭凡十三年，他仍擔任教師，同時完成了一部巨著叫《大教授學》。内容分：（一）教育的本質與目的，（二）一般教授法，（三）論道德的教育的陶冶及學校訓育，（四）論學校系統等四編。他以爲教育在於發達人格的全部，其任務由人類的使命而定，而人類的使命則在《聖經·創世紀》内云：（一）人類是理性的創造者，（二）人類是支配他物的主使，（三）人是天神的肖像。因此他的教育要旨在：（一）知識的傳授，（二）道德的訓練，（三）虔敬的修持。此書在氏死後二十年，才在荷蘭出版。此外有《語學入門》及《世界圖解》二書，亦很有名。教科書之有插圖，亦以氏爲創始者。據説印刷《世界圖解》化了三年功夫，大受英、瑞諸國歡迎。瑞典政府，請氏主編教科書，爲氏流亡生活中之黄金時代。年八十，壽終荷蘭。

可美紐斯的教育思想　氏以爲人生最高理想，在能與神同享極樂。教育是達到這理想的工具，因此他以爲教育目的和程序在循序漸進，從知識、道德而達到虔敬修持。所以他的教育思想是客觀的自然主義，是以依據自然界所指示的順序，使理性發達爲主旨；和盧騷的主觀自然主義，以使主觀内在原有的本性自然發展爲主旨者不同。他的教育名著《大教授學》内對於教授方法，以爲應從自然的程序，應仿自然的所爲。他列舉的教授方法原則有五：（一）教授應仿自然，於正當的時所，切實施行。施行時要：（1）循序漸進，（2）與兒童的發展相應，（3）由平易的漸進於困難。（二）以事物的知識爲先，言語的發表和應用爲後。（三）教授應從直觀出發。——即觀察、實驗。（四）教授應各部互相關聯。——即各科聯絡，大單元教學。（五）教授之時，應喚起學生學習的興味。

氏以爲訓練亦甚重要，其要旨在於改善兒童的行爲，養成敬神愛人的心情。至於方法，他主張仍仿自然。在自然界，有時太陽送光熱於地上，有時起風降雨，甚至雷電霜雪交加，這就是兒童訓練的模範。換句話說：教師通常固然應當以親愛熱情對待學生，可是有時對於兒童行爲有不當的時候，也應加以相當的責罰或警戒。兹列舉其訓練原則如次：（一）教育要從嬰兒開始，以後每一階段，都要適應兒童的年齡和能力。（二）訓練與教學打成一片，要注意兒童的興趣，防免兒童的疲勞，用團體訓練與個别談話養成兒童的公民習慣。（三）以温和、誘導、愉悦、興趣、同情來訓練兒童。（四）不得已時略施責罰或警戒，但不可用體罰。

氏又把學生的年齡能力來分教育階段，每段六年，如下：（一）嬰兒期：家庭教育（母親膝前保育，以感官與身體發育爲主。）（二）幼稚期：本國語小學（入小學受正規教育，以本國語、遊戲爲主。）（三）兒童期：古文中學，或稱少年期。（四）青年期：大學（學習神學哲學及專門科學等。）

總之，氏之教育思想雖不免含有幾分神學色彩，可是他的教學方法，重循序漸進、直觀教學、引起興趣；訓練方式，順乎自然，注重感情；教育階段，依學習能力與年齡劃分……等，就十七世紀時代言，自然是偉大之創見。

## 第三節　裴斯泰洛齊

氏的生活　裴斯泰洛齊生於一七四六年，爲瑞士沮利克人，祖父爲韓谷的牧師，父在沮利克行醫。父死時，氏僅五歲，賴母教養，家道雖貧，可是對子女教育甚力；有女婢名白培梨，受主人臨終付託，上侍下養，忠勤懇摯，至死不衰。家庭中和樂敬愛的空氣，對氏之品性影響甚大。氏性懦，易爲感情所動，在“《鴻鵠歌》”中自責生平缺少男子氣，少時不懂世務，性又躁急；在小學時，成績不好，師友多輕視他。九歲，到韓谷見祖父，住了幾週，因風景很好，油然起愛慕自然之心。閒時由祖父陪遊貧民窟，見貧苦兒童未受教育，惻然憫之，就立志習神學，思繼祖父志。稍長，入沮利克大學。時自由思想遍及瑞士各地，氏在《鴻鵠歌》中，有獨立、自存、犧牲、愛國、慈善等應列爲教育綱領的主張。生平喜閱《愛彌兒》，受盧騷影響不淺。不過那時尚無投身教育之志，彼自知短於辯才，拙於説教；又因政治是改造社會的要道，就捨神學而攻法律。不久，又爲當時的農業神聖論所動，復棄法律而學農，在皮耳購荒地，闢農場，名所處曰新莊。教導農民，介紹新法，以不善經營，地又貧瘠，失敗，幸賴母和妻替他償債。可是他對改造社會、救濟貧兒的决心加强，收貧兒二十餘，課以勞動，授之知識，頗具成績，力謀擴充，以爲組織勞動團體，以勞動所入供教育之所需，則教育必可推廣，就在伊賽林辦的周刊上發表他的教育理想，徵求援助。伊賽林甚表同情，鼓吹最力，時有百倫商會予以贊助。氏之聲譽大著，學校擴充，人數達八十餘，但因人多品雜，貧兒有脱逃的，父母大加攻擊；加以經濟方面，因兒童勞動製品不良，産量又少，對於市場經驗又非所長，所入不敷所出，學校又告停閉。氏以事業屢告失敗，就閉門著書。新莊事業對氏之經驗貢獻甚大，而於兒童個性的認識更深。《隱士之黄昏》一書，叙述過去之事業、未來之方針及教育上之見解甚詳，爲氏在教育上之一大名著。一七八一年又著《利奥那特與革特魯德》第一卷，中述氏之家庭論、教育論及社會改造政策，文筆鋭利，描寫精密；於農民之生活，發揮尤多，書出，風行一時，聲名大著；惟第二至四卷，及《克利斯多福與以利亞》等等，以偏重理論，未能風行，著述生涯，又告頓挫。擱筆十年，與德國名學者歌德、菲希特等交遊，一七九七年，又著《人類發達上自然之徑路》一書，爲哲學名著，是受非希特的影響寫成的。

氏住新莊，凡三十年。所營事業，很少成效；一家生計，困苦之極。氏竟能安心立命和夫人努力教育事業，處之泰然。一七九八年，瑞士革命軍起，温忒發爾一帶，死亡枕藉，孤兒徬徨失所，數百成群，氏心惻然，正欲設法救濟，適政府委氏於斯坦士設孤獨院，昕夕經營，成績卓著，事無巨細，氏必躬親，未數月而病，轉地休養，病中時以振興院務爲念。那知一片忠心，突受無情之打擊，氏之新教育設施，頗爲舊教徒所詬病，參觀的常以該院教育異乎尋常，認爲和政府的教育政策不合。社會的反感既深，政府的排斥令又下。未閲一年，氏又不得不離院他去。時有政府大員（司法部長）對氏深表同情，願予薦引。氏以志在教育，謝之曰："我願做小學教員終身。"可是當時他想在部格多夫謀一義務教員的位置都不能得。後得某有力者援助，始得執教於貧民小學。仍用孤兒院的辦法：（一）年齡各異的兒童併班教學，（二）謀手工與學科之聯絡，（三）廢止宗教問答及讚美歌曲之教授，（四）教材悉自編印。於是父兄校長一齊攻訐，又不得不改就市民小學預備級教師，專教五歲至八歲之兒童計二十餘人，未滿一年，所有兒童都能讀書、作文，兼具圖畫、算術之技能，史地、博物、幾何的興味。以其教學成績出人頭地，社會視聽爲之轉移，升任第二年級主任。氏之教學既具成績，管理監督亦不過嚴，凡事都讓兒童的興趣自動。教學算術，則用小板，使兒童數板上之點而加減乘除，故自動與直觀爲氏的教學精神所在。

其時氏於教育雖獲部分成功，而氏之貧困益甚。幸其助手克流奇，受政府委辦部格多夫學院，内分（一）教員養成所，（二）市民學校，（三）貧民學校三部，約氏共同經營，成績卓著，名震各國，參觀者絡繹不絶。氏視學校如家庭，學生如子弟。有一學生家長偶往參觀，作驚駭狀云："是家庭也，豈學校哉？"氏聞之大喜，以爲所受讚美，莫過於此。蓋能變學校爲家庭，師生之間，若父母之於子女，這就是最大的教育理想啊！院中對學生的身體養護、感情陶冶甚注意，尤重直觀教學，各種教育原理則多於此時擬訂。逢忒斯騰評之曰："三要素（數、形、言）之理論雖未領會，然成績之佳，令人驚喜，學院之學生皆健康輕快。"此外各國人士對該院的教育設施，無不稱善。一八〇二年，氏應法國之聘，講學巴黎，毁譽參半。拿破侖曾親訪部格多夫學院，氏之受推崇，可以相見。一八〇四年，政府命氏管理閔行蒲枯賽寺院，氏即於此興辦學校。同年十月，氏與同志克流奇、倪台拉赴伊佛東辦學，學生既衆，教師亦多爲部格多夫舊友，工作初甚順利，校中體育、智育成績特佳；地理教材，由近及遠，幾何教學，亦重探研；教育方針，在於精神之調和與發展。北歐各國，紛紛派遣學生留學，地理教授改革家卡爾立脱，教育史家牢麥及幼稚園的創始人福禄培爾亦在其列。五年後，校内陡起衝突，旋又和地方官署發生異見，校務進行困難，氏又迫而回新莊。計氏在伊佛東講學二十年，與在部格多夫學院時期同爲氏的黄金時代。可是老年末路，竟至於此，良可浩嘆。一八二六年著《鴻鵠歌》，叙述一生行事；次年卒於蒲魯葛，葬新莊附近之皮耳。其墓碑文曰："只知爲人，不知爲己。"表現氏之一生事業，簡賅淨盡之至。

氏之思想　氏之教育思想：論目的，則顧個人，尊社會，主觀與客觀毋使偏廢，持論平允；論方法，則重直觀，富情感，倡自動，頗與現代思潮符合。兹分别詳述如次：

（一）教育之目的　氏常説："教育是使人類一切知能，自然的、循序的、和諧的發展。"他以爲生活之出發點與人類的個别性，都爲自然所規定；自然之間，自有適當的秩序；教育即依此秩序促進兒童諸能力的發展。故在《鴻鵠歌》曾説："能力偏頗的發達，非真正之發達，能力之均衡調和，最爲必要。"平均發展以後，最後目的在於人性陶冶，使天賦高者達於聖智；而以職業陶冶爲一般之標的。氏在《隱士之黄昏》書内説："兒童第一須爲人，爲人以後乃可爲職業界之徒弟。"又謂富貴子弟與貧寒子弟的教育不可分歧,他以教育之普遍發展爲杜絶不幸之要道,《鴻鵠歌》云:“在下級人民,其名譽心消滅殆盡;在上流社會,其教育法亦非出諸自然,致能力的發達未能完善。故下級人民的教育亟應提倡,上流子弟之教育亦宜改善;而中流社會之缺陷,尤足爲國家之大患,更當注意。”氏又以社會爲目標,生活爲本位,嘗曰:“生活陶冶兒童。”他認爲生活之中,以家庭爲最重要。在德性的涵養方面,父母之慈愛,兄弟姊妹之和睦,對性格的陶冶,作用甚大。在知識方面,家庭生活,頗適於感覺之練習。所以他主張“學校家庭化”。氏論生活的影響分爲二層:(一)生活對於能力之發展極有關係,(二)生活對於兒童個性殊多影響。總之,個人能力之平均發達,與社會文化的互相傳授,這就是裴斯泰洛齊的教育目的之理論根據。至其具體的教育信條有六,散見氏著《革特魯德教子法》内經後人加以整理者:(一)直觀是教學的基礎;(二)語言須與觀察聯繫;(三)學習不是批評與判斷的時間;(四)教材須照心理歷程,由易到難;(五)每次教學起訖,須有休息時間給兒童吸收消化;(六)教學須憑興趣和自動,不可强事苛求。

(二)教育的方法　氏之教育方法,已略見於上述六個信條。氏又以爲教育有五個源泉:(一)感官,(二)技術,(三)意志,(四)職業,(五)類比。這種分類雖未純合理論,可是就内外二方觀察,可稱特見。氏之直觀包含二義,以爲精神全部,係有機之統一體;知識與技能的關係至爲密切,忽視其一則其他亦不可得。各種能力發展的方法不同:倫理生活的根本在愛信,知識之根本在思維,技能之根本在感官肢體之使用,教育方法的原理不外乎此。具體言之,則有下列四項:(一)直觀法:從舊經驗中觀察實物,可得真切知識,同時可獲國語的訓練,由具體而到抽象;(二)歸納法:教材組織和排列,由淺入深,從簡到繁,同時把複雜的事物要歸納成簡單的定理;(三)重情感:氏富感情,恢宏博愛,無處不充滿了慈愛的精神,使受教者爲之感化;(四)職業陶冶:氏對農業改進、鄉農教育,均有實際經驗和偉大理想。

(三)教育的原理　氏之教育目的和方法,均以其高深的教育原理爲根據。德人拿托爾伯攻研氏之學説最爲精密,今將拿氏對氏學説的分析,條述於下:(一)自發之原理:依氏之説,教育的目的要在能使人類内在的能力發達,其論本自盧騷的主觀自然主義無疑。氏承十七八世紀理性主義之餘,以精神的自發爲教育第一要義,實爲創見。(二)均力之原理:氏以爲人類内部的天賦能力,應使受教化後可獲平均發展,不致偏重一方。《鴻鵠歌》等著述中,對此義多所論列。均力之説爲新人文主義的特徵,海爾巴脱之興味説,亦爲同一思想的表現;考均力二字的義源,出於古希臘的理想主義。(三)直觀之原理:直觀之説,本自可美紐斯等的鼓吹;氏以數、形、言三者爲教學的三要素,包含内外二義;與康德的觀念論、盧騷及泛愛派之專重外物者有别,近人往往以實物教學爲氏之直觀教授的代名詞,未甚恰當。(四)方法之原理:此説亦受十七八世紀的自然主義之影響。氏以爲精神之發達,要有一定的程序。因人類内心的發展,必有其要素,然後依這要素的秩序,逐漸發展而終於完成。由論理説明之,學生先宜把握事物,再妥爲排列而達於統一,所以教授要用分解綜合的方法以陶冶學生之頭腦。(五)團體之原理:氏之教育不屬諸自然主義而隸於社會主義的原因有二:一爲他的最高理想在於社會之改造,以自發、均力、直觀、方法四者爲達到改造社會的手段;一以氏於社會生活,抱特殊的興味,所以他所倡的教育特别注重現社會。拿托爾伯以爲個人與團體不能分離,個人的道德力必使傾向社會,故教育的範圍和基礎,都和社會有密切關係;更本此旨以爲裴斯泰洛齊氏的學説是屬於社會主義的教育學之一種。

綜觀氏之教育思想,體系雖未甚精,立論却甚切實。我們與其研究他的理論,毋寧多看看他的生活史及其教育實際奮鬥史;同時,氏有一最大的功績,可説是劃世紀的,不可不在此一述。因十八世紀前的教育對象,只限於上流社會,平民階級沉淪在貧窮愚弱的深淵,鮮能自拔;平民的學校既少,教科之内容、教學的方法又都墨守成規,未加注意。有爲的貧苦子弟被埋没於草莽間,數不可計,人世間的不平和悲慘,那有過於此者! 氏懷悲天憫人之心,致力於平民教育,雖己身艱苦備嘗,而其造福人群固至大也。

## 第四節　福禄培爾

氏的生活　福禄培爾,德國人,於一七八二年生,生後九月母即逝;父是牧師,性嚴而心慈,公忙,將氏交女婢教養。四歲,父娶繼母,益受冷酷的待遇,平居無聊,常在林野遊玩,對草木花鳥等自然景物很喜愛。氏生平能犧牲自己,造福兒童,未始非少時淒涼的境遇造成之。稍長,父對氏親加教授,成績甚劣;父以爲無造就之望,益忽視之,命入村之小學女生級,一若氏爲低能兒,不能與普通男童共學似的。十歲,舅父憐之,帶回家中,使就學於伊爾姆市民學校,頗受宗教神學的感化。舅父天性温和,愛氏備至,氏精神既較舒暢,身心乃得正常發展,可是功課仍甚平平。十四歲,畢業回父處,服務於屠林根林務官處,習植物與數學,閒時散步林間,沉思冥想,研究宇宙之法則。一七九九年,氏經種種困難,得入耶拿大學一年,以學費不足退學,經營農業,任農場監督。一八〇二年父逝,氏年方二十,爲衣食奔走四方,或任測量,或充書記,輾轉漂泊,席不暇暖,顛沛流離,艱苦備嘗。然氏濟世之心彌堅,救人之念益切。一八〇五年,赴法蘭克福時,致書别舊友云:"願天賜君以居宅與愛妻,余則唯願飄流一生,並願天假以年,俾得悟解自我與世界、自我與内心之關係足矣,更願君供人以麵包(友業農故云),余則願教人以反省之道。"其勇往直前,百折不撓,與其高尚的志趣,可以想見。至法蘭克福,經營建築業,遇格魯涅,格氏以福氏具教育天才,勸其舍建築而執教鞭,氏從之,此爲氏一生事業的轉捩時期。格魯涅曾受裴斯泰洛齊的感化,對教育甚有興趣,任法蘭克福模範小學校長。福氏就教該校,初登教壇時的感想是:“當余初登教壇,在三四十兒童前初執教鞭也,彷彿身居家庭,中心之愉快,莫可言喻。余所渴望而未發見之天職,今竟發見之!余既得此無限之幸福,喜悦之情,實不減於魚之得水矣。”這時候裴斯泰洛齊正在伊佛東設學校教子弟,世人推崇備至,名馳遐邇,氏讀其書,頗有所感,乃於一八〇五年八月親往受教於裴氏凡三星期。歸後,鋭意改進教育,孜孜不倦。模範小學有廣場及遊園,備兒童自由行動之用。氏所任教者以植物及地理爲主,氏之教地理悉仿裴氏,以法蘭克福爲中心,指導學生參觀遊覽,親自研究。一八〇八年氏以修養未足,再去伊佛東留學二年,時爲教師,時爲學生,日夜與裴斯泰洛齊共起居,同操作。裴氏對教育之熱情,對學生之誠愛,態度之懇摯,方法之巧妙,福氏均甚仰佩,其一生教育事業的成就,裴氏感化之功很大。一八一一年六月,氏離伊佛東,遊學於格丁根,次年進柏林大學,對自然科學更求深造。氏以爲人類與自然爲同一法則所支配,二者之間有不能分離之關係,故人類教育上,自然科學的知識實屬必要。其後創幼稚園,製兒童恩物二十種,對自然法則、形象、性能,表徵簡明,使幼兒初步認識自然與真理。

一八一三年,法王拿破侖稱雄歐陸,德亦被侵,氏曾約愛國志士入普魯士之義勇軍,次年和約成,氏於戎馬倥傯中仍努力教育之研究,識密潭陀夫、蘭凱泰爾,二人素習神學,對氏熱心教育之精神甚佩,願傾全力,助氏事業之進行。一八一四年回柏林,充博物館理事,對自然界之研究愈有進步,而於物我聯合之理,内外統一之義,了悟甚深。一八一六年,氏之長兄去世,以遺子三人之教育相囑,氏乃赴格利司海姆設學校,學生除上述三人外,另二人亦爲姪輩,名雖學校,實爲家塾。不久,蘭凱泰爾亦帶一學生來,新學校始奠基礎;次年,移卡伊爾霍辦理,學校百端待舉,艱苦萬狀,經濟困難,饔飧不繼。其姪卡爾福禄培爾是當時校中的學生，曾記其情形如下："何以得食，爲我們最焦慮的問題；有時不得已將貯藏之麥種製麵包以果腹。我們一方憂明天的食料，一方上學校的教課，此種時日，過了不少。"由此可見他們的慘淡經營之不易。那時的教師除軍中同志蘭、密二人外，尚有巴羅甫，和氏自己四人，連學生共十人，人數寥寥，然同心協力，奮進不懈，校務漸見發達。氏以爲教育事業，尚須女子共同參加，乃於一八一八年娶才女霍夫馬伊斯泰爲妻，自是以後，夫人治内務，援助氏之事業，貢獻很大。一八二六年，學生增至五十六人，氏之名著《人類之教育》問世，聲名大振，校務日形順利。一八二九年，不幸被政府歧視，以爲氏之教育含有自由、共和色彩，猜疑排斥，無所不施。學生減至五人，氏被迫而把學校委諸巴羅甫，自與蘭凱泰爾去瑞士的瓦丁賽辦新校，又爲舊教僧侶所歧視，不得志；幸瑞士政府推崇氏之爲人，派青年教師數人爲氏之藝友，不久，又聘氏爲部格多夫孤兒院院長，收容四至六歲幼兒，盡力教養，同時對教員之培養，亦多注意。氏於此時愈覺幼兒教育之重要，對女教師之栽培，尤加注重。氏以爲初等教育的不振，由於幼兒教育之荒廢者甚大，基礎不立，枝葉就無法繁茂。氏乃在部格多夫專心幼兒的保育和保姆的培養，保育方法則以採用遊戲爲多，幼稚教育實萌芽於此時，不過名稱未立而已。

一八三七年，在白蘭干堡另設新校，實施幼兒保育新計劃，收容幼兒，試驗氏所獨創的新方法，當時雖無幼稚園之名，其實已和幼稚園一樣。同年，氏爲宣傳鼓吹保育方法之普及，發行《星期週報》，並赴各都會巡遊演講，又辦理講習班等，經努力宣揚後，氏之教育思想，漸爲一般人所贊同。

一八四〇年六月二十八日，氏始將校名改稱幼稚園，以花草喻幼兒，以園丁喻教師，而以花園喻學校。全世界的第一所幼稚園就産生於瑞士之白蘭干堡地方，真是值得大書特書的一件事。

一八四三年，氏之名著《母歌及遊戲歌》出版，此書目的在於應用氏所手定之教育原理和方法。此後氏與同志遊歷各地,對於幼稚園之設立,提倡鼓勵,不遺餘力,可是言者諄諄,聽者藐藐,故此行無所成就。而白蘭干堡之幼稚園,因經濟困難,不久亦歸停頓。氏雖以耄年,精力漸衰,仍孜孜於事業,始終不息。因又在卡伊爾霍栽培保姆;一八四八年又在利本斯泰因及其附近,從事幼兒保育及女子教育,志不稍懈。

氏之能得盛名於世者,主因由於晚年與某男爵夫人馬倫荷菩羅之締交。利本斯泰因素以風光明媚稱,且饒温泉,故遊客甚衆。菩羅嘗遊此,見福氏率村童歌遊市間林野,人雖誹笑之不爲動,心敬服之,以爲世之值得立紀念碑者舍氏無他人,遂與氏訂交,因氏之學問事業,益加敬仰。夫人對氏援助,不遺餘力,一時名流學者如第斯多惠等亦由夫人所介紹。夫人學問淵博,練達有爲。凡福氏之教育原理,經夫人傳播,始惹歐人注意。又曾爲氏作傳記,文筆暢麗,描寫氏之生平,淋漓盡致,稱傳記中傑作。一八五一年,氏娶雷文爲繼室,雖無才學,但對氏之行事甚崇拜,服膺氏説,遵行氏之幼稚園計劃,最稱忠實,故氏晚年生活,實爲一生中最恬適的時期。

可是事有出人意料者,因氏於教育改革,曾力謀喚起國内輿論;密潭陀夫則在議會建議設立幼稚園;其姪卡爾福禄培爾又著書鼓吹社會主義。於是普魯士政府即以輕視宗教,破壞習慣等罪名,嚴禁幼稚園之創設,氏雖百般辯白,終歸無效。第斯多惠等雖亦以教員會的抗議向當局提出,仍不採納。這是一八五一年的事。一八五二年四月二十一日,爲氏七十壽辰,賀客滿堂,盛極一時;至同年六月二十一日氏竟逝世,葬馬林太爾附近之士外那村,遵氏囑立墓碑,題曰:“來!來與兒童遊!”死後十年,經菩羅夫人多方設法,幼稚園的禁令才得解除。

氏之教育思想與方法　氏之教育思想與方法,述其要者如左:

(一) 教育目的　根據氏之哲學見解,以爲自然界中存一永恒的普遍原則,名一致之法則,又名平均之法則。這種法則,凡外界、内心及人生,無處不表現着。天地萬物的存在和發展,都受這法則的支配。適合這法則,就是各種事物存在之目的。簡言之,人生之目的,在於發展生活以適應此人神一致的法則;使人自覺其天職,執行其義務,即爲教育之目的。故教育應使人類洞察自我,理解自然,然後達人神於一致,以營高尚純潔之生活。因人爲人子,故應有知;人爲物子,故應有體;人爲神子,故應有靈。人與人、物、神三者有關,故須發揮三種能力,即知、體、德三育並重,而由自我活動促進各能力之發達,這是他的教育目的的具體説明。

(二)教育時期　教育之實施,應在幼稚期開始,因在幼兒期中全無獨立能力,凡精神上、身體上,其抗禦防衛之力甚弱;做父母師長的,對於保衛教養方面,不能不加注意。否則,兒童心身受損傷,影響未來的發展各階段甚大(氏分人類發展爲嬰兒期、幼兒期、少年期、青年期、壯年期、老年期)。氏以爲自出生至七歲期間爲教育上最重要時期,因人的品性、體育,要在此時確立基礎。這期間的教育責任,要由母親和幼稚園教師負之。一般小學生往往有不良癖性和習慣,實由於家庭和幼稚教育未完善的緣故,我們應格外的注意。

(三)教育方法　氏生平致力自然研究,瞭解自然,認識自我,爲氏之唯一教育法則。氏以爲森羅萬象,都是人類教育的資料,此資料是上帝所賜的象徵,故以象徵主義爲教育方法。氏謂用象徵法訓練幼兒知能的發展,是最自然的教育良法,乃創幼稚兒童恩物二十種,作自然的具體象徵,使幼兒瞭解神意,認識自然,進而理解自然。恩物是自然的象徵,幼兒理解自然所必由的途徑;所以必須由簡而複,由易及難。例如恩物第一種寓有地球之意;第二恩物以球表動物,圓柱表植物,方體表礦物。其重視象徵而井然有序,可見一斑。

此外氏又以自我活動爲重要的教育法。氏以爲幼兒初生,就具内在的自我活動。教育的任務,要在指導其活動,使得正常發展,這正與張横渠説的“蒙以養正,使蒙不失其正,教育之功也”的意思相同。氏更具體的説,幼兒自我活動的内在發展於外形的就是遊戲,故遊戲爲兒童教育的重要方法。幼兒未來的命運,實潛伏於遊戲之中,指導得宜與否,足以決定其一生而有餘。氏又以爲自我活動的本義在於習得外界之觀念,化爲自己的觀念,然後發諸於外,即爲自我活動,故遊戲教學之外,還有談話、唱歌等活動,亦可發表自我。

總之,氏之教育方法,採取象徵主義,自我活動以外,尚有養護論、訓育論、教授論,以内容與所述原則相同,限於篇幅不贅。

(四) 兒童恩物　恩物爲氏所獨創,不可不一詳述之:

(1) 意義　恩物是父母教師恩賜兒童的玩具,根據自然界的法則、性質、形狀等,用簡易明白的物體製成,作爲人類瞭解自然、認識自然的初步訓練。氏以爲世界事物,森羅萬象,雖屬成人,亦難理解,故依照上帝恩賜吾人的自然現象,製成代表性的恩物以利兒童學習。

(2) 恩物種類　合共二十種,凡二百餘件。第一恩物“小球六”,用棉或毛綫扎成,有紅、黄、青、緑、紫、白六色。球上各附二綫,色與球同;球之大小爲直徑一英寸半。第二恩物“小體三”,即木製球一,立方體一,圓柱一。球之直徑,立方體之一邊,圓柱之高及直徑,均爲一英寸半。第三恩物“堆木第一種”,爲一英寸立方之木塊八,合之可成二英寸之立方形。第四恩物“堆木二”,爲長方形木塊八,各長二英寸、廣一英寸、厚半英寸,合之可成二英寸之立方形。第五恩物“堆木三”,爲三英寸立方之木塊,分之可成二十七塊之一英寸立方體,更對分其中三塊爲六個三角體,四分其中三個爲十二個之小三角體。第六恩物“堆木四”,爲三英寸立方之木塊,分之可成二十七個長方體(各長二英寸,廣一英寸,厚半英寸,二十七個之中最少有一個已横斷爲二。)更縱分其中三個爲六個柱體,横分其他六個(已横斷者包括在内)爲十二個四角體。第七恩物“板”,爲正方形、正三角形、二等邊直角三角形、二等邊鈍角三角形、不等邊直角三角形等小板。板之二面各施色彩,板數多少不拘。第八恩物“編板”,有二種,一爲數條細長板片,供兒童拼合;一爲二端連絡板片數條,供屈折伸縮之編合。第九恩物“箸”,爲木竹或金屬所製之箸,長短不一,數亦不定。第十恩物“環”,爲金屬之環,有全圓的,有半圓的,有四分之一環的,數不拘。第十一恩物“戳紙”,爲針、白紙、戳紙臺,使兒童以針刺紙面,以所刺小孔表出形體。第十二恩物“縫綫”,爲針與彩綫,使兒童把戳紙所成之形體,於其小孔間用彩綫縫之。第十三恩物“圖畫”,爲石板、石筆或紙、鉛筆(最好是各色顔料水瓶及毛筆,略大的兒童用),指導兒童自由作畫。第十四恩物“剪紙”,爲剪刀、彩色紙,供兒童剪成各種形體。第十五恩物“黏紙”,底紙、漿糊,使兒童把剪成的形體黏在底紙上成爲畫幅。第十六恩物“編紙”,爲各色紙條,供兒童編合。(編者:利用電報局的收報紙條着色應用,或以麥稈壓扁,染成色彩作編織用,最經濟便利。)第十七恩物“結紙”,用各種細長彩色紙條,使兒童結成各種形體。第十八恩物“折紙”,用四角、三角、圓形等各種彩色紙,供兒童折合成各種形體。第十九恩物“豆工”,用細竹篾、豌豆或金屬絲、黏土、軟木、香棒等,穿搭成各種立體的平面的物體。第二十恩物“黏土工”,用黏土供兒童塑成各物形體。

這二十種恩物,實非出自氏一人之手創,氏自一八三五年以來,就殫精竭慮,盡心研究。一八五〇年始有《恩物論》發表,但僅至第七種爲止,大家認爲定爲二十種,是他的門弟子代爲完成的。二十種内第八恩物之編板分成組板、連板二種的列於第十六之下;並以箸、環合爲一項,附以綫繩作第九恩物的有之;又以小豆、小貝、小石配成第十類的亦有之。但自一至七種,各書所載均同;第八以後是後人增訂的,實無疑義。此外又有穿各色彩的珠子及辨嗅覺、味覺、測驗視覺及觸覺等,增補了很多,尤以蒙台梭利女士所用的更有系統,當另詳之。

(3) 恩物的效用及其理論的根據　就二十種恩物内容言,可分二大類：一爲恩物可供玩具，第一至十種是；二爲作業可以練習，第十一至二十種是。恩物之形相不變，而玩時變化甚多；作業之材料繁雜細軟，形相變後即難恢復，且理念較高，製作較難：這是二者間的分別。其在教育上言，恩物可學習外界的知識，作業可表現內在的知能。例如：恩物排列之順序則系統整齊，由全體至部分，由已知到未知，由具體至抽象，和人類發展的法則全相適合。球的所以列爲第一恩物者，因球爲完全的形體，無邊無角，爲形體中最單純、最統一之基本，其爲性也，變化無窮，有合於幼兒活動的性能，古今中外，兒童最初的玩具，大多是球形的渾一體，原理在此。氏謂凡百觀念與反對觀念一相比較，就可增明瞭之度，故第一恩物所包含之球的觀念，由第二恩物之使用更可明白：第二恩物中有木製之球及立方體，二者之性質的代表性，一動、一静，一爲一面、一有多面之比較，故球之觀念乃更顯。可是二者之間，不可無連絡，故又有圓柱體一：一方具曲面，其動與球似，一方具平面，静與立方體同，結合球與立體之間，可稱相宜。更進言之，第一恩物"球"爲地球、月球、星球……等之象徵；第二恩物中之"木球"，表動物之形體；"立方體"，表礦物及其他静止物之形體；"圓柱"介於二者之間，表亦動亦静，能動能静的植物之形體。故此三物在反對的象徵中能表出凡百形體之模範。——此外又有一解：第二恩物之立方體，可以比諸物質，球可以比諸精神，圓柱可以比諸二者兼備之人類。總之，氏之意，此三體可爲網羅萬物之象徵，供兒童玩時只要於動、静、能動、能静的遊戲中體味之。第三恩物之立方體的大小多寡，可訓練幼兒對全體與部分的觀念和統合分解，又能重複原形；至玩弄之時更可明白多少分量的意義。第四恩物與前略同，不過更增長其長短厚薄與方形觀念而已。第五恩物是第三之發展；第六爲第四之演進；第七則和以上六種，大相懸殊：自一至六，都是立體；而七是平面的板；由體到面，是由具體至抽象的第一步。第九第十兩恩物都是綫，較第七更抽象；第十介於綫與面之間。由此即可證明自堆木至環,其順序由立體至平面,再至點綫,至明。十一至二十種,運用内在思維,製作事物,爲較高級的訓練。茲就幼兒遊戲生活意態,分述恩物的理論系統如次:

甲:關於分解的——體、面、綫,共爲一至十種。

(一)體:(1)六球;(2)三體;(3)堆木(一);(4)堆木(二);(5)堆木(三);(6)堆木(四)。

(堆木即積木,坊間有成品出售。)

(二)面:(7)排板;(8)編板。

(三)綫:(9)排箸;(10)排環。

乙:關於綜合的——點、綫、面、體,共爲十一至二十種。

(一)點:(11)戳紙。

(二)綫:(12)縫綫(即穿綫);(13)圖畫。

(三)面:(14)剪紙;(15)黏紙;(16)編紙。

(四)體:(17)結紙;(18)折紙;(19)豆工;(20)黏土工。

依照恩物的使用法,氏以爲可在無形中培養兒童認識此論理的順序,在教育上甚爲重要,氏乃定一使用法則——一致的法則,以其有結合、反對二作用,亦名反對結合之法則。此法則普遍存在於天地間,凡百事物,都受他的支配。吾人欲求教育之良善,就不得不據一致的法則以爲準繩,幼稚園恩物之使用方法之原理在是。如第二恩物,實爲此法則的具體表徵;至於排板、排箸、排環時,倘以一點做中心而放一件在其上,就須放一件於其下、其左、其右,如是則形體美觀,變化無窮,幼兒得由此體味宇宙之偉大,事物之衆多,工作的神聖了。

氏之教育思想,大體如是;目的略含神秘抽象性,述天人一致,以自然爲準則。方法尚象徵。主自我活動,從行中求知,頗與近人倡行的"做學教合一"法相似。至其特創兒童恩物,福利幼童,辦理幼稚園,從事實驗,其努力奮鬥、百折不撓的創業精神,尤堪爲我們所取法。

## 第五節　蒙台梭利

氏的生活　蒙台梭利女士,意大利人,對低能兒教育極有研究。一八九四年,畢業於羅馬大學,得醫學博士學位,任該大學精神病治療法助理醫師,引起她對低能兒童教育的興味。一八九八年,在吐林教育學會宣讀低能兒教育論文,頗得各界好評。受教育總長巴賽利聘,主持羅馬之變態兒童學校,從事低能兒童教育之實驗,把變態兒童教育專家伊太德和舍金之意見,一一實施,得很大成功;對普通兒童教育亦非常注意。氏以爲自已的學識不够,又入羅馬大學哲學科研究實驗心理學,同時並考察普通學校的一般教學方法,以資與氏之理想的教學法比較研究,作實驗改良教學法的預備。一九〇七年一月,羅馬改良建築協會爲工人建築的房屋,讓與氏供辦學用,成立第一所兒童教養所,相繼成立了多所,對於蒙台梭利制教學法,得到極大成就,轟動了世界各國,公私各校,競相採用,並以革命的教育家稱氏的教育實驗之成就;後來,氏曾遊歷倫敦、巴黎,對低能兒教育和變態心理學之宣揚,不遺餘力。

氏之思想　氏之教育思想,係以感官的特殊訓練爲根據,論者以爲和柏格森的直覺主義與醫學的唯物主義近似。蒙氏教學法書内全以兒童的行爲之正確的觀察體驗爲根據,而氏所發明的教具尤合於科學之原理。氏自稱其教學法爲自動教育,她的努力在使昔日對於教的注重,變爲對於學的注重。此説盧騷倡之已久,到了蒙氏,才有能引起有效的教育反應之教學法。兹分述氏之教育思想於後:

(一) 教學原理　氏以訓練低能兒之經驗推廣於普通兒童之教學。彼對低能兒教學有幾個基本觀念:(1) 兒童之一切教育,當以筋肉系統之正當訓練爲基礎;(2) 欲使筋肉系統得最佳之訓練效果,須有一定的練習程序,且須有特別置備的材料;(3) 各種練習,要看兒童學習進度遲速以定進行的快慢;(4) 活動之須幾種動作同時合作的,則對於這些動作須先有適當的訓練。氏之教法以此爲基礎，應用於普通兒童後得重大的發見，教學方法亦大有進步。某日，氏家有三歲女孩玩木質圓柱體，置諸孔中而又取出者凡四十四次，注意力完全集中，四周擾亂一若無聞；遂悟所謂兒童無恒之説非是。又曾觀察其他兒童，亦有同樣情形，氏乃得一結論："凡能滿足兒童需要之任何活動，若適合其精神發育之程度，必能使兒童之注意力集中，獲得最有效的教育之反應。"氏既得此結論，就更努力從事研究兒童各期之適當教材，而成功了一套著名的蒙台梭利教具。

此外尚有一更重要的原理，即"自由觀念"是。氏以普通教學法，成人每以己意强迫兒童動作，完全不顧兒童之生活需要；實不如根據兒童需要，使其向自己之方向自由發展爲是。故蒙氏教學法，除必要之指導外，教師對於兒童之活動，絶不加以干涉或代庖，氏之結論曰："自由觀念是兒童健全精神發展上必要之條件。"其實青年訓練何嘗不應該如此。本書教育思潮中，特别强調民主教育之爲現代最重要的趨向者，亦可以蒙氏之説證之。

（二）教學方法　分初高二級：初級適用於三至六歲之兒童；高級適用於七至十一歲之兒童，總名"蒙台梭利制"教學法。

（1）初級教法　大别爲：體育活動、感官訓練、知能教育、實際生活之練習四類。分述如下：

（甲）體育活動　氏以爲人生自三歲至六歲爲練習筋骨最重要時期，此時之骨髓未充分發達，下體之骨節尚爲軟骨性，故最須注重體育。體育的主旨，在使自然之身體運動得以完全發達，並使日常動作圓滿無礙。凡步行、呼吸、談話、穿衣及搬運物件等，都是良好的體育活動。氏之體育器械有平行桿、鞦韆椅、螺旋梯、粉綫板、直立梯、繩梯之類。此外又有徒手操和遊戲。而耕耘土地、飼養動物、栽培植物等，氏亦以爲體育的良好活動。所以他的體育範圍很大。

（乙）感官訓練　感官教育爲氏的教學法中主要部分，亦即蒙氏教學法之特點。氏以爲一般教育的目的有二：一爲生活的，一爲社會的。感官訓練既能使兒童適應現代文明之工作，又能作實際生活的預備；故就生物或社會的目的二方面觀之，均甚重要。氏根據此觀點，乃以兒童之自動做基礎，創造多種感官教育的教具：（一）訓練觸覺的教具二：一爲長方形的木板，在中央分爲二，半貼平滑紙片，半貼粗鬆砂紙。一在長方形木板上，用平滑紙和粗鬆紙交互貼之，命兒童閉目以手撫摸，辨别其性質。（二）訓練温覺的：爲金屬製的薄鉢數個，各盛不同温度的水，以蓋蓋之，先用寒暑表測定各鉢不同的温度，然後令兒童手觸各鉢之外，説出冷熱。（三）訓練輕重的：爲大小形狀相同而質料不同的小牌塊，放在兒童手掌上，令説出輕重。（四）訓練味覺的：用小瓶分裝甜、酸、苦、鹹……等液汁，給兒童辨味。（五）訓練嗅覺的：以堇花、梔花等香花，給兒童練習嗅覺。（六）訓練視覺的教具，種類較多：一爲大小長短高低不同的圓柱體，令兒童嵌入適當的孔中；一爲長短不同的横階段木，長竿及高塔木，令兒童依次排列之；一爲幾何形片及幾何形盤，令兒童將幾何形片分别嵌入適當的同形盤中；一爲黑、赤、黄、緑、青、堇、褐、橙黄八種不同色的絲卷，每卷八個，濃淡八種，共六十四卷，錯雜安置白色搪瓷盆中，令兒童先依色分出，再依濃淡排出，以爲練習辨色之用。（七）聽覺訓練：木或竹筒六個，各裝穀粒、亞麻仁、細砂、砂礫、小石子等，振蕩於兒童耳畔，使辨音色。（八）手指訓練：木框八個，各繫布條，供兒童練習繫紐結扣等。

（丙）知能教育　分三步教學：一在練習所用各物之名詞或代表各物之性質的形容詞；次則當檢查兒童對於此項事實確能領會與否；三則注意各字的發音與書寫。教授讀法和算術時候，都可用訓練感官的教具爲教具，循名求實，可增進其知能。

（丁）實際生活的訓練　在蒙氏教學法中所費時間很多，如身體的清潔檢查、室内和用具的整理與洒掃、兒童日常衛生習慣和衣食住行各種實際生活的訓練,都是。

(2) 高級教法　七至十一歲兒童已入小學應練習的科目有:文法、讀本、算術、幾何、圖畫、音樂、韻律等,分述如後:

(甲) 文法　分三段:(子) 學詞——辨别句中各字的詞性及語根、語尾;(丑) 析句——把文句分析研究;(寅) 類别——把同性質同形式之各字分類列出。

(乙) 讀本　分書法、讀法二項:(子) 書法教授分三段:一爲寫範字,二爲造句,三爲記述故事。(丑) 讀法教授亦分三段:一爲發音,二爲釋義,三爲朗讀。

(丙) 算術　以算珠、計算盤、計算架、計算紙、幾何形板等爲教具。平面幾何、立體幾何,均用幾何形體教授,與普通幾何教學法相似。

(丁) 圖畫音樂　和普通教學法相同。

(戊) 韻律　專重詩歌音節的練習。

綜觀氏之教育思想及其教學方法,利弊參半:(一) 注重個别教學,對兒童之學習,不予無謂之刺激,力使其對工作發生自然的濃厚興趣,視能力之高下以定其學習進行之遲速,用科學方法指導及支配兒童之工作,注重實際生活之練習等:這些都是教育原理上不變的法則,氏均能利用之。(二) 氏對幼童的感官訓練須先於普通教育之主張,論者非之;至於以文法、幾何形體等教授兒童,也和實際生活相去太遠;此外則所定課程太偏於知能方面,對於欣賞過程的科目不甚注意。這些也許都是蒙台梭利制的教學未能普遍推行的緣故吧。

## 第六節　杜　威

杜威的生活　杜威,美之柏林頓人,生於一八五九年。二十歲畢業於皁蒙州立大學和約翰霍根斯大學。充任鄉村學校教師二年。一八九四年受哲學博士學位,任芝加哥大學教育學院院長兼哲學教授,創辦實驗學校以試驗其教育理想。一九〇四年改就哥倫比亞大學教授;一九一九年來華講學,對我國教育之革新,影響甚大。

氏爲今世教育哲學之權威,今猶健在,可是他的思想和人生觀,仍能站在時代的前面,並不因年老而後退。一九四五年,張其昀曾爲氏寫過一篇文章,對氏的生活和最近主張,有極明確的評介,值得吾人一讀:"第一次大戰後,杜威教授應聘來華,在國立南京高等師範主講教育哲學,每覺其儀容肅穆,於謹嚴中露慈祥之態。三十二年十月,爲氏八十四歲誕辰,曾攝一影載於《幸福雜誌》,德業益劭,風神依舊,令人肅然起敬。該刊並載有氏近作'自由思想之挑戰'一文,重申其對於教育哲學之主張,所言係對《芝加哥方案》而發。芝加哥大學成立方五十餘年,以經費充足,人才萃集,學術研究,貢獻甚多,爲北美著名學府之一。校長赫卿博士,年少英俊,於一九二九年就職時,年僅三十歲,爲美國大學校長年最輕者。因勇於改革,近年認爲大學本科之弊在:一面復習中學課程,一面爲預授研究院之課程,似失其本身之價值。因此主張縮短大學本科年限爲二年(按美國戰時大學已自四年改爲三年):至其課程,則注重誦讀古代名著:如柏拉圖《對話集》、荷馬《史詩》、莎士比亞劇本、但丁《神曲》之類,選出百種,以爲是皆人類精神之遺産,足以開發心智,勝於普通教科書。這是《芝加哥方案》的改革大學制及課程之要點。杜威之意,以爲現代大學課程過於繁重,且缺乏統一性,誠有缺點。但對《芝加哥方案》則攻擊甚力。赫卿一派的理論,認爲大學應爲自由教育(即人文主義的教育),其名稱淵源於二千五百年前之希臘;杜威則謂古時雅典有自由人與奴隸之分,受教育者限於自由人,奴隸服役做工,此種階級觀念早已泯除。自十七世紀以來,科學進步,使人類對於自然之觀念起大革命,因科學方法而産生工程技術猛進之故,使人類對於生命之價值,亦覺有嶄新之意義,科學方法及其結論,應在現代教育上占極重要之地位。古代名著不能包括現代之科學和近世人類知識之全部。即就文化言,今日之美國,究仍爲歐洲文化之支流乎?抑新大陸除地理意義以外,别有自立者乎?杜威則以後説爲然。歐洲大陸,以德國爲代表,迄二次大戰未潰敗前,仍以科學爲工具、爲利器,科學與人文截爲兩橛,流弊至大(按即偏重科學而忽人文)。實則科學與人文之分野不復存在,過去之二元觀念應予掃除。現代教育之重要問題,亦可謂之唯一重要問題,即爲'科學人文化'。——使科學方法與工程技術,不爲人類之禍,而爲人類造福。《芝加哥方案》所列人文科學及自由教育主張,與科學上的工程技術歧而爲二,重文藝,輕科學,對於現代政治經濟及國際問題皆不甚注意,故杜威深以爲非,謂其有違民主之原理。此與鮑曼博士的'大學課程,應融會新舊,溝通文質,使保持平衡而有合理的生活觀念'等語相同。孔子曰:'質勝文則野,文勝質則史,文質彬彬,然後君子。'此種宏偉的思想,正復與氏相同。"

氏之哲學學説　杜威在哲學上常與詹姆士、席勒爾等同稱爲實驗主義者。何謂實驗主義?詹姆士謂爲"一種解決玄學上争論的方法。無此方法,則有許多争論,永無終結。世界是一抑是多?定命的抑自由的?物質的抑精神的?此諸觀念,每個都與此世界可以適合或不適合,争論起來,無有終點。實驗主義的方法,則在探索每個觀念在實際上的效果,以决定其意義。"觀念本身,無真與僞。其在人生行爲上運用成功者爲真,不成則爲僞。此其真理論之源於科學之實驗方法者一。其視宇宙與人生,爲一緜延不斷之演化,常在創造與成長之中。此其人生論之源於演化論者二。杜威本此二旨,而益以民主主義一概念融貫之。兹分述如次:

(一)工具的真理論　吾人之知識、理論,皆爲應付環境解除困難之工具;知識之正確與否,視其有此功用與否而定之。故氏謂:"觀念、意義、概念、理論等既爲改組環境與解救困難之工具,則其正確可靠與否,亦視其能否有此功用而决定之:能之,則爲真;不能,則爲僞。其證明與實驗,皆於其運用與結果中求之。"

向來哲學家,各以探求其所謂最後的實在,而引起許多無謂之紛爭。實在哲學之起,起於人事,本以現在目的,與社會成訓,有所矛盾衝突,故不得不爲嚴正的思考耳。此後哲學,須不騖玄虚,以解決人生實際之困難,爲其本務,其言曰:"一般從事思考而非專門哲學家者流,所最欲知者,爲最近工業上、政治上、科學上諸運動,要求吾人對於知識的遺傳,有何變更及捨棄……將來哲學之任務,即在整理吾人關於現時社會上、道德上諸般争執之觀念;其目的,在於人生可能限度之内,爲解決此諸般争執之一機關。"氏對於哲學之根本見解,所不同於前此各派哲學家者在此。

(二) 演化的人生論　吾人觀念,來自過去之經驗,而應付將來之經驗。人生即此經驗之流,日趨向於更滿足的途徑,而對於環境,日完成其更滿足的制馭。試分别經驗、思想、生長三點而解釋之:(1) 經驗: 氏謂:"經驗即生活;吾人非在虚空中有生活,乃在一環境中,由此環境而有生活……吾人眼前之問題,爲如何適應外界的變遷,使趨於有益吾人之方向。人雖得環境之助,終不能安然坐享其成,而不奮鬥;不能不利用其直接供給之助力,以間接造成别種變遷。生活之進行,即在此環境之制馭。其活動,必須將周圍的變遷一一改换,使有害者無害,而無害者有利。"故經驗非如舊説之僅爲知識而屬主觀的,乃活動而與客觀世界有關係的。其能利用現在,應付將來,根據已知,推測未知者,則思想是。(2) 思想: 思想之起,由於吾人在適應環境中,發生困難。蓋使吾人行事,一任習慣,而無往不利,則思想無由生。必有一事變之來,與前所經歷者不類,舊時適應之習慣無所用,乃不得不求之於思想。故氏謂"解決困難之要求,爲思考全程中一維持與引導的原素。"至於思想進行之步驟有(A) 有困難或問題;乃(B) 確定其困難之性質;更(C) 擬爲解答,是爲假設;(D) 復推此假設所應適用之事例;然後(E) 驗之於實際的事例,而觀其合否;否則棄之而另易一假設,至成功乃已,是爲結論。自來論理學者,於心理、論理之間,畫一截然之界,一若心理原素,無與於思考之事似的。杜威則視二者之間,無不通的界限;强爲分之,僅能謂之一始一終;而始終又一貫,初無間斷。蓋杜威的試驗論理學,不徒注意於思想之結果,而尤重其歷程,此其與形式論理學不同的地方。(3)生長:經驗即生活,經驗非静止的,而爲活動的,常在繼續改造與成長之中。故生長者,生活之歷程也,而同時亦即其目的。吾人不能於生長之外,别懸一固定之目的;蓋既有固定之目的,則是生長有限制了。生長之一概念,爲杜威哲學的中心理想。氏以爲任何個人或團體,不能以其合於固定的目的或不合而判斷之,但當視其活動之方向而判斷之。惡人者,無論其曾有何善,今乃日長於不善;善人者,無論其曾有何不善,今則日長於善。作如是觀,始能嚴以責己,寬以恕人。然個人之所善,於其與社會之關係以外,往往相互抵觸而無意義;故善的生活,是指個人生長之有裨於人群生長的。

(三)民主主義　自達爾文證明今日物種,由原始的、簡單的物種緜延演化而來;人類生理、心理,均由動物生理、心理之比較研究,而更易瞭解。吾人既認宇宙與人生,爲緜延的演化,而無截然階級之可分,則凡舊時之"心"與"身"、"人"與"物"之諸二元的、對峙的思想,皆不能存在。其根據此二元式思想以成之封建説,如"勞心"與"勞力"、"治人"與"被治"之分,亦不攻自破。杜威所謂民主主義,不僅政治之一種組織,而爲人群生活之一理想。他説:"任何社會團體中,其各分子間,必有若干共同之利益;其對於他團體,必有若干相互之關係。吾人從此二點,可得估量各種社會團體之標準:一、觀其各分子所分享的利益之多少;二、觀其與其他團體之相互關係是否充分與自由。"凡團體内之各分子,不私其利,而與人充分共享;與其他團體,又有圓滿自由之相互關係者,是爲合於民主主義之標準。

氏之教育學説　上述哲學上經驗、思想,生長、民主主義諸基本觀念既明,則氏之教育學説,已不待煩言而解。氏之教育學説,就是

“生長”與“民主主義”之學説。更分數點言之：

（一）何謂教育　“教育，就是經驗之緜延不斷的改組，它能使經驗之意義豐富，使主持後來經驗之能力加多。”此歷程爲生長，而其目的亦即爲生長。生長以外，無固定之目的，則教育又何從使兒童對於生活有固定之預備？故曰：“教育即生活，非生活之預備也。”生活既爲一緜延的演化，不能强爲分劃，而有“心”與“身”、“人”與“物”之對峙。心之作用絶不能與軀體及其運用物的活動相離。則凡教育上“文化”與“職業”、“理知”與“實用”、“休暇”與“工作”等之分判，爲民主主義實現之障礙者，都是不能存在的。

（二）何謂學校　教育既爲生活，“學校即社會生活之一種組織，凡可以使兒童分享人類文化遺傳，與運用其自己能力之各種勢力，俱集中於其間。”教師與兒童，既須分享其生活之經驗，而學校與其他社會組織，又須有圓滿與自由的相互關係，如是方合民主主義之理想。

（三）何謂課程　教師與兒童此時此際所分享之經驗，即爲課程，課程並非是由外鑠之材料。經驗之改組，無或間斷，其擴張無限制，則課程亦自不能固定。課程之内容，非即文學，非即書本，乃至非即知識，却常在教師與兒童創造之中活潑潑地活動。

（四）何謂方法　“如何組織課程（活動），使運用之最有效力，即爲方法；非課程以外别有一物，纔謂之方法。”舊説以方法爲傳授課程的固定手續（由於視物與心爲二元），與生長之旨不合；以方法爲教師主動的程序，而不知其爲教師兒童經驗之分享者，亦和民主主義相違。故杜威以課程與方法爲一體。

**杜威的教育實驗及影響**　氏於一八九六年在芝加哥創設試驗學校，收受四歲至十三歲之兒童，以實施其教育學説。自述其試驗學校之主旨凡三：（一）學校之根本任務，在訓練兒童合作互助之生活。（二）一切教育活動之根本，在兒童之本能的、衝動的態度與活動，而不在外界材料（無論由他人觀念或自己感覺所得）之提示與應用。故兒童自發的活動、遊戲、模仿,以至表面上無意義之嬰兒動作,前此認爲無益或且有害的,皆有教育的作用,且爲教育法之基礎。(三)此兒童活動,應組織、指導,以成合作互助之生活:利用適合兒童程度之成人社會代表的活動及作業,使由製作及創造的活動,獲得有價值的知識。上述第一點示教育之旨趣(民主主義的生活),第二點釋課程(活動),第三點釋方法(活動之組織),其意皆一貫的。

試驗學校課程與方法之中心,即所謂適合兒童程度之成人社會代表的作業。此種作業,爲紡織、縫紉、烹飪、木工數項,皆人所取得衣、食、住,以制馭自然之具。其教學之目的,不在職業的陶冶,而在由此獲得有價值的知識,啓發兒童關於事物的思想,並養成社會生活中合作互助之習慣。

此爲四十年來教育上最偉大之試驗。手工作業之運動,自福祿培爾以後,以氏鼓吹之功爲多。至於課程之改造(由固定的材料,而爲豐富的活動),方法之革新(由系統教學法,至問題、設計教學法),非氏直接所倡導,即氏説間接所暗示。若其生長與民主主義之基本原理,則已形成各國教育上之普遍思潮。氏所以爲今日教育思想之領袖者,非無因也。

## 提問要點

(一)蘇格拉底何以被稱爲“青年的愛人”?

(二)何謂知識之產婆術?

(三)教科書的圖解,創自何人?

(四)可美紐斯的兒童訓練和教育階段,試與近代教育心理學所討論的一加比較,説出你的意見。

(五)裴斯泰洛齊一生顛沛流離,甚至有時求做一小學教師都要碰壁，晚年境况亦甚可憐，你覺得這種不可爲而爲之的教育事業值得幹否？原因何在？

（六）裴斯泰洛齊是教育理論抑實際家？試舉例證明之。

（七）試述裴斯泰洛齊的關於教育原理之創見。

（八）福禄培爾和裴斯泰洛齊二氏的生活史及對教育實際的貢獻有何特點？他們的相互關係如何？

（九）幼稚園創自何時、何人、何地？具何意義？

（一〇）福氏恩物的意義如何？並舉一二例説明之。

（一一）蒙台梭利對維持兒童集中注意力的實驗結論如何？

（一二）杜威的教育思想，以生長、民主爲中心，試申論之。

（一三）科學與人文應使一元化的深意何在？

（一四）試就杜威之教育實驗加以批評。

# 第九章　世界主要教育思潮

## 第一節　個人主義教育思潮

個人主義教育思潮的發端　西洋個人主義的教育,盛行於十八世紀,而以盧騷爲其代表。其要旨在反對社會組織,注重個性自然的發展,以爲教育須順應自然,以自然爲教授與訓練之鵠的和方法。

人之秉賦,原是非社會的,或反社會的。社會上種種經濟的、政治的制度和習慣、遺傳等,均足以束縛個人的思想感情,使其難於發展。所以盧騷主張順應自然之教育,使個人不受社會上種種因襲的束縛,即能有豐富發展之可能。這正與我國老子的“聖人不死,大盜不止;剖斗折衡,而民不争”的自然社會與無爲哲理近似。

個人主義的詮釋　依辣朗德的詮釋:“凡一切學説,一切傾向,在解釋方面,實行方面,或在道德目的方面,承認個人或屬於個人者有本身價值,且其價值高於社會的或非個人的價值者,稱曰個人主義。”以上是個人主義的説法。若論僅與社會哲學有關的個人主義,則辣朗德更有比較明切的解釋如下:這種個人主義乃是一種學説,依此學説,社會本身不是一個目的,也不是超於組成社會的個人之上的一種目的的工具,却祇以個人的善爲它的對象。這種意義復可引伸爲兩義:(1)社會制度應以個人的幸福爲目的,(2)我們應以個人的完成爲目的(不管完成的意義爲何)。根據後者的説法,我們可以明瞭所謂個人主義者,就是包括以個人的幸福或個人的完成爲目的的主張。

個人主義的思潮　個人主義的思潮，應用於教育上的情形，除在前段略及外；一般謂個人主義的發展導源於希臘時代，愛的斯贊尼斯和狄吉尼斯等，主張個人應當從一切社會組織解放出來。斯我噶派和伊壁鳩魯派，也主張離開一切社會牽累，以求個人人格的完成。這些都是上古時期個人主義的發凡。基督教主張個人的靈魂在上帝的裁判前，一律平等。蒙泰因使個人從經院主義中解放出來。馬丁路德宗教革命保證個人與上帝直接交通。這些都是中古時期個人主義的發展。到了近代，盧騷著《民約論》，設想政府的組織，乃是由於獨立的個人的自由結合，這是個人主義之在政治上的表現。放任政策和自由競争，是個人主義在經濟上的表現。尼采的超人説，主張個人用他的努力去超越社會而達到超人之境，是個人主義在道德學上的表現。黑智爾主自我實現，最高的齊一，魯聖克朗資主自我解放，是個人主義在哲學上的表現。易卜生、托爾斯泰輩在文藝作品上也表現其個人主義。

總之，個人主義的發展，在上古有希臘哲學家的倡導，在中古有宗教人士的鼓吹，在近世則各方面均有其表現和發展，所以教育思潮也頗受其影響。

個人主義教育思潮的發展　個人主義的教育思潮，是由盧騷、裴斯泰洛齊、福禄培爾、海爾巴脱等引起的。盧騷主張教育應該“使個人天賦的性能，自然的、充實的發達”。裴斯泰洛齊主張教育爲“個人一切能力的諧和的發展”。福禄培爾主張教育乃是使個人獲得調和的發展，和發展個人的神性——福氏以爲神創造人類，使與神相肖，人也須發展自己的性格，以求合於神明。海爾巴脱主張個人德性的完成，爲教育的最後目的。

以上種種説法，總結起來，無非是教育的目的在使個人全部的性能，獲得完滿的發展。所以教育學者，都承認教育的首要，在認識個人，要明白個人的本性，才可以充分發展個人的才能。盧騷在《愛彌兒》裏面埋怨教育者不認識兒童，而要教育者認識兒童的本性，如園藝家、畜牧家認識草木鳥獸一樣。從十九世紀以還，教育學者都努力從事於兒童心理和教育心理學的研究，要從心理學上認識個體發展的程序，以便教育的實施。

個人主義教育思潮的影響　個人主義的教育思潮，影響於十九世紀末葉的教育學説者甚多。杜威的思想有傾向於個人主義的，也有折衷於社會主義的；像羅格與蘇梅格的“兒童中心學校”的主張，則顯然以個人主義爲出發點了。英國的南尼把教育的目的看作“個人的自主的發展”。英國人在教育上對於個人主義的信仰，也是較其他各國爲甚的。因爲教育要着重個人的發展，所以先要研究個人；因爲要研究個人，所以教育心理學的研究，也變成了重要的工作。

## 第二節　國家主義教育思潮

國家主義教育思潮的發端　國家主義之教育爲十九世紀之産物，至今仍在教育哲學上占有很大的勢力。此種教育思潮，以教育爲達到政治目的的手段。其目的在造就能效忠於國家的國民，恰與個人主義相反。它以爲個人是爲國家而存在的，一切教導訓練，都要以國家的利益爲依歸。第一二兩次世界大戰前，德、日、意諸國的教育相當發達，男女青年效忠國家、犧牲個人的訓練，收穫非常成效，管理監督極爲嚴格，系統組織允稱完備，可謂爲國家主義教育思想之代表。

國家主義教育思潮之概觀　國家主義教育思潮之基本觀念有二：（一）國民必須有統一的意志，中心的思想，以爲立國的精神。（二）此種立國的精神，必須靠教育的力量傳播之，國民倘無特别訓練，於學術上、製造上及貿易上，决不能勝過其他國家的國民。

國家主義教育的利弊　此種教育固能造成許多愛國的國民，但其流弊，往往富含排外性質，使國與國間不睦，並使國民養成一種高傲心理，輕視他國人民。

其次則此種教育，易流於偏狹，成爲一種國家製造國民之機械，失却自由發展的機會，使國民所得的，只限於國家所需的一小部分，教育文化的全能，無形受其損傷。名科學家愛因斯坦不見容於希特勒的暴力專政而憤然去美，爲美國戰時效力以打倒德國，便是極爲明顯的例證。

可是國家主義的教育亦有他的好處：（一）執政者爲要造成忠於國家的良好國民，認爲教育是立國的根本大業，故能竭力經營，以促教育之發達；（二）教育目標，既特定爲國家所需要，則其適合本國需要，發揮教育效能亦較顯著。

國家主義教育思潮的評介　論國家主義教育思潮的，當推菲希特和斐葉；近代德國的克里克主張全民族的國家主義教育思潮甚力。兹分別評介如次：

（一）菲希特的思想　菲氏本爲大學教授，當普魯士爲拿破侖所敗的時候，菲氏擬投筆從戎，未獲實現，乃從事研究裴斯泰洛齊的教學法。於一八〇七年在柏林前後作十四次的公開演講，激勵萎靡的民心。其演説辭名爲《敬告德意志國民》，根據道德與國家的基礎，喚起德意志民族的精神，發揮民族固有的能力。他的教育目的，乃在養成"具有自由意志，肯爲國家社會服務，捐棄私慾與私利，促成宇宙之道德的秩序的人。"他採用了裴氏的教學方法，以"愛"爲基礎，使兒童在教師的指導之下，能養成不賴他力而堪獨立處世之自信力，並將學業與作業如耕作園藝等聯合進行。

（二）斐葉的思想　斐葉爲法國的社會學家，曾任大學教授，於一八八六年發表演説，謂："法國向雖以自由、平等、友愛三者號稱於世，但現在却甚缺乏友愛之情，……友愛者何？即國民全體相愛相助也。"他並著有《國家教育論》。他認爲普法戰争法國戰敗的原因，在於教育不良，欲挽救危機，非改良教育不可。他主張物競天擇，唯有適者才得生存於天地間。人類種族的綿延亦復如此。教育當爲種族的綿延着想,也當爲國家的進步着想。

(三)克里克的思想　克里克,德意志人,幼年境遇不佳,曾充小學教師二十年,於一九二二年刊行《教育哲學》一書,大受德國思想界的歡迎。嗣後,自一九二三年起,歷任大學教育學講師及教授,著作有《人類形成論》、《文化民族之陶冶制度》、《教育哲學》、《民族的全體國家與國民教育》、《基礎的教育》等。氏的國家主義教育思潮,見於其所著《民族的全體國家與國民教育》一書中。氏説明過去四百年間提倡個人主義的弊害,而認爲目前焦急的問題就是全部民族之團結與統一國家之建設。民族的生存,不異於個人的生存,必須有一種生活力,這生活力是什麽?就是統一與團結。民族如果缺乏此種活力,就不免淪於滅亡之境。氏謂:"全體性民族及國家之構成,是目下的中心問題,是問題的全部。"國家應有統一的民族全體,和絶大的政治機能,才配得上稱爲完全。國民的教育應如柏拉圖所著《理想國》裏面的提議,分爲幾個等級,各憑天分各别造就。教育的内容與形式,應與國民需要和政治内容相適應。

## 第三節　社會主義教育思潮

社會主義教育思潮的發端　社會主義一詞,創自法人勒魯,他的原義:社會主義不過是代表普通社會哲學中與個人主義相反的一種思潮。至於此種主義在教育思潮上的影響言,則古希臘哲學家柏拉圖的《理想圖》,亞里士多德的《政治學》,都已含有社會主義教育思潮在内。到了十九世紀,這一派的思想更趨活躍,裴斯泰洛齊一方主張個人的發展,一方也注意社會主義的參預。當時社會學中,就添闢了一門社會教育學的功課。白爾格曼和拿托爾伯兩氏,倡導更力。

社會主義教育思潮的概觀　德國的白爾格曼著有社會的教育學綱要和社會的教育學等書,他之所以稱教育學爲社會的教育學者,其理由如下："吾人不是個别的生存。凡承認個人有絶對的價值，祇爲本身而存在，價值决定之標準亦祇在於自己等，均屬誤解。須知個人在生存上有種種關係，故其價值亦唯在此種關係中始能測定。個人之生活，無論肉體方面，或心理方面，均完全從屬於社會的。人不是單純的一個人，乃是種族之本體，國民之本體，簡言之，即是社會之本體。"所以他解釋教育的意義有云："教育是成熟者使未成熟者達到與自己同樣狀態之一種作用，不問未成熟者之好惡如何，亦須顧及將來之利益，與社會之最善，所以其中不能不具有强制性質。"白氏認教育的目的，須從生活的目的上計算，所謂生活的目的，一面是保存現有的特色，一面是向前的進展。要從無意識的生活，産出有意識的生活，從自然的生活，産出文化的生活。教育的目的，即在文化的推進。

德國的拿托爾伯也著有《社會的教育學》。他解釋："社會的教育學，與其謂爲是教育學之一部分，無寧謂爲關於教育之全任務上的一種特殊見解。即不外是關於教育目的與教材之决定，不以個人爲主，而以團體爲主之一種教育也。……社會的教育學者，承認個人教育之一切主要方面，均具有社會的條件，同時使社會生活，從人類的理想而構成，亦即以此爲個人的教育之依歸。"拿氏主張先有社會，後有個性。個人不能離却社會而獨立生存，個性祇是一種抽象物，個人没有了社會，他的個性，也就無從産生了。

社會主義思潮在教育上的影響　社會主義的教育思潮，在教育上影響了教育社會學的創興，正如個人主義影響教育心理學的創興一樣。

狹義的社會主義，本來指點與經濟有關的一部分社會主義。社會主義的教育思潮，有一部分演變而爲共産主義的教育思潮，此項思潮自近年以還，頗有發展，英國的西達保羅於一九二一年著《無産階級文化論》，謂："從來所稱爲一般的文化者，若細檢其内容，祇屬於資産階級之特定的文化，從來的文化既祇爲代表資産階級的文化，自不能不生出無產階級文化與之對抗。”因爲文化需要改造，所以教育也須革命：“爲樹立無產階級的文化計，不得不將教育革命。”教育如何革命？無產階級的文化如何建立？氏以爲當分爲兩方面：（1）爲無產民衆本身的教育。（2）爲無產階級兒童的教育。教育的内容，則須依據新原理以建設新的學校。

又蘇俄的平克微支於一九二九年著有《蘇俄新教育》一書，謂蘇俄的學校爲養成革命戰士之繼承者，是具有階級性的。教育的活動，須視當時國家的支配階級的要求而定。政治與教育須密切聯絡。教育應爲國家的手段，以供革命履行的工具。教育的方法應着重社會化、勞動化等。

## 第四節　三民主義教育思潮

三民主義教育思潮之重心　三民主義教育思潮的重心何在？孫中山先生説過：“歷史的重心是民生。”又説：“建國之首要在民生。”所謂民生，就是“人民的生活，社會的生存，國民的生計，群衆的生命”。我們的教育宗旨，是要“充實人民生活，扶植社會生存，發展國民生計，延續民族生命”的，所以三民主義教育的重心，當然是“民生”了。但是民生是屬於物質，要發展民生，必須從教學上找得一種精神的力量以資推動，那精神的動力是什麼？便是中國固有的道德——忠、孝、仁、愛、信、義、和平，和禮、義、廉、耻。所以三民主義的教育要以民生問題爲重心，而以中國的固有道德爲原動力；二者互相綜合，相國及爲用，而三民主義教育的内容，纔能發揮到最高的階段。

三民主義教育思潮之綱領　三民主義教育思潮的基礎，有下列四大綱領可循：

（一）民族意識的唤起　人們依賴團體而生存，民族的團結鞏固，個人的生活方能獲有保障。“覆巢之下無完卵。”“皮之不存，毛將焉附？”三民主義的教育，首在民族意識的唤醒。“……中國退化到現在地位的原因,是由於失了民族主義的精神。……長此以往,如果不想法來恢復民族主義,中國將來不但是要亡國,或者要亡種!所以我們要救中國,便先要想一個完善的方法,來恢復民族主義。"(見《民族主義第五講》)民族意識的喚醒,其手段又分爲下列三種:(1)群性的發展——初等教育的目標:"使兒童個性、群性,在三民主義的指導下,平均發展。"所謂群性的發展,一方面是使兒童習慣團體的生活,一方面是使兒童服從團體的紀律。學校訓練,自應以此爲準則。(2)體格的鍛鍊——各級學校由遊戲、體操和競技運動等,以鍛鍊學生强健的體格。社會教育由公共體育場、國術館、游泳池等機關負責,引起民衆對於體育練習的興趣。(3)本國文化的研究——在歷史、地理、國文等課程内,盡量發揚本國文化精神,以期唤起其愛國愛家的觀念。

(二)國民道德的培育　《三民主義教育實施原則》内規定,中學及師範教育的訓育,着重於"由國民道德的提倡,民族意識的灌輸,以喚醒其愛護國家發揚民族的精神。"社會教育的目標又有:"訓練民衆熟習四權,實行自治,並陶鑄其忠、孝、仁、愛、信、義、和平的國民道德,以養成三民主義下的公民。"對於華僑教育,則"以中國固有文化,陶冶其國民道德。"《中華民國教育宗旨及其實施方針》内也有:"普通教育須根據總理遺教,以陶鎔兒童及青年忠、孝、仁、愛、信、義、和平之國民道德,並養成國民之生活技能,增進國民生産能力爲主要的目的。"又:"師範教育爲實現三民主義的國民教育之本源,必須以最適宜之科學教育,及最嚴格之身心訓練,養成一般國民道德上學術上最健全之師資爲主要之任務。"綜上所述,三民主義教育的推動力爲國民道德,所以必須切實陶鑄,藉以爲立國的基本。

(三)生活知能的傳習　三民主義教育的重心爲"民生",故《教育宗旨及其實施方針》規定:"以各種之生産勞動的實習,培養實行民生主義之基礎。"各級課程也注重於生活知能之實習。生活知能究竟如何實習,又可分爲二端説明:(1)培養勞動的習慣——生活知能重在實地操作，祇提倡，不動手，仍然歸於無用，蘇俄的學校多有技術訓練，在初級學校裏，兒童半日在校讀書，半日到工場作工；在中級學校裏，與一定的生産企業相聯絡，一半工作，一半讀書，以訓練學生的職業知能。德意志和意大利的教育也注重生産勞動的訓練，由勞動習慣的培養而謀生産的發展。（2）提倡科學的研究——發展生産和適應現代生活的環境，都需要以科學爲基礎，所以初等教育的目標，即注重兒童自然科學的研究。到了高等教育，則其自然科學的課程："（A）應注重生産技術的知識和技能；（B）應以物質建設之完成爲研究或設計之歸結；（C）應澈底從事科學之研究，並致力於有益人生、增進文明之發明發現。"

（四）民治精神的養成　民權主義主張政府有能，人民有權，所以三民主義的教育"應以集團生活訓練民權主義之運用；"社會教育要使人民具備公民自治之資格。是項訓練可分二部：（1）爲團體生活的習慣，以養成其守紀律、守秩序、愛團體、守時刻的習慣。（2）爲民權的演習，使在學校内練習四權的使用，以便於將來自治的應用。

三民主義教育思潮的世界觀　三民主義教育思潮，係中山先生集中外教育思想之大成，倘能切實實施，則其對世界能作如下二大貢獻：

（一）民族平等的精神　民族主義的精神，非如國家主義那樣狹窄。中山先生主張要求我國民族的自由平等，必須聯合世界上以平等待我之民族，共同奮鬥。並且除了自己的民族獨立、達到自由平等以外，還要使國内的少數民族也得到自由平等的地步。非僅這般，更還要輔助世界上被壓迫的弱小民族，共同得到解放，共同獲得自由平等，這是我國向來濟弱扶傾的態度，是我國民族主義所特具的民族平等的精神。我們的民族主義，"能重視别個國家的生存，能够尊重别個國家，像尊重本國一樣，能够依着人類的道德意識去待遇别個國家。真正的民族主義，是真正的世界主義的基礎。"三民主義的教育，即應以此爲本而致力發揮。

（二）大同思想的培育　《禮運》:“大道之行也，天下爲公。選賢與能，講信修睦。故人不獨親其親，不獨子其子；使老有所終，壯有所用，幼有所長，矜、寡、孤、獨、廢疾者皆有所養；男有分，女有歸。貨惡其棄於地也，不必藏於己；力惡其不出於身也，不必爲己。是故謀閉而不興，盜竊亂賊而不作，故外户而不閉，是謂大同。”三民主義教育的最後目的，是在世界大同的實現。這是很偉大的一種理想。世界上若干部分的民族，都是因爲野心勃勃，承認自己是優秀是超人，於是處心積慮，想兼併人家，想剥奪他人的所有。桑戴克説:“雖最文明之國，現亦未思及開國際法庭以解決國際争論，或設國際警察以防止國家的暴動與犯法行爲。以整個的國家而犯盜竊、屠殺、放火等罪，現仍視爲名譽之事。但在有識者間，則承認預防戰争之最有效手段，是藉教育使一般人覺悟戰争爲無謂的罪惡。”（見桑戴克、蓋兹著，雷通群譯，《新教育的基本原理》一〇——一一頁）美國名史家海斯也説:“在人類歷史的最近時代——自一九一四至一九二四的十年——中，我們可以確切地説：欲消滅國際風雲，及解除國内緊張，胥賴教育，因爲教育能造成後世的正確思想及合法行動，能實現後世的合作與和平。”（曹紹濂譯，《近代歐洲政治社會史》）像上述這一類的理想，其實我國的墨子早已在《非攻篇》裏面説起過了:“今有一人，入人園圃，竊其桃李，衆聞則非之，上爲政者得則罰之，此何也？以虧人自利也。至攘人犬豕鷄豚者，其不義又甚入人園圃竊桃李，是何故也？以虧人愈多，其不仁兹甚，罪益厚。至入人欄厩，取人馬牛者，其不仁義又甚攘人犬、豕、雞、豚，此何故也？以其虧人愈多；苟虧人愈多，其不仁兹甚，罪益厚。至殺不辜人也，扡其衣裘，取戈劍者，其不義又甚入人欄厩，取人牛馬，此何故也？以其虧人愈多；苟虧人愈多，其不仁兹甚矣，罪益厚。當此天下之君子，皆知而非之，謂之不義。今至大爲攻國，則弗知非，從而譽之，謂之義。此可謂知義與不義之别乎?”又:

“是故子墨子曰:‘今且天下之王公大人士君子,中情將欲求興天下之利,除天下之害,當若繁爲攻伐,此實天下之巨害也。今欲爲仁義,求爲上士,尚欲中聖王之道,下欲中國家百姓之利,故當若非攻之爲説,而將不可不察者此也。’”

## 第五節　民治主義教育思潮

**何謂民治教育思潮**　民治主義教育,亦即今人所盛倡的民主教育,教育上的一切設施應使其成爲德謨克拉西(Democracy)[①],由多數人民統治享受之意。

誰都知道政治要民主,獨裁專制之弊可除;經濟要民主,資本家地主剥削貧民之弊可免;教育也應該民主,則今後:(一)教育應爲全民所共有共享,不應由資産階級特殊人物所獨占,要做到人人有書讀的境界。(二)學校内各分子應有美滿自由的空氣,團體是由各分子共同愛護而負責經營的。

所以民治主義的教育思潮爲一件事情的兩方面:一面要把教育成爲人民所共享共有;一面要把教育園地解放成爲各分子所共營的自由研究之所,不爲某種主義思潮所獨占。

簡言之,民治主義之特色乃在於平等精神,此種精神在政治上則爲專制政治與貴族獨裁之反對;在經濟上則爲與資本主義買辦階級對立;在社會一般地位言,則無特權,無權威,無獨裁階層之存在,爲一無階級的社會組織。在教育上言,則爲機會均等,人人享受,人所共營之園地,一切教育事業設施均爲全民福利着想。杜威所著《民本主義與教育》一書,言之甚詳,摘述如後:

**民治主義教育思潮的哲理觀**　杜威主張:教育是生活的更新,是經驗的改造,也是社會的適應。個人不能脱離社會而生存,個人與社

① 德謨克拉西(原文 Democracy)依希臘語意譯:“德謨”是人民;“克拉西”是統治。合稱爲人民統治、人民政治。

會是一而二,二而一的,生活非屬個人,而是有社會關係的。理想的社會,應當是民治主義的社會。所謂民治主義的社會,應當人人都有自由權,人人都立在平等的地位。

杜威本了他的民治主義,對於學校,認爲"學校與主持學校者的道德的責任,繫於社群,學校根本是社群所創造的一種機關,用以維持生存並促進社會繁榮的"。對於個人主義的教育目的加以批評:"離開參與社會生活,學校便没有道德的結果,也没有目的。我們如其把學校看做一個獨立的機關,便永遠不得一個指導的原則,因爲我們並没有目標。即如教育目的,大家往往定爲個人一切能力的和諧發展:這個定義顯然和社會生活不相干,却有人認爲一個適當而澈底的教育定義。可是這個定義,如被看做不涉社會關係,那麼我們便無法説明這個定義中所用各個名詞,所指的是什麼。我們不知所謂'能力'是什麼,我們也不知所謂'和諧'是什麼。能力之爲能力,唯有就其功用而定,如其離開社會的功用,我們便衹能求陳腐的能力。心理學告訴我們何謂能力,這些特殊的能力,究竟怎麼了?"杜威的主張,學校與教育,根本脱離不了社會的勢力,教育應當注意社會的適應,而理想的社會則應是民治主義的社會。

民治主義教育的實施　民治主義教育澈底實施後,則一國國民所受教育機會當較專制國爲普及平等。因爲具有選舉權的公民,實際上既爲一國之主人,則求一國的立法行政之健全、有序與進步,其國民自應受良好的教育。近世平民教育運動,規定地方税款爲教育經費,及强迫入學、肅清文盲等工作,均與民主政體的公民有關。

其次,則民治主義的教育,應有民主思潮之灌輸,對於學校行政之組織、課程教材、教學訓導之措施,無不應以構成分子共負經營之責,一切黨團均應退出學校,政治活動不得以學校爲對象。而學校自身應該是學術自由、思想解放、研究討論十分自由和諧的機體。

所以自民治主義思潮與民本、民主的思想,爲舉世所公認以後,對於個人愈加尊重,自由機會愈多,行爲思想愈可獨立,創造精神與時俱增,科學發達,文化趨向高潮。同時構成分子對團體本身之各項需要,自願擔負經營與推動維護之責任亦自然加强。富於民主思想之特性與空氣,於無意間充滿在學校周遭及課程教材、教導設施之中。而此教育理想之實現在國家政治上也發生了極大的功效。

我們認爲舉世教育思潮,多少均含一二主觀成分,惟有民治、民本、民主的教育思潮,才配稱爲客觀的、正統的教育思潮。

## 提問要點

（一）在世界主要教育思潮中你認爲合潮流者有幾?反現代潮流者有幾?試表列説明之。

（二）論者均謂三民主義教育思潮能統攝各種思潮而集其大成,本書却以民主教育爲正統,其理安在?

（三）略述教育思潮與政治的因果關係。

# 第十章　教育學之研究

## 第一節　教育學之性質

**教育學之語源**　教育學一語的語源，起自古希臘。因當時雅典人民，往往雇用僕役，使領護兒童學習事物，名曰"教僕"。西洋各國即以此語釋爲導護兒童的一種學問。其義本極單純，今人以教育理論及方法，日新月異，乃演進而成"教育學"。

**教育學之定義**　吾人如再將前義加以闡發，則教育學應是研究教育之原理與方法的專門科學。桑戴克説："教育學係從事於發見一個人對於世界上的人、物、情況的最適宜的適應，教育術則從事於改變人類本性，使其發生所需求的適應，而此種改變與外界的改變不同。教育，即就其爲術的方面而論，所從事者亦非徒教授學校中的課程而已，凡人類的知識、技能、感情、情緒、道德以及各種習慣上的改變，都應由教育術負責促成之。"因此教育學雖屬晚近産生的一種科學，然而此一廣大繁複的科學，已能運用其原理方法，同其他各科學一樣的在發揚進展途程中邁進的一種專門科學。

## 第二節　教育學之演進

**初期的論争**　教育學在演進之初期，學者頗有論争。争論之焦點在於教育究竟是技術還是科學？一般以教導、訓練等實際活動爲教育對象，則教育是技術；如以規範實際活動之理論原則與體系爲教育對象，則教育自可作爲科學之一種（如實驗研究等）。照桑戴克的説法，前者是教育術，後者爲教育學。其實教育術必須以教育學爲基礎，例如優良的教導方法，至少應以教育科學爲實施之根據，如心理、生理學之應用於教育方法的改進是。

所以教育是一種專門的學術，教育理論要以科學爲依據，教育方術要以理論爲標的，實即一件事情的兩面，應爲不争之論。

教育的科學化　近代教育之日進科學化，可從下列各事例證明之：十七世紀時盧騷發現了兒童心理的自然學説，裴斯泰洛齊用實驗法開始研究教育以後，教育學便奠下了很穩固的基礎。繼之者爲福禄培爾，他非但從事於方法的實驗，更且創立"萬有一體"的理論，且資輔導。到了海爾巴脱，則在方法和理論兩方面都有偉大的發明，但是海氏却也始終脱離不了思辨哲學的窠臼。海氏以後，他的門弟子如席勒、斯托尹、萊因，對於教學法的研究，更多所闡揚。馮德與其弟子美國人霍爾，則對於心理學方面大有貢獻。此外如英國高爾呑之於遺傳，美國桑戴克、俄國巴夫羅夫、德國科勒之於學習心理，杜威與德可樂利之於兒童教育法與實驗，法人皮内和西門與美國人推孟、德國人許端之於教育統計及測驗，都有不少的貢獻。

教育學的未來展望　科學的發展，應當有三個時期。起初的時期，是技術領導科學的進展；其次是技術與科學二者各自東西，兩不相謀；最後爲科學領導技術的進展。教育科學當也循此軌迹而發展。我們希望從今以後，教育的科學應當爲教育技術發展的領導，教育學者應多從事於科學的研究，使教育的技術日進無疆，教育的應用精密無比，則人類的生長和經驗的改造可以日見光大了。

## 第三節　教育學科之分類

教育學的分類原則　教育學之能形成爲科學，係以哲學、社會學、生物學、心理學等爲基礎。今既已脱離了空洞的哲學成爲專門科學，則其内容如何，實有待於學者之分析研究。

教育學的分類原則,大别爲教育學之方法和教育學之本質兩大部。就方法言,目下已有統計、測驗、調查、研究、實驗等門類。就本質言,又有普通與特殊之分:普通的有教育哲學、教育心理、教育行政、教育社會學等;特殊的則有異常兒童教育學、特殊教育學等。

教育學的發展僅有二百年左右的歷史,分類標準各有論據,未能盡同。故有以(一)教育制度,(二)教育理論爲類别的;亦有以(一)教育客體預無明確規定的——社會教育,(二)教育客體預有明確規定的——學校教育爲類别的。兹將各説並存而作如下分類:

**教育學的分類** 教育學科的分類,據德人萊因的意見,大别爲歷史的教育學和系統的教育學兩種:前者是教育的歷史研究;後者是教育的組織研究。他定的教育學的門類表如下:

(1)歷史的教育學。

(2)系統的教育學:

(A)理論門:(1)目的論;(2)方法論:(甲)教學論(教案、教程);(乙)管理論(訓、教、衛生)。

(B)實際門:(1)學校形式論:(甲)個人的(私人教育、家庭教育);(乙)團體的(公立學校、私立教育機關如塾院學舍、公私立補習教育)。(2)學校行政論:(甲)制度論;(乙)設備論;(丙)教員養成論;(丁)補習教育論。

萊因氏把歷史的教育學合併在内,範圍較廣,通常均以系統的教育學爲分類對象,不過也各隨時代與觀點的不同而異。兹再就(一)制度的、(二)理論的兩個分類法列舉如後,以資研究:

(1)屬於制度的:凡屬教育制度的理論與實際研究歸入本類:

(甲)縱的方面:(1)比較教育,(2)教育行政,(3)教育制度……等。

(乙)横的方面:(1)國民教育(即初等教育),(2)中等教育,(3)高等教育,(4)職業教育,(5)女子教育,(6)家庭教育……等。

(2) 屬於理論的：凡屬於理論探討歸入本類：

(甲) 過去的：(1) 教育史料,(2) 教育體制與思想,(3) 教育哲學……等。

(乙) 現實或未來的：(1) 教育社會學,(2) 教育問題和實驗假設……等。

(3) 屬於方法的：凡屬於教育方法的運用者歸入本類：

(甲) 課程教材：(1) 課程研究,(2) 教材研究,(3) 教育實驗……等。

(乙) 管理訓練：(1) 教育心理,(2) 教育測驗統計,(3) 課外活動……等。

## 第四節　教育學與其他科學

教育學與其他科學關係最切的有：哲學、社會學、自然科學中的生物學、心理學,他如美學、人類學、倫理學和經濟、政治等在在亦可與教育學發生聯繫。玆擇要分述如下：

**教育學與哲學**　教育學,過去曾爲哲學的附庸。英國的斯密士曾說:“教育科學的目的在事實的發現和原則的範成。教育哲學則在人生經驗的全體上,檢討這些事實和原則,而估定他們的意義。”(見孟憲承《教育概論》一六九頁)教育與哲學有着密切的關係,更須互相依賴,互相爲用。要説明其原因,試看古代的哲學如何發生,可以説發生於教育的需要。希臘古代本無所謂哲學,直到一班詭辯家出來,哲學的基礎也纔漸漸建立起來。這一班的詭辯家,如果不問其主張如何,却也都可説是教育家,他們都聚徒講學,以傳播其思想。等到後來,蘇格拉底、柏拉圖輩出,則更以教育青年、挽救國運而確立其哲學主張,由此可知哲學最初發生於教育的需要。再如我國古代的教育大師孔子、孟子等,都以哲學而兼教育家。直到近世,還是如此,可見教育與哲學是有相互關係的。

又如教育的理論和實施,往往隨着哲學的思潮而變遷。當哲學在追慕希臘羅馬文獻的時候,教育上便產生了人文主義。哲學思潮趨於唯實主義和自然主義,教育的理論和實施便也趨於重視感覺經驗,提倡直觀教學和尊重科學知識,而帶有唯實主義和自然主義的色彩。十八世紀爲個人主義的哲學的全盛時期,教育的目標也變爲個人人格的發展。十九世紀以來,民族主義勃興,迨其末葉,則社會主義盛行;於是教育的思潮也就受其影響,而有所改變。諸如此類的實例,真是不勝枚舉。

**教育學與社會學**　個人不能脱離社會而生存,教育與社會也不可一日分離。教育的目標,直接影響於社會的團結和發展。一個社會希望發展的目的爲何,往往在其教育的規定上有明白的表顯,如英國教育部在頒布給小學教師的指示書内説:“學校的目的,在發展兒童的體力、健康、健全的强毅的品性,……養成良好的理智和習慣,訓練成爲勤勞、自助、忍耐,而能排除困難的人民。”美國聯邦政府教育局,曾刊行關於目標的册子,裏面説:“民主政府的目的,在組織社會,使每個人能由謀爲全體社會的幸福的各種活動中,發展自己的人格。……民主政治下的教育目的,在發展每個人的知識、興趣、理想、習慣和能力,使能自立立人,爲社會謀更高的幸福。”(見孟憲承《教育概論》五四頁)所以社會的適應爲教育目標之一。

又教育學是社會學中間的一門,二者之間,具有密切之關聯。舉凡社會的演進、組織、發展等等,莫不與教育學有關係,而爲教育學所應當討論的事。近代自社會主義教育思潮澎湃之後,教育社會學或社會教育學的研究,乃成爲積極進展的事。

**教育學與自然科學**　自然科學中間,與教育學最有關係的,要算生物學和心理學。生物學講到生物的遺傳、生長、生活……等等,心理學則直接討論人類個體的發展等。心理學中有學習心理、教育心理、變態心理等,更與教育學有重大的關係。

其次教育學也有采取自然科學中間的一部分理論和方法,以供教育學的應用的,如數學之於統計及測驗等是。

關於教育學與其他科學的關係,桑戴克曾有一段綜合的話:"人類值得研究的方面甚多,而人類的變化亦有多種。例如一個人是一塊物質,受制於地球引力、電力傳導等的法則,所以人類有些變化是供物理學研究的。一個人又是氮、氫、氧、碳等原素的結合體,所以人類有些變化是供化學研究的。……這些科學,雖各科祇研究人類的一方面,但也互相交疊,互相發明。教育學本在研究人類與其環境的一般關係,及一切使人類本性能更適當地適應其外圍的改變。但教育學雖本在研究人類的本能、先天衝動、學習能量、智力、技能、性格等,其借助於其他研究人類本性的科學者亦甚多,與研究世界上其他事物及事變的科學、技術與實業亦有密切的關係。"(見桑戴克、蓋茲著,宋桂煌譯《教育之基本原理》二——三頁)

## 第五節　教育學之研究方法

研究方法的概説　教育學的研究方法,普通分爲歷史的、哲學的、科學的三種,兹説明其具體簡易方法如下:(1)搜集與研究問題有關的參考資料;(2)假設與研究問題有關的方法或結果;(3)把假設的問題和方法加以實驗推證而定其取捨。今試舉一實例以資證明:(研究問題)常識科教學用問題法與純用課本教學孰優?(假設)要使常識豐富,純用書本不如活用問題較合兒童心理需要。(實驗)搜集資料,用教育實驗法研究證明其假設的可靠性。

教育學研究的必要　教育學雖然是一門新興的科學,在現在看起來,它的内容却並不算少。從歷史方面可以研究教育發展和變遷的經過,從社會方面可以研究教育與社會的種種關係,從制度上可以研究教育各種政策的利弊得失,各級教育的内容、實施……等等。教育學的每一個門類中,包括許多部分,儘可以盡畢生的精力去研究。

因爲時代是不斷的在那裏變遷着，教育的内容也跟着變遷。美國的克伯屈説："我們的變遷的現代文明，在教育上顯然産生種種新的深遠的要求。有的已經表現於我們面前了，不過直到現在，大都還是草草的梗概，而不是仔細的條目。在我們能够適當的斷定需要何種教育之前，我們得切實考慮我們的文明變遷的性質在教育上的種種要求。"（見克伯屈著，孫承光譯：《教育與現代文明》四三頁）教育常常因了時代的變遷而需要去適應時代，所以繼續的研究，更是絶對需要的。

教育學研究的新動向　二十世紀以來，科學的研究，促進了現代生活的進步。各種科學當中，教育學也居然占了一席的地位了，教育學正在那裏漸漸地科學化起來，所以我們從事研究，也得要明瞭這種種的新動向，迎頭去趕上他。這種種的新動向，可以分爲兩方面來説：（一）是科學方法的研究，（二）是試驗精神的擴充。我們且來分别説明如次：

（一）科學方法的研究　從前的教育學，没有從哲學裏面分出來，所以有好多教育的主張，都與科學方法的研究有些兩樣。比如十八世紀的教育學家講個人的發展，祇是哲學的看法，並没有經過科學研究。直到現代，如霍爾從事研究兒童心理，桑戴克等研究教育心理，方才真能應用科學的方法，來解决個人發展的問題。又自從教學測驗和統計應用了以後，個人發展的問題，研究更見其透澈。美國的麥柯爾甚至於這樣地説："凡存在於數量中的，皆能測量。"這是多麼科學化的説法。

（二）試驗精神的擴充　杜威在一八九六年創試驗學校於芝加哥。美國柏克赫斯脱女士在道爾頓市中學試驗道爾頓的教學法，其後他國的中學紛加採用和實施。美國華虚朋氏一九一八年在文納特卡鎮創行文納特卡制，也是試驗的研究。又如現代盛行的工作分析法，其選擇教材，全憑試驗的研究和科學的分析。所以試驗精神的擴充也是教育學研究的一種新動向。

教育學研究的方法　教育學的内容，千頭萬緒，我們要研究它，須有科學的態度，比較分析，精密試驗，以達到解决的途徑。又研究教育學的態度，我們可以《中庸》的一段話説明其梗概："博學之，審問之，慎思之，明辨之，篤行之。有弗學，學之弗能，弗措也；有弗問，問之弗知，弗措也；有弗思，思之弗得，弗措也；有弗辨，辨之弗明，弗措也；有弗行，行之弗篤，弗措也。人一能之，己百之；人十能之，己千之。果能此道矣，雖愚必明，雖柔必强。"

最後，教育學的研究，旨在應用，研究的時候務必使之澈底瞭解清楚，瞭解之後，即須致之實用。研究、實用，兩相聯絡，使之切合需要，這才是最好的辦法。

教育研究的新展望　教育研究，在這新世紀中凡百科學日新月異之時，自甚需要。誰都知道，一個國家的强弱，繫於教育文化水準之高低。今後我國要建設成一富强康樂的新中國，則教育學之研究動力，必須予以加强。例如：（一）掃除文盲、普及教育的工具問題如何解決？（二）民主教育與科學教育如何積極倡行？（三）工農等職業教育的理論與實際的改善問題。（四）課程教材的改進問題。（五）現行學制的改進問題。（六）免費或減輕學生學費負擔……等等當前重要問題，有待於研究改進的極多。我儕從事於教育者急應配合戰後新中國建設的需要，致力研究，以期達到教育建國的新使命。展望前途，職責何等重大啊！

## 提問要點

（一）教育學形成專門科學之原因何在？

（二）教育學的分類，就你的觀點應該如何？

（三）教育學與其他科學的關係，試分述之。

（四）略述教育研究的步驟。

# 蒙古人的生活

新中國書局 1933 年出版

## 一　開場的話

諸驥成是一個年紀十二歲的好奇小朋友,有一天,他同了舅父關外尋從上海出發,乘京滬津浦等火車,轉平綏火車向西北去。在車廂裏,舅父對他道:"我們再坐幾個鐘頭的火車,就可到張家口,那裏地方很好玩,你可以看見蒙古人過着的生活了。

蒙古本是種族的名稱,你在學校裏總已經研究過。蒙古又分内外兩個:内蒙古現在已劃分爲熱河察哈爾及綏遠等省,這幾個地方,本來都叫特别區域。到民國十六年才改爲省的。此外還有一個西套蒙古,均在大戈壁之南。大戈壁就是大沙漠,面積比我們的浙江還要大。

外蒙古因爲隔了一塊大沙漠,特别和内地來得隔膜,北與俄屬西伯利亞分界,面積共有四百八十八萬六千餘方里,人口僅一百八萬左右,地曠人稀,時而冰天雪地,時而炎陽當空,沙漠變成赤土;風力一起,塵沙滿面,如在五里霧中。有時亦會變成冰窖。所以蒙古人是没有高大固定的房子,没有山水田池的,他們住的是帳幕,吃的是獸肉,因此蒙古人的生活,可以用兩個字來概括牠,叫做'遊牧',和初民時代的逐水草而居的遊牧生活,是一樣的。"

甥舅倆談談説説,轉眼已到張家口了。

(1) 蒙古在中國的那一面?

(2) 大戈壁是什麽?

(3) 内外蒙古以什麽做分界?

(4) 蒙古和那國相連?

(5) 蒙古的氣候如何?

(6) 蒙古人的生活可説是什麽時代的生活?

## 二　張家口的矮城門和沙漠船

第二天早上,諸驥成的舅父陪着他遊玩張家口,看見圍着的土堆，好像小山一般，這便是土城，土人都叫牠做“堡”。堡内範圍很小，銀行，錢莊，和較大的住宅，僅有數十家，其餘的商店，均在堡外。那里有一條長橋架着，在河的東岸，街市繁華，尚見不到關内和關外怎樣的不同，這條街叫做玉帶橋大街。

堡的北面有一小城門，名叫小北門，非常低矮，僅三尺高，出入的人，都是爬着走的。舅父問蒙古人爲什麽要造得這樣低？他們説：“此門宜小不宜大，要是大了，就會發生巨變，使堡内失火或發生危險，或受到天災的！”他們真迷信極了！

第二天上午，舅甥倆上了平綏鐵路，預定過歸綏轉乘包綏路火車到包頭下車，再向沙漠去旅行。行車轆轆，要打瞌睡，驥成的舅父畢竟是愛驥成的，而且他像小學的老師一樣，又説了一樁很好的常識給驥成聽：

他問驥成道：“我們内地，水行有舟，陸行有車，你知道到沙漠去是怎樣走的？”驥成想了許多時候，一邊想，一邊口中猜，什麽步行啦，

張家口的矮城門

飛機啦,騎馬啦,……没有一樣不猜過;但是猜了好久,實在猜不着,所以要求他的舅父告訴他。

舅父説:"沙漠也有船呢!"這可真是猜謎一樣了,驥成聽了,不覺大笑舅父説謊話。他説:"要是沙漠上可行船,爲什麽沙灘上從來未曾見到過呢?"

駱駝

舅父道:"且慢着急,聽我説呀! 沙漠船不是木頭做的船,也不是鐵製的船,實在是一種走獸呀。牠的脚底有輭肉,在沙漠上走,不會陷入沙内去的;牠的肚子和背,能裝數日的水和糧食;牠的性很馴良;牠的背像馬鞍;牠的力很大,能載幾百斤重的東西;牠的名字就是'沙漠船'。……"驥成等不到舅父説完,早已恍然大悟,哈哈大笑的對他舅父説道:"知道了! 知道了! 是不是叫做駱駝呢?"

舅父道:"不錯,你没有到過沙漠,怎能知道的?"驥成説:"是小學裏的先生告訴我的,不過當時我不很注意,聽了就忘記罷了!"

舅甥倆談得津津有味,時間很易過去,不覺已到薩拉齊。他們從車窗外,望見遠遠的沙漠上,有萬多頭駱駝,背上都揹着許多東西,走得很快。舅父説:"一頭駱駝最出力的時候,是在八九歲,普通能揹三百六十斤,但須分做兩包,兩邊要平均重。否則,牠有偏重偏輕之苦,行走時顛顛簸簸很不方便的。商人運輸貨物,都靠這沙漠船。牠在蒙古人的生活上,占着非常重要的地位,是研究蒙古人生活的人,首要知道的一件事。"

他們一路説來,没有多時,不覺車已到包頭站了!

(1) 堡是什麽?

(2) 張家口的小北門爲什麽只有三尺高?

(3) 沙漠也有船嗎?怎樣的?

(4) 蒙古人如果没有駱駝,對於生活上有何影響?

## 三　蒙古人的畜牧及奇禽怪獸

"天蒼蒼,野茫茫;風吹草底見牛羊"。這是古人描寫口外風物及其生活的絶妙詩句。在蒙古的境地中,隨處可以見到的。關外尋領着他的外甥諸驥成一邊吟唱,一邊玩着,他們倆的心已在一望無際的沙漠中欣賞那裏的風物了!

草地一片,廣漠無邊。據説蒙古人各自擇水草肥盛的地方,搭着帳幕,把牛羊等牲畜,放在四圍,拿着很長的竹竿每一二日清查數目一次。牲畜都能認着自己的一群,既不會逃逸,又不會誤入他群。而且蒙古人都有家畜,更不會被人偷盜,因此他們對於牲畜,露宿朝餐,順其自然。那牧馬的方法更有趣,牧者常在馬上,執長竿牧杖趕着群畜;遇着距離稍遠或險峻不能到的地方,就在杖的尖頭繫一小石,時時把牠拋放,來制止群畜的縱逸,所以一人能牧數百頭的馬。

蒙古人對家畜的用處很多,大概拿牛羊供食用;拿馬供奔馳或作食品;駱駝却是專做運輸貨物用的,所以也叫做"沙漠船"。

蒙古人的財産只有家畜,富的有牛馬各三四千頭,綿羊萬隻,駱駝約四五百隻;極貧的人,只有替人牧畜,有吃沒有工資。所以整個的生活就以遊牧爲中心。他們每次相見的第一句話就是:“你的家畜安嗎?”人倒反而不在問安之列,這可想見他們對於家畜的重視了!

家畜之外,尚有奇禽怪獸,在蒙古人的生活上,也有很大的關係,兹特分述於下:

沙漠之鴉,性質强頑,往來旅客,多受其害,説起來很是新鮮有趣:牠看見旅行沙漠的人經過,馬上飛上前來,左右盤旋,乘間啄奪食物,逐去復來,始終相隨不離。不知道的人,總以爲此鴉寄生這荒涼寂寞之區,看見生人,所以依依不捨,竟情願犧牲兩翼之力,親親熱熱的叫着跟着,誰知牠的居心不良,想來瓜分食物呢!有時甚至要把駱駝的背也啄破,把行人的帽子都搶去呢,真可説是沙漠中的强盜了,所以人人都稱牠是“盜鴉”。

還有一種鼲鼠,也有人叫做黄鼠的。温暖的天氣,他就出洞遊玩;看見生人,很是客氣,交叉着前足,把後足站起來,好像立正作揖似的。大家因爲牠彬彬有禮,就賞牠一個“禮鼠”的名字。和上面的“盜鴉”可以説是相映成趣了!

此外尚有一種“毒蛇”,蒙古人很畏敬牠,他們以爲這是聖地的東西,不可加以傷害。有一天晚上,毒蛇竟蟠繞在諸驥成甥舅倆的帳幕上陸續出現,連衣帽靴中都有蟠着,共有四五十條之多;那時驥成和舅父各人都面無人色,不得已,破了蒙古人的迷信,把牠們統統殺死。

又有一次在沙漠上看到一隻“大禿鷹”,全身都是黑毛,兩翅展開,廣達九英尺,可説是鳥中之王啊!

上面的話,直接間接都是和蒙古人生活有關,驥成和舅父曾親身走到那裏看見過的。

(1) 蒙古人是靠什麽東西生活的?他們的財産是什麽?

(2) 蒙古人牧畜的草地是私地?還是公地?

(3) 没有家畜的蒙古人怎樣生活?

(4) 蒙古人的主要生活是什麽? 他們相見時要問什麽?

## 四　蒙古人的裝飾和起居習慣

蒙古人也是黄種,他們的身體,很肥胖而强壯,肩膀闊而厚,臉多扁平而圓,鼻子既低又短,皮雖黄色而帶黑黝。所以和我們漢族是不相同的。身上穿的是窄袖長袍,腰間束着一根絨帶,什麽煙袋啦,燧石啦,掛得很多,長煙管插在腰帶上,這是他們嗜好吸煙的緣故,用時一索就得,非常便利。女人雖不束帶,但是在肩膀上披着很長的布條,兩手時時摸着,好像表示美麗的樣子。

當諸驥成甥舅倆看見的時候,正在晚秋天氣,蒙古人穿的尚是單衣,聽説一到冬天,褲子仍舊是單的,不過上身都换了皮衣罷了。還有更怪奇的,他們的皮衣没有面子的,因爲他們不需要華美的衣服。

頭上戴的帽子,各族不同,我們看見他們所戴的帽子,就可知道是何族的人。"貴處那裏?""府上何處?"等客套話,是不必問的。帽子形色,都是邊緣向上反摺,至於帽頂,有圓平的,有方平的,有尖得似錐子的,有圓得似饅頭的。五花八門,煞是好看。

此外還有一事也很特别的,就是無論冬夏,男女所戴的都是皮帽,帽的顔色紅、緑、紫、藍,色色都有。脚上穿的是靴,靴尖上仰,男女都是一樣。

蒙古人多没有被褥卧具等,這是諸驥成初看到的一樁奇事。因爲無論大江南北,没有人不用被褥卧具的,可是蒙古人獨獨没有,所以他很奇怪的問他的舅父。舅父對他道:"蒙古地方高燥,所以大家席地而坐,席地而卧,卧時祇要把羊皮或狗皮一捲,就可以鼾然睡着了。此外你還可以看到他們的衣服,都是很骯髒的,原來蒙古地方,水很少,往往一件衣服,從新做好一直到穿破,一次也没有洗過的很多。"

男子的頭髮,剃去前面一半。女子有辮子,像我們在民國以前一樣的拖在後面;出嫁後就分成兩根辮子,垂在胸前。耳朵穿孔,戴着耳環,男一女二,各不相同。

舅甥倆又看見他們每天早起,没有像我們用大臉盆盛着水來洗臉的,只用一隻小木碗盛水,先將水含在口裏,再吐在手上用兩手洗臉,像我們平日看見的貓兒洗臉,一般無二。驥成初次見了,覺得非常好笑。他們從不洗浴,所以我們走近蒙古人的身邊,便有一種特别的氣味衝入鼻管,但是他們却習慣成自然了,永遠聞不出臭氣的。或者他們平日要用鼻煙,想來就是爲了除去那種穢氣吧!

(1) 蒙古人屬於那一種?

(2) 我們見蒙古人,就知道他是那裏人,是什麽緣故?

(3) 蒙古人腰間掛着什麽? 燧石……等有何用?

(4) 蒙古人爲什麽没有被褥?

(5) 蒙古人爲什麽不洗衣服和洗浴?

(6) 蒙古地方爲什麽水很少?

## 五　蒙古人的待人接物和行旅

至於蒙古人的待人接物和行旅也,值得一談:

蒙古人騎行,無論從那一邊走近帳幕,一定要對着帳幕的前面走去,即使來在帳後,也要離開一些路,繞過帳幕走到帳前。倘是步行,更要依着這種規矩了。你走到帳幕前面,就當立定呼狗,倘若在你呼這些狗不出來和你衝突,你再要呼狗,使得那些狗上前來和你衝突,這是要使帳中人出來將狗制住的意思。因爲蒙古的狗是很兇猛的,倘没有帳中人出來保護,這些狗就要做出莽撞的行爲,使你發生危險。你如叫了一聲"諾華",或"諾華呼雷",帳幕中人必出來保護旅客,這是法律所規定的。在未曾受到帳幕中人保護之前,騎馬的人,

蒙古包及牧場

須坐在鞍上，步行的人，須拿着兩根棍來抵禦狗的狂吠。等到帳中人出來將狗叱去，馴良一點的按倒，兇猛一點的趕走。這時候行人就可跑進帳去，將鞭或棍放在門外，這是蒙古人普通的習慣，少有違背的。如果你將鞭或棍帶到帳幕中去，就是侮辱主人，仿佛把主人當做了狗一般，所以帶着鞭或棍進去，是一樁極不客氣的事。

走進帳幕後，就可以坐在爐台的左邊，大約在帳背和門口居中的地方，倘若主人没有什麼表示，那末你就可以坐定了。

走進帳幕，通常不必脱帽，倘若帽子脱去，就當掛在帳背，或者放在大櫃頂上，却不可朝着門放的。坐的時候，必須將腿盤起來，否則，就是侮辱主人的表示。

第二件就是交换鼻煙壺，客人先將他的鼻煙壺奉給主人和帳内的人，然後將他們的接來；如果客人没有鼻煙壺的，那末，蒙古人便將他自己的奉給客人，鼻煙壺用右手掌接了來，恭恭敬敬地托到鼻孔，將塞子拔出來一點，然後聞了聞，又將塞子蓋緊，再恭恭敬敬地奉回原主。那些能説蒙古話的人，當他把壺接來和送回去時，要問主人的好,如果主人問他,也要回答。離開了帳幕的時候,在上馬之前,鞠一鞠躬和笑一笑,就算禮數週到了。

至於走進這些平原上的帳幕,不必有什麽難爲情。到無論那個村落,你若希望走進去,也不妨隨意進去。倘若蒙古人拒絶入内,或冷淡淡地款待客人,那末立刻就要受到客人的耻辱。除了生産、疾病、種痘……等以及其他一些特别事情外,是不得拒絶的。這不得拒絶的原因,大概因爲蒙古地曠人少,又無村落,商店旅館在沙漠上旅行時始終不會見到的緣故。由此我們可以知道蒙古人的風俗習慣,雖然很是鄙陋,可是淳樸厚道的地方,真非他處人所能及了。

(1) 旅行的人走到帳幕前,爲什麽先要呼狗?

(2) 見了幕中的蒙古人,爲什麽要把鞭或棍放在門外?

(3) 蒙古人的帳幕中,除那幾椿特别的事外,都可進去?

(4) 到蒙古去旅行的人,必須帶些什麽?

(5) 在帳幕中是怎樣坐的?

(6) 旅客和蒙古人作别時應該怎樣?

## 六　蒙古人的婚姻嫁娶及競賽

蒙古人婚姻的禮節,也和内地不同。第一步要先得男女相許,然後告訴雙方的父母,由媒人前去説合。許可之後,再行納采禮,那天男家父親,就和媒人往女家去求婚,所以婚姻可説是很自由,没有憑父母之命,媒妁之言,而使男女自己受到絲毫的苦痛的。至於所納的采只有一塊“哈嗟”,這是和綾差不多的東西,大小長短,並不一定,越長大越尊重,上面織有許多花紋,而且習俗多喜歡織成佛像的。這完全是蒙古人信仰佛教的緣故。

到迎娶的時候,新婦並没有花轎或花車坐,她只有騎馬的,這也和我們内地大不相同的地方。

至於妝奩,一切衣服首飾以及家常日用所需要的東西,幾乎無一不備;親生的父母,更有將家産家畜等物一半或幾分之幾分給女子,所以女子承繼父母遺産的權利,在蒙古早已實行了。

夫婦在家,地位平等,關於家外的事務,一切都由夫處理,婦人不得干涉。男子於正妻之外,還可以娶妾,不過這完全爲子嗣的關係。妾的地位與内地差不多,家中事是不得干涉的。

以上都是諸驥成的舅父從蒙古人處聽來告訴驥成的。

有一天,驥成看見一位小女孩騎着馬跑得很快,覺得很詫異。後來舅父告他道:"蒙古人無論男女老幼,都會騎馬,兒童自五六歲起便能走馬荒野,來往如飛的。"

蒙古人的騎馬,本領很好。有一天,他們在路上看到一位幌頭幌腦前俯後仰的醉漢,眼睛也不能開了,口也不會説話了,身體也不會自立了,他却仍能騎在馬上。驥成和舅父雖然在後面看他幾次肩已着地,差不多倒懸在馬後,但他仍舊能够掙扎上去,不至於倒栽葱一個觔斗,翻了下來的。舅甥倆不絶地稱贊他的騎馬本領真不差。舅父説:"近水善游泳,近山會爬山,近高原的人,完全善騎馬,而且高原的馬,也比别處好,要是訓練騎兵,我想最好是北方人了!"驥成聽了之後,恍然大悟的説道:"古人云'人傑地靈',可在這種地方看到一個鐵版注脚來了。校裏的徐先生常常對我們説:'實際生活受到的是真教育,是真智識,真經驗。'我直到現在聽到了'人傑地靈'的鐵版注,才瞭解到什麽是生活教育了!"

舅父又對驥成道:"他們歡喜騎馬已成了生活上的習慣,所以每遇祭祀'鄂博'[①]的時候,必以'跑馬''率角'爲比賽。跑馬的遠近數十

---

① "鄂博"是用亂石或枯木堆成一個和墳墓差不多的東西,設在山嶺或山巔,湖邊以及沙漠中間,用柳條編成,因取其輕的原故,形狀均頂尖而圓,高五六尺,上豎一小旗,旗上寫着藏經,桿上還有許多哈嗹扎着。蒙古人經過時要下馬膜拜。但是另有碰到一種没有旗的却不然,牠的效用等於界石。

里或百餘里不定,預賽的人都是十歲左右的男女孩子。比賽時駕着輕鞍,由起點向鄂博馳來,一路煙塵滾滾,風馳電掣的,同汽車一般的快,歌聲和蹄聲互相應和着,先到鄂博的人,就可以得到錦標。

率角就是二人相抱了角力,勝者必須把敗者按捺在地上,使他掙扎不起來,方才決定勝負,也有贈彩可得的。

此外還有鬥牛、鬥駝的比賽,就是用牛兩頭,駝兩隻,叫牠們用角相觝,或用蹄相踢。敗者逃,勝者追,這時才決定勝負。並不是像西班牙人用人來和牛鬥的。”

(1) 蒙古人的婚姻怎樣能合自由原則?

(2) 結婚姻時男家送女家的是什麽?

(3) 女家嫁給男家的是什麽?

(4) 女家給出嫁的女兒,除妝奩外還有什麽?

(5) 蒙古人爲什麽從小就能騎馬?

(6) 醉漢騎在馬上爲什麽不會跌死?

(7) “人傑地靈”是什麽意思?

(8) “鄂博”是什麽?

## 七　蒙古人的醫藥和死屍喂獸

諸驥成和舅父遊罷陶林滂江及烏得,沿路打聽到的故事着實不少。

最奇怪不過的,是蒙古人的葬禮了。蒙古的風俗,不論死者是什麽人,總是將死屍棄在荒郊野地,面孔朝天,蓋上一方有藏文經咒的布,等到三天一過,親戚家屬就到那裏去探視,如果被鳥獸吃得乾乾淨淨,或者所剩無幾,那就以爲死者生前做人良善,所以魂靈已經上昇天堂,大家不覺笑顔逐開,彷佛世界再没有如此得意事了。

倘若原身不動,未曾損及絲毫,必以爲死者生前做過大罪惡,以致鳥獸不食其肉，足見魂靈未昇天堂，那時候家人的懊喪神氣，也是不能以言語形容的。如此一來，就要延請僧徒誦經超度；等到父母的骨肉進了狼鷹的腹，方才覺得揚揚得意已盡人子的孝心了。

喪家除了用屍首與鳥獸充飢以外，第二件重要的事情，就是請喇嘛念經。念經的報酬很大，有的將死者的遺物和遺産，分一半送給喇嘛，更有將一切所有，盡數施與喇嘛的。他們以爲是布施越多，功德越大的，死者魂靈得登西方極樂地越早。至於婦女病死的，則多用火葬；如果是癆病死的，或生産而死的，那末無論貧富，一概都用火葬。火葬的方法，先將屍首上塗了一層黄油，然後又用白布裹好，布置端正，方纔舉火起來。再用黍粉做糕餅，放入大喇嘛寶塔或送往五臺山，如此以爲死者身登聖地，生者亦有無限光榮。

蒙古的醫生，都以喇嘛充任，雖然有行醫的婦女，不過數目很少，而且也是濫竽充數罷了！開方用藥，都是守着千古不變的老法子，以爲古方都是神佛所施，不可以擅改的。至於醫生治病手續，非常簡單，望問聞切等事，只做到一個問字，其餘一切概不管了。病症問了明白，就向故紙堆中找了一個和這個病症稍稍近似的藥方，與他依樣畫葫蘆的服起來。這些藥方中，自然没有狼虎藥，好雖不會好，死也不會死的。生病的人好起來，全靠運氣，那般庸醫也不過是拿藥試病，並非對症下藥。總而言之，蒙古人凡事都是這樣不求盡解，聽天由命的，不單是醫啊。

至於藥品，是以生藥研成細末。或用水煎汁，或用水送下。如果服藥不能見效，他們也不以爲醫生醫道不高明，也不以爲藥石無靈，總説是病有邪祟，或壽命將終。惟有多行善事，希望可以獲得上天垂憐，菩薩保佑，把病減輕，漸漸好起來。於是想出種種法子，或者延請喇嘛誦經，懺悔祈禱，或者拿銀、錢、家畜、衣服布施給窮人，倘幸而好了，就算做上感天心；倘使死了，也就完結，始終是聽天由命的。最壞是好又不好，死又不死，他們這種寃枉錢，就要送得没有停時了！往往有病前做富翁,病後做乞丐的;也有家産弄得乾乾淨淨然後死的。他們還以爲是得罪了天,無可祈禱的。你想這種念頭,可笑不可笑呢?

蒙古人既然這樣信佛,所以無論男女胸前都掛着一尊佛像,也有銅打的,也有布做的,通常都以一個鐵匣裝起來,有錢的人,都用銀匣,匣形扁長,自一寸至三寸不等,闊也如此。

(1) 蒙古人的死屍怎樣處理的?

(2) 火葬是怎樣的?

(3) 火葬後的灰燼怎樣處理?

(4) 蒙古醫生第一缺點是什麽?

(5) 蒙古醫生的藥方何以不會藥死人?

(6) 病前的富人何以病後會變乞丐的?

## 八　蒙古人的軍事及政教概況

諸驥成和舅父關外尋遊罷關外,原路歸來,到北平時,熱河方面風雲很有緊急,日本人已在那裏進兵。舅父乃同驥成談起蒙古人的軍事政治和教育等情形,很是詳細:

舅父説:"我們遠事不談,只談近事。本年八月中央派中委劉守中赴蒙古訪問,他的《内蒙訪問記》上流露着中國陷於四分五裂的危險。我不妨先把梗概告訴你,你可回到校中時提出同大家研究研究看。《訪問記云》:'民國二十一年,中央派中國國民黨中委劉守中於八月十三日偕秘書譚超一,綏遠省建設廳長馮曦等,往白靈廟訪問班禪喇嘛,白靈王府會晤王公,對於蒙古的人民與中央委派官員及政教情形,大可見其一斑。特將詳情録後:

會晤班禪　白靈廟離綏遠省城四百五十里,原名貝勒王廟,乘汽車可直達班禪行轅。時班禪已派秘書遠道迎接,並贈給"哈達"一方。

劉氏到了，謁見班禪，由秘書翻譯。劉氏説："鄙人仰慕大法師已久，見面無緣，很是悵惘；因大法師在平、津、南京時，幾次我都没有見到。目前東北淪陷，熱河告急，國家邊防，至關重要，内蒙爲北方屏藩，重要可知。中央希望大法師拿慈悲救世的心，在各盟旗中提倡教育，團結精神，免受强鄰欺侮，免使種族淪陷。幸甚盼甚！"

班禪説："佛法講因緣，我和你的會面，恐有定數，今天能會晤一堂，有如兄弟手足，實在暢快得很！外侮一天天的利害，内亂也常常不歇，真是天數。中央所囑的事，請寬給我若干時日，我把牠促成。回想我從前遊東省時候，曾向張長官談及地方官吏，往往不明蒙情，藉勢虐待蒙人，因此怨聲載道！但中央優待蒙族，我很知道的，此次赴東公，中公，西公各旗念經，當在念經的時候，乘機將中央意旨，告給大衆，俾得團結一致，共禦外侮。近來地方不靖，蒙你遠道前來，很對不起！"

白靈王的怨懟語　後來又赴白靈王府，見了白靈王，即道來意，王就説："鞏固邊防，我們計議已久，但屢次向政府請發彈械，終不見答應；叫我們赤手空拳，怎能够去禦敵呢？懇委員向政府説話，從速給下物質上的援助，空話是無補於實際的；如果内蒙一失陷了，内地恐亦難保安寧呢！"

茂安旗所見　不多時，就到中公旗長之弟茂安旗，見首領佐領等十餘人，都是紅纓翎頂，待我們很恭敬，特地備了全羊進餐，先由主人用小刀割去小塊薦獻，然後尊者食羊背，其餘隨意割食，這是蒙人最恭敬的禮節。席間有黄石頭廟活佛，年七十八歲，精神很好。

四子王輔臣的怨言　四子王府離白靈廟四百餘里。沙貝子同行，順道至他家休息，用奶茶炒米等饗客。沿途僅見三四處蒙古包、通慧寺、合土廟等，壯麗輝煌，都是這數百里平原間的點綴。王赤身卧病，形狀很苦。劉氏見了他向他慰勉一番。次見他的輔臣協里台吉，年已六十八歲，輔王三世，頗著功勳。劉氏告以邊防緊急，内蒙重要,希通力合作,共禦外侮,台吉憤然説道:“現在五族共和,蒙民似在例外,空言抵禦,有什麼用處,(時時用手指天)我們只好聽天由命了。”劉氏見了這情狀,用手捧心,又説:“我們抵抗外患,全靠要同心同德的。”台吉自知失言,連連説道:“是! 是! 蒙民剛勁善騎,熟悉地理,萬一有事,當拚命抵抗,决不肯作城下求盟的。”

烏蘭花所見　烏蘭花爲武川縣一大鎮,和庫倫很近,爲内蒙入俄要道,有初級小學二,商會一,區黨部一,征收機關四。駐軍營長黄世俊,頗幹練,修治道路,籌設學校,很有計劃。現在還要籌辦一個蒙旗子弟學校,廣收西北真才,以爲開拓内蒙的預備。’”

驥成聽完舅父這般使人失望的《内蒙訪問記》以後,對於蒙古人民的政教等等,提出下列幾個問題,回到校裏,和同學分頭去研究。

(1) 在《内蒙訪問記》的班禪等談話中,覺得中央官吏和蒙古人民能否合作? 原因何在?

(2) 在《内蒙訪問記》中,可以見到中央對蒙古人的軍政、實業、教育,都能統一發展否?

(3) 蒙古是部落組織,何以見得?

(4) 蒙古人很信仰佛教,從何見得?

(5) 倘一旦日俄侵入蒙古,照幾位王公的談話看來,能否同滿族一般的會組織傀儡政府呢?

(6) 劉委員竭力勸提倡教育,團結精神是什麼意思? 教育與蒙古人有何影響?

(7) 蒙古人似乎有點怨恨中央,爲什麼呢?

(8) 軍政、教育、宗教對人民生活有没有影響?

## 九　結　論

編者寫完了本書以後,覺得有幾點感想,現在把牠們分述出來,當作本書的結論：

蒙古人的生活可説是初民時代，逐水草而居的遊牧生活。智識幼稚，土地荒涼，殊有發展開拓的需要；可恨内亂時作，外侮頻來；中央無暇計及，深懼蹈東北的覆轍，人將代我去經營統治，這是第一點。

蒙古社會的組織，和蒙人的生活有密切的關係，在《内蒙訪問記》中可以見到他們在遊牧之外，完全是部落時代的組織，既没有整個的統一辦法，更談不到團結精神，轉眼怕要做人家的几上肉了！這是第二點。

至若内蒙的綏遠察哈爾和熱河等處，已改爲省治，中央且有省委派往治理，宜乎有蒸蒸日上、欣欣向榮的情勢；但閲《内蒙訪問記》，班禪喇嘛竟説中央官吏不察蒙情，虐待蒙民，至生怨恨的語；從此我們更覺得研究蒙古人的生活，是很緊要了，而中央大員要達到治蒙目的，更不可不關心及此，這是第三點。

蒙古地曠人稀，物富民强，國人如能善爲經營，自是一個大的富源；而且民風敦厚，强悍善戰，這又可把元蒙人入主中原，統一中國，勢力及於歐亞的事實來證明的。我覺得息了内争去固邊防，正是我們國民急須注意到，這是第四點。

餘如衣、食、住、行，人情風物，在在因地勢氣候之故而與内地顯然不同，一切生活和我們内地差得如是的大，我們覺得需要知道的常識還着實多，本書只不過是一個大略罷了。

# 我國各地的風俗

中華書局 1935 年出版

## 一　甚麽是“風俗”

親愛的小朋友：

你可記得：當你的哥哥娶嫂嫂，姊姊嫁姊夫；或親戚朋友們討媳婦，做新娘的時候，不是很熱鬧，很繁忙的嗎？

你更可記得：那裏死了人，或這裏大出喪的時候，不是有許多無謂的把戲，無意識的迷信行動，使人哭笑不得的禮俗，見了可嘆可恨又可笑嗎？

你或者格外深刻的記得：新年時“穿新衣”、“賀年”；清明的“上墳”、“踏青”、“吃清明粿”；端午的“除五毒”、“吃角黍”、“賽龍舟”；中秋夜的“賞月”、“吃月餅”、“拜月婆”；冬至的“祭祖”、“吃冬至飯”；年終的“守年夜”、“吃年夜飯”、“分壓歲”……等等事情。

你知道是甚麽？這都是我們現在要説的“風俗”。看到上述許多例子，可見“風俗”是一種自然的社會習慣，所以有人説“風俗”是社會上風行的習俗，這是解釋得很簡括而很扼要的。

不過，你要知道：“時代的輪齒，會把風俗轉移的。”像以前君主專制的時代，説風俗是：“上之所化爲風，下之所化爲俗。”還有所謂“化民成俗”的説話，這都是在封建制度下所造成的傳統觀念，由此觀念足以移風易俗。你可記得你的老祖母或任何一家的老太太，他們往往還纏着小脚，走起路來一步三摇擺的痛苦情形嗎？你知道小脚爲甚麽現在却少見了？你要明白這問題，你就該記着：“時代的輪齒，會把風俗轉移的。”如果又不明白，就該去問問你的老師看：“纏小脚是甚麽緣故？”

閑話丢開，我們既明白風俗的“風”是象徵着風一般的到處流行；那末，無風不成俗，有了風的推動力，社會上自然能够成了一種共同的習慣，自然的風尚。這是“風俗”的一種定義。依此定義，再去探究各地不同的風習，可以明白他的背景，可以探究他的意識。

有人以“上下五千年，縱横百萬里”，來形容我國的老大；又有人以“北方多悲歌慷慨之士，南人則習尚浮靡”，來區分南北人的民性。這種種語句，直接和間接，對於我們研究民間風俗習慣上，都有密切的關係。因此，我們就以中原、西北、東南三自然區爲經，以婚、喪、節日和邊區習俗爲緯，簡要的來談談，請看下去罷！

## 二　一把鼻涕一聲兒——哭上轎

小朋友：我前面曾經説過哥哥娶嫂嫂、姊姊嫁姊夫的話，我想這是大家都親眼見到、親耳聽到過的。

舊式婚嫁上有好多可笑的風俗習慣，因爲各地還很通行，我們先來談談他罷。

誰都知道舊式婚姻是以父母之命、媒妁之言爲主的。做父母的有了子女，長大到十六七歲以後，他們就念念不忘“男大當娶，女大不中留”[①]的古訓，就要爲兒女們籌備完成終身大事。於是媒妁滿門的來了，他們會掉着花言巧語：到男家説得女的如何如何的好；對女家説得男家怎樣怎樣財富！他有本事非給你拉成功不可，只要雙方家長同意，男女本人同意不同意是不管的。北方人呢，就牽羊擔酒，送衣贈帛爲定；南人却多用整百雪花銀幣，擦得雪白晃亮，上用硃書“囍”字，送往女家；貧困些的還要論歲計價，無異等於買賣人口。一不如意，便會終生掛在口頭，記在心頭。如果妯娌衆多的人家，更有許多言語口角因此而生的。這事在舊禮爲送“庚禮”，男女互换年庚八字的，各地尚很通行。

男家拿到了女的年庚八字，就要請瞎子——算命先生——排日選吉，定期結婚；最滑稽的，像浙東一帶的人，他會把年庚八字老遠的寄到杭州城隍山上的賣卜者選日，以爲非此是不妥當的。

女家接到男家的婚期，也一模一樣的要重卜一次，據説要使雙方

① 女大不中留——和“女大當嫁”的意思相同，俗謂女兒大了不可長留在家中。

家長的命宫無相剋才對；否則會推翻前議，另行擇吉的。

雙方對結婚日期都同意了，女家就將歷年置備起來的嫁衣妝匳，於三日前送往男家，叫做"嫁妝"。嫁妝要愈多愈好。新娘出閣的那天，要裝扮得和戲文上的新娘一樣：頭戴鳳冠，身披霞帔，足登大紅布鞋，面上蒙紅巾一方，哭哭啼啼，由大哥哥或母舅抱他上轎。

鳳冠霞帔的新娘

"大哥抱上轎；二哥關轎門；
三哥送半路；四哥送到門；
三日小弟弟來討訊！"

這是一首做新娘的歌謡，女小朋友常常唱着，表示或希望出嫁時能有四兄五弟來做這繁文俗節，向夫家示威，向戚友誇耀的！

所以女家在嫁女兒的時候，是一幕非常滑稽而很緊張的悲喜劇。那天在花轎未上門前，就邀請戚友宴會，轎來時，大家排着隊，鳴鞭炮，在門外迎接，然後重行入宴。新娘則自早上起沐浴更衣，足不着地，坐在母親房内，由利市娘①替他化裝，打扮得花枝招展，穿戴得像個戲臺上的人。等到出閣時辰來到，樂工吹吹打打，拜謝了天地父母；賓朋戚友的祝福聲，樂工鼓樂聲，母女的啼哭聲，又哄鬧、又繁忙，這一幕悲喜劇中，最滑稽不過的是新娘的母親哭女兒。

原來母女是最親愛的，當此生離，彼此痛惜一别，確是人情之常；但是有許多非遠嫁而無須傷心的，也要寧做笑中帶哭，一把鼻涕一聲兒，拉着喉嚨唱着："兒啊——兒！脚踏樓梯步步高啊——兒！對着

① 利市娘——以多福多壽多男子的老婦人，最合被選資格。

花轎旗傘鑼鼓吹吹打打把新娘子迎往夫家

丈夫要和氣啊——兒!”還有:“兒啊——兒! 脚踏實地兩頭紅啊——兒! 保佑娘家夫家都興隆啊——兒!”更有:“兒啊——兒! 花花緑緑鬧紅燈啊——兒! 願你嫁後多子多孫大發丁啊——兒!”有押韻,有腔調,一把鼻涕一聲兒,諸如此類的善頌善禱的祝詞,一直要哭得花轎遠了,賓客勸了才止。

至於男女賓呢,這時酒筵已散,大家拿着燈燭送新娘上轎,燈燭愈多愈好,是祝新娘將來多子多孫,表示“發丁”之兆。

新娘自已呢,也嗚嗚咽咽的表示惜别,一直要哭到離家門百步以外才停止。這完全是一幕悲喜劇,前迎高照,旗傘燈籠,樂工吹吹打打的迎往男家,一路看去,好像迎神賽會似的。

男家一俟花轎上門,便鳴爆竹相迎。待拜天地的時辰到了,才將新娘由喜娘或利市娘從轎上扶出,這時便須拿茶葉和米,向花轎撒去;然後同新郎拜天地,祀祖先,拜公婆,拜長輩,東也是拜,西也是拜,見人拜人,無人拜空氣,拜得你不亦樂乎! 接着便是鬧新房,或者還有打新郎拳[①]、吃合巹酒的,吵得新郎房裏烏煙瘴氣,天翻地覆而後

① 打新郎拳——是一種陋俗,邊僻縣分尚有遺留的,當新郎入洞房時,好事親友,用拳頭送他進房,似爲搶婚强婚遺俗。

已。這種風俗,據考證家説,大都是古代搶親的遺俗。

## 三　談戀愛秘密公開——新婚姻

舊式婚姻既多陋俗,一般新時代的男女,已另有新婚儀式來改革了。

新式婚姻最要的先決條件有二,如缺其一,恐仍有很多的流弊,所以至少要做到:

(一) 男女雙方經濟都能獨立,都能自食其力;

(二) 男女雙方性情都很明瞭,都很充分諒解。

當然另外的條件很多,不過這是最基本的條件而已。

説到經濟能自立的話,男女雙方,就該有相當的教育程度,有相當的工作機會,年齡大約非至二十以上不可;思想已穩定,不會見異思遷了,那麼,便可進行婚事。——上面的條件既具備,無論男或女的任何一方可隨時留心物色和自己的性情、事業、年齡、程度等相當的對象;一俟找尋妥當,還須做一段長期的朋友。好在目下男女社交已經公開,彼此見面的機會多了,性情志趣都可探討個明白。不過千萬不要疏忽了上列二條件之一,否則是很危險的。你不是常見報紙上有因性情不合而離婚,因經濟困逼而自殺的記載嗎?這豈是新式婚姻的好現象?

男女雙方做了長期朋友後,彼此覺得合意了,就可向雙方的家長徵得同意而訂婚,訂婚時衹要互換一件信物如戒指等,甚麽雪花硃紅囍字銀幣,牽羊擔酒等繁文俗節,都可以不必的。託瞎子算命,更不用說!

新夫婦報告戀愛的經過

結婚的時候,儀式亦很簡單,衹要擇一較便的日子,通知親友,由證婚主婚的人當場證明後,茶會後,略備筵宴也好,高興時把自己戀愛的經過公開報告一下助助興,使大家明白一切,也是很值得的。

如果雙方審慎,大事完成,終身享福,這是和舊式婚姻彼此從未見面,硬湊成雙的要好得多了!

## 四　情歌一曲就結婚——苗、瑶人

小朋友:我想你看了舊式婚姻中的鬧新房、打新郎拳等陋俗,一定要説是未開化的野人的舉動了。可是不對的,未開化的苗、瑶人的婚姻却文明得多呢!

我國西南部的雲、桂兩省邊僻地方,還有很多的苗人或瑶人住着,他們大概都住在深山幽谷,和漢族人除買賣什物外,很少往來的。

他們的男女,在未結婚之前,因爲雙方在野外工作,見面的機會很多,彼此認識了,就可以做朋友,時常得在一起工作,一塊休息;興致好的時候，行歌互答，此唱彼和，彼唱此和，兩方覺得歌聲和諧，性情又很瞭解，於是進一步相約到樹林裏去跳舞、唱歌，唱歌、歌舞，鬧個不休。等到彼此相見時日既多，作息都感合作必要的時光，就可由自己約定日子，請父母或長輩在場訂婚。戚友聞訊，就相偕送猪肉、羊肉、衣服、布匹等物來作賀，大家歡天喜地的吃喝一頓，就算正式訂過婚了。

苗人和猺人

訂過婚的男女，就可天天在一起作息，雙方從此不能再和别的男女唱歌跳舞，表示他已有了愛人，不再和别人談愛，愛情非常專一，這一點恐怕文明人都不及他們呢。

過了一段時間，雙方就約定結婚了。結婚的時候，男家殺猪宰羊，設宴請客，凡是送物來賀過的人，都要請來吃酒；瑶人和苗人，嗜酒如命，吃醉了便唱歌跳舞，自己夫婦一對對的相約着跳着、舞着、唱着，要跳得脚酸，舞得手軟，唱得聲嘶，大家疲倦了不能回去，就在新娘房中睏做一堆，到次日天明才各自起身回家工作。小朋友：苗瑶人的婚禮大致如是，他們有擇婚的自由，有專一的愛情，誰説比不上文明人呢！

## 五　大出喪死出風頭——好像迎神賽會

小朋友：你看到過都市裏大户人家的大出喪嗎？死了人熱鬧得鼓樂喧天，車馬盈門，和尚、道士、尼姑，都有他的份兒，其他種種陋俗很多，你看了作何感想？

當那儀仗萬千，吹吹打打，擡着死人遊行的時候，你可見到萬人空巷，攜幼扶老，歡天喜地的男男女女出門看大出喪的情形嗎？人家死了人，把死人遊街示衆，大家見了大出喪，看個不亦樂乎，這真是陋俗之尤呢！

喪葬的風俗比舊式婚姻還難改。當那長輩辭世的時候，孝子孝孫，即日須披麻戴孝，匍匐到親房長輩處報喪時，哀泣着下跪，代死者辭謝，説不定對方會下淚同哭一場，此事倒確能使人下一同情之淚的。報喪者吃了一點糖茶，算是解苦口，不能過宿即須回去。

陰陽生

死人絶命的時候，子孫即刻將草鞋、雨傘、行囊等物，攜火把送出百步門外焚化，算是送死人上路。同時須請陰陽生畫符擇日，逢三五七須各關燈，第一七是開路燈，至七七第四十九日爲止。出殯前後，陰陽生須爲死者“解劫”，有材頭解、靈前解兩種；詞多勸世解紛，如細加體味，會使人作世外想。所以一名“解結”，是解勸死人，爲死人解除生前死後的罪惡和劫運的意思，邊唱邊解五彩繩結，少則半天，多則一夜，和念佛一般。

五彩繩，俗叫長壽綫，解完後，婦女們往往拿去替小朋友戴在項頸，據説會使人長壽的；小朋友！你曾戴過嗎？

大殮，俗稱進棺，死人穿得像個衣架，除皮衣外，綾羅綢緞布帛都要，名“接老衣”；皮衣不要的緣故，據説可免死者下世不致變牛馬等走獸的。

進棺後要將棺材釘起來，親屬下輩均須下跪撫棺鳴哀，有些地方的

人,還須孝子跪在材頭,捧棺喊着:“啊唷！啊唷!”説着:“是天響哪！不要怕啊!”據説前者是代死人受痛,後者是哄死者不要怕。這真叫騙死人呢!

前面説過大户人家出喪死要出風頭,其實也有不得已的,因爲喪事送禮來,例不能退的,所以稍有體面的人家,賓朋親友紛紛送禮來時,就該大開銷;雖然也有借死人出風頭的,究係少數。

死人葬地,有些信風水的地方,雖千百金一方土地,亦不惜的;這又好像借死屍興家了！出殯下葬的時辰日子,也和討親的一般認真,如果是大户人家丁口多,這個有相剋,那個又不合,會得借着年向不利,終年不能安葬的,這又是一種令人難解的陋俗呢。

死人安葬後,送殯的人,一齊須將孝服卸去,另换吉服,肩掛紅綫或紅布,叫“掛紅”。家中廳堂上供着遺像或神位,桌上擺着“糕”“粽”“銀幣”“鐵釘”……等物,祝福着求功名得“高中”“財丁兩旺”的意思。上供各物,有的諧音,有的會意,無非是向死人討利市罷了！每日須向靈前禮拜,叫“拜紅”,然後宴請赴吊的人,叫“吃長壽飯”,散宴時要送燈,名“領紅”,三日内送肉,叫“利市肉”,俗節繁文真多呢!

## 六　屍給鳥獸吃乾淨——是死者之福、生者之光

小朋友:前面説過的大出喪,儀仗千百成隊,鼓樂震天動地,生者借死人出風頭,旁觀的鬧得萬人空巷,好像瘋狂似的鬧甚麼迎神賽會,這真是我們中原人士的陋俗,迄今尚没有好好的改革。

儀仗萬千的大出喪

那知西北方面蒙古、西藏一帶的人，對於葬喪儀禮，更要奇怪呢！

蒙古人死了，他們是不下葬的，把死屍擡往深山，拋入幽谷，如送到野獸較多、人跡罕到的地方尤好。

死屍面孔要朝天，上蓋有藏文經咒的黄布一張，然後各自回家。至三天後，家屬或親友都須紛往探望，因爲此事是他們很關心的。如果看了死屍已被鳥獸吃得乾乾淨淨，或所餘已無幾了，衆人就向死者家屬道賀，説道這是死者生前做人好，他的魂魄，早已飛昇天界了。死者之福，便是生者之光，所以應該道賀。

倘不幸而屍身不動，必以爲死者生前一定有大罪惡，所以鳥獸都不屑食其肉了，靈魂屍體，當然不易昇入天堂呢！這時家屬一定非常懊喪，大家引以爲耻，於是就須請喇嘛僧爲之誦經超度，一直要等到死屍的骨肉給鳥獸吃得精光了，然後方能停止佛事，子孫纔算盡了孝道。

蒙古喇嘛

因爲有這樣的風俗，竟有爲了誦經破産的，死屍一日不飽虎狼口腹，喇嘛經咒一日不能停止的。等到屍骨無餘時，他的家産也大半無餘了！因此蒙古喇嘛，極易成爲一特殊的地位。至於喪家呢，以爲錢到功德到，布施得愈多，則功德愈大，死者的靈魂也愈能早登西方極樂國；甚至有遺産分化不足，把牛羊等家畜分送喇嘛爲酬金的。

婦女病死的，多用火葬。火葬的方法，和普通不同，先將屍首上塗黄油，再用白布裹好，四周用極易燃的柴草堆着，然後舉火焚化；焚化成灰燼後，又把屍灰調黍粉製成餅餌，送到大喇嘛寺的寶塔上去，以爲死者已登仙境去了，子孫爲他也盡了相當的力了！

## 七　一年一次的佳節——小朋友最快活時候(上)

小朋友：當你離家較久，每逢佳節的時候，看到人家鬧哄哄的吃着玩着，看得眼紅時，一定有古人所説的“每逢佳節倍思親”之感罷！

小朋友：這是家庭制度下幾千年的習俗造成的，凡是作客他鄉的人，誰無此感？一年一度佳節很多，現在且擇其較重要而較流行的來談談罷。

元旦——尤其是廢曆的元旦，民間習俗非常重視，從除夕守歲到元旦早辰，放爆竹開門，供祖先神位或遺像以資紀念，小朋友無不穿新衣戴新帽，向長上拜年，有壓歲包，有得吃，有得玩，這幾天内，除非是自己説話太爽直了，犯了成人的忌諱；行爲太放蕩了，玩得使人討厭，誰也不敢駡你，誰也不敢欺你的。因爲我國的習俗，是以成人爲本位的，他們只會想法來欺弄小朋友！比如在除夕夜裏，有些迷信的父母，會拿着一張粗紙來向小朋友的小嘴巴上揩，口裏還要説：“揩屁股，揩屁股！明年免得放臭屁！”他們簡直把嘴巴來當屁股，怕小朋友在大年初一死啊、活啊的駡人。如果一個不小心，出口説了不吉利的話，大朋友會打你而念着開年開年的。

許多迷信的老太太，這幾天要吃素念經的，本來吃素是好的，念經大可不必！過年的時候，大魚大肉油膩吃得多了，茹素幾天是很衛生的，因爲吃素可以清腸胃。

街上的小販，賣新年雜耍的多極了，玩具啦，花紙啦，鞭炮啦，歡天喜地的過新年，小朋友最高興！不過有好多人跟着成人做類似賭博的遊戲，這是不應該的。

元宵——鬧元宵，迎花燈，也是很流行的風俗。普通從廢曆正月十三日至十五日止，真是鬧得城開不夜，鑼鼓喧天，非至深夜不止的！古人有“火樹銀花合，星橋鐵鎖開”和“金吾不禁夜”的記載，可見此風

賣新年雜耍的　　　　鬧龍燈

由來已久了！最好的花燈，真能巧奪天工呢，人物禽魚鳥獸，都活靈活現，形態逼真；兔子燈、鯉魚燈，更是到處都有。小朋友這時可見到不少常識，學得不少學問。常記得每當元宵迎龍燈的時候，牆壁上常有小朋友的大手筆繪着各式各種的花燈龍燈，這是發表藝術天才的好機會呢。近來迎龍燈等，已不很踴躍，倒是十分可惜的！

放紙鷂

清明——節前後的一樁放紙鳶工作，是很有價值的。小朋友們到了這時，常唱着“正月燈，二月鷂，三月趕勿着”的應時歌，表示及時行樂的風習。弄幾根竹篾，扎成各樣不同的紙鷂，縱上天空，這是很有意思的；如果進而能够研究其何以會上昇，竹篾有了輕重怎麼放得不高或翻筋斗，這都是科學問題，極值得研究的；能够乘機去請教你們的老師，一定會比讀幾本自然科的書還有價值呢！

清明節俗例要備紙錠、香燭、肉粿等物去上墳，叫“掃墓”，紀念祖先，意甚可取，可惜一般人都誤入迷信途中了！

至於趁這春光明媚的時光，到野外去踏青或作短程的旅行，約集家人親友，玩玩山水，興致好時，帶幾許乾糧，舉行野宴，這也很值得提倡的。不過迷信的燒香、焚紙錠等無益的耗費，却應革除的！

清明掃墓

清明野宴

## 八　一年一次的佳節——小朋友最快活時候(下)

浴佛節——俗傳佛教始祖釋迦牟尼是廢曆四月八日生的，僧尼例須爲佛洗浴，故名浴佛節。一般迷信婦女，虔心誠意的前往燒香，像西湖靈隱天竺的徹夜不息，上海静安寺之因而成爲臨時的熱鬧市場，這都是全國聞名的。至於内地的借機買賣貨物，數十百里的土産土著集爲一土産展覽會，互易有無，這是很有意義的。

浴佛節進香婦女

立夏稱人

立夏稱人——是古人檢查身格的遺俗,應加改良提倡的。普通都掛了一幹秤,全家人分別稱輕重,彼此相較,用意非常可取。不過説要免脚骨酸痛便須吃竹筍接脚骨,煑棗子、桂圓等以補身,這却不一定要限定立夏日的。古老相傳,意在節氣轉變,乘時補養罷了!

端午——除五毒,賽龍舟,吃角黍,是全國通行的。插蒲艾於門首以辟鬼魅,畫符籙、鍾馗以驅妖怪,這又近於迷信了!

驚蟄後迄端午,毒蛇蟲蝎,日形衆多,設法驅除,極爲需要;龍舟競技,一獻水上身手,也很值得提倡的!你不見到開運動會時也有競渡的節目嗎?

中秋——是一個非常有趣的佳節,"月到中秋分外明!"這是古人描寫中秋佳節的詩句。在秋高氣爽、月白風清的夜裏,做做遊戲唱唱歌,這是小朋友最樂意的事;如果能够大家舉行一次秋果展覽會,豈不更有趣了!原來中秋節的"拜月""擺月",就是這個意思。青菱、紅菱、石榴、梨、柿、山楂、月餅……等等,滿滿的在月光下擺了一桌,東家也如此,西家也這般,小朋友忙得跑來跑去的觀察、批評,可以增長智識不少。如果不燒無意義的香紙燭,不拜没有反應的月球,我以爲民間這個風俗是值得提倡的。試問學校裏要佈置一個如此豐富熱烈的環境，要置備如許的秋果秋食的標本，談何容易！我以爲這一件民間風習，小朋友們是應該設法改良利用的。

秋果展覽品之一

冬至——在外國是一大節，我國民間也很流行。照氣象學說，冬至夜是最長的，因此民間就有“多睏要在冬至夜”之諺。據說冬至節是鬼節，東家做羹飯，西家祭祖先，内地還有做路頭羹飯，燒路頭經的，說這時餓鬼滿路搶羹飯，不如此連夜行都要出危險的，這真是鬼話呢！

除夕——是一年最末的一夜，除夕前幾日，大家都忙着預備過年，房舍什物都要大洗掃一次，這好像我們的大掃除。

廿三夜說是灶神上天的日子，香紙、轎馬、元寶都要人們焚化他，好像灶司菩薩是窮得連上天的川費都要人家奉送他的，你看上面的圖就可想見民間的重視了！

送上天的時候，須祝其“上天奏善事，回駕降嘉祥，”這是何等吹牛拍馬的勢利舉動啊！我們應打倒他。

灶神上天的轎傘旗子

灶神與佛相

再過二日是廿五，俗名小過年，灶司已接回來，提前過年的，大多從此日起至除夕止。過年的時候，真是大魚大肉，猪鵝羊雞，糖食果餌，凡是冬令好吃的東西不論有錢無錢，都要辦幾許來。有人説中國人是以吃食著名的，我們看了上面許多節日的習慣，真不敢加以否認！因此，在這幾天内，一般買賣的人，莫不利市十倍的。

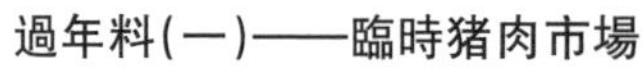

過年料（一）——臨時猪肉市場

過年料（二）——年糕元寶

除夕是年終之夜，團聚暢吃後，圍坐守歲至天明，辛辛苦苦過了年，大家又長一歲了。

## 九　瘋頭瘋腦篡六離——跳神

小朋友：前面不是曾經説起浴佛節以及其他吃素念經的迷信嗎？這裏再來談談更堪發笑的奇風異俗罷！

每逢春秋佳節，神佛紀念的日子，一般善男信女，祝福祈神時，有所謂"跳神"的，——俗叫篡六離，當滿清入關主持國政時，此風曾由滿洲流入關内，盛行一時，現在内地邊僻的地方，還很流行。

滿洲有一種專以跳神爲業的，名叫"薩嗎"，女的比男的多，内地則多屬女巫充之。遼寧多男巫，吉、黑兩省，以女巫爲多。寧古塔、雙城子一帶,又有文武兩派：文派多老婦,武派多青年男女。

跳神時,“薩嗎”的裝飾很滑稽的,周身遍繫鑾鈴,舞時叮呤作響;一手執摺扇,一手拿手巾,一俟鼓樂齊鳴,跳者登場舞蹈,身上的鈴聲鼓樂聲齊鳴;步伐與歌聲均成節拍,扭扭揑揑,好看煞人。

初跳時音節步伐均很慢;及後愈跳愈急促,鼓樂聲與唱歌聲、響鈴聲至分不清時,跳神的“薩嗎”精疲力竭,如癡如醉如瘋如狂的亂叫亂跳,口吐白沫,頹然倒地,呼呼入睡,聲如老牛,這時樂聲頓止,静肅無嘩,説道神靈已到,將“薩嗎”扶坐椅上,衆人投身下拜,祈禱自己所求的福禄,待“薩嗎”醒而後已,分胙受福、食茶點祭品而散。

據説滿洲人視跳神爲大典,自上及下,均須參預的。祭時主要物品,除餅餌茶點外,縛一黑毛猪獻在神前,以酒灌耳,耳摇鬣動時,以爲神已接受此猪,然後宰而取其腸胃,以手拚裂之。家中另豎長竿,名叫“子孫竿”,祭時將肉置竿頭,見烏鴉飛啄而去,則爲神享,引爲榮幸。祭品如吃不完,立須分送親友或約鄰里同食,不可貯存,事似迷信,但也是聯歡友朋的一種行動呢。

## 十　邊陲各地的風俗

滿洲人的迷信,上面已大略談及,這裏先來談談蒙、藏人的生活習慣罷。蒙古多沙漠,西藏多山,這是地理的不同,影響其生活和風俗習慣很大。比如蒙古人的以遊牧爲生,逐水草而居,住的地方遷徙無定,不能造高樓大廈,男女老少,僅以篷帳式的“蒙古包”爲居住之所;沙漠中的水很少,洗臉是用兩手承唾沫洗的;衣服終生不洗,油污能凝成雨衣一般的不滲水。喇嘛握有政教大權,由王公主持政事,各成部落;家有三男子,須派一人出家爲喇嘛僧徒。每届春秋佳日,大家都攜銀幣、財物獻給喇嘛,名叫“朝活佛”。

蒙古人的禮節很多,平日起居不裸體,向火不出足,對佛行禮必恭必敬,見客人先問家畜安否,請鼻烟,客去必全家送出門外。男至十六歲便結婚;逢節日往往以賽馬爲戲,所以都善騎射。元太祖入主中原時,鐵騎縱横,兵威震歐亞大陸,轄地比現在大若干倍,却不是無因的呢。

説到西藏人的信喇嘛,吃糌粑,寬衣大袖,賽馬角力等,和蒙古人是大同小異的。不過西藏是以女性爲中心的,聽説女子的權力很大,間有行多夫制的,女治外而男治内,適和内地相反,這是一個特異處。

回頭來談談西南邊境的苗人罷,雲、桂等省,有生苗、熟苗兩種:生苗居深山,尚未開化,性情强悍。熟苗已略開化,常和漢人以貨物通有無;女子裝束特别,耳穿環,手足戴鐲,愈多則愈顯時髦和財富;因地近熱帶,所以都赤足,體亦常裸,只用花布一方遮身,男女均同;卧牀無被褥,墊以乾草;食物採自天生,不會種植;没有鹽,只用胡椒、辣椒調之,視爲上品;食時不用筷匙,直接用手去取。諸如此類的奇風異俗很多。至於其他各地的特殊風俗,像迎神賽會、鬥牛、械鬥、吃講茶等極多,讓諸位自己去調查研究罷!

# 文　　録

# 教育實踐研究

## 鄉村小學國語科教學做舉隅

世界以外無書籍,事實以外無教材;覺悟的教育家,主張以宇宙爲教室,萬物爲導師。這是教育生活化、學校社會化必經的階梯,除非他是阿木林一流有畸零人,誰也不能否認的!

在大自然環境中的鄉村小學,大部分的教學做活動,可以利用天然環境,同一般天真爛漫的小朋友,擇春秋佳日,在山崖水濱,去施行那城市學校,設備所不能,享受所不到的實際活動。這是多麼愉快的事情啊!

記得是去年暮春吧? 那時候,春光明媚,景物鮮妍;黄金色的油菜花,開得燦爛奪目! 蜂蝶忙亂,黄鶯歌舞。見景生情,頓時,鼓動我野外教學做的興味! 於是編教材,找地點……忙個不了! 兹將本單元活動過程録後,敬求指正!

**鄉村小學國語科教學做活動片**

| 年　級 | 初級二年級上 | 人　數 | 30 人導師 1 人 |
|---|---|---|---|
| 活動單元 | 蜜蜂與菜花 | 時　間 | 50 分鐘 |
| 活動時間 | 春光明媚,油菜花開的時候。 | | |
| 活動目的 | 使兒童瞭解自然界事物。 | | |

續　表

| 活動場所 | 附近有油菜花的草場上。或山阜水濱。 |
|---|---|
| 活動器具 | 實物(田裏的油菜花,蜜蜂……);小黑版;教材。 |
| 活動過程 | 本單元活動過程計分:動機;欣賞;演述;推究;唱歌。 |
| 活動情形 | 1. 場所選定後,掛小黑版於樹梢頭。<br>2. 排隊席草地坐成半圓形。<br>3. 先令兒童欣賞實物(沿途即須留意指導)。<br>4. 令兒童自由發表所見情形。<br>5. 決定研究目的,分散教材。 |
| 研究問題 | 1. 今天田野中看到最美麗、最熱鬧的是什麽?<br>2. 蜜蜂在田裏做什麽?<br>3. 油菜花裏面有什麽?<br>4. 蜂蜜蜂蜜你們吃過嗎?<br>5. 養蜜蜂的地方你們到過嗎?<br>6. 你們要唱"蜜蜂與菜花"的歌兒嗎? |
| 注　　意 | 1. 到野外實施教學做活動,最宜近注意紀律;否則踐踏或妨害農作物,易引起農民反感。<br>2. 活動場所,導師須預先覓定,以山崖水濱,有緑草如茵的廣場上,附近有實物可資研究者爲最合宜。 |

某某鄉村小學第二年級國語科教學做活動片

(一)教材:(二年級上)

菜花黄晃晃,裏面藏蜜糖;

蜜蜂嗡嗡嗡,在那裏做工。

菜花黄,蜜蜂忙;

努力工作不知懈,預備充實牠的糧食倉!

(二)動機:教師問:"我們從學校到這邊來,路上看見的田,以那一種最好看,並且很熱鬧?"

許多兒童都異口同聲地説:"油菜花開得最美麗,田裏蜜蜂嗡嗡嗡的最熱鬧!"

教師問:"蜜蜂在田裏做什麽?"此時叫他們舉手答,否則見解不同,亂嚊一陣。

有的説:"在田裏飛飛"有的説:"嗡嗡嗡唱歌。"對的説:"牠們忙着採蜜。"

教師問:"蜂蜜你們吃過嗎?"

兒童齊聲説:"吃過。"

教師問:"油菜花的顔色怎樣的?"

好勝而性急的兒童便説:"先生! 是黄的,那邊田裏黄晃晃的都是。"

教師問:"那個小朋友家裏養蜜蜂的;或者那個去看過養蜂場的舉手。"

此時乃叫舉手的小朋友講述蜜蜂蜂房的構造和生活狀况後。教師版書教材或繪圖;值日生分散教材。

(三) 欣賞:誘掖兒童將教材中的圖及字句和眼前實物對證,並先教生字。

(四) 演述:先叫優良生演述大意;次命劣等生演述;更叫每一優良生引導數低能兒童學習。教師在旁指導。

(五) 推究:教師將活動片内預定的研究問題和兒童討論。

此時本單元將届結束,教師乃將預先教過的"蜜蜂與菜花歌"領導兒童表情吟唱:最好編成歌劇,幕天席地的;以環境爲背景,以蜂蝶、小孩等爲人物。在緑草如茵的曠場上,實地唱演起來,那就格外有趣了!

(六) 唱歌:全體唱着"蜜蜂與菜花歌"返校。

一八.四.二四于武林長慶小學。

(原載《湘湖生活》1929 年第 5 期)

# “經濟的教材教具”舉例

“經濟的教材教具”這話怎講? 那當然自有牠的對象的。

誰都知道小學教師,大概都是窮光蛋;小學——尤其是鄉村小學——又都是窮學校。以一窮光蛋主持着的窮學校,而欲藉教材教具來收較易收穫的教育之果,這簡直是夢想,辦不到的! 因爲窮。

好在人窮、境窮智不窮,窮光蛋假如能運用小聰明、小技巧來利用廢物,自製教材教具以助長教育上的效率,這是值得我們自慰的! “經濟的教材教具”的鐵板注解,如此而已!

開場白甩開,且來舉我所要舉的例子:

(一) 玻璃筆架當三棱鏡——到儀器舘去買三棱鏡,至少要化幾塊錢;可是我們利用化了二三角錢買來的玻璃筆架,放在太陽光下,也同樣可以分析太陽光的七色。這不是廉價的教具嗎?

(二) 利用香烟片子——香烟片子,種類多如牛毛;有好多是含有教育意味的;各識字片可以看圖識字;名勝古蹟可以當史地教材;他如戲劇、小説等畫片,只要我們留心搜集起來,都是很好的“經濟教材教具”。

(三) 利用報章廣告——誰都知道上面二張圖是: 一爲化裝品的廣告;一乃是藥房裏的廣告。要不是窮光蛋的教師,那裏會利用起來做成下面的圖解?

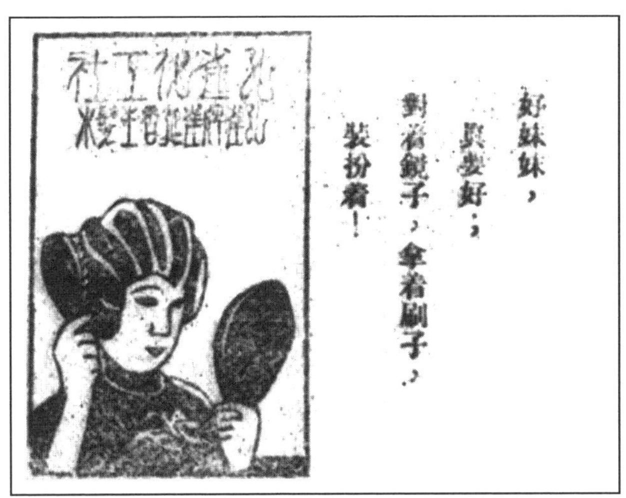


（原載《湘湖生活》1930 年第 11 期）

# 浙江省立七中附小二十年度第二學期試驗研究總報告

## (一)引　言

計劃重在實行,有了計劃而不能實行,終其竟,具文而矣;實行而能獲相當效果,固一大欣慰事;其内心之愉快,實不少讓于幼稚生建築一件事物成功時之拍手稱慶,假如實行而無相當成效,或甚至于失敗,但失敗是成功之母,較諸不能實行者當然有相當的代價。本附小試驗研究計劃早已于學期開始時擬訂,由第一次研究大會通過而遵章呈報,教育廳備案矣。半年來分工合作實行之成效如何,不得不整理結論,作成總報告,以資結束,藉供自檢。庶幾計劃之實行與否,或可一探其癥結所在也!

本報告内分"試驗已得結果的工作"一章;"正在試驗中的工作"一章;"預備試驗的工作"一章;"經常工作事項的一斑"一章;前後附以"引言"及"結論",計分六章,過去的所得幾何,將來的應如何策勵,均可於此見之。

## (二)試驗已得結果的工作

A. 低級算術,隨機教學與正式教學的比較實驗

負責實驗者——姜貢璜先生

(目標)要實驗低級算音教學研究竟用正式教學好呢,抑隨機教學好?

(按)本實驗上學期因無相當學級用單組法實驗,致結果不甚可靠,故重行實驗。

(方法)用等組法實驗:把兩級二下兒童用廖氏團體智力測驗修正數,和俞氏算術四則標準測驗兩種平均 T 分數,分成能力相等、人數相等的兩組:一組正式教學;一組隨機教學。實驗方式如下:

等組法——2 個實驗因子——1 種測驗

被試 1——(初試 1——因 1——覆試 1——差 1)

被試 2——(初試 1——因 2——覆試 1——差 2)

(注)被試 1——代表正式教學組;被試 2——代表隨機教學組。差 1 與差 2 比較,即爲本實驗結果。

(結果)本實驗經十二星期後,其結果如下:

(1) 平均進步 T 分數:

隨機組——5.53

正式組——2.43

(2) 優勝點——2.97

(3) 優勝點均方差——0.79

(4) 實驗係數——1.7

本次實驗結果與上次適得其反研究,其不同原因及此次所用試驗方法課程大綱,控制外來因子……等等,均另詳專題報告。

B. 讀書背誦代以考查法的比較實驗

實驗者——三下朱鍾秀<br>　　　　　四下聞人杰　先生

(目録)實驗廢除背誦代以考查法的理論是否可靠?

(方法)用循環法實驗:把秋三、四兩級兒童先各自舉行陳氏小學默讀測驗甲種第一類一次作爲初試;兩級循環實驗甲組經背誦五星期後再用同種第二組測驗材料舉行覆試一方作爲背誦成績;同時即爲第 2 因子之初試成績再過五星期考查後用同種第三類測驗材料舉行覆試(乙組順序與甲組相反)結束本實驗方式如下：

循環法——2 個實驗因子——1 種測驗

被試 1——(初試 1——因 1——覆試 1——差 1)——(覆試 1——因 2——覆 2——差 2)

被試 2——(初試 1——因 2——覆試 1——差 3)——(覆試 1——因 1——覆 2——差 4)

因 1＝差 1＋差 4;因 2＝差 2＋差 3

(注)被試 1 爲秋三年級,被試 2 爲秋四年級;因 1 爲第 1 因子即背誦段,因 2 爲第 2 因子即考查段;因 1 之和與因 2 之和比較求優勝點即爲本實驗結果。

(結果)本實驗中 2 個因子各自于五星期循環實驗後,結果如下：

(1) 平均進步 T 分數：

背誦段——(差 1)4.36(差 4)3.9＝8.26(因 1)

考查段——(差 2)3.03(差 3)2.87＝5.9(因 2)

(2) 優勝點＝(因 1)8.26－(因 2)5.9＝2.36

(3) 平均均方差＝1.057

(4) 實驗係數＝0.804

(注)考查方式及兩個因子實驗中用的教材并研究優勝原因等均另詳專題報告中。

C. 隨機練習與定期練習的比較實驗

實驗者——張若英先生

(目標)要實驗低級寫字要不要特定時間練習?

(方法)把兩級二下兒童分爲定期與隨機練習的兩組,事前均各先用俞氏小楷正書量表,核定成績,作爲初試,經十二星期後,再用量表核計成績,作爲覆試,各自減去初試成績,即爲該實驗因子進步數,再將其結果比較求優勝點。

(注)兩級二下兒童能力係跟着算術實驗的,故寫字能力不相等,

須減去初試成績，求出進步數後，再能比較。

(結果)本實驗結果如下：

(1) 平均進步 T 分數：

隨機組——3.1

定期組——1.2

(2) 優勝組——1.9

(注)本實驗不定期的寫字時間如何利用機會，及優原因，另詳文字報告。

D. 統一各科記分法問題

(目標)研究各科記分指作統一之根據。

(方法)由各導師分頭研究。

(結果)由教務科擬訂本附小各科成績考查法一册除標準測驗外各科均用 S 記分指但是否適用經試行後似尚須研究改進。

## (三) 正在試驗的工作

A. 複式學級自動工作材料之實驗研究

實驗者——複式教學研究會<br>兩級複式學級各科教師

(目標)要編一本自動工作材料給各地方小學複式學級試用。

(方法)(1) 搜集材料或自製，(2) 試用，(3) 將試用結果整理付印。

(注)現在搜集材料中。

B. 速算練習材料之實驗研究

負責者——算術科教學研究會<br>本附小各學級算術教師

(目標)要編一本速算練習材料給各地方小學試用。

(方法)(1) 搜集材料或自編，(2) 試用，(3) 將試用結果整理付印。

(注)現在整理材料中。

C. 救國教育之實施及其研究

負責者——全校各導師

(目標)應付國難。

(方法)(1) 在朝會紀念週談話課等着重時事報告;

(2) 舉行反日救國演説競賽會及時事測驗;

(3) 組織兒童造艦救國儲金支會;

(4) 搜集並編輯救國教材。

D. 杭江鐵路設計做學教

負責者——五六年級各科教師

(目標)以杭江鉄路爲出發點研究路各處風土人情交通物產等狀况,編輯幾種鄉土教材,分發各地方小學試用。

(方法)(1) 搜集各縣地方誌及報章雜誌等刊物,作參考資料;

(2) 在可能内作實際調查;

(3) 分類編輯沿杭江鐵路的鄉土教材,經試用後,編印分發。

(注)着手搜集材料分期編刊教材,詳細具體計劃,中華教育界第十期。

E. 五綫譜教學問題比較實驗

負責者——黄毓新先生

幾年(目標)比較實驗五綫譜在小學裹是否比簡譜適用? 應從級用起?

(方法)用循環法比較實驗,本學期係將兩級二下兒童,各用簡譜與正譜考查一次,將其能力及人數分成相等的兩組,甲組能用音符視唱或認識音符短幾人? 乙組亦同。再用循環法甲組先教學正譜,求進度後,的再教學簡譜;求進度與前比較。乙組先簡譜後正正譜,用同法考查的同樣核算成績。方式如下:

循環法——2 個實驗因子——1 種測驗

被試 1——(初試 1——因 1——覆試 1——差 1)——(覆試

1——因 2——覆試 2——差 2)

被試 2——(初試 1——因 2——覆試 1——差 3)——(覆試 1——因 1——覆試 2——差 4)

因 1=差 1+差 4;因 2=差 2+差 3。

(注)測驗方式分視唱(用常態分配)聽唱(書寫音符)兩種。

(備注)分組時兩級兒童對簡譜已多數認識正譜則均否分組後,ㄅ、正譜組須從頭教起,先用 C 調(即甲組第 1 段)ㄆ、簡譜組複習 C 調(即乙組第 2 段);

其結果爲ㄅ、甲組教學正譜段結果不但能趕得上簡譜而且發音較爲正確;

ㄆ植乙組教學簡譜段結果發音正確度較遜;

☆下學期須循環實驗第 2 段。

## (四) 預備試驗的工作

A. 常識教學採用書本與利用問題的比較實驗

(目標)要實驗常識科究竟用書本好呢? 抑用問題教字爲好?

(方法)用廖氏團體智力測驗和陳氏常識測驗的平均 T 分數,將兩級三上兒童分成能力相等的兩組,一組用書本教學,一組用問題教學,方式如下:

等組法——2 個實驗因子——1 種測驗

被試 1——(初試 1——因 1——覆試 1——差 1)

被試 2——(初試 1——因 2——覆試 1——差 2)

(注)本實驗係由坊間課本不善教學時多與兒童現實生活不切合而來。經本屆研究大會決定留待 21 年第 2 學期實驗。

B. 寫字時教筆順與不教筆順的比較實驗

(目標)寫字時要不要教筆順?

(方法)用循環法將兩級之上兒童用俞氏書法測驗,分成能力相等的兩組,一組寫字時先教筆順,一組先試不教。材料兩組相同,反覆實驗。經十星期後,再用同測驗材料測驗後,求平均進步數及較數。方式如下:

循環法——2個實驗因子——1種測驗

被試1——(初試1——因1——覆試1——差1)——(初試1——因2——覆試1——差2)

被試2——(初試1——因2——覆試1——差3)——(nn1——n1——nn1——n4)

因1=差1+差4　因2=差2+差3。(差1+差4)與(2+差3)相較,求優勝點。

C. 生産教育之實施及研究

(目標)生産教育之需要已成不可移易之定論,但在小學應如何實施?乃是當前的大問題,故不能不把理論和實際,設法使其打成一片,俾本問題能得部分的解决,以充實輔導的力量。

(方法)擬訂計劃,分期實驗,並加以課功的研究。

(注)本實驗係遵照本省行政計劃及實際需要而發生。本年度擬以"小工藝"爲實驗的重心。

## (五)經常工作事項的一斑

經常工作事項,原爲試驗研究部日常工作,與輔導部有息息相關之處。過去一學期來,在計劃中規定例行或變更計劃與臨時加入者,合併報告如下:

A. 協同輔導部編印的刊物

1.《兒童之友》計出26期——張若英先生主編——定期刊物附金區《民國日報》發行。

2.《教師之友》計出八期——徐德春先生主編——定期刊物附金區《民國日報》發行。

3.《看圖識數》一册(幼稚讀本)——徐心鑑先生主編
研究部協助

4.《算術遊戲》一册(算術補充本)——姜貢璜先生主編
研究部協助

5.《算術故事》一册(算術補充本)——徐德春
汪蕙香先生主編

6.《教育月刊》兩期(輔導刊物)——研究部協助輔導部主編

7.《眼睛的衛生》一册(常識叢書)——駱驥才先生主編
研究部協助

8.《蒙古人的生活》一册(常識叢書)——徐德春先生主編
研究部協助

(以上 單行本輔導刊物)

B. 舉行各種定期的研究會——總計 3 次(研究會名稱從略)

C. 通訊研究部解答各小學問題——計問題 42 個(擇要在教師之友發表)

D. 協助出發輔導地方教育——五月六・七日蘭溪縣輔導會議
六月廿三日金華城區輔導會議
六月廿五日金華西區輔導會議
(計三次)

以上均係本附小研究部同人協助輔導地方教育工作之一斑,根據記載所及,整理報告;如上惟掛一漏萬,尚恐不免也。

## (六) 結　論

“只問耕耘,不問收穫。”這原是病態,也便是實行家的象徵。我們希望會得耕耘,也希望有得收穫。依照了實際工作的結果,整理這半年來之渺乎其微的工作報告,原不值得公諸於衆,但爲自勉計,自反計,既當作牠是一面鏡子,同時在計劃中實行了幾多成績,也可以對照一下。否則,衹定了計劃而無實際工作的報告,非但人不知鬼不曉,弄得自己也莫明其妙;而影響以業的成敗,亦大有其關鍵。因是不計其内容如何，報告固不能不作也。

臨了，對本報告中如有謬誤之處，還望教育同人加以指正。至事實上計劃與實行發生了問題，中途變换方式的也很多，這是順便要聲明。

（作者按）本附小試驗研究部現已着手編印《教育實驗專題研究叢書》，最近可以出版的有下列二種：

一、《低級算術隨機教學與正式教學的比較實驗》。

二、《讀書皆誦代以考查法的比較實驗》。

將來陸續出版，藉供研究。

徐德春附白，二一.九.二。

（原載《浙江教育行政》1932 年第 4 卷第 4 期）

# 浙省七中附小高年級杭江鐵路設計做學教計劃

浙省交通，向係偏重浙西，成一畸形發展狀態；浙東則山嶺既多重疊，河流又不合航行；交通困難，民風窳陋，文化與實業因此落後，政治與軍事亦往往感呼應之不靈。影響之大，實難以計！

迨張静江氏主浙政時，方以開展浙東交通爲己任，爰有建築蕭常鐵路之議，其間因地勢及經濟上關係，乃變更路線，改爲杭江鐵路。

張氏卸浙政後，因省庫虧累甚鉅，建築杭江鐵路之議幾遭停頓。幸前省主席張難先與建設廳長石瑛兩氏，籌劃經營，迭與企信銀團籌商抵債經費，始得興工建築。杭諸段，遂於二十年七月正式通車，浙東行旅，一時稱便。

今春日本寇略中土，正當國難日亟之時，曾建設廳長養甫氏繼石瑛氏蒞浙主建政，因鑒於杭江鐵路關係之重要，不二三月間，一方積極籌款，一方竭力趕造，杭蘭段即於三月一日正式通車。目下以限於經濟，蘭溪至江山段，暫建公路以資連絡。從此浙、贛兩省，交通既便，浙東各地文化之推進和産物之運銷，將受巨大的變革，裨益民生，自非淺鮮！

吾人爲培養兒童對浙東風土、人情、實業、文化……等等過去的情形及將來的發展，予以相當印象和認識，期收較高教育效率計，爰有杭江鐵路設計做學教之實施。兹謹就高級程度草擬梗概如次，敬祈教育同人予以指正！

## （甲）目　標

（1）使兒童明白杭江鐵路未完成以前的交通困難情形；

（2）使兒童明白交通與政治、軍事、文化、實業……等的深切關係；

（3）杭江鐵路對浙東及閩、贛兩省交通的重要性；

（4）探討沿杭江路的民俗、文化、實業……等的現狀及將來的期望；

（5）培養兒童對於發展地方和立業觀念有深切的認識；

（6）指示兒童利用自然並激發其"以人力征服自然"的信念。

## （乙）一般的計劃

ㄅ、關於各方面的。

（1）搜集參考書；（《地方誌》、報章雜誌、原計劃、地圖、照片及預算等。）

（2）調查沿杭江路各地特產，風俗、勝蹟、實業、教育……等；

（3）做圖説若干輯；（杭江路幹路支路及聯絡綫各公路圖説……等。）

（4）做小書若干本；（沿杭江路各地物産、風俗等之調查彙訂或剪貼。）

（5）其他。

ㄆ、關於交通器具者：

（1）没有火車前的交通情形，及火車的研究；…………（社、自）

（2）火車以外的交通用具的研究；（如帆船、肩輿、獨輪車、被籠、仰天兜等。）…………………………………………（社、自、工、美）

（3）做交通器具的雛形或金華至杭州航路及陸路交通圖説；
…………………………………………（社、工、美）

（4）編一本《浙東交通器具圖説》或掛圖一輯。………（社、美）

(5) 其他。

ㄧ、關於交通狀況者:

(1) 從前到杭州怎樣走?現在怎樣走?——以金華做中心(社)

(2) 沒有火車前陸路交通如何不便?有了火車後其便利情形又何如?……………………………………………………(社)

(3) 杭江路有多少長?已完成了多少?………………(算)

(4) 通常火車每小時能走多少路?杭江路火車現行速率如何?

……………………………………………………(算)

(5) 杭江路怎樣成爲幹綫?和各聯絡綫公路關係如何?——圖説?……………………………………(社、美)

(6) 編一本《浙東交通狀况圖説》或掛圖一輯。

(7) 其他。

ㄈ、關於軍事政治者:

(1) 浙東過去的吏治及最近的狀況;……………………(黨、社)

(2) 杭江路未完成前及完成後的軍運情形;……………(黨、社)

(3) 編一本《浙東政治及軍事的變革》小史。………………(社)

(4) 其他。

ㄊ、關於民情風俗者:

(1) 沿杭江路居民的職業、民性、人口約數等的調查;……(社)

(2) 沿杭江路各地的風俗、習慣如婚、嫁、慶、吊……等的調查;(社)

(3) 編一本《浙東民俗調查》小册。

(4) 其他。

ㄉ、關於物産及實業者:

(1) 火腿臘肉的醃製法及其運銷狀况;………………(自、社)

(2) 南棗及蜜棗的製法和産地之研究;………………(自、社)

(3) 沿杭江路的礦産之調查;(如金華之礦石,義烏之煤等)

……………………………………………(自、社)

(4) 沿杭江路各地的農産及手工業。

(5) 編一本《沿杭江路的物産及實業概况》。

(6) 其他。

乙、關於名勝及古蹟者:

(1) 金華之北山、永康之方巖……等。 ……………………… (社)

(2) 其他。——編一本《沿杭江鐵路的勝蹟》。

## (丙) 分科活動

黨義科研究問題

(1) 研究四大需要——"行"的問題;

(2) 證明"以人力征服自然"這句話的真義;

(3) 杭江鐵路完成後,對浙東人民生計有何影響?

(4) 杭江鐵路與浙東軍事政治有怎樣的影響?

實際教材舉例——自編

《挑砂礫》——三月十五日,王兒同父親到金華火車站遊玩,突見通濟橋下,有黑蟻般的工人,在那兒挑砂礫,把溪灘中的砂,挑上岸邊來,幾百個東北工人[①]來來往往,狀極忙碌。王兒心中覺得有點奇怪;再仔細望過去,原來還有一條軌道從車站那邊鋪到橋頭來。

王兒忙問父親道:"灘上的許多工人,挑着砂礫做什麽?鐵道造到橋頭去,是不是爲了我們坐車便利些?"

父親答道:"不,不,這軌道叫臨時支綫,是運砂用的;因爲路軌初鋪成,土力未堅固,所以一經下雨,枕木下陷,軌道一不平整,行車就要顛簸,是很容易出危險的!"

"像京滬、滬杭甬等鐵路,因爲没有砂礫可利用,牠們的路軌是完全用岩石敲成碎礁或用煤屑來鋪墊的。沿杭江鐵路,既没有大工廠,

① 東北工人:建築杭江鐵路的工人都是從東北僱來的。

當然無處去找煤屑，要把大岩石打成碎磈來鋪、墊，也不是經濟的辦法！杭江路工程局的人很聰明，他會想出這樣一個利用自然的辦法來，全路的路面，都可用這不費錢的砂礫運去鋪、墊了！”

王兒又問：“那末，這條臨時支路，究竟太費事了，把砂礫挑到車站上車，不過幾百步路，何必特鋪這樣一條軌道來？”

父親答道：“你不記得孫中山先生在《民生主義》第三講説：‘……用蒸汽電氣來替代人類的體力，用金屬的銅鐵來替代人類的筋；一部機器的力量，往往足以抵當幾千百人的工作，只須用少數人去管理，就能得大量的成功。……’這段話，不是已替你解釋得很明白了嗎？全路需用的砂礫，不是一擔二擔便够了的，更非一天二天所能鋪得成功；如果依你那一擔一擔的挑到車站去，不但有礙行車，更不知何年何月纔能成功呢？”

王兒恍然悟道：“唔！機器之力，偉大哉！”

本節參考書籍（一）見文末

國語科——分化到社會、自然、黨義……等科去，做調查及搜集等工作。（如剪貼關於杭江路的報章記載；調查沿杭江路各地物産、民俗、勝跡等，都須先從各縣縣誌入手。）

算術科研究問題

（1）杭江鐵路全長若干公里？合華里若干？

（2）杭江鐵路已完成多少？未完的以公路代之，試將現有公路與鐵道作一多少之比較。

（3）杭江鐵路聯絡綫各公路的里程統計。

（4）調查沿路各站距離里數，並做比較表。

（5）調查沿路各站乘車票價，做統計表。

（6）調查沿路各站糧食方面的物價並製表。

（7）杭江路未完成前，從金華到杭州所需時日及費用的概算。

（8）核計行車速率。

(9) 計算杭江鐵路建築費——第二總段舉例。

(10) 其他。

實際教材舉例(一)

**杭江鐵路路基建造費——共需 $**

(第二總段)

| 綫路填土 | 67,400 公方 | 共 123,480 | 每公方需 $ |
|---|---|---|---|
| 綫路挖土 | 79,300 公方 | 共 $ 19,825 | 每公方需 $ |
| 綫路鑿石 | 35,280 公方 | 共 $ 45,864 | 每公方需 $ |
| 車站填土 | 38,600 公方 | 共 $ 9,650 | 每公方需 $ |
| 護　　岸 | 1,350 公尺 | 共 $ 7,425 | 每公尺需 $ |
| 築　　壩 | 210 公尺 | 共 $ 2,100 | 每公尺需 $ |

(注) 尚有橋洞機件及機廠房屋預算等等,參閱二十年二月一日杭《民國日報》

實際教材舉例(二)——自編

《行車速率怎樣算?》——由蘭溪到江邊,計一〇〇公里,上午八時十分由蘭開行,至下午五時二十分到江邊站。共計行車時間多少?每公里連停車時間在内,平均要幾分鐘?假定小站平均停五分鐘(共十七小站),大站平均停二十分鐘(共三大站),共應除去停車時間多少?每公里實需行車時間多少?

本節參考資料(二)見文末

自然科研究問題

(1) 火車怎會在軌道上走?

(2) 火車的奥妙怎樣?

(3) 火車轉灣時爲什麽不會出軌?

(4) 火車在一條軌道上行駛,不會相撞嗎?

(5) 沿杭江路各地物産的調查(與社會科聯絡。)

(6) 沿杭江路各地的氣候怎樣?有何特産?

(7) 其他。

實際教材舉例(一)——參見二十年三月四日杭州《民國日報》。

《沿路礦産之調查》——礦産調查所,以杭江鐵路沿路礦産最富,自該路通車後,運輸益見便利,故特派李陶、金維楷兩人赴該路沿路一帶調查。聞自蕭山至金、蘭一帶,硃礦甚富(即瑩石),開採公司約十餘家,惜多範圍簡小,開採不良,故每家採額,年僅數百或數千噸不等。然每年所採總數已達三四萬噸,價約四百萬元,爲全國産硃之冠,若能加以改良,其希望及産額當更遠大。

又查金蘭一帶鋅礦甚富,義烏、永康等處煤鐵礦蘊藏亦不少云。

實際教材舉例——(二)

《火車轉灣時爲什麽不會出軌?》——牛頓的運動第一定律上説:“物體繼續行動於一定方向,除非有外力攙入,决不變更。”由這定律看來,火車在曲道上走,除非有外力更换其方向,是必會出軌的。

但是火車確可以在曲道上走,那麽建造鐵路的人,用什麽方法來變更這向前直行的方向呢?我們先想到這或是車輪有凹凸的關係,但實在是無關的。若没有别種佈置,火車還是要出軌的。最後才想到曲道外軌升高的道理。當建築鐵路時,對於曲道,必須細算轉灣的角度,火車走過時,應用何等速率,然後照比例抬高外軌。這與賽跑時跑道的曲處的抬高,一樣辦法。外軌高了,火車向外的阻力也就大些,可以使火車在我們所要的方向上走。

本節參考書籍(三)見文末

社會科研究的問題

(1)杭江鐵路經過的地方及縣屬地勢怎樣?

(2)杭江鐵路除發展浙東交通外,對鄰省有何影響?

(3)杭江鐵路怎樣成爲幹綫?與各聯絡綫情形怎樣?

(4)杭江鐵路完成後對浙東物産實業及人民生計有何影響?

(5)杭江鐵路沿路有何特産?行銷情形怎樣?

(6)沿杭江鐵路各地氣候、民俗、人口約數及職業等的調查;

(7) 沿杭江鐵路各地教育、文化、黨、軍、政等機關的調查;

(8) 沿杭江鐵路各地勝蹟及險要的調查;

(9) 火車乘車規則、攜帶行李、行車信號、避免危險及便溺處所等常識之研究;

(10) 其他。

實際教材舉例(一)——自編

《改造金華》——今天沈先生來上社會科(合併史、地、衛生),和我們研究"改造金華"的問題。因爲自杭江鐵路通車後,金華就一變而爲交通重鎮了,我們都覺得有研究的必要。大家興味很濃,所得知識,和往日死板板地讀幾頁教科書要好得多,因爲平時所教授的都是些和我們不大相干的,我們也便不專心去研究了。現在把沈先生的話,記在下面。

沈先生説:"諸位小朋友!你們多數是金華人,即使不是金華人,和金華也很有密切的關係。這二月來,大家都説本地來了一隻大老虎,你們早已知道是火車,可是有很多失學的鄉下小朋友,因爲無人教導,他們仍叫他是老虎,抵死不承認是火車。

小朋友,這老虎很能幹,他隨身帶了幾個大使命來,使金華有改造的可能,現在我先擇要舉幾個實例在下面,其他的待繼續研究討論:

一、"交通"——從前我們金華人要到杭州去,多麽麻煩,時間要三四日,旅費最省也要花上三四元;現在坐了火車,只要一天就够了,路費又省了許多。這不是既省錢又節時了嗎?

二、"文化"——不舉别的例,只就宣導文化最力的利器——"報紙"一項來説,從前要三四天的水路;杭滬民衆當天看到的"世界新聞""國家大事"輪到我們看到,已同讀歷史差不多了!其餘的如將來郵遞的便捷,學術思潮之傳遞,在在可以促進"文化";

三、"改造金華"——不但是改造金華,其實是改造浙東,因爲我們住的是金華,就先從金華研究起。

金華在浙東的重要,是和我們的七中附小在第七學區一樣的。

前清時候，便是金華府，民國後亦曾一度改爲金華道；最近主張試辦新縣政，將在金華置首席縣長，監督所屬各縣縣政。地當錢江上游，婺水經縣境之東西。蘭溪、武義等都是鄰邑；名勝有北山，物産則火腿、南棗等馳名中外；從前交通，僅恃水運，船隻均停駛蘭溪，金華祇過往耳。她實在是一個處女地，不大有人來過問的。

現在可不是了，杭江鐵路爲浙東陸路交通幹路，總站就在金華，上通衢州、蘭溪達江山以入贛；下通義烏、諸暨以抵杭、滬。將來金永武汽車路開展至温州、處州時，則金華實爲一交通樞紐。所以自金華之舊府屬——八縣——起，推而至浙東各地的歷史方面、地理方面的種種問題——如民性風俗、物産實業等——應該好好的做一個有系統的研究，預備改造金華，推而改造浙東。

“小朋友！老虎既帶了這麽大的問題來，我們應把這富國裕民的責任負一部分起來，因爲我們都是國家社會的主人翁啊！”沈先生説完了這段話，退課鈴已在響了，但是怎樣去研究呢？還要下回分解。

實際教材舉例(二)——參見《五中附小常識叢刊》

《豆腐舉人和大麥秀才》——諸暨人民的生活，大半是農，經商次之，做工的實在是等於副業，因爲一般的泥水木匠，實在就是農夫。

可是務農的雖多，對於讀書人却仍看得十二分重，有好多的種田父親，很喜歡把自己一鋤一把汗的汗血錢，去培植兒子讀書。有許多氏族，還要特别提一筆常産來奬勵祠下子孫讀書。

在這種窮苦家庭的子弟中，常常能够出幾個苦學成名的學生；他們一面讀書，一面仍舊幫助父兄做工，也有整天在做工作，趁空用功讀書的。像這種苦讀成名的故事，在前清是很多的。《儒林外史》的王冕，就是一個好例。像諸暨也有賣豆腐的，把書本放在擔上，到了什麽涼亭或是放下擔子的時候，就拿起書本來看，後來就考中了舉人；也有秀才的喜報已經上門，他自己還在場上打大麥的。所以有了什麽“豆腐舉人”“大麥秀才”的美稱。於此也可見當時諸邑的文化之一般了！

現在諸暨有四百多所小學，數量佔全省之冠，這還是耕讀並重的結果；可是一般做學生的，有没有像從前一樣的肯幫家庭工作呢？能不能再有“荳腐畢業生”或“大麥畢業生”呢？據最近調查，已今不如昔了！

本節參考書籍（四）見文末

勞作科研究問題

（1）杭江鐵路全綫的地勢怎樣？經過那些地方？有大小車站幾個？

（2）杭江鐵路有多少橋梁、谷洞？如何建造？有何功用？

（3）怎樣來做一座杭江鐵路的模型或火車的雛型？用什麼材料做？

（4）其他——聯絡各公路路綫。

教材要目

（1）做火車的雛形；

（2）做杭江鐵路石膏模型一座；——地勢、地名、軌道、車站及村落等。

（3）各縣公路聯絡綫——在可能中附做（2）内；

（4）其他。

美術科研究問題

（1）杭江鐵路經過那些地方？形勢怎樣？

（2）杭江鐵路聯絡綫各公路共有多少？路綫怎樣？

（3）火車站、月台、軌道、客貨車……等實物形狀之研究。

（4）其他。

教材要目

（1）繪杭江鐵路全綫略圖。

（2）繪《杭江鐵路各站所在地形勢或公路聯絡綫説明詳細地圖》；（附説明表。）

（3）實地寫生——如客貨車、月臺……等——搜集風景照片等。

（4）其他。

結語及説明——草這計劃時，因手頭缺乏參考書，仍然有很多遺漏的地方須待補充,不對的地方須待實施者糾正。

這計劃的期望,似乎過奢了點,可是杭江鐵路的影響於整個浙東人文,或許尚不止此,所以把需要研究的先寫了出來再説。——好在性質是有普遍性的,在這裏行不通,或許在那邊却不難迎刃而解的;我覺得不易實行,而人家已在做得楚楚可觀了。——計劃固需適應人地;但同時也可把計劃來找人地去收他山之助。所以祇希望能做到幾分是幾分,當然不能一蹴而成的。

本計劃是本設計法的精神而用做學教合一方法去實施的。各科能聯絡的,盡量使其打破科目的分界,以整個的精神聚會於“杭江鐵道”上;同時師生共同計劃在做上去教,去學,以期真知灼見之獲成。有很多人要知道什麽是“設計做學教”,其實祇要明白了“生活即教育”的話,什麽都可不成問題了。——因爲整個的人生是設計的,當然需要做學教合一的生活法去實踐。

計劃内缺少了國語、體育、音樂三科。國語,事實上都已分發到各科上了;音、體則不一定要硬生生的拉進去,有材料便實施,没有,可仍照舊教學。好在整個的生活,都是把牠倆分發着用的。——譬如馬路上的扛搬工,用力時,就“杭唷!”“杭唷!”的唱,也便是實際生活的音、體啊!

各科都有一二則教材舉例,這是深恐實施時發生了什麽困難而插入的,當然有好多好材料未採入。

實施時最重要的參考材料是地方誌——各府、縣誌——假使手頭有了沿杭江路各縣屬的地方誌,那末,沿路的地勢、物産、實業、民俗……等等;不難集在一起來分門别類去研究;次之則逐日的報章也大有助於參考。

如果這計劃一一能實現的話,則整個浙東將因杭江路的開展而轉易其閉塞衰落的狀態變爲發揚光大。本地方的實業、文化……等的史實,便不難得一有系統的記載而資印證。——附帶的聯想到日本開展滿蒙的計劃調查之周詳,所以這計劃實有待於補充與實施!

末了，很希望因這計劃之實施而能把浙東風物民情、地勢、特産、勝蹟……等作一有系統而明晰的記載，使這形同處女地的浙東能發展其蘊藏，富裕其他地方人民的生計。深望教育同人指正而作同樣的實施。

參考書籍(一)：

《實業計畫》第二部東南鐵路系統〔南京嘉應綫 福州鎮江綫 等〕；

《三民主義民生主義》第二講——"行"的問題；地方誌——《金華府誌》；各縣縣誌；報章雜誌等。

參考資料(二)：

《杭江鐵路行車時刻表》；《杭江鐵路售票價目表》；

杭江幹綫支綫及聯絡綫各公路的調查統計；報章雜誌。

參考書籍(三)：

(1) 兒童理科叢書"《火車》"；

(2) 少年百科叢書"奇象""常見事物"；

(3) 沿杭江路各縣縣誌各舊府誌；

(4) 報章、雜誌；

(5) 其他。

參考書籍(四)：

(1) 浙東各縣縣誌；

(2) 浙東各舊府誌

(3) 杭江路局各種計劃、預算、圖形、章則……等。

(4) 杭江路《行車時刻表》、《售票價目表》等。

(5) 報章、雜誌；

(6) 其他。

二一.四.二〇，於金華大洪山。

(原載《中華教育界》1932 年第 20 卷第 3 期)

# 中低年級十個設計做學教大綱

實施地點：浙省立七中附小

實施時間：本學期

引言　設計的原則有兩種：

㈠ 兒童自發的設計——是兒童自己被内在的感覺欲望及需要所驅迫而成的。

㈡ 由外界環境所引起的設計——是兒童自己内心本來没有需要，但一經事物環境的外爍，便會自然而然産生出來的設計做學教，即行爲主義的心理學家所謂“環境的控制”，换句話説，就是：“教育者要本其‘教育萬能’的職責，創造環境或利用環境來刺激，兒童一經身臨其境，就能不由自主的發生反應，以求滿足其需要而來的設計做學教。”

本大綱是照着第二種原則擬訂的，内分經常和補充兩種：經常——是有時間性的；補充——是祇有利用空間而無時間性的。

每個預定單元内，均有綱目，實施時固可綱舉目張；但仍須根據臨時實際情形而定實施方法及步驟的。

㊙ 經常的設計做學教：

(1) 桃花設計做學教

1. 如何引起？(A) 由談話；(B) 由實物；(C)由桃花塢[①]

2. 觀察研究：(A) 定期遊覽桃花塢；(B) 觀察桃花；(C) 欣賞桃

---

① 桃花塢——是金華的名勝，以桃花出名；每届花開，遊人若織。

園;(D) 桃花的構造怎樣?(注意花瓣、顔色、花蕊、花萼等)(E) 桃花何時開?何時謝?(F) 桃花謝了怎樣?(G) 其他(觀察研究時最好在野外,低級由導師記載;中級每人各帶筆記簿記載)。

3. 藝術活動:(A) 畫桃花;(B) 剪貼;(C) 着色;(D) 紮花;(E) 其他。

4. 教具:(A) 擴大鏡;(B) 桃花;(C) 藝術用品;(D) 利用大自然——桃園。

5. 參考書:(A) 少年百科全書第一類奇象上册 11 頁(花的香氣對於花有什麽用處,爲什麽不是一切的花都香),129 頁(花在夜中睡眠嗎),171 頁(花能説話嗎)。中册 21 頁(果子何以有核),24 頁(樹爲什麽有的天花有的没有花),145 頁(花的顔色爲什麽不同)。下册 14 頁(我們折了花時花受傷嗎),14 頁(怎樣會有花的),96 頁(蜜蜂爲什麽採花,花受害嗎);(B) 理科叢書及其他自然教科書。

(2) 遠足會設計做學教。

1. 如何引起?(A) 由兒童的舊經驗引起;(B) 由燦爛暖和的春光引起。

2. 討論研究:(A) 爲什麽要開遠足會?(B) 遠足會有什麽好處?(C) 遠足會有怎樣組織?(D) 舉定人員擬訂規約,(E) 决定目的地預算用費。(F) 其他。

3. 野外活動:(A) 分組研究;(B) 分頭採集;(C) 其他。(野外遊戲聚餐)

4. 觀察欣賞:(A) 開遠足成績展覽會;(B) 批評成績;(C) 决算用費;(D) 報告心得,(E) 其他。

5. 參考書籍:鎮中實小遠足活動與指導報告……等。

(3) 清明掃墓設計做學教

1. 如何引起?(A) 由兒童報告春假工作引起;(B) 由吃清明粿引起。

2. 報告研究：(A) 清明做些什麽？(B) 清明節社會上有何活動？(C) 什麽叫寒食？(講介之推故事)(D) 踏青的意義如何？(E) 爲什麽要掃墓？(F) 爲什麽要紀念祖先？(G) 紀念祖先應怎樣？(H) 燒紙錠等有何意義？(I) 做一次新式的掃墓，(J) 其他。

3. 各科活動：(A) 記載清明節的風俗習慣；(B) 批評舊習慣不好的地方；(C) 不好的習慣要如何改革？(D) 推墳墓；(E) 做紙花；(F) 唱紀念歌；(G) 其他。

(4) 蜜蜂的設計做學教

1. 如何引起？(A) 校園裏見到蜜蜂引起；(B) 由兒童報告養蜂的舊經驗引起；(C) 由吃蜜糖引起。

2. 觀察形態：(A) 蜜蜂和其他的蜂怎樣不同？(B) 爲什麽會叫？(C) 有幾隻翅膀？(D) 用什麽東西採蜂蜜？(E) 嘴怎樣的？(F) 刺怎樣會螫人？(G) 刺怎樣的？(用擴大鏡)

3. 參觀蜂場：(A) 蜜蜂住在那裏？(B) 蜂窠做在什麽地方？(C) 蜂蜜放在那裏？(D) 蜂桶爲什麽有小洞？(E) 其他。

4. 研究生活：(A) 蜜蜂住在一起不相争相駡嗎？(B) 爲什麽有蜂王？(C) 不做工的蜂有嗎？怎樣的？(D) 怎樣採蜜？(E) 烏蜂爲什麽不採蜜？有什麽用？(F) 其他。

5. 分科活動：(A) 研究及講故事；(B) 唱蜜蜂歌；(C) 做蜂的遊戲；(D) 做標本；(E) 其他。

6. 教具及參考書：(A) 教具：蜜蜂，蜂箱，掛圖，擴大鏡。

(B) 參考書：故事——十二姊妹 84 頁蜂王昆蟲故事。13 頁圬墁蜂；26 頁蜂貓和蟻；43 頁礦蜂；67 頁剪葉蜂；71 頁採綿蜂及取膠蜂；81 頁多毛的沙蜂；95 頁黄蜂和蟋蟀；103 頁狗蠅蜂。

研究——少年百科叢書第 5 類上册 371 至 385 蜜蜂和黄蜂。兒童理科叢書第 21 册"蜜蜂"；萬有文庫"養蜂法"；遊唱——蜜蜂。(有單行本)

(5) 國恥紀念設計做學教

1. 如何引起?(A) 由可惡的日本人引起;(B) 由國恥掛圖引起;(C) 由開會紀念引起;(D) 其他。

2. 討論研究:(A) 什麽是國恥?(B) 怎樣紀念?(C) 日本人爲什麽來欺侮?(D) 二十一條約怎樣的?(E) 爲什麽會答應他的?(F) 我們要怎樣才能雪恥?(G) 其他。

3. 分科活動——參考小學教育叢書第二類第三册革命紀念日中心教材。

4. 欣賞批評——開日貨及國貨小展覽會;各科成績小展覽會(如國恥畫及失地地圖研究記録等)。

5. 參考圖書——小學教育叢書第二類第三册;國恥地圖等。

(6) 總理蒙難設計做學教

1. 如何引起?(A) 由做紀念週引起;(B) 由總理的革命十次失敗引起;(C) 由永豐艦掛圖引起;(D) 其他。

2. 討論研究:(A) 總理革命蒙難了幾次?(B) 在廣州避難時怎樣?(C) 陳炯明爲什麽要叛變?(D) 這次避難最大的損失是什麽?(E) 總理怎樣逃難?(F) 其他。

3. 分科活動——參考小學教育叢書第二類第七册革命紀念日中心教材。

4. 欣賞批評——開紀念會;表演總理蒙難劇本。

5. 參考書籍——小學教育叢書第二類第七册三民主義……等。

㊁ 補充的設計做學教;

(7) 杭江鐵路設計做學教

1. 如何引起?(A) 由參觀火車站引起;(B) 其他。

2. 討論研究:(A) 没有火車時的交通怎樣?(B) 火車爲什麽能走得快?(C) 從金華到杭州要經過那些地方?(D) 什麽是杭江?(E) 有多少長?(F) 爲什麽軌道上不可走?(G) 其他。

3. 參觀車站：（A）車來了要怎樣？（B）紅緑旗有什麼用？（C）什麼叫打點？（D）怎樣買票？（E）怎樣上車？（F）怎樣下車？（G）怎樣進月臺出月臺？（H）其他。

4. 報告心得：（A）口頭或筆述報告；（B）提出其他研究問題；（C）摘記或寫生；（D）其他。

5. 藝術活動：（A）畫火車及車站月台等；（B）用硬紙做火車或軌道；（C）用紙或積木做火車；（D）其他。

6. 參考書籍：（A）兒童理科叢書"火車"；（B）少年百科叢書第三類常見事物 23 頁"火車的奥妙"，第一類奇象上册 129 頁"火車怎樣能在軌道上走？"中册 262 頁"火車轉灣時爲什麼不會出軌？"

（8）蝴蝶設計做學教

1. 如何引起？（A）由實物或掛圖引起；（B）其他。

2. 觀察研究：（A）春天的時候爲什麼牆壁上有硬壳毒蟲？（B）牠會變蝴蝶嗎？（C）翅膀爲什麼有粉？有害嗎？（D）頭腦腹脚……等的觀察；（E）其他。

3. 藝術活動：（A）做標本；（B）做紙蝴蝶；（C）畫各種蝴蝶；（D）其他製作；（E）開蝴蝶展覽會。遊唱；故事：（A）講三蝴蝶的故事；（B）表演三蝴蝶。

4. 參考書籍：（A）三蝴蝶（遊唱和故事）；（B）少年百科叢書第五類自然界上册 102 至 117 頁"蝴蝶和蛾類"；（C）科學大綱第二册"昆蟲世界"35 至 38 頁"白蝶生命史及彩色圖"（可供藝術用）。

（9）孵小鷄、養小鷄設計做學教

1. 如何引起？（A）報告家庭裏的小鷄；（B）實物或掛圖；（C）其他。

2. 討論研究：（A）鷄卵裏爲什麼會孵出小鷄來？（B）怎樣孵小鷄？（C）要幾天才出殼來？（D）怎樣養小鷄？（E）養鷄有什麼好處？（F）計劃實驗；（G）其他。

3. 實地活動：(A) 預備孵小鷄：(1) 買鷄蛋；(2) 買老母鷄；(3) 孵鷄窠；(4) 佈置場所。

(B) 孵小鷄：(1) 分組管理定輪流表；(2) 記載温度及氣象；(3) 記載從鷄蛋裏孵出小鷄來的整個生活史；(4) 母鷄要怎樣餵養？(5) 多少日子出小鷄？是否同時出？(6) 初出蛋殼的小鷄怎樣的？(怎樣從殼裏呱出來？毛羽如何？會吃東西嗎？會叫嗎？會走路嗎？)(7) 母鷄愛小鷄嗎？(8) 小鷄都出齊了，母鷄仍在窠中嗎？(9) 小鷄吃什麽？(10) 其他(隨時記載並寫生畫)。

(C) 養小鷄：(1) 小鷄會離開母鷄嗎？要多少日子後？(2) 什麽是小鷄的最好食料？(3) 什麽地方小鷄最喜玩？(4) 有東西要害小鷄嗎？(5) 小鷄睏在什麽地方去？(6) 小鷄的毛爲什麽變了？(7) 小鷄有雌雄可分嗎？(8) 小鷄幾時會自己找食？(9) 小鷄的生活活潑快樂嗎？和大鷄怎樣不同？(10) 其他(隨時記載並寫生畫)。

4. 參考用書：新制高自教授書第 2 册第 22 課(鷄)；(商務出版)養鷄法(新學會社出版)。兒童理科叢書"蛋"。(商務出版)

(10) 養蠶設計做學教

1. 如何引起？(A) 到野外去看桑葉；(B) 綢綾；(C) 故事。

2. 實地活動：(A) 買蠶子；(B) 預備養蠶用具；(C) 收蛾並餵養；(D) 採桑葉；(E) 付葉换葉；(F) 蠶眠養護；(G) 把蠶上山；(H) 剥繭子；(I) 稱繭賣繭；(J) 其他。

3. 研究觀察：(A) 參觀養蠶場及繅絲廠；(B) 蠶的形態；(C) 怎樣要眠？(D) 怎樣吃桑葉？(E) 怎樣吐絲？(F) 蛹是怎樣的？(G) 蛾的形態；(H) 怎樣産卵？(I) 其他。

(記載蠶的生活史)

4. 參考書籍：養蠶學(新學會社出版)。

結論　這十個設計做學教大綱，因性質的不同，故綱目亦異；或許有狠多的地方想不到而未列入細目，亦許有列而不適於實用的，胥在實施時另訂實施細目補充之,這不過是每個單元的大綱罷了。

其次尚有年級程度的不同,恐怕有幾個單元是適於中級而不適於低級,宜於低級而不宜於中級的。——還有每個單元的範圍亦有大小,有幾個只要以常識爲中心,不必把各科統統硬拉入去的;有幾個是非聯絡各科用大單元設計做學教不可的,這一點亦要看實施時再定的。

附——本大綱草案是根據下面幾種參考書擬訂的:

(1) 小學教育叢書;

(2) 兒童教育;

(3) 設計教學法;

(4) 其他。

——轉載《浙江教育行政週刊》136 號

(原載《江西教育行政旬刊》1932 年第 1 卷第 9 期)

# 永康女師試行自造測驗做學教的報告

做學教的理論，早已博得一般教育家的同情了，但實際還是在這兒摸黑路。很早就想把理想計劃、試行結果公諸同人指正，可是時間精力兩不我予，現在衹有把黑路摸到一綫曙光後，就報告出來，摸一條報告一條，日積月累，有機會再來整理。

我們覺得把教科書分出階段，教完一階段診斷一次，以覘教學之成功，在學習心理、教育效率上，是有相當價值的。

我們更覺得診斷測驗的題目，要學生自己依照書本出，是學習上最有效的方法，因爲出幾十個題目時閱書的心得，要比被動的衹爲受測驗而學習的機會要多，效率要高！

如果是師範生的訓練，更不可少這一步“自造測驗做學教”。已經在那兒做小學教師的，更不可不於進修上學到這一個重要的職能！

下面是我校——永康女師——師三學生自造《小學行政 ABC 測驗題》的計劃及實例。這是我們在做上學，在做上教出來的結果，現任高級小學的導師們，不妨試試看。

## （甲）計　劃

1. 方法——採“做學教合一法”在做上學，在做上教。知者自教教人，不知者受教於人，並均自學自做。

2. 步驟——把全書分成數階段，每階段令學生自造測驗題一次；

選擇、填充、是非、正誤等法均可。

ㄉ：研究至某階段結束時，令學生擇要出測驗題若干，并須做答案。

ㄆ：造好五十或一百題後，交導師批閱，將不通不順處，用符號標出，發還學生自己改正。

ㄇ：改正後，再由導師校閱，發還學生謄出一份，但不可將答案做在題紙上，要另做答案對照表。

ㄈ：導師將該測驗題收藏若干時，出學生之不意，將該題發還學生於規定時間内同時做完。或分出程度等級，交換測驗之。（如甲生與乙生對調）。

ㄪ：做完後，再把答案對照表發還自行批改，自己記分。

3. 成功——這不過是小試驗的成功，可糾正了下面許多流弊，收獲到下面許多好果：

ㄉ：測驗工作由學生自動，無拘束。

ㄆ：自己出題目，再受測驗，較臨時測驗要多得學習心得，且更正確。

ㄇ：課外工作增加，能熟習該階段書籍，無强記、苦讀之弊。

ㄈ：在做上學，在做上教，知者自教教人，不知者不得不受教於人。做學教合一。無教者自教、學者自學之弊。

ㄪ：叫學生自己批改，自己記分，不會嫌先生題目出得不好，不會嫌先生分數記得不公。

4. 注意——“方法步驟是死的，要能活用。”下面是試行此法應行注意的地方：

ㄉ：題目最好不相同。

ㄆ：把先交的卷即刻改出公佈教室，如有雷同的，即將該題取消。

ㄇ：題目衹可意義相同，文句、次序不可盡同。

ㄈ：其他。

## (乙)實　例

(1) 有價值的例題：

1. 校舍的形狀，最好是：(1) 一字形；(2) 凹字形；(3) 回字形 ………………………………………………………………… (2)

2. 教室最長不得過：(1) 20 尺；(2) 29 尺；(3) 27 尺 ……… (3)

3. 每個兒童須佔教室面積：(1) 三方尺；(2) 六方尺；(3) 八方尺 ………………………………………………………………… (2)

4. 黑版木料，最好是用：(1) 檜樹；(2) 杉樹；(3) 樟樹 …… (1)

5. 校舍建築，要全國一律是：(1) 有利的；(2) 有害的；(3) 最整齊的 ……………………………………………………………… (2)

6. 教室窗子的面積，應佔室內面積：(1) $\frac{1}{4}$；(2) $\frac{1}{7}$；(3) $\frac{1}{5}$。 ………………………………………………………………… (1)

7. 教室的時鐘，應掛在：(1) 學生前面；(2) 先生前面；(3) 右或左面 ……………………………………………………………… (2)

8. 有學級擔任之功，而收學科分任之效的是：(1) 學級擔任；(2) 學科擔任；(3) 混合擔任 ……………………………………… (3)

9. 教員跟學生升級的叫做：(1) 學級擔任制；(2) 遞升制；(3) 固定制 ……………………………………………………………… (2)

10. 全校只有一個學級的是：(1) 單式；(2) 複式；(3) 單級 ………………………………………………………………… (3)

11. “教育即生活，學校即社會”這二句話是：(1) 盧騷説的；(2) 杜威説的；(3) 福禄培爾説的 …………………………………… (2)

12. ……………………………………………………………………

批分法　$2\times$正$-$誤$\times\frac{1}{2}=$分數

(2) 可惜而共通的錯誤

1.“教育即生活,學校即社會”是:(1) 小學暫行條例規定的;(2) 教育法令規定的;(3) 杜威説的 ……………………………… (3)

2. 校工室和廚房要和教室距離得:(1) 遠;(2) 較遠;(3) 近 ……………………………………………………………… (1)

3. 杜威是那國人?(1) 美國;(2) 日本;(3) 英國 ………… (1)

4. 小學校教員的責任比:(1) 校工重;(2) 校長較輕;(3) 學生更輕 ……………………………………………………… (2)

5. ……

以上各題,有的太明顯,有的無重輕,有的不正確,有的答案做錯,有的文字須修正,有的全題要改正……此外尚有二共通的毛病是:(一) 多用問話式;(二) 是答案的數字相同至十餘題以上。(例如1、2、3、4……12 題的答案都是 1)其餘的毛病或許還有,不過我這一次没有發見罷了。

我們這一次在做上教到學到的成功有二:

(一) 學生既學會了造題方法,且熟習了書本。

(二) 學生學會了批改記分,……等方法,及測驗手續。

餘如是非法、填充法、正誤法等,都可仿行。高級小學學生亦有試做的可能。希望本部進修學員都來試試看。此外尚有燈謎式的進修做學教,待另文報告。

二〇.一二.二〇於永康女師。

(原載《進修半月刊》1932 年第 1 卷第 8 期)

# 湯溪縣小學國語科成績展覽會出品研究報告

本年六月一、二兩日，湯溪縣舉行全縣小學國語科成績展覽會，該縣教育局於同日聘請局内外人員組織出品審查研究會，當即擬定審查研究具體標準，分組研究至一日午夜方克蕆事。

計此次出品學校六十餘所，數量在三千件以上，真所謂"琳琅滿目，美不勝收!"湯溪教育之能與時俱進，各小學同人之服務努力，均可於此覘之矣!

分組研究人員除電招本人代表七中小前往承乏總審查外，餘爲該縣師講所主任王張威、民教館長姜承訓，暨教局周局長、胡督學、戴陳雨科長等七人。分組審查報告，備極詳盡。兹將總意見分成：(一)優點；(二)商確點。兩種報告如後，文内倘有誤謬之處，概由作者個人負責。

## (甲)教師出品

包括教學研究心得及教材教法和教案舉例……等項目，此次出品中除自編教材以地方小學經濟能力等關係尚無出品外，教法及教案舉例(教學順序)均包涵在研究心得報告内，統計出品四十餘件，不無精深研究之作，特舉例介紹如後：

**(一)優點：**讀法方面的——例如A.朗讀爲一般小學所不易改的困難問題，讀白話文時至少應該免去讀古文的腔調，這誰也不能否認的。此次九峰、洋埠、淑德、新昌、安定、福泉等小學均有關於"朗讀與默讀的研究",其中頗多引伸專家實驗結果,摘録比較實驗後的統計速率表以資證驗,足見各小學同人之努力進修,頗爲難得。兹介紹其結論如次:

1. 默讀在社會上比朗讀重要;2. 默讀能增加閲讀的速率及理解;3. 低級宜多朗讀,高級宜多默讀;4. 歌詩及對話文宜用朗讀;5. 默讀時應養成幾種好習慣:ㄅ、看書時勿發徹聲或掀動嘴唇;ㄆ、默讀時勿常停頓;ㄇ、默讀後要將大意講述出來;ㄈ、其他。

B. 教學生字的方法——普通小學教生字每少變化。此次三小、羅埠、域區及二小等校均有是項報告,特介紹其方法如後:

1. 舉例説明,2. 利用實物或圖畫説明,3. 用比較來説明,4. 用動作表示,5. 低級用卡片以遊戲方法練習,6. 開始教讀音不用齊唱法,7. 用聲音來表示音義,8. 中高級指導檢查字典。

C. 説話方面的——有説話教學的研究及語科口氣聲浪態度的研究兩種,出品小學爲:二小、三小、洋埠、九峰、淑德等。我們曉得有好多兒童出言訥訥,話未説而臉先紅,我們更知道有好多成人在大庭廣衆中不會發表意見,將來社交日繁,説話應有相當訓練,自無疑義。兹將此次出品中較爲具體的訓練方法介紹如後:

1. 説話教材的選擇:ㄅ、定式的演進語料　ㄆ、日常會話的演進語料　ㄇ、利用畫片及實物　ㄈ、故事　ㄪ、演説辯論　ㄉ、用國語

2. 説話練習的方法:ㄅ、報告　ㄆ、講故事　ㄇ、會話　ㄈ、辯論　ㄪ、表演　ㄉ、國語的應用

3. 語病的調查:ㄅ、不完整的　ㄆ、含糊的　ㄇ、語氣顛倒　ㄈ、詞不達意　ㄪ、無組織無條件　ㄉ、其他

4. 説話教學應注意點:ㄅ、發音正確否　ㄆ、有無語病和錯誤　ㄇ、能免除方言純用標準語　ㄪ、增多説話的機會　ㄉ、其他

餘如自製寫字代用量表,編造合理,批閲較爲客觀。作法及其他

的研究均多可取，以限于篇幅從略。

**(二) 商確點：**此次會中所有教師出品，除教具圖表等項另見研究報告外，研究心得各有獨到之處，其勇于研究進修之精神，已可無諮商餘地，惟爲百尺竿頭更求進步計，將幾點感想誌之如後：

(ㄅ) 吸收他人已有的研究心得及意見——此爲最好的現象，教育重在新舊智識之遞嬗，應用而融會貫通之。於經濟學習原理，正復如是。惟報告書末最好有參考書注明，則不獨無掠美之嫌，更可使參觀者易於參證——例如此次會中所有寫字方面的研究報告，直接間接頗多摘取趙著《國語科教學法》一書，雷同之處頗多。

(ㄆ) 比較研究在未經精密實驗前不可輕易下斷語——比較研究必有兩個以上的因子可供實驗。教育實驗爲一非常繁重之事，在未經精密科學的實驗前，不可輕易即下斷語；否則易致錯誤。

(ㄇ) 參考書籍尚欠豐富——例如"童話的研究"一問題，前人之研究頗多，既要再加研究，應自定對象——研究中心——廣徵是項參考書，再加以分析研究，那末，像此次某小學研究報告内之以童話當作兒童説的話，把説話研究當作童話研究……以及分童話爲民間的童話、教育的童話、文人的童話……等錯誤就不致有了。

查童話的界説在《辭源》上有："童話是兒童所閲讀的小説，依兒童心理，以叙述奇異之事。行文粗淺，有類白話，故曰童話。"

文學家趙景深的定義是："童話是原始民族信以爲真，現代人視爲娱樂的故事，是神話的最後的形式，小説的最初形式。"

(ㄈ) 明顯的錯誤——這大約是抄寫的錯誤。某小學寫字研究報告内竟有低級用毛筆寫字，中級毛筆與鉛筆兼用……的話。當再按作者用意，似係爲低級兒童尚無用鉛筆的能力——大約是經濟的年齡的關係。

查低級初學寫字用硬筆以便操縱，既爲一般教育者所公認，新課程標準内又有明白規定。故各校寫字方面的研究報告以低級用硬筆

（石筆、鉛筆等），中高級參用輭筆等意見不約而同。此項錯誤明顯之點，如非誤抄之故，即須立加改正。

## （乙）教　具

包括自製教具及圖表等項。此次出品頗多，與前次各科展覽會中國語科之教具寥寥不能多見者，真有霄壤之别。且經濟拮据者有經濟的自製教具，尤屬難得！特分别介紹于後：

**（一）優點：** 1. 合於經濟原則而有教育價值的——如利用香烟壳、香烟畫片、火柴盒、粉筆匣、廢硬紙盒及用過的名片……等製成各種生字卡片方塊字注音符號等；利用肥皂箱改製各種閃光器；剪貼報章雜誌等廣告圖畫製成圖説或各種新讀物，而係經濟而有價值的出品。

2. 能多方應用的——如一條硬紙卡片上端正反面看圖識字或注音符號對照，下端生字覆詞可當作綴法牌，兩端四面能多方應用；又如生字盤另用厚紙製成與盤同樣大小的片子，中穿一孔，可以隨時變换，一盤當作若干片之基本應用，既便利又經濟。

3. 使用簡便的——如故事圖將許多畫片放在紙袋内，在講故事時，叫兒童隨便抽出一張，看圖講述；在作法時亦可每人抽去一張，看圖造意。使用簡便，變化亦多。此外如認字遊戲片，筆畫練習片，猜謎卡片等，使用亦頗簡便。

4. 有興趣的——低年級之圖畫字典、連續畫、開水果店、買火藥、八卦仙預知盤及猜字謎等，都饒有興味，可增兒童學習效能。

5. 牢固耐用而又整潔美觀的——如各種方塊字片等均用木製，雖所費較多，但能經久耐用。此次洋埠小學所製各項教具，木料堅固細潔，裝置成盒，齊整美觀。與其費三五角錢到書坊去買一副，實不如如此自製一副較合算。

**（二）商榷點：** 1. 卡片及方塊字有不及五分見方的，面積過小，使用不便。

2. 注音符號掛圖標題,仍有沿用國音字母者,應予改正。

3. 注音符號掛圖多數精確美觀,惜有用薄油光紙繪製者,既易破碎,繪製時間亦不經濟。

4. 注音符號掛圖中,有以某種發聲器物繪成圖形指示發音者,用意雖佳,但有不能正確之弊! 例如“ㄇ”字繪一“牛”,旁注牛鳴聲,但牛鳴時“姆媽”二聲中,勢必使兒童無可適從,教者即或諄諄指示,結果則兒童以牛鳴印象較深,發音及不正確,不知試用者有無此弊。

5. 卡片邊幅如鋸齒,字形又不整齊,尚須改進。

6. 各種教具多出自教師之手,間或雇工製成者(如木塊),師生合作成工的東西尚不多見。

## (丙)學生成績

一、作文方面

**(一)優點:** 1. 低級作法用聽作、看圖造意、實物記載……等,切合兒童生活及心理,頗可取法。

2. 中高年級有練習寫柬帖、便條、契約、函件等與設計中心聯絡應用的,此類應用文的練習,鄉村小學尤應多倣行。

3. 有幾小學高年級作文先由教師用符號批訂後,兒童均能自行改正,於學習上頗多得益。

4. 間有能用標點符號者,可稱難能。簿上貼批訂符號更爲可取。

5. 某校舉行兒童通訊,且有通訊討論的中心,殊可取法!

**(二)商榷點:** 1. 此次會中尚有多數小學係由教師命題的。某校竟有“論報紙之利益”的題目,足見兒童的程度、興趣、想思……等均易爲之束縛。此後似以切合兒童生活及實際需要,與兒童共同選取題材爲佳。

2. 某校有把“中秋賞月”“端午節記”“好的秋天”……等時令題目前後參差聯續做的,於時效上既成問題,生活上頗不實際。

3. 某二年級生能作流暢而長至數百言的文章,殊屬難能! 惜未能將該生年齡性别及優異原因特别標明,致有疑爲贋鼎者。吾人雖明知鄉村小學頗多年長失學優秀兒童,但此種超越程度之成績,似應加以説明。否則,枉有此特殊之成績也!

4. 文末祇批以"清順"、"可以"、"文不對題"、"尚可觀"……等不關痛癢的批語,甚至誤字都不予改正者,於兒童學習上殊鮮進益,最好擯斥不用。

5. 兒童通訊爲最切合兒童實際生活需要及興趣者,各小學正宜積極提倡利用牠做題材;詎某校的通訊報告上説"我們發了許多信,没有一封回信寄回"等失望語,閲之至爲扼腕痛惜。受信而不致覆的各校師友,閲之不知有良心上之責任否?

二、寫字方面

**(一) 優點:** 1. 低級寫字由硬筆入手,各校類多注意及此,是一大進步。

2. 小楷用紙多數能用直行格,與信箋相同,能顧及實際應用及兒童身心,殊合理。

3. 高級用鋼筆横寫,且曾統計其速率,至可取法。

4. 寫字代用量表,可提倡仿行。

5. 某小學能利用兒童常誤字綴成文句作寫字材料,寓練習寫字於改正錯字之中,殊可取法。

**(二) 商確點:** 1.《十七帖》是否有臨寫的價值? 頗有商榷餘地。本來寫字的目的有二種: 一爲實用的;二爲消遣的。在社會事業日繁的現在,前者自較後者爲要,换言之,以寫字爲消遣目的的,應在淘汰之列。《十七帖》爲一種藝術作品,即使高級生學了是否能像? 像了是否能使一般的人看得懂? ……這是最大的兩個現實問題。如其曰能像與否祇要有多量的時間學習就不成問題,則此種極不合經濟學習原理的教材教法,吾人應大聲疾呼曰應在打倒之列。至曰此係供文人雅士欣賞用的,不與一般無欣賞能力者相干,則其不切實用,不合現實,已不打自招了。吾人真何貴有此時代落伍的作品來教學兒童?

至于欲保留此藝術品,流傳此藝術品。則其責自有專家或專門學校負責之。小學兒童應將其他重要學科加功教導,實不應有此閒暇時間及此也。

2. 寫字的標準和步驟爲先“正確整齊”,再求“敏速”,而後及於“美觀”,此係經許多學者精心研討或實驗後所定的合理標準與步驟,此次會中多數注意最後的“美觀”問題上去。師其意者謂展覽會中應有美的字來表現其成績,此實大謬不然,“鑄鐘式的半天寫一個字”,這是科舉時代的遺毒,深知地方小學犯此弊者頗多,故竭力於會場中欲找一注意“正確速”的寫字成績,幾如鳳毛麟角(祇見優點第3條一校)吾人又何貴有此少關緊要之“美”?

3. 因爲了没有注意上述兩個先决同樣,故占半數以上的學校以“映寫”爲不二的寫字教學法門。“臨帖”雖意似可取,但古僻而少流行的字亦在臨摩之列,尚非妥善。

4. 每字批改時間既不經濟,且又純屬主觀,應提倡自造代用量表以補救之。

5. 此外尚有代兒童多要求一點小小的學習的機會。寫字簿面的姓名、年級等等,不應由教師代庖。這雖於出品的美觀有碍,但真正懂得教育的人不會下此無意識的批評的。此次會中各科簿面由兒童自己寫姓名……等的,本已絶無僅有。寫字簿面應由兒童自己去寫,這雖好像爲兒童争權利,其實學習的原則應是如此。——雖然經驗告訴我“教兒童自己寫的時間反而自己代寫來得經濟,且格式不一,個别指導更屬困難。”各校教師定有同感,但望在這必有事焉上去用功夫來改善就是了。

三、讀書筆記

**(一) 優點:** 1. 各小學各年級都有平時的筆記成績送會。

2. 除摘録生字、新詞音義外，多數能注意指導兒童記述段落大意，發表感想，殊爲難得。

3. 課外亦有閱書筆記，足見各小學不以指導讀課本爲已足，應竭力提倡推行並努力充實補充讀物，鼓勵兒童課外閱書。

**(二) 商確點：** 1. 筆記格式似以不刻板規定項目欄别爲是，即定亦須顧及伸縮性；例如某小學的讀後感想一欄地位很狹，致使兒童記載困難，須加改進。

2. 中低年級音解生字有：女，音語去聲；心，一切身之主也；但，虚詞轉句用……等，度係無《國音字典》或《教學法》之故。至少須速去買《國語教學法》來參考。

3. 祇記音義，不將練習如摘録大意……等在筆記上應用，似尚須求充實其練習項目，增補指導方法。——因不研討全文大意，兒童得不到概念；不整理段落，兒童不會分析，不知結構也。

四、日記刊物及其他

**(一) 優點：** 1. 會中日記，出品備極豐富，足見各小學均能注意此項功效宏大之作業練習，殊屬難得。

2. 低級以圖畫記載，頗爲合理。

3. 多數能每日記載，取材亦多生動，而能注意及片段生活之記事。某小學兒童且特標出小題材者，殊可取法。

4. 日記記點什麼呢？這是兒童常要喊的困難問題，有數校日記簿的裏封面貼有取材標準，特介紹如後：

(1) 自己覺得有趣的事情；　(2) 學校裏的要事；
(3) 教師精警的言論；　(4) 日常功課的心得；
(5) 家庭生活的狀況；　(6) 個人新奇的感想；
(7) 國内外大事；　(8) 閱書録；
(9) 耳聞目睹的特殊事件　(10) 其他。

5. 各校刊物頗多，半月刊、月刊、週刊、時事壁報等均有，對國語科直接間接都有大量的幫助。

6. 刊物有全校出的、分級出的兩大類，能適應學校編制及經濟力。

7. 最難能可貴的爲某小各學級週刊，聯續而不間斷的編行，且字畫均出自兒童親筆的。

8. 刊物取材能以“遠足”、“清潔運動”、“講演會”……等爲中心題材，特出專號的，於兒童實際生活及心身均有大量助益。

9. 兒童通訊應積極提倡，此次會中有團體的、學級的、個人的各種方式，中以洋埠、九峯三小的學級通訊討論“看戲的利弊”“新建築的鐵路公路”……等。通訊討論研究有中心，獲益自非淺鮮。

**（二）商確點：** 1. 流水賬式的日記如今天上午起身，洗臉，到校上課下課，回家吃飯……等，天天是千篇一律，殊無意義；前項介紹取材標準，可設法指導補救。

2. 平凡而屑碎的日記，應設法指引其記載生動而片段的精采記事，則貧乏枯澀之弊可免。

3. 字體過草則有損佳構，過工整則時間或不經濟。有數校均病此過或不及之弊。能很自然的用行書記載，則願已足。草固不好，太工整亦有矯造之嫌。

4. 刊物插圖多數出自教師手筆，兒童于無形中被剥削發表機會，殊屬可惜！

5. 刊物最好能維持繼續不斷的精神。

6. 兒童通訊校與校間既得不到結果，應勿因之隳心；自己校内級與級間儘可互相通訊，推而個人與個人的個別通訊，均可提倡推行。

## （丁）測驗成績

爲國語科考查方法是否合理、記分能否合客觀標準的審查研究更爲精密計，特另許一組，專負研究之責：

**(一) 優點：** 1. 低年級能用圖形測驗，殊合理。

2. 多數測驗出品中題材的編造均能合法，且聞較前次爲進步。

3. 各種方法——如填充、選擇、改正……等——都能交互應用。

4. 能將成績裝訂成册，檢查保管均稱便利。

**(二) 商確點：** 1. 某校默讀選擇法造題有明顯錯誤，如：

(例)秋五——讀書測驗(選擇法)

(原文略)

(1) 這座園在學校的：① 南邊 ② 東邊 ③ 西邊 ④ 北邊 ………………………………………………………… (3)

(2) 有高大的樹是：① 桃樹 ② 梧桐樹 ③ 桑樹 ………… (2)

查第(1)題爲四種中選一；(2)題爲三中選一，同一測驗卷内不定有同數之選擇題，比如三中選一則自始至終都三中選一；四中選一則絶對不能有三中選一或五中選一等不同樣題材發現。此係于考查機遇及記分時有很大的關係。須將測驗概要等書詳加閱讀。

2. 遍觀會中測驗記分法能合理者幾絶無而僅有，例如選擇法不能將機遇減去，衹記以對的分數，頗不合理。

3. 題目太少不易得正確的結果。

4. 一次測題最好只用一種就讀。……以上均須將關于測驗的書籍詳爲閱讀，即可瞭然不贅。

5. 計分公式錯誤的一校 $\left[\text{是非法：(對—)}-\text{(錯—)}\frac{1}{2}=?\right]$

這公式看不出意義來——因爲是非法只要對幾題減去錯幾題就可，用不着再乘$\frac{1}{2}$的——其實原題$\frac{1}{2}$的作用看不出是否要乘。

以上各組各項研究結果衹能報告一個大概，遺珠在所不免，另詳各組詳細報告；至謬誤或求疵之處，幸祈有以正之。此外尚有幾點總意見，順便寫出，以就正于當地人士，同時當作本報告之結論。

一、測驗及統計方面，統觀會中同人出品表現既少，尤多應加商酌之處，各小學同人于進修上允宜特別注意；教育行政當局如果能在假期進修——如講習會中，特加“測驗統計”講習科目一種，敦請專家或有研究者講述之，似不無裨益。

二、送會陳列成績不求其多，祇求其精，只要確有代表性質者，即屬恰當。——例如此次各校幾將全部或全體學生的作文、日記、寫字筆記……等簿册送會陳列。比如甲校有一百個高級生，即有三五百本簿籍可以陳列了。——其實只要平日成績中挑選上中下三種代表成績即可。

三、在應用中的簿籍，切勿送會陳列，例如某校兒童日記祇記至開會前數日爲止，後面均有空頁，是開會期中該級兒童不是中輟此項作業，便須另换簿子，殊非辦法。

四、超出常態的成績過多。這一點可知有不少小學同人對展覽會用意尚少認識；例如作文成績内的字必非常工整，教師亦不必有多大批訂，而通暢流利有非出自兒童口脗者，此係明顯有造作工夫用進去，其實此種寃枉工夫用了是徒然的。

五、此外如簇新之教具掛圖，無論其平日應用或新製者，均能望于教導上長期應用，勿爲開會而作，勿經會後而束置不用。

這都是常談，聊示拋磚引玉之意云爾。

二二.六.二〇于浙七小。

（原載《浙江教育行政周刊》1933年第4卷第45期）

# 珠算口訣改用手語法的一個嘗試計劃

實施地點：省立金華中學附小

（一）緒言：珠算是我國的國粹，東西各國效法的很多，可惜墨守成法，未有用科學方法來研究改進，是一樁憾事！

比方算盤重笨，攜帶不便，最聰明的珠算家，亦僅知以制錢或銅幣代珠，上下左右，搬移進退，雖亦運用自如，無攜帶珠盤之累，亦能收運用珠盤之功；但從未有人會把牠的框、梁、算珠等改良成能自由拆卸、自由裝配的，此其於教具（用具）上應改良者一。

其次則教材方面更有商確改進的餘地。比如初學珠算的人一定要先把"一上一"、"四下五去一"……等口訣背得爛熟，然後運珠演算，但一遇秉性魯鈍的人（俗謂格不清者），會得把十位珠送到千百位去，差之毫厘，可謬以千里，此教材尚成問題者二。

至其教法，開始便是"讀口訣""背口訣"，最後乃可"運珠"，此種教學過程亦有問題，此其三。

以上"教具"、"教材"、"教法"三方面似乎都有問題，我們要如何發揚此項國粹？如何改良方合學習的原理原則？這都是值得研討的問題，關於"教具"方面，我們認爲次要，暫置不論；"教材"、"教法"似有連帶改善之需要，特擬作一初步的嘗試計劃如次。

（二）爲什麼要改？　這是顯而易見的，幾千年相沿習用的珠算精華——口訣，我們不應輕易予以推翻；我們應用科學方法作精切的觀察嘗試，找出一條更經濟、更便捷的途徑來，然後可云改善。可是爲什麽要改善？我們必須找到了他的癢處，然後可處方下藥以言改善。

吾人試看初學珠算的人，開始就是“死讀口訣”、“死背口訣”，然後再去“照訣運珠”，在心理方面有無基礎？學習方面的時間經濟嗎？效率宏大嗎？……旁的實例不必羅舉，單就背訣運珠時去觀察初學者的心不應手、手足無措（有時連脚都蹬起來）的窘狀，我們便可知口訣與運珠是由二起事硬拚起來的，中間不知要化去多少時間，纔能把牠倆打成一片，那末我們何不在初學時打成一片的再教呢？

比如一個（4＋6＝10）的簡單問題，往往弄得初學者一邊背着“四去六進十”，或“六去四進十”的口訣；——（唇、舌、口、齒、腦……並用）一邊運珠演算。——（手指腕力……並用）在這上面，我們認爲口、齒、唇、舌等器官，至少要其静息不用。（雖老手是如此的，但初學至熟練的時間已化了不少）況照現頒新課程標準，初學珠算係自四上年級起，以一思想簡單的兒童，要他用這費解的口訣，於學習時間及效率上，的確是一現實的困難問題。那末，我們何不化簡單起來再教呢？

就上列二點論，在心理上、學習原則上既無基礎，又不合理。現行珠算口訣需要改善，這是無疑義的！

（三）如何改？　既需改善，則如何改善？自非有相當的代替方法，經過合理試驗研究，然後方可免踏空口説白話的窠臼。特草擬改善同目標和方法計劃草案如後，當否，還祈識者校正！

A. 目標　（1）使初學珠算的人，運珠時減少使用許多器官；

（2）將繁複的口訣用簡單的手語；

（3）學會手語後，看題演算，免却背訣之勞；

（4）將手語法與口訣作等組比較實驗。（放在第二步做）

B. 方法　把原有口訣，採用聾啞學校的手語法，化成“珠算手語法”。兹爲便利印刷計：珠盤手指改繪圖例説明如下：

（一）(1)(2)(3)(5)(10)(千)……等表示珠之數目；

（二）↑表示上珠；

（三）↓表示下珠；

（四）↖表示進珠；

（五）↘表示退珠；

（六）一表示珠盤之梁，上爲“梁上二珠”，下爲“梁下五珠”；

（七）每原口訣均照阿拉伯數字及中國數碼列成問題，使能普遍應用，增加理解能力（指四上兒童）例：123 + 931 = ?　〡二〣加〩〣一得幾?；

（八）假定應用珠算手語法計算上題，則圖示如後：

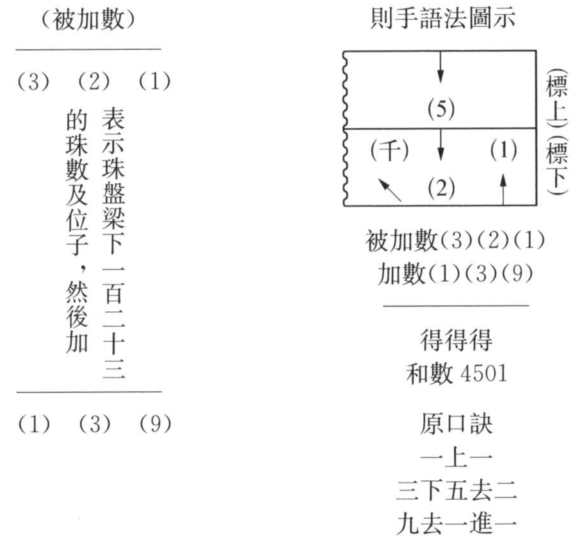


**（1 數至 9 數加法）**

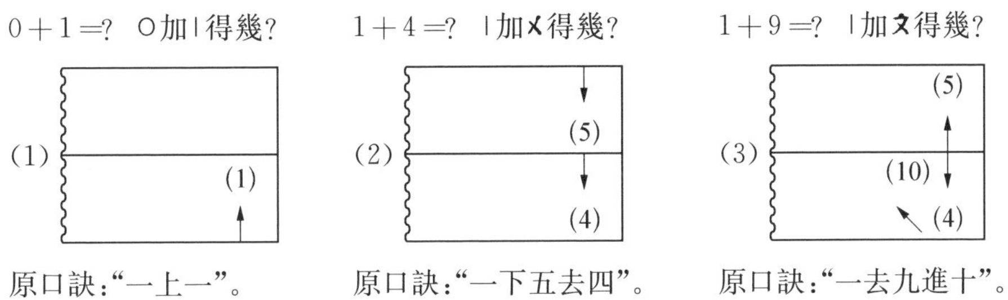

## (2數至8數加法)

0＋2＝? 〇加〢得幾?

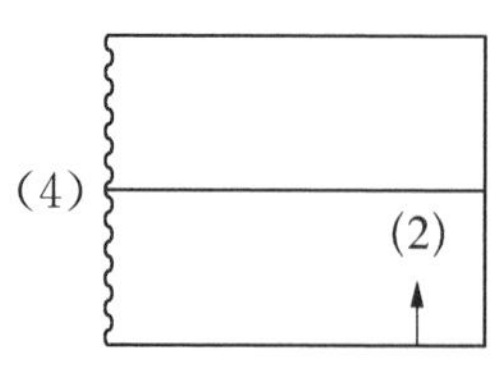


原口訣:“二上二”。

2＋3＝? 〢加〣得幾?

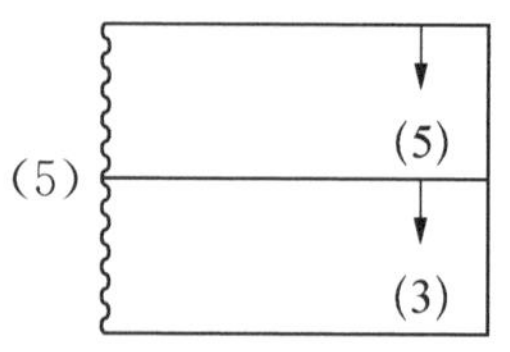


原口訣:“二下五去三”。

2＋8＝? 〢加〨得幾?

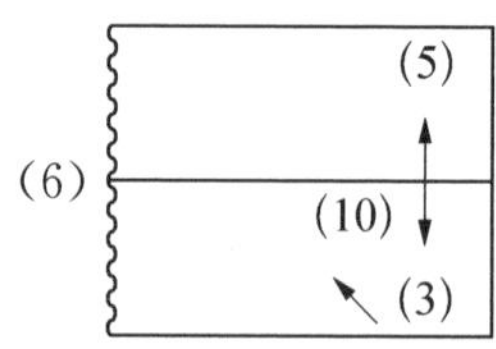


原口訣:“二去八進十”。

## (3數至7數加法)

0＋3＝? 〇加〣得幾?

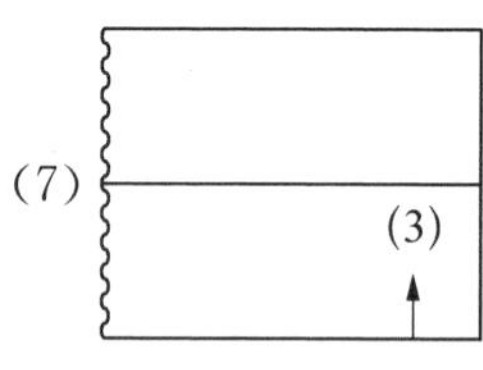


原口訣:“三上三”。

3＋2＝? 〣加〢得幾?

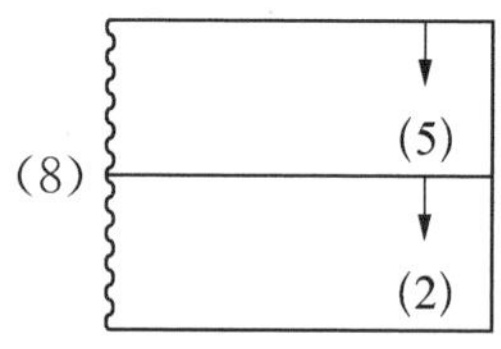


原口訣:“三下五去二”。

3＋7＝? 〣加〧得幾?

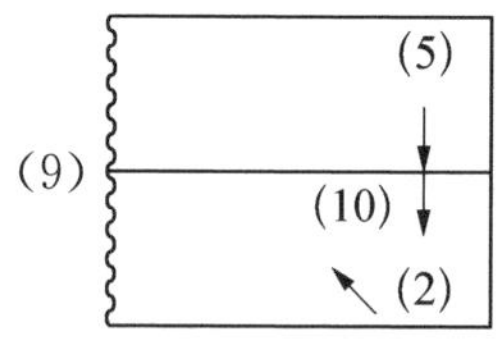


原口訣:“三去七進十”。

## (4數至6數加法)

0＋4＝? 〇加〤得幾?

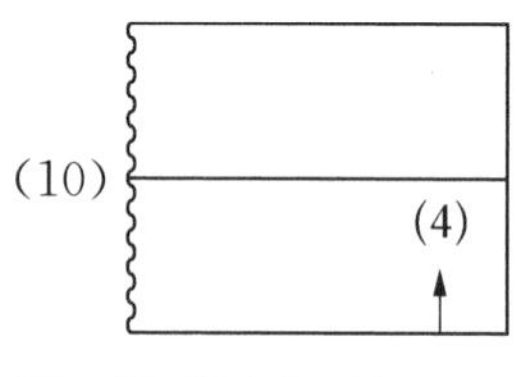


原口訣:“四上四”。

4＋1＝? 〤加〡得幾?

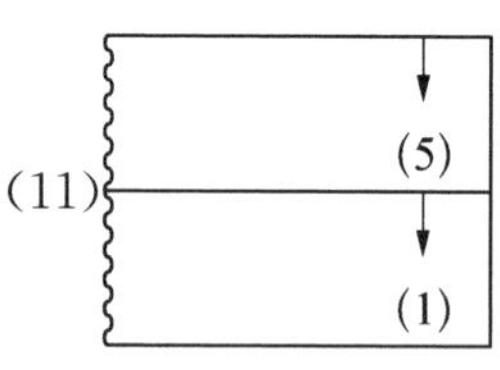


原口訣:“四下五去一”。

4＋6＝? 〤加〦得幾?

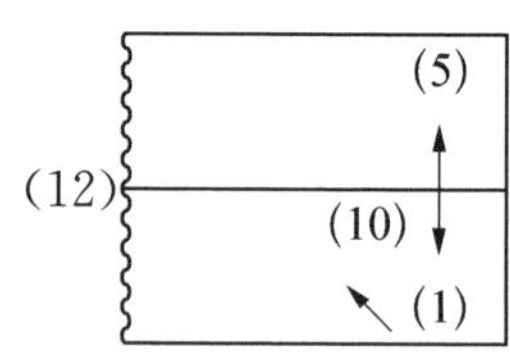


原口訣:“四去六進十”。

## (5數至5數加法)

0＋5＝? 〇加〥得幾?

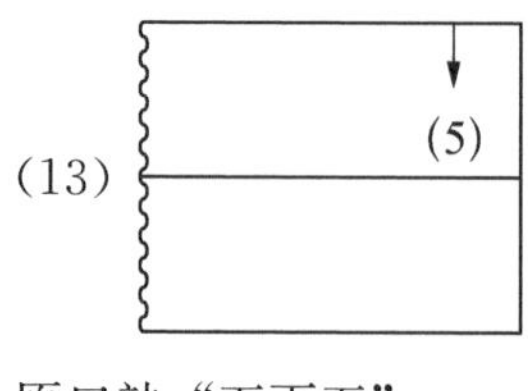


原口訣:“五下五”。

5＋5＝? 〥加〥得幾?

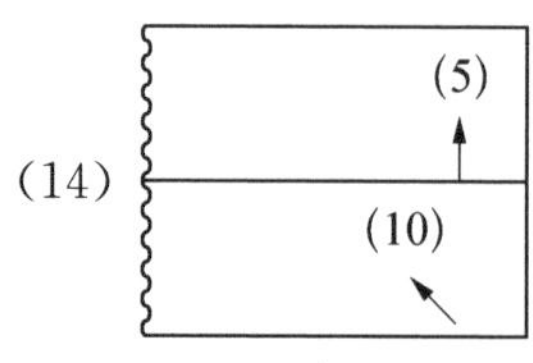


原口訣:“五去五進十”。

### (6 數至 5 數加法)

0＋6＝?　〇加〦得幾?

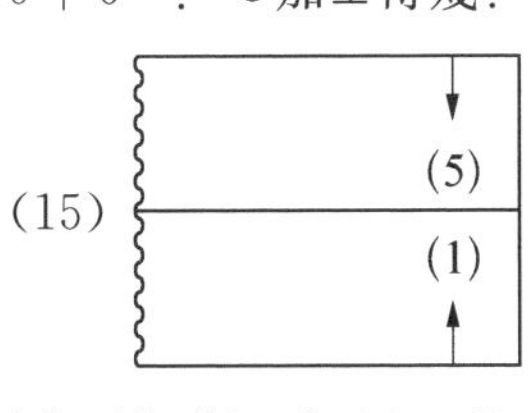


原口訣:“六下五上一”。

6＋4＝?　〦加〤得幾?

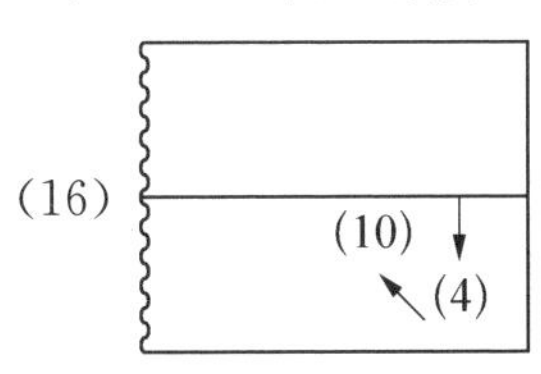


原口訣:“六去四進十”。

6＋5＝?　〦加〥得幾?

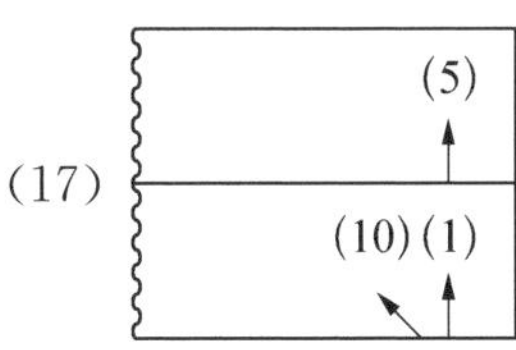


原口訣:“六上一去五進十”。

### (7 數至 5 數加法)

0＋7＝?　〇加〧得幾?

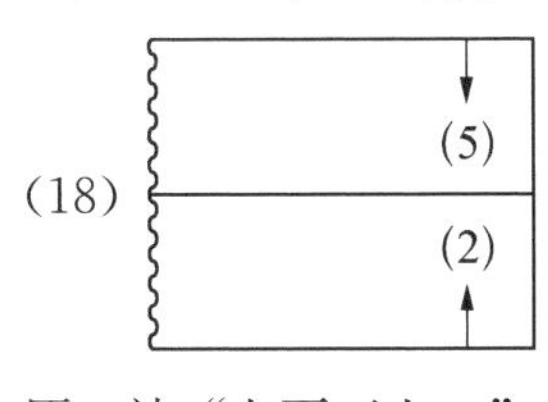


原口訣:“七下五上二”。

7＋3＝?　〧加〣得幾?

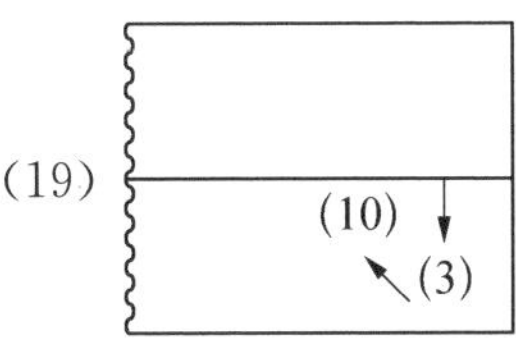


原口訣:“七去三進十”。

7＋5＝?　〧加〥得幾?

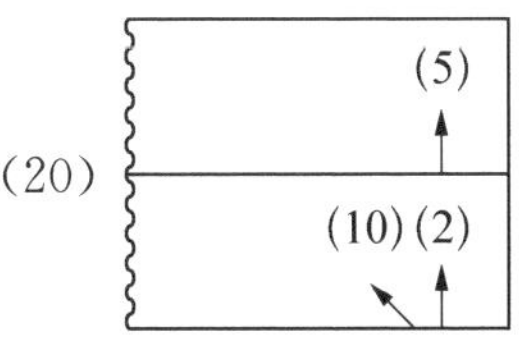


原口訣:“七上二去五進十”。

### (8 數至 5 數加法)

0＋8＝?　〇加〨得幾?

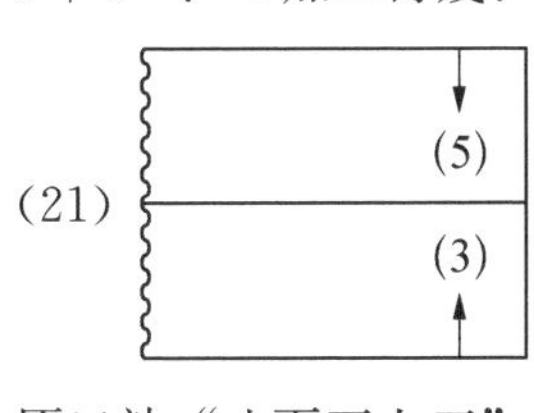


原口訣:“八下五上三”。

8＋2＝?　〨加〢得幾?

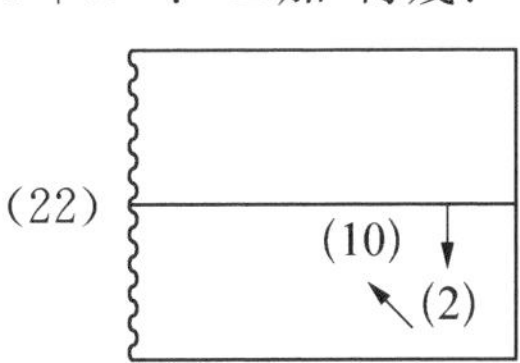


原口訣:“八去二進十”。

8＋5＝?　〨加〥得幾?

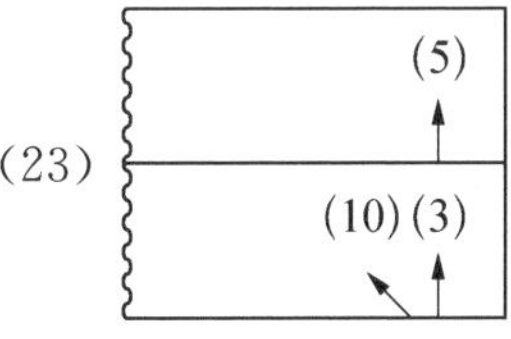


原口訣:“八上三去五進十”。

### (9 數至 5 數加法)

0＋9＝?　〇加〩得幾?

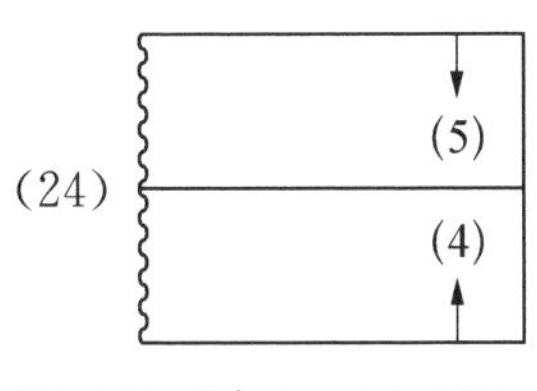


原口訣:“九下五上四”。

9＋1＝?　〩加〡得幾?

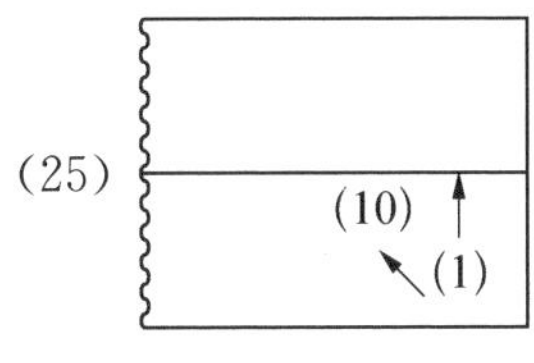


原口訣:“九去一進十”。

9＋5＝?　〩加〥得幾?

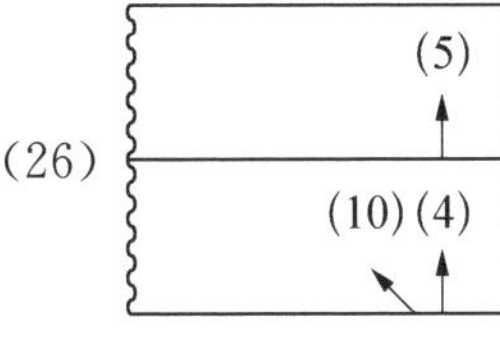


原口訣:“九上四去五進十”。

以上係加法手語,教學時衹用(1)至(26)個圖示及上面的式題,原有口訣不用。

## （十）减法手語

### (1 至 10 减法)

1－1＝?　〡减〡餘幾?

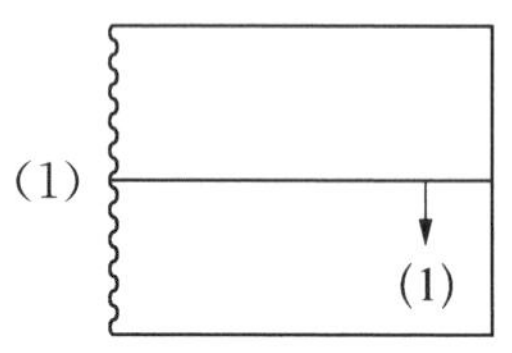


原口訣:“一去一”。

5－1＝?　〥减〡餘幾?

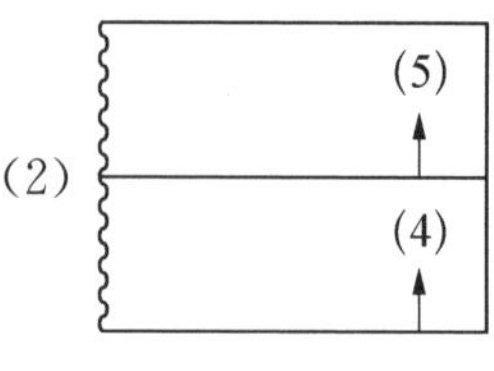


原口訣:“一上四去五”。

10－1＝?　〸减〡餘幾?

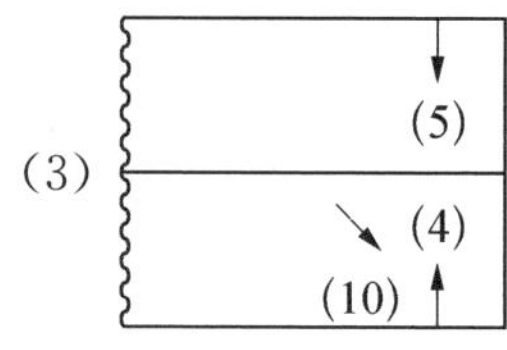


原口訣:“一退十還九”。

### (2 數减法)

2－2＝?　〢减〢餘幾?

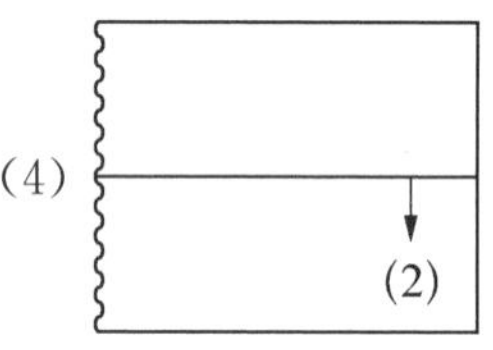


原口訣:“二去二”。

5－2＝?　〥减〢餘幾?

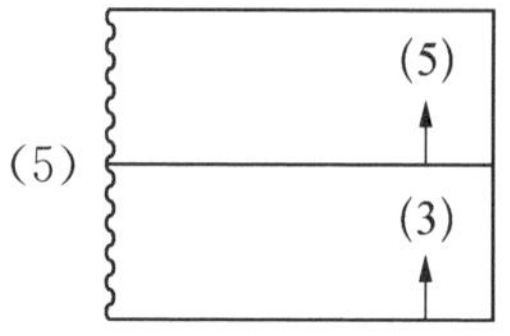


原口訣:“二上三去五”。

10－2＝?　〸减〢餘幾?

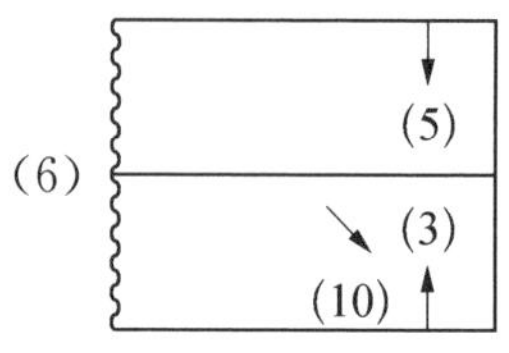


原口訣:“八退十還八”。

### (3 數减法)

3－3＝?　〣减〣餘幾?

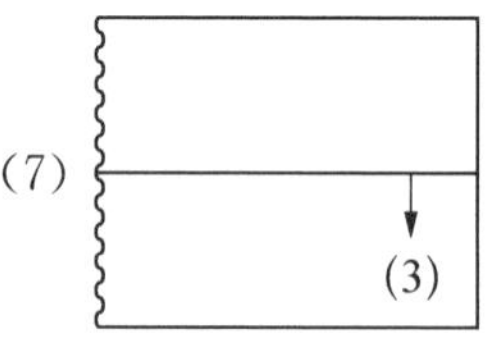


原口訣:“三去三”。

5－3＝?　〥减〣餘幾?

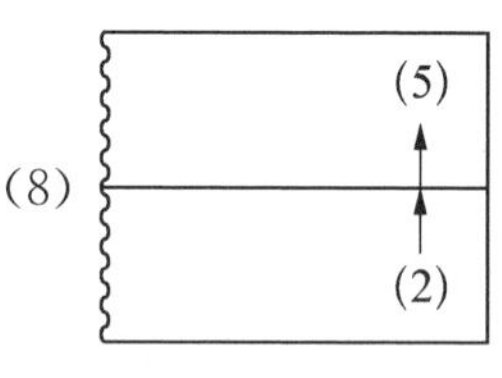


原口訣:“三上二去五”。

10－3＝?　〸减〣餘幾?

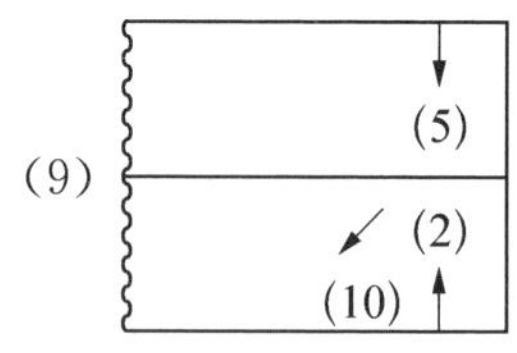


原口訣:“三退十還七”。

### (4 數减法)

4－4＝?　〤减〤餘幾?

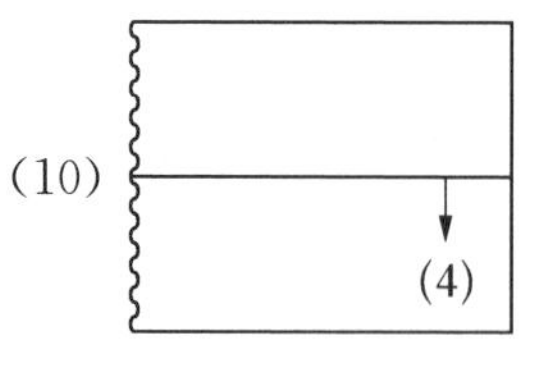


原口訣:“四去四”。

5－4＝?　〥减〤餘幾?

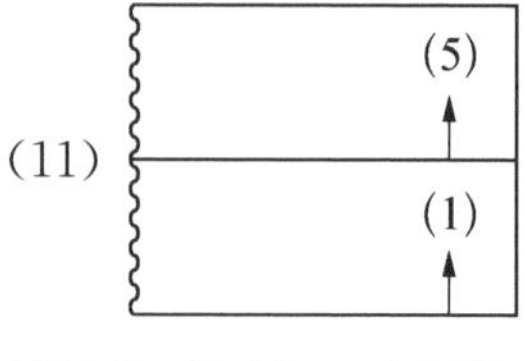


原口訣:“四上一去五”。

10－4＝?　〸减〤餘幾?

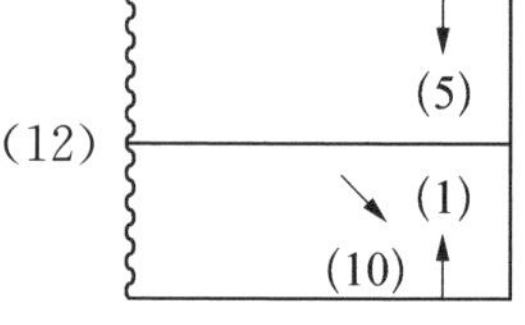


原口訣:“四退十還六”。

**(5 數減法)**

5－5＝?　〥減〥餘幾?

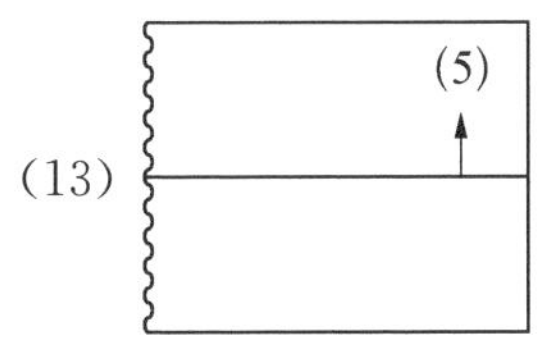


原口訣:“五去五”。

10－5＝?　〸減〥餘幾?

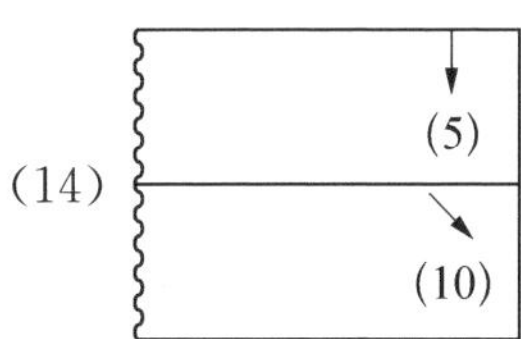


原口訣:“五退十還五”。

**(6 數減法)**

6－6＝?　〦減〦餘幾?

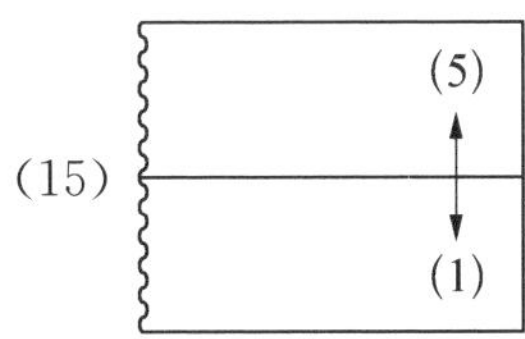


原口訣:“六去六”。

10－6＝?　〸減〦餘幾?

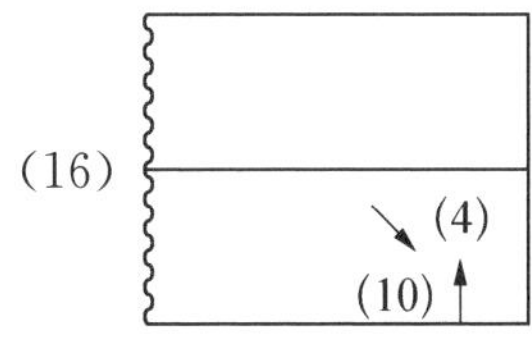


原口訣:“六退十還四”。

**(7 數減法)**

7－7＝?　〧減〧餘幾?

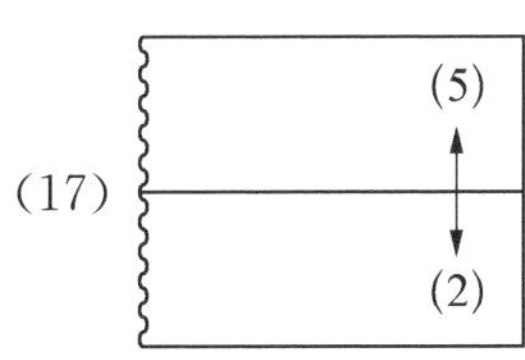


原口訣:“七退七”。

10－7＝?　〸減〧餘幾?

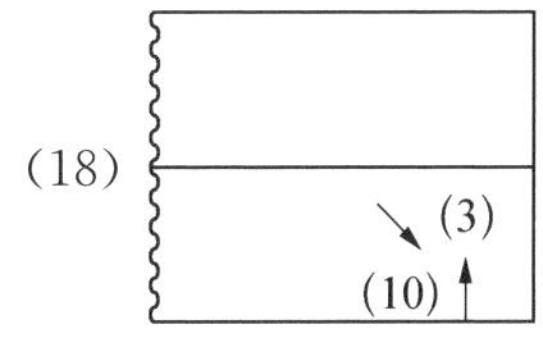


原口訣:“七退十還三”。

**(8 數減法)**

8－8＝?　〨減〨餘幾?

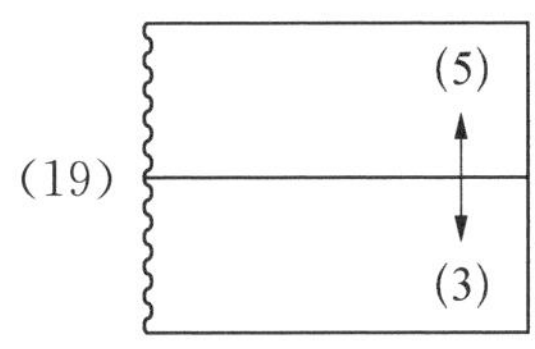


原口訣:“八去八”。

10－8＝?　〸減〨餘幾?

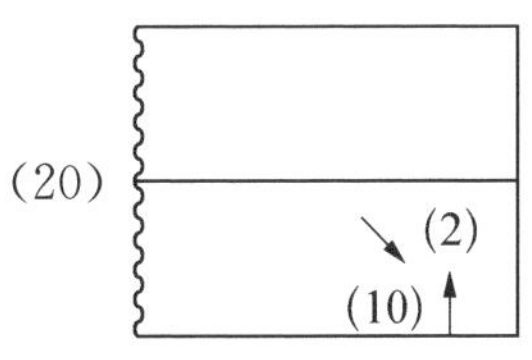


原口訣:“八退十還二”。

**(9 數減法)**

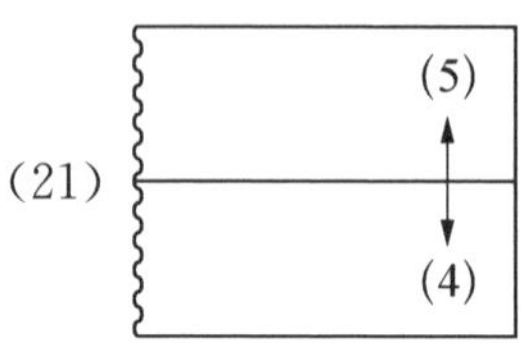


原口訣:“九去九”。

10－9＝?　十減乂餘幾?

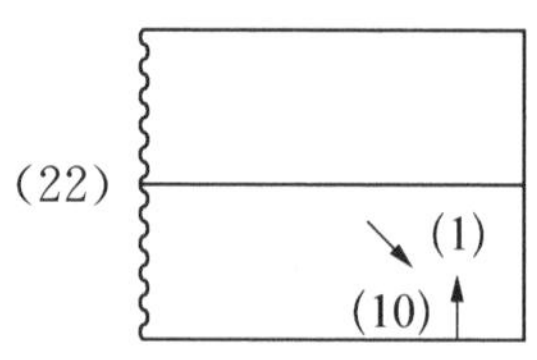


原口訣:“九退十還一”。

以上係減法手語,能熟練加法手語後,學之極易。

乘法手語,因衹要記住留頭進退算珠與加減法同,故不贅。

除法應用較廣,語訣亦繁,除一歸一除與加法上珠相同外,二至九歸手語如後:

(十一) 除法手語

**(2 除)**

1÷2＝0.5

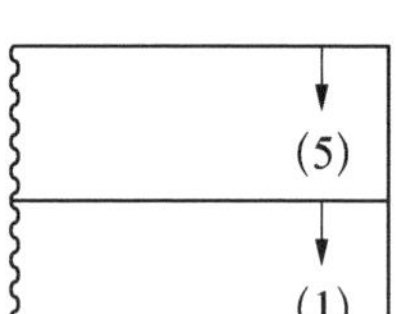


原口訣:“二一添作五”。

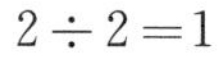


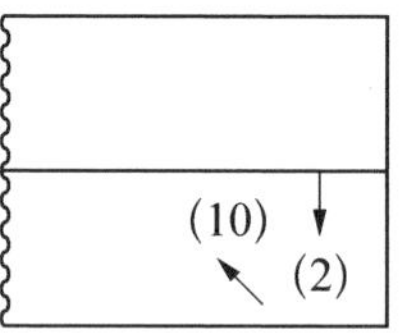


原口訣:“逢二進一十”。

4÷2＝2

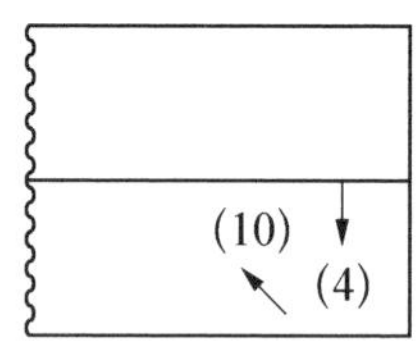


(下同略)

**(3 除)**

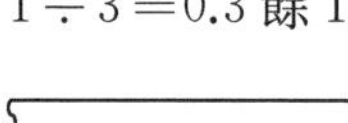


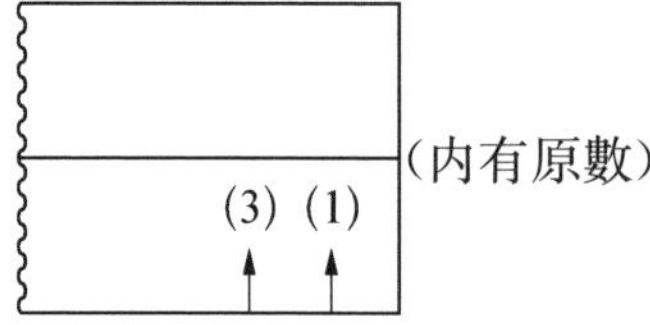


原口訣:“三一改作三十一”。

2÷3＝0.6 餘 2

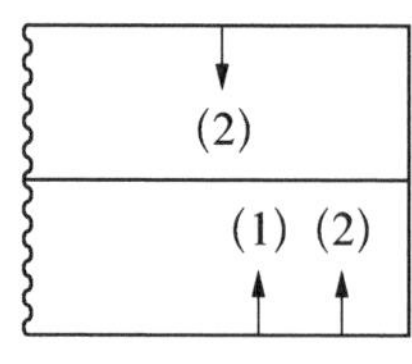


原口訣:“三二改作六十二”。

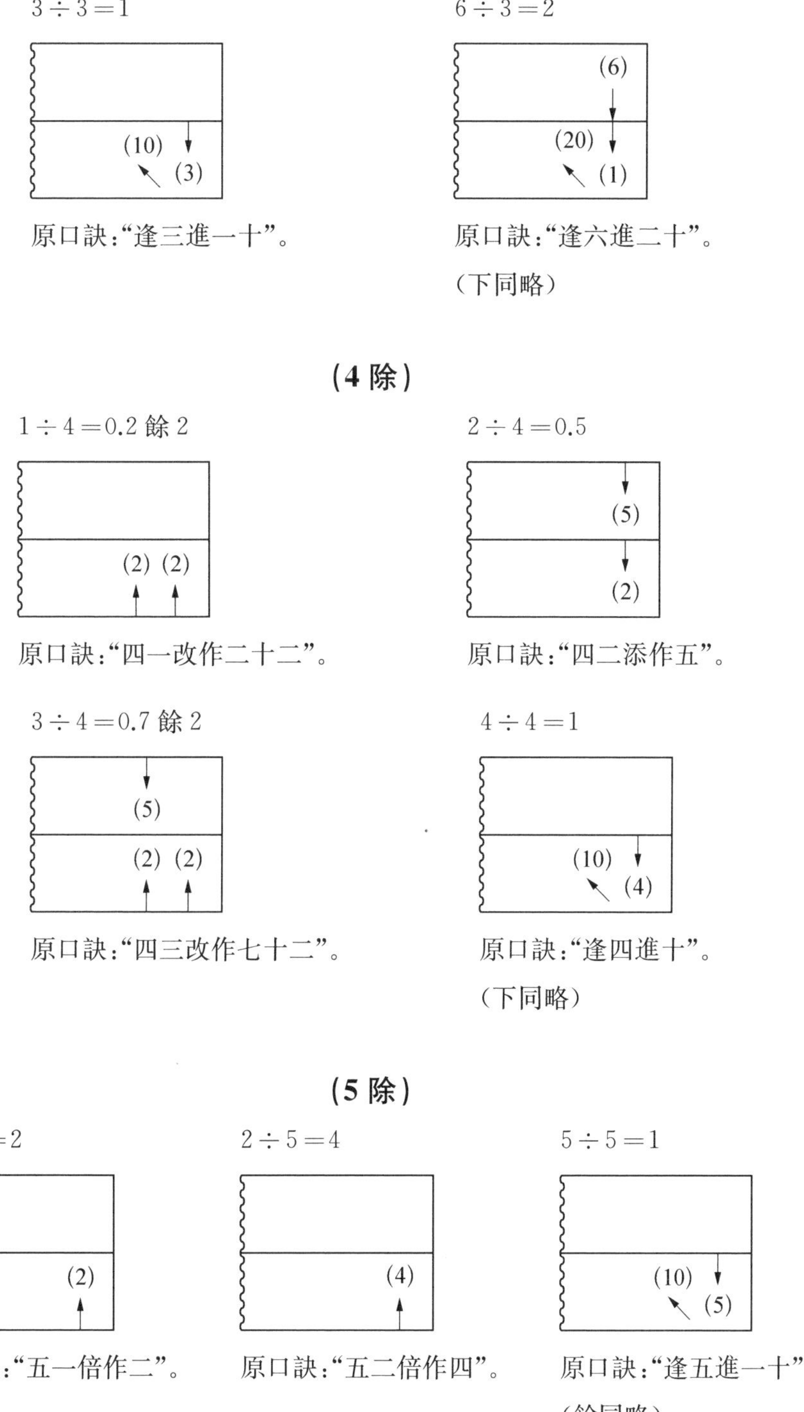


$3 \div 3 = 1$

原口訣:“逢三進一十”。

$6 \div 3 = 2$

原口訣:“逢六進二十”。

(下同略)

**(4 除)**

$1 \div 4 = 0.2$ 餘 2

原口訣:“四一改作二十二”。

$2 \div 4 = 0.5$

原口訣:“四二添作五”。

$3 \div 4 = 0.7$ 餘 2

原口訣:“四三改作七十二”。

$4 \div 4 = 1$

原口訣:“逢四進十”。

(下同略)

**(5 除)**

$1 \div 5 = 2$

原口訣:“五一倍作二”。

$2 \div 5 = 4$

原口訣:“五二倍作四”。

$5 \div 5 = 1$

原口訣:“逢五進一十”。

(餘同略)

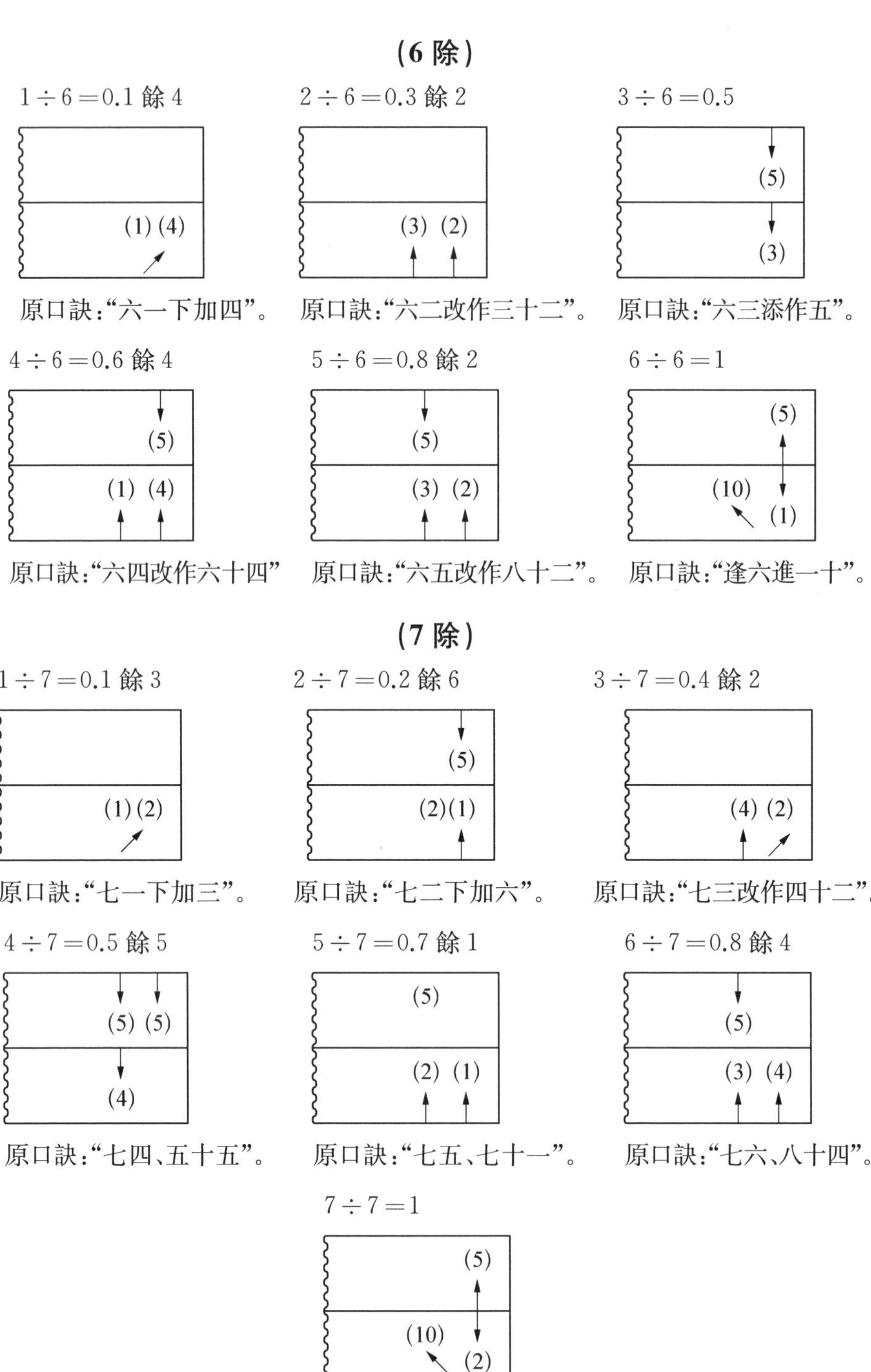
（6 除）
1 ÷ 6 ＝0.1 餘 4
原口訣:“六一下加四”。
2 ÷ 6 ＝0.3 餘 2
原口訣:“六二改作三十二”。
3 ÷ 6 ＝0.5
原口訣:“六三添作五”。
4 ÷ 6 ＝0.6 餘 4
原口訣:“六四改作六十四”
5 ÷ 6 ＝0.8 餘 2
原口訣:“六五改作八十二”。
6 ÷ 6 ＝1
原口訣:“逢六進一十”。
（7 除）
1 ÷ 7 ＝0.1 餘 3
原口訣:“七一下加三”。
2 ÷ 7 ＝0.2 餘 6
原口訣:“七二下加六”。
3 ÷ 7 ＝0.4 餘 2
原口訣:“七三改作四十二”。
4 ÷ 7 ＝0.5 餘 5
原口訣:“七四、五十五”。
5 ÷ 7 ＝0.7 餘 1
原口訣:“七五、七十一”。
6 ÷ 7 ＝0.8 餘 4
原口訣:“七六、八十四”。
7 ÷ 7 ＝1
原口訣:“逢七進十”。

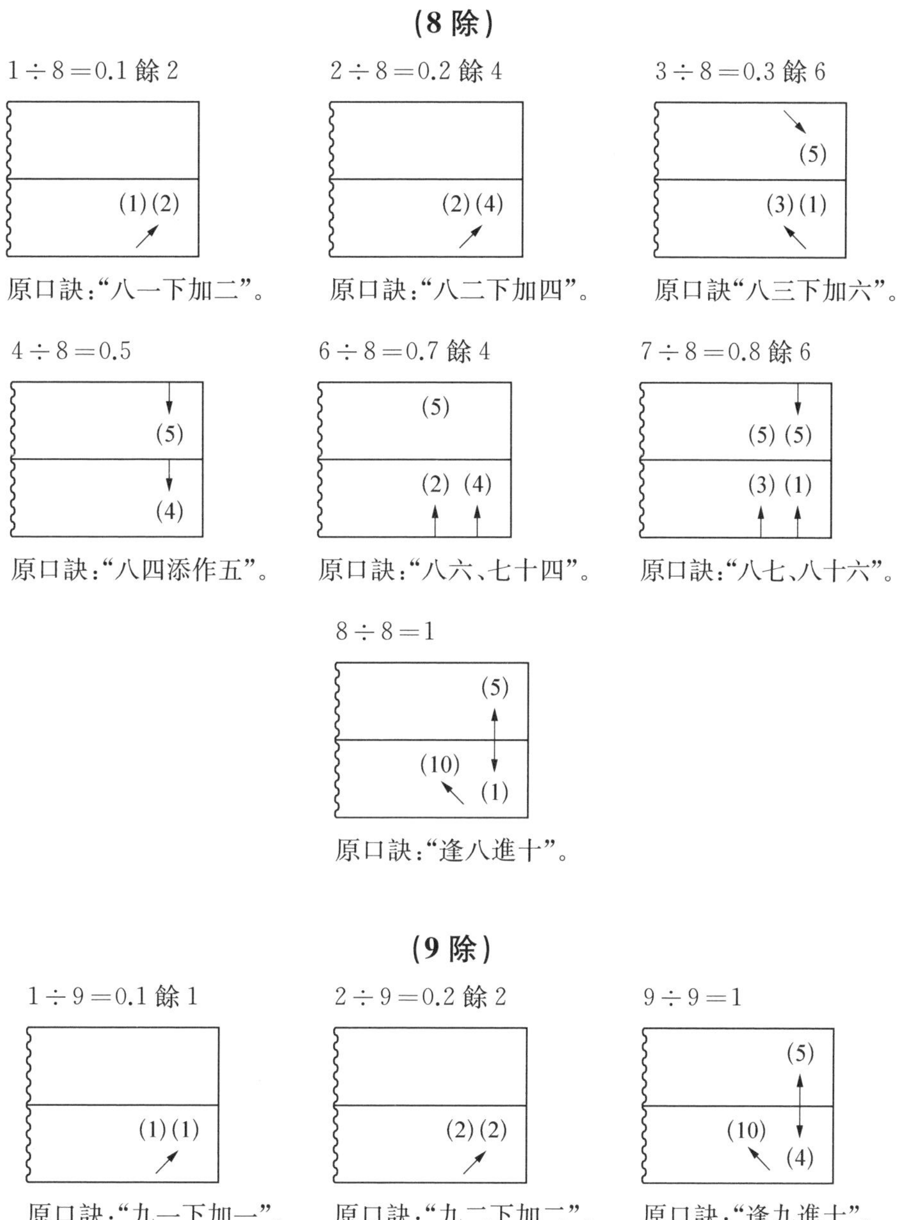


（十二）結語　看了上面的手語法，覺得太簡單，難以瞭解，如非用原有口訣及算題式，或許要看不出意義來。

同時因爲圖示未能詳盡，這祇有將來試用以後再求改進。

首先在這裏要聲明的,每種方法之下所附的口訣,試用時,是不用且不給初學兒童知道的,否則,其注意力會集中到口訣上去,手語或至不知道用,那時便有喧賓奪主之虞!

這小小的嘗試計劃,要待比較實驗後才會有一個正確的結論,或許會給我們完全失敗,且等着那時再説。不過如有同好加以批評指正,這是非常歡忻禱企的!

二二.九.三〇脱稿於浙金中小。

(原載《浙江教育行政周刊》1933 年第 5 卷第 7 期)

# 浙江省立金華中學附屬小學珠算不用口訣編造直接練習的系統材料之實驗研究

## 一、緒　言

珠算是我國的國粹，東西各國效法的很多；惜墨守成法，未有用科學的方法來研究改進者，確是憾事！

教學珠算者莫不認珠算"教具之笨重""教材之枯燥""教法之刻板"，事雖急待改良，但鮮聞有人毅然下决心實地嘗試改造以祈改進者。

比如算盤重笨，攜帶不便；最聰明的珠算家，亦僅知以銅幣等物來代算盤之珠。上下左右，搬移進退，雖亦運用自如，無攜帶算盤之累，仍能收運用珠算之功；但從未有人會把她的框、梁、算珠等改良到能够自由拆卸，自由裝配，而使攜帶靈便者。此其於教具上應改良者一。

其次則教材方面更多應商榷改進之處，比方初學珠算的人，一定要先把"一上一""四下五去一"等口訣背得爛熟，然後方能運珠演算；但一遇秉性魯鈍的人(俗謂格不清者)，會得把十位珠送到千百位去，差之毫釐，謬之千里，乃常見事。此教材尚成問題者二。

至於教法，則天經地義的先"讀口訣""背口訣"，然後"背訣運珠"，秉賦聰穎者雖能得心應手，然初學時之遲緩仍不能免；魯鈍者咿唔莫決，手與心違，其進步之緩，學習時間之不經濟，有非吾人能意料者。此教學方法尚有問題者三。

以上"教具""教材""教法"三方面似乎都成問題。我們要如何發揚此經濟合用的國粹？如何設法改良方合經濟學習的原理原則？這都是值得我們研究改進的。關於“教具”方面暫不置論；“教材”“教法”頗有連帶改善之必要，特以“珠算不用口訣編造直接練習的系統材料之實驗研究”一題，作初步的嘗試。

## 二、用口訣教學珠算怎樣不妥當

珠算口訣，是我國古今相沿迄未改變的教學精華，我們實不應輕易予以推翻；但爲經濟學習，並改善教學方法起見，能應用科學方法作精切的嘗試以圖改造，找出一條更經濟、更便捷的途徑來，然後可云改善。

試看初學珠算的人，開始就是“死讀口訣”“死背口訣”，然後再去“照訣運珠”，在心理方面有無基礎？學習時間是否經濟？……這都是當前的大問題，——旁的實例不必羅舉，單就“背訣運珠”時去觀察初學者的種種心不應手、手足無措（有時連脚都蹬起來）的窘狀，我們便可知道口訣與運珠是由兩起事硬拚成功的，中間不知要化去多少時間才能把牠打拚在一起，“口訣”是一事，“運珠”又是一事，我們何不於初學時先打成一片，然後再教呢？

比如一個（4＋6＝10）的簡單問題，往往弄得初學者一邊背着“六去四進十”或“四去六進十”的口訣；——唇、舌、口、齒、腦……等並用；一邊運珠演算，——手指、腕力……等並用。在這上面，我們認爲口、齒、唇、舌等器官，至少要其静息不用。（雖練到神乎其技的時候，是如此，但初學者實化了不少的心力呢。）查現行新課程標準，初學珠算係規定自四上年級起，以一思想簡單的兒童，要他用這費解的口訣，於學習心理及效率上，的確是一現實的困難問題。那末，我們何不化牠簡單起來再教呢？

就上列兩點論，在心理上、學習原則上，舊口訣既無基礎，又不合理，其需要改善，這是無可疑義的。

## 三、口訣的改造及直接練習的系統材料

珠算口訣，既需改善已如上述，但如何改善，自非有相當的代替方法，經過合理的試驗研究，然後方可免踏空口説白話的窠臼。特草擬改善目標方法以及系統練習的材料等計劃以供實驗，當否，尚祈識者校正！

A. 目標及方法

（1）使初學珠算的人，運珠時減少使用許多器官的勞力；

（2）將繁複的口訣，化成簡捷的手語（仿聾啞學校的手語法）；

（3）學會手語後看題演算，完全不背口訣；

（4）編成直接練習的系統材料，應用手語法練習；

（5）用手語法練習與用口訣練習珠算孰優？（待將來作第二步實驗）

B. 直接練習系統材料之一

（1）手語法——係將原有珠算口訣，採用聾啞學校的手語法，將舊口訣化成“珠算手語法”作直接練習珠算的基本技能。玆舉圖例如後：

（一）（1）（2）……（9）等是表示珠之位數及大小；

（二）↑表示上珠；

（三）↓表示下珠；

（四）↖表示進珠；

（五）↘表示退珠；

（六）◯……⑨等實綫圈數表示上珠進珠後之總數；

（七）◌……⑨等虛綫圈數表示珠之原數；

（八）方框中的横綫，表示珠盤中的梁，梁上上、下、進、退均爲（5）；梁下則爲個十百千位的數字；

（九）將原口訣逐句用阿拉伯數字及中國數碼在“手語”圖旁列成算題，以便一般的人都能應用，增進其理解力；

（十）假定用手語法演算下題：（123＋931＝?　〡二〣加〩〣一得

幾?)則可圖示如後：

（被加數）

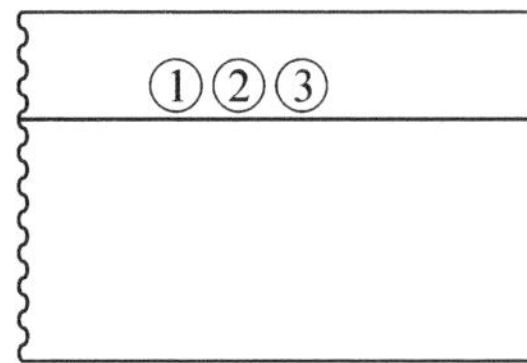


上圖表示梁下 123 的數加上 931 數則成 1054 如下圖

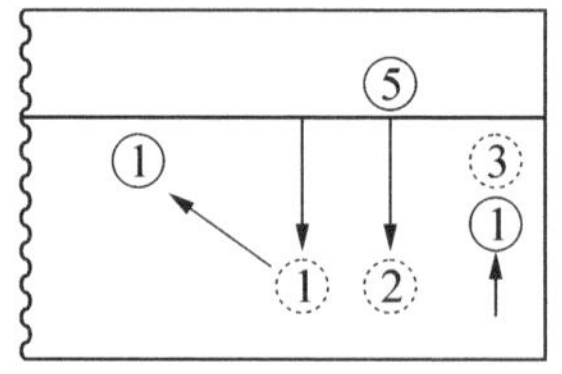


上圖①②③表示原珠數；①⑤①表示上珠、進珠、下珠後的數。可加成下圖。

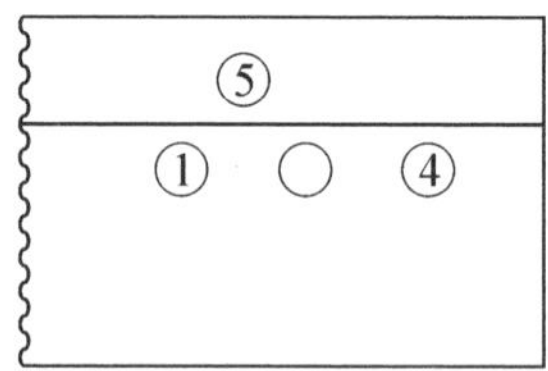


上圖表示 123 加 931 後之結果爲 1054。

(2) 簡易四則手語基本練習(甲)“照舊口訣改編”

(見《浙江教育行政週刊》第五卷第七號計劃欄 P3 至 P10)

(3) 加法手語基本練習(乙)“即舊法三盤清改編”

(圖意同前故略)

C. 直接練習系統材料之二

加法練習材料——此項材料，係將各項習題照手語法順序分“上珠”“下珠”“進珠”“退珠”等四種步驟編成系統，供練習者不背口訣可以直接演算。初次教學時以“分散時間”“反覆練習”爲原則，務使運指撥珠，熟練至神乎其技爲止，玆將練習材料附後：

**(一) 上珠練習材料**

(例) 212＋231＝443

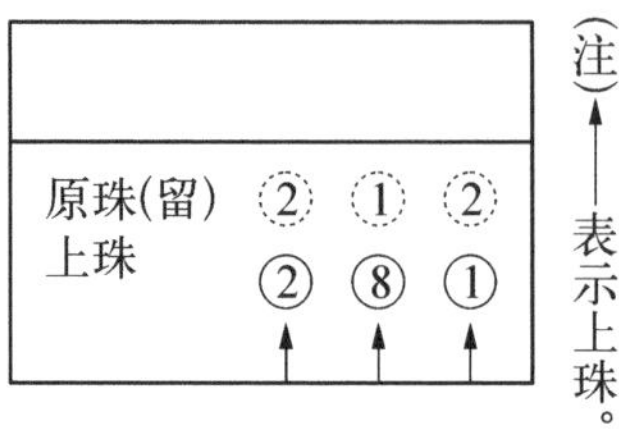


被加數： 212
加　數：＋231
和　數： 443

(1) 123 + 321 =?

(2) 231 + 201 =?

(3) 100 + 234 =?

(4) 212 + 132 =?

(5) 121 + 302 =?

(6) 312 + 132 =?

(7) 222 + 102 =?

(8) 112 + 321 =?

(9) 212 + 132 =?

(10) 221 + 123 =?

(11) 324 + 120 =?

(12) 213 + 231 =?

(13) 102 + 232 =?

(14) 103 + 321 =?

(15) 201 + 241 =?

(16) 213 + 211 =?

(17) 200 + 243 =?

(18) 122 + 312 =?

(19) 212 + 132 =?

(20) 131 + 213 =?

(21) 211 + 133 =?

(22) 322 + 122 =?

(23) 222 + 212 =?

(24) 221 + 123 =?

(25) 202 + 241 =?

(26) 211 + 22 + 201 =?

(27) 121 + 21 + 302 =?

(28) 210 + 121 + 113 =?

(29) 210 + 211 + 22 =?

(30) 110 + 212 + 121 =?

(31) 210 + 211 + 23 =?

(32) 211 + 212 + 21 =?

(33) 113 + 121 + 210 =?

(34) 212 + 110 + 121 =?

(35) 302 + 21 + 121 =?

(36) 110 + 121 + 212 =?

(37) 211 + 23 + 110 =?

(38) 121 + 112 + 211 =?

(39) 211 + 22 + 210 =?

(40) 110 + 203 + 131 =?

(41) 100 + 323 + 21 =?

(42) 22 + 211 + 211 =?

(43) 22 + 210 + 212 =?

(44) 110 + 121 + 212 =?

(45) 302 + 21 + 121 =?

(46) 222 + 102 + 100 =?

(47) 132 + 101 + 210 =?

(48) 615 + 152 + 212 =?

(49) 252 + 225 + 512 =?

(50) 155 + 512 + 232 =?

## (二) 下珠練習材料

(例) 213＋342＝555

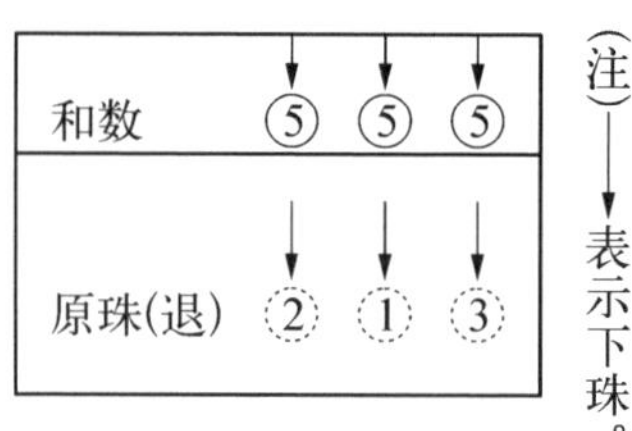


被加數：　213
加　數：＋342
和　數：　555

(1) 212＋143＝?

(2) 342＋213＝?

(3) 614＋241＝?

(4) 153＋422＝?

(5) 314＋231＝?

(6) 463＋122＝?

(7) 214＋341＝?

(8) 322＋233＝?

(9) 142＋413＝?

(10) 241＋316＝?

(11) 222＋332＝?

(12) 825＋134＝?

(13) 641＋114＝?

(14) 321＋236＝?

(15) 241＋354＝?

(16) 124＋431＝?

(17) 654＋241＝?

(18) 212＋341＝?

(19) 221＋334＝?

(20) 614＋241＝?

(21) 121＋132＋622＝?

(22) 132＋221＋522＝?

(23) 121＋415＋223＝?

(24) 131＋422＋121＝?

(25) 221＋324＋112＝?

(26) 223＋213＋122＝?

(27) 121＋331＋123＝?

(28) 123＋232＋223＝?

(29) 123＋331＋123＝?

(30) 112＋223＋221＝?

(31) 223＋232＋112＝?

(32) 223＋123＋213＝?

(33) 421＋132＋232＝?

(34) 234＋321＋123＝?

(35) 232＋223＋144＝?

(36) 232＋322＋131＝?

(37) 132 + 323 + 123 =?

(38) 423 + 122 + 112 =?

(39) 132 + 322 + 121 =?

(40) 312 + 143 + 101 =?

(41) 232 + 222 + 101 =?

(42) 134 + 320 + 131 =?

(43) 303 + 142 + 114 =?

(44) 311 + 144 + 133 =?

(45) 123 + 132 + 334 =?

(46) 231 + 123 + 241 =?

(47) 241 + 211 + 143 =?

(48) 402 + 132 + 221 =?

(49) 213 + 241 + 141 =?

(50) 312 + 133 + 116 =?

## (三) 退珠;進珠;練習材料

(例) 123456789 + 987654321 = 1111111110

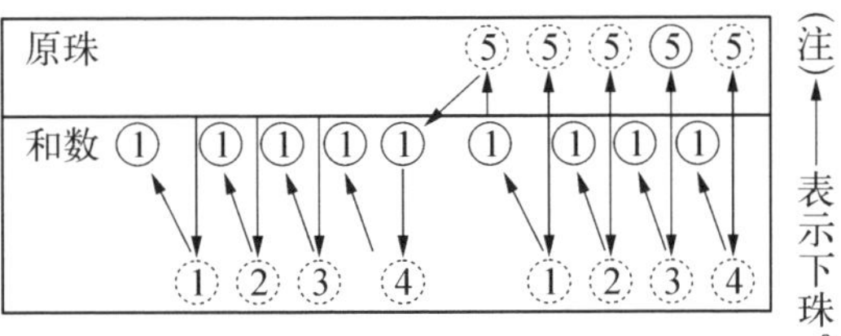


被加數：　123456789
加　數：+987654321
和　數：1111111110

(1) 678 + 987 + 445 =?

(2) 876 + 889 + 345 =?

(3) 246 + 865 + 999 =?

(4) 789 + 843 + 478 =?

(5) 286 + 824 + 996 =?

(6) 324 + 788 + 998 =?

(7) 987 + 223 + 898 =?

(8) 223 + 887 + 999 =?

(9) 803 + 387 + 991 =?

(10) 346 + 764 + 939 =?

(11) 444 + 688 + 978 =?

(12) 346 + 834 + 753 =?

(13) 786 + 974 + 553 =?

(14) 687 + 578 + 855 =?

(15) 528 + 583 + 699 =?

(16) 382 + 738 + 132 =?

(17) 154 + 956 + 999 =?

(18) 254 + 851 + 435 =?

(19) 358 + 257 + 495 =?

(20) 459 + 331 + 749 =?

(21) 561 + 558 + 994 =?

(22) 798 + 867 + 555 =?

(23) 898＋583＋128＝?

(24) 853＋752＋495＝?

(25) 638＋975＋597＝?

(26) 378＋885＋347＝?

(27) 567＋593＋958＝?

(28) 675＋483＋498＝?

(29) 756＋839＋474＝?

(30) 459＋757＋595＝?

(31) 594＋371＋955＝?

(32) 945＋213＋442＝?

(33) 658＋937＋515＝?

(34) 586＋537＋985＝?

(35) 865＋754＋541＝?

(36) 545＋514＋459＝?

(37) 455＋752＋883＝?

(38) 544＋515＋949＝?

(39) 398＋287＋415＝?

(40) 938＋655＋518＝?

(41) 883＋777＋452＝?

(42) 777＋888＋995＝?

(43) 987＋875＋228＝?

(44) 789＋987＋234＝?

(45) 324＋786＋999＝?

(46) 451＋159＋998＝?

(47) 899＋365＋853＝?

(48) 877＋555＋123＝?

(49) 888＋527＋695＝?

(50) 891＋764＋955＝?

## (四) 上珠、進珠、退珠練習材料

(例) 5678＋8765＝14443

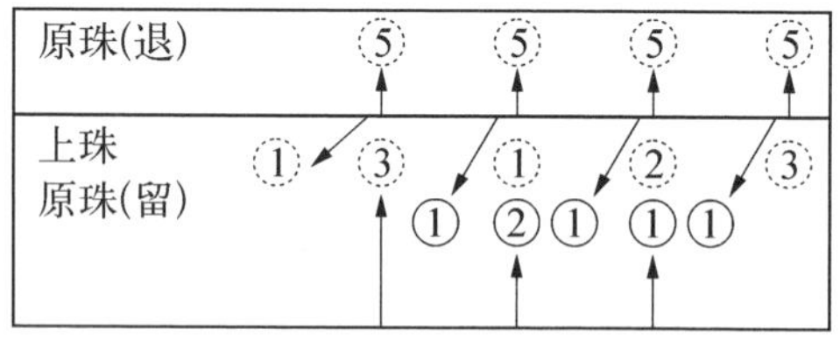


被加數： 5678
加　數：＋8765
和　數：14443

(1) 627＋787＝?

(2) 548＋866＝?

(3) 483＋167＝?

(4) 796＋666＝?

(5) 584＋763＝?

(6) 845＋769＝?

(7) 585＋969＝?

(8) 989＋564＝?

(9) 866 + 564 =?
(10) 568 + 886 =?
(11) 897 + 217 =?
(12) 675 + 667 =?
(13) 765 + 767 =?
(14) 586 + 858 =?
(15) 958 + 695 =?
(16) 752 + 663 =?
(17) 645 + 839 =?
(18) 385 + 768 =?
(19) 853 + 598 =?
(20) 598 + 956 =?
(21) 756 + 468 + 583 =?
(22) 855 + 676 + 874 =?
(23) 558 + 687 + 878 =?
(24) 596 + 458 + 996 =?
(25) 669 + 875 + 657 =?
(26) 783 + 682 + 689 =?
(27) 689 + 950 + 825 =?
(28) 852 + 563 + 196 =?
(29) 687 + 758 + 556 =?
(30) 871 + 665 + 827 =?
(31) 873 + 677 + 689 =?
(32) 677 + 876 + 654 =?
(33) 546 + 937 + 167 =?
(34) 937 + 576 + 892 =?
(35) 895 + 586 + 164 =?
(36) 376 + 977 + 482 =?
(37) 564 + 987 + 679 =?
(38) 679 + 675 + 286 =?
(39) 865 + 379 + 861 =?
(40) 888 + 766 + 666 =?
(41) 5176 + 6785 + 3562 =?
(42) 7685 + 8769 + 4161 =?
(43) 4561 + 2896 + 6377 =?
(44) 6377 + 7776 + 1982 =?
(45) 5876 + 6786 + 8788 =?
(46) 8758 + 6797 + 6556 =?
(47) 6556 + 7656 + 1893 =?
(48) 8577 + 7645 + 6839 =?
(49) 6738 + 8676 + 6792 =?
(50) 6792 + 8765 + 7686 =?

D. 直接練習的系統材料之三

加法練習百子表——此項材料採用舊法珠算加法練習法中之"打百子"編成;初學者能就(C)項上、下、進、退等四種方法練熟後,乃以此表分發其自動練習對照,待臻至極純熟爲止。

## 珠算加法練習—百子—對照表

| 做到 | 和數 | 做到 | 和數 | 做到 | 和數 | 做到 | 和數 | 做到 | 和數 |
|---|---|---|---|---|---|---|---|---|---|
| 1 | 1 | 21 | 231 | 41 | 861 | 61 | 1891 | 81 | 3321 |
| 2 | 3 | 22 | 253 | 42 | 903 | 62 | 1953 | 82 | 3403 |
| 3 | 6 | 23 | 276 | 43 | 946 | 63 | 2016 | 83 | 3486 |
| 4 | 10 | 24 | 300 | 44 | 990 | 64 | 2080 | 84 | 3570 |
| 5 | 15 | 25 | 325 | 45 | 1035 | 65 | 2145 | 85 | 3655 |
| 6 | 21 | 26 | 351 | 46 | 1081 | 66 | 2211 | 86 | 3741 |
| 7 | 28 | 27 | 378 | 47 | 1128 | 67 | 2278 | 87 | 3828 |
| 8 | 36 | 28 | 406 | 48 | 1176 | 68 | 2346 | 88 | 3916 |
| 9 | 45 | 29 | 435 | 49 | 1225 | 69 | 2415 | 89 | 4005 |
| 10 | 55 | 30 | 465 | 50 | 1275 | 70 | 2485 | 90 | 4095 |
| 11 | 66 | 31 | 496 | 51 | 1326 | 71 | 2556 | 91 | 4186 |
| 12 | 78 | 32 | 528 | 52 | 1378 | 72 | 2628 | 92 | 4278 |
| 13 | 91 | 33 | 561 | 53 | 1431 | 73 | 2701 | 93 | 4371 |
| 14 | 105 | 34 | 595 | 54 | 1485 | 74 | 2775 | 94 | 4465 |
| 15 | 120 | 35 | 630 | 55 | 1540 | 75 | 2850 | 95 | 4560 |
| 16 | 136 | 36 | 666 | 56 | 1596 | 76 | 2926 | 96 | 4656 |
| 17 | 153 | 37 | 703 | 57 | 1653 | 77 | 3003 | 97 | 4753 |
| 18 | 171 | 38 | 741 | 58 | 1711 | 78 | 3081 | 98 | 4851 |
| 19 | 190 | 39 | 780 | 59 | 1770 | 79 | 3160 | 99 | 4950 |
| 20 | 210 | 40 | 820 | 60 | 1830 | 80 | 3240 | 100 | 5050 |

**浙江省立金華中學附屬小學**

## 四、試驗的經過及成績統計

預定了上項試驗方法及材料後，即調查被試驗學級（秋四甲）兒童的實足年齡及舊經驗（珠算原係本學期開始教學，但有數人已爲家庭及留級生關係，對珠算有了相當經驗，且能影響其他初學者）將調查結果，分成六組學習，每組七人，指定一人爲組長；其已經學過珠算，且對舊口訣已能背者，另爲編成一組——但此種編組爲了無客觀測驗材料，故僅由主試者本其調查觀察的結果作分組之參考資料而已。

分組的時期，係將直接練習不用口訣的手語印發兒童學習一星期後，再教以“三盤清”作進一步的練習；當時因各人的新舊經驗不同，而進程的遲速又屬不一，乃不得不採分團教學的精神，將四十二人分成六組，其分組條件爲：

（一）已學習而舊口訣能背誦的另行編組；

（二）年齡智力相差較大的另行編組；

（三）學習時間，竭力制馭，使不受舊訣的影響，各組座位須隔離；

（四）就三盤清練習法編簡易試題，作分組標準的參考。

爲了珠算程度的等差極顯著，教學時頗多困難，且試驗目標又在不用口訣，編造直接練習系統材料，希望實驗確定其是否能如理想計劃，可獲較進一層的妥善教學材料。分組後制馭條件可較完備，茲附分組及調查表如後：

**分組練習表［22 年 12 月］**

| 學號 | 姓　　名 | 實足年齡 | | 已、未學過 | 編入組別 |
|---|---|---|---|---|---|
| | | 歲 | 月 | | |
| 1 | 傅延垣 | 11 | 9 | 留級生，已學過 | 第一組 |
| 2 | 趙樹範 | 9 | 4 | 家庭商業，已能加百數 | 第一組 |

續 表

| 學號 | 姓　　名 | 實足年齡 | | 已、未學過 | 編入組別 |
|---|---|---|---|---|---|
| | | 歲 | 月 | | |
| 3 | 錢文枏 | 10 | 8 | 兄能教，已能背口訣 | 第一組 |
| 4 | 汪緝成 | 9 | 1 | 留級生已學過 | 第一組 |
| 5 | 傅延墀 | 9 | 5 | 跟兄學，能演算 | 第一組 |
| 6 | 劉紹炎 | 11 | 6 | 家庭關係，已能算 | 第一組 |
| 7 | 蔣錫明 | 9 | 3 | 家庭商業，已能算 | 第一組 |
| 8 | 郎順祺 | 10 | 2 | 未學 | 第二組 |
| 9 | 程德霖 | 10 | 3 | 未學 | 第二組 |
| 10 | 童佩瑰 | 10 | 6 | 寄宿生，已略懂 | 第二組 |
| 11 | 游根木 | 11 | 3 | 未學 | 第二組 |
| 12 | 樓承福 | 10 | 5 | 未學 | 第二組 |
| 13 | 陳瑞棣 | 11 | 2 | 未學 | 第二組 |
| 14 | 鄭榮根 | 10 | 7 | 略懂 | 第二組 |
| 15 | 程秀霞 | 10 | 9 | 未學 | 第三組 |
| 16 | 聞人英 | 10 | 6 | 未學 | 第三組 |
| 17 | 陳加星 | 11 | 5 | 未學 | 第三組 |
| 18 | 邵　楝 | 10 | 3 | 未學 | 第三組 |
| 19 | 蔣壽康 | 11 | 4 | 未學 | 第三組 |
| 20 | 胡季仙 | 10 | 5 | 未學 | 第三組 |
| 21 | 吴筱濤 | 10 | 9 | 未學 | 第三組 |
| 22 | 童佩徽 | 10 | 3 | 寄宿生，已略懂 | 第四組 |
| 23 | 徐少華 | 11 | 3 | 寄宿生，已略懂 | 第四組 |
| 24 | 徐桂絢 | 9 | 7 | 略懂 | 第四組 |

**續　表**

| 學號 | 姓　名 | 實足年齡 | | 已、未學過 | 編入組別 |
|---|---|---|---|---|---|
| | | 歲 | 月 | | |
| 25 | 童蕙璇 | 9 | 5 | 略懂 | 第四組 |
| 26 | 江慶墉 | 9 | 7 | 未學 | 第四組 |
| 27 | 宋聖貴 | 9 | 8 | 未學 | 第四組 |
| 28 | 陸　麒 | 9 | 5 | 未學 | 第四組 |
| 29 | 王辛樵 | 8 | 8 | 未學 | 第五組 |
| 30 | 沈瑞民 | 8 | 3 | 未學 | 第五組 |
| 31 | 方文□ | 8 | 2 | 未學 | 第五組 |
| 32 | 胡順錢 | 8 | 5 | 未學 | 第五組 |
| 33 | 何淑馨 | 8 | 8 | 未學 | 第五組 |
| 34 | 孫吴生 | 9 | 0 | 未學 | 第五組 |
| 35 | 徐郁芳 | 9 | 2 | 未學 | 第五組 |
| 36 | 汪栩蝶 | 10 | 3 | 未學 | 第六組 |
| 37 | 沈祖周 | 7 | 8 | 未學 | 第六組 |
| 38 | 吴正賢 | 8 | 3 | 未學 | 第六組 |
| 39 | 胡熾昌 | 8 | 10 | 未學 | 第六組 |
| 40 | 程德康 | 8 | 4 | 未學 | 第六組 |
| 41 | 張洪銓 | 8 | 8 | 未學 | 第六組 |
| 42 | 徐嬋英 | 10 | 8 | 未學 | 第六組 |

**省立金華中學附屬小學**

分組後乃就各項直接練習的系統材料，按照下列步驟，由各組依照自己能在教師及組長指導之下，盡量演習（每星期二節各三十分鐘），至告一段落時加以測驗，再定學習步驟：

第一步——預定兩星期(四節 120 分鐘)

(1) 加法手語基本練習(甲)——舊口訣改編

(2) 加法手語基本練習(乙)——舊三盤清

第二步——預定一星期(二節 60 分鐘)

(3) 上珠練習材料五十題反覆練習

第三步——預定一星期(二節 60 分鐘)

(4) 下珠練習材料五十題反覆練習

第四步——預定二星期(四節 120 分鐘)

(5) 進珠退珠練習材料五十題反覆練習

第五步——預定二星期(四節 120 分鐘)

(6) 上珠、進珠、退珠練習材料五十題反覆練習

依照上列步驟,每一步爲階段,各組習完一階段,即行定期抽出三五分鐘考查其進程是否正確。學完第五步後,全級各組定期總考查一次,其考查方式爲:

(1) 演完一段即行考查的——指導者口述算題,令兒童演算,將結果記載在答案紙上;

(2) 演完五段舉行總考查——印發直接系統材料練習題百問,規定在五分鐘内,每分鐘起止一次,統計其演算能力。

茲將考查結果統計珠算採用直接練習的系統材料後,其“速度”“可靠性”“年齡與可靠度”……等分配表作簡要的敘述,並列表如後:

**(一) 各組每分鐘演算題數分配表**

| 組別 / 人數 / 題數 | 第一組 | 第二組 | 第三組 | 第四組 | 第五組 | 第六組 | 總　計 |
|---|---|---|---|---|---|---|---|
| 10——14 | 1 | | | | | | 1 |
| 15——19 | 0 | 1 | 1 | | | | 2 |

**續　表**

| 20——24 | 1 | 1 | 0 | 1 | 1 |  | 4 |
|---|---|---|---|---|---|---|---|
| 25——29 | 2 | 0 | 1 | 1 | 0 | 1 | 5 |
| 30——34 | 0 | 2 | 1 | 0 | 1 | 0 | 4 |
| 35——39 | 2 | 1 | 2 | 1 | 1 | 0 | 7 |
| 40——44 | 1 | 1 | 1 | 2 | 0 | 0 | 5 |
| 45——49 |  | 0 | 0 | 1 | 2 | 2 | 5 |
| 50——54 |  | 1 | 0 | 1 | 0 | 3 | 5 |
| 55——59 |  |  | 0 |  | 0 | 0 | 0 |
| 60——64 |  |  | 1 |  | 0 | 0 | 1 |
| 65——69 |  |  |  |  | 0 | 1 | 1 |
| 70——74 |  |  |  |  | 1 |  | 1 |
| 75——79 |  |  |  |  | 0 |  | 0 |
| 80——84 |  |  |  |  | 1 |  | 1 |
| 85——89 |  |  |  |  |  |  |  |
| 90——94 |  |  |  |  |  |  |  |
| 95——99 |  |  |  |  |  |  |  |
| 100 |  |  |  |  |  |  |  |
| 備注 | 第一組均係已學過口訣者 |  |  |  |  |  |  |

**省立金華中學附屬小學**

## (二) 各組每分鐘演算可靠題數分配表

| 組別<br>人數<br>題數 | 第一組 | 第二組 | 第三組 | 第四組 | 第五組 | 第六組 | 總　計 |
|---|---|---|---|---|---|---|---|
| 10——14 | 2 | 1 | | | 1 | | 4 |
| 15——19 | 3 | 2 | 1 | 1 | 0 | 1 | 8 |
| 20——24 | 0 | 2 | 0 | 1 | 2 | 0 | 5 |
| 25——29 | 0 | 0 | 0 | 2 | 1 | 1 | 4 |
| 30——34 | 1 | 1 | 2 | 0 | 0 | 2 | 6 |
| 35——39 | 0 | 1 | 1 | 3 | 0 | 1 | 6 |
| 40——44 | 1 | | 2 | | 2 | 0 | 5 |
| 45——49 | | | 0 | | 0 | 1 | 1 |
| 50——54 | | | 0 | | 1 | 0 | 1 |
| 55——59 | | | 1 | | | 1 | 2 |
| 60——64 | | | | | | | |
| 65——69 | | | | | | | |
| 70——74 | | | | | | | |
| 75——79 | | | | | | | |
| 80——84 | | | | | | | |
| 85——89 | | | | | | | |
| 90——94 | | | | | | | |
| 95——99 | | | | | | | |
| 100 | | | | | | | |
| 備注 | 第一組係已用口訣學習珠算,可靠度反較差 | | | | | | |

**省立金華中學附屬小學**

## (三) 各實足年齡每分鐘每人演算可靠題數(能力)分配表

| 題數＼人數＼實年 | $7\frac{1}{2}$上 | $8\frac{1}{2}$上 | $8\frac{1}{2}$下 | $9\frac{1}{2}$上 | $9\frac{1}{2}$下 | $10\frac{1}{2}$上 | $10\frac{1}{2}$下 | $11\frac{1}{2}$上 | $11\frac{1}{2}$下 | 總數 |
|---|---|---|---|---|---|---|---|---|---|---|
| 10—14 | | | | | | | | | | |
| 15—19 | | | | | | | | | | |
| 20—24 | | | | | | | | | | |
| 25—29 | 1 | | | | | | | 1 | 1 | 3 |
| 30—34 | | | | | | 1 | 1 | 0 | 0 | 2 |
| 35—39 | | 1 | | | 1 | 2 | 3 | 1 | 1 | 9 |
| 40—44 | | 0 | 1 | 1 | 0 | 1 | 1 | 0 | 0 | 4 |
| 45—49 | | 2 | 1 | 0 | 2 | 2 | | 1 | 0 | 8 |
| 50—54 | | 0 | 0 | 2 | 0 | 2 | | | 0 | 4 |
| 55—59 | | 1 | 1 | 0 | 1 | 0 | | | 1 | 4 |
| 60—64 | | | 0 | 1 | 0 | 1 | | | 0 | 2 |
| 65—69 | | | 1 | 0 | 1 | | | | 1 | 3 |
| 70—74 | | | 1 | 1 | | | | | | 2 |
| 75—79 | | | | 0 | | | | | | 0 |
| 80—84 | | | | 1 | | | | | | 1 |
| 85—89 | | | | | | | | | | |
| 90—94 | | | | | | | | | | |
| 95—99 | | | | | | | | | | |
| 100 | | | | | | | | | | |

省立金華中學附屬小學

看了上列三表的分配，就可約略的知道各組進程及其可靠性；且第一二兩表中的第一組，係曾經學過珠算，或能背口訣者，然其“速率”“可靠題數等”均反不若其他未學過珠算的各組；我們認爲不用口訣，以直接的系統材料練習珠算，於學習上可免不少障礙，此可於：

表一——各組每分鐘演習題數速度之分配均尚集中；

表二——係就表一速度之分配加以更進一步的核計此項速度是否可靠？觀其結果第一組的分配極散漫，是可知該組兒童已學過口訣並未有多大幫助，反而不正確；其他第二至六組的分配除有一二例外的均頗集中；

表三——按照智力年齡，大的未必一定程度高；觀此表則不用口訣的直接練習材料於年齡小的兒童所得幫助極大。

## 五、結　語

珠算不用口訣，編造直接練習的系統材料，目前僅做至加法爲止。依照此次純用手語教學系統材料之結果，雖因乏客觀測驗可以診斷其結果，與未用口訣教學者作比較的試驗，但就編組時將留級生及對珠算口訣已入門徑者特爲編入第一組，一以制馭其影響，二亦含有比較作用，比照前述“速度”及“可靠題數”分配表看來，用口訣未必勝於不用口訣，直接練習材料似未少讓於舊口訣。——將來如果假以時日，作更進一步的實驗研究，竊以爲或許對此項國粹作一次科學的改進而發揚之，亦未可知。

惟就此次實驗經過，困難及應注意之點頗多，茲舉其犖犖大者如後，幸識者有以指正之：

（一）手語的初步極不易教學——聾啞學校的以字母用手演示連綴極爲自然，但能説話、好説話的兒童，教以此項只用手、不動口的工作，反而覺得不自然，不易入手，比如：“三加二”，舊口訣爲“三下五去二”；手語則示以↓⑤↑②，極難説明，除以理解外，易踏背口訣之勞。

（二）直接練習材料須豐富——此次所編加法練習材料，其步驟係自上珠起至下珠、退珠、進珠等爲止，編訂材料，極易雷同；如流於機械，又易生厭倦。故編造材料，不嫌其豐富，變化愈多愈好。可是如上珠練習材料，只能到上珠爲止，極難使其豐富。除反復練習外，須以定時共同起止等，作變换學習方法以補救之。

（三）練習時間須敏速——我們教學珠算，須記到“神乎其技”，並“將全般的活動，直接學到指尖上去”兩個原則。故對基本手語，有了認識以後，即將極豐富的練習材料，規定時間，反復練習，務須以敏速正確爲最大的手段。

（四）無客觀測驗及考查材料——珠算雖係我國國粹，祇以墨守成法，鮮有人注意改良之故；因是教學材料，古今相沿，無甚改革。而客觀測驗及考查材料，更無從説起，欲作科學的試驗研究，障碍良多！

（原載《浙江教育行政周刊》1934年第5卷第40期）

# 浙江省立金華中學附屬小學實施小學公民訓練的研究報告①

## 導　言

小學公民訓練與其説牠是時代的産物，不如説牠是舊藥回湯，經過方法的改訂後應運復興的産兒。

公民教育，我國向極重視，數千年前，即有“修身、齊家、治國、平天下”的觀念；迄清光緒三十二年，復以“尚公”爲教育宗旨，注意於個人的行爲習慣以及愛國愛群等訓練。是爲公民教育之濫觴。

迄民元，蔡孑民氏長教育部，於教育宗旨内又定有“道德教育”一綱，但公民一項尚未確定科目，至民五修改國民學校令施行細則，修身要旨内才有“自第三年起，兼授公民須知，示以民國之組織及立法、司法、行政之大要”的規定，但除僅設修身科外，亦未見實行，至民八舉行全國教聯會時曾以“值此世界大勢日趨改進，平民主義澎湃五洲，苟非於公民知識，教養研究有素，勢必盲從輕舉，易入歧途，關係國家，實非淺鮮”爲理由，議決編訂公民教材，江浙兩省首先試用，公民教育於以發軔。

至民十一，新學制公佈，乃將公民一科，取修身而正式代之；以爲修身一項，僅能獨善其身，不若公民範圍之大，於是公民教育之聲浪，甚囂塵上；而公民科的位置，因以確定，課程標準内明定：“使學生瞭

---

① 本文刊發時與何遇隆共同署名。

解自己和社會(家庭、學校、社團、地方、國家、國際)的關係,啓發改良社會的思想,養成適於現代生活的習慣”。其内容即總括於畢業最低限度的標準中。初級是:“(一)明瞭個人與學校職業的關係,和服務的責任,(二)明瞭市、鄉、縣、省的組織,和公民事業性質的大概;(三)有投票、選舉、集會、提案等,及關於地方自治的常識”。高級則爲:“(一)明瞭國家的組織、經濟、地位,以及國際的情勢;(二)明瞭公民對於國家國際的重要責任”。同時各學術團體並組織“公民教育講習會”,敦請名人演講,舉行“公民運動週”,宣傳公民教育之重要,此爲公民教育之全盛時期。

迄民十六,國府奠都南京,因實施黨化教育,乃於十七年大學院頒佈之小學暫行條例及十八年教部公佈之中小學暫行課程標準内,均明定增設三民主義科,包括公民内容;同時論者對過去公民教育,亦以鮮有相當實效,故公民教育無形消滅。是爲消沉時期。

民二十一,教部正式公佈中小學課程標準時,復以黨義一科實施困難,特將其内容分化於各科,因事實需要,復將公民恢復,而冀收實際效益計,明白標出“公民訓練”字樣,而實施方案中特别提出説明與其他各科不同,不重文字而在實行;至公民知識則另分配於社會等科中去教學,公民教育於是中興。

由上所述,公民教育之隨時代興替,已甚明顯;當玆外費内患、水深火熱之時,公民教育之實施,至爲迫切。應如何找出實施門徑,培養我健全公民而産生健全的國家,實爲挽救中國、復興民族之要圖。本附小同人爰於實施部頒課程標準時,即以“公民訓練”實施方法爲研究試驗之專題,玆特舉要分述如後:

(一) 訂定實施辦法

“公民訓練”實施方法,除課程標準内已有實施方案要點規定外,本附小訓育科特訂定一更具體的實施辦法如後:

浙江省立金華中學附屬小學公民訓練實施辦法

1. 公民訓練委員會的工作，由原有訓育會議及訓育研究會負責，委員會不另組織；

2. 將願詞編成歌曲，在每星期紀念週時吟唱；

3. 中心訓練由各教員視兒童公共的需要或發現兒童公共的缺點時，提出德目，（平日或訓育會議時）得多數贊同，即由訓育科擬訂中心訓練綱要，印發實施；

4. 公民訓練條目，根據部定分爲低、中、高三階段，每階段内規定應做到的條數；

5. 公民訓練成績考查，分爲兒童反省、教師考查兩方面。學期終總評，以教師考查爲主，兒童反省作參考；

6. 兒童反省，教師考查，均按月記載一次，家庭報告，每學期一次；

7. 教師考查以級任教師爲主。科任教師發現兒童對於某條目特别努力或做不到者，書面通知該級級任教師；

8. 其餘悉依照部頒公民訓練實施方案要點施行。

（二）支配條目

部頒公民訓練條目，其用意及方法與本附小原有之“好兒童”訓練條目太半相同，故於部令公佈後，即遵照實施方案要點，將訓練條目二百六十七條，比照地方環境及習慣、兒童實際生活……等詳加研究，分成高、中、低三段，每段又分四個階段，供六學年十二學期之用，印成單頁，（見浙江教育行政週刊五卷十一期 p5 至 p14）分發各級試用。

（三）成績考查

“公民訓練”，重在實踐，考查成績，頗費周章，本附小原有“好兒童”訓練標準，係將條目分段考查；此次除將部頒條目分成階段外，復於每條目下，附印兒童反省表“做到否”，以便兒童反省時記載，（見浙江教育行政週刊五卷十一期 p5 至 p14）教師考核表，另行印表記載（表附）。其考查成績時間，分定時與不定時兩種，定時的係在舉行中心訓練完結時，師生共同反省，共同記載；不定時的係由級任及科任教師隨時記載。爲實施便利起見，即以一級爲一團，不另分組。

(四) 吟唱願詞

公民訓練願詞，遵照部頒方案，編成歌曲，在每星期一紀念週後吟唱(歌附後)，使兒童獲得深刻印象及聯念。

(五) 自治活動

兒童自治活動，本附小原有“麗正鄉”自治組織，比照“好兒童”訓練條目，作積極訓導上之實際活動；以與部頒“公訓標準”大都不謀而合，故兒童自治訓練一仍其舊。

## 實施經過概況

(一) 個別訓練

部頒實施方案要點第一條第二項規定：“……酌量全校師生的多寡，分成若干組，或分成若干團，每一教員負一組或一團的‘個別訓練’責任，對本團兒童，用種種方法督導他實踐條目，施行檢查，並注意考查成績。”本附小爲便利實施計，即以一級爲一團，由各級級任負個別訓練的責任，科任教員則隨時有協助之責，茲將考查兒童個性要目列下：

(　　)年級(　　)　　姓名________

| 性別　　　　年齡　　　　歲 | | |
|---|---|---|
| 住址 | | |
| 個　性 | 智力 | 上　中　下 |
| | 意志 | 堅定　固執　遊移 |
| | 情緒 | 快樂　憂鬱　多感 |
| | 態度 | 傲慢　粗暴　莊重　輕薄　沉默 |
| | 性情 | 和順　自信　嫉忌　同情 |
| | 行爲 | 正直　狡猾　勇敢　恭敬　勤奮 |
| | 言語 | 流利　支吾　忠實　虛僞 |

續　表

| 能　力 | 記憶 | 强　　中　　弱 |
|---|---|---|
| | 推理 | 縝密　粗忽 |
| | 服務 | 勤懇　怠廢 |
| 體　格 | 身體 | 强健　虚弱　中份 |
| | 姿勢 | 端正　不穩　中平 |
| | 發育 | 强　　中　　弱 |
| | 疾病 | 有　　無　　間有 |
| 特　長 | | |
| 短　處 | | |
| 訓練注意事項 | | |
| 備　考 | | |

導師＿＿＿＿＿　　＿＿年＿＿月＿＿日填

依照上面個性調查表,由各級級任會同科任教師分别調查後,乃將該級兒童分成小組,依照各人長處及缺點加意訓練。訓導獲有具體的對象,較易實施。此項個别訓練有了把握,團體或公共訓練時易於收效,惟其實施時間教師勢非"與兒童共同生活,共同工作"及"以身作則"不可。

(二) 團體訓練

課程標準總綱第二項作業範圍第一節時間表第一目説明謂:"公民訓練和别種科目不同,重在平時的個别訓練,表内所列的(即每週六十分鐘),是團體訓練時間。"我們曾對此六十分鐘的團體訓練時間,分三種不同方式的實施:

1. 每天都有的——將每週六十分鐘,分化於每日朝會後十分鐘舉行,本來我們在未實施公訓前,該十分鐘即爲各級談話時間,處理各該級偶發事項及日常級務;於朝會時聽得報告與訓話等,各回各級,施行談話,原有"公訓"意義含蘊其間,同時且以本附小自訂之"好兒童”爲實施訓導標準;與部頒公訓標準頗多不謀而合之處;今以之代作“公民訓練”的團體訓練時間,覺較合實際而有效。(按試用結果,此種編排以單式學級較易實施,複式學級因預習工作較多,每晨十分鐘須作自修時間)

2. 每週二次的——每週兩次,每次三十分鐘,一在紀念週後,一在星期六下午最後一節,查紀念週後接下去即爲“公訓”頗多自然聯繫的材料;每星期六末後一節,處理本級一週内之級務及下星期的工作,亦屬非常實際。(按試用結果,此種編排較合複式學級)

3. 間日一次的——排定每週一、三、五日各占廿分鐘的“公訓”時間,此法亦頗合理而極調節。本附小因間日上下課時間二十分打鐘一次,頗多不便,於排配作息時間表及兒童記憶頗多不便之故,雖曾計及,但未實施。

以上三種不同時間的公民團訓,認爲第 1、2 兩種較爲合理,第 1 種則於複式學級課外預備工作較多,每晨十分鐘的“公訓”不如以第 2 種每星期兩次各卅分鐘爲較經濟切實,故第 1、2 兩種團訓時間,又須視學級編制如何而活用之——試用後以第 1 種合單式學級,第2 種合複式學級。

(三) 中心訓練

本附小過去訓導目標:每週均由訓育科視實際需要定中心訓練目標及方法,印發各級參照“好兒童”訓練條目實施;自部頒公訓標準後,乃改用不定時的中心訓練,例如某週發現不守規律的兒童太多了,乃即定該週爲“守規律”中心訓練週。除將公訓標準條目,作實施對象外,並擬訂方法及願詞等以補充之。兹將願詞附後以見一般。

## 省立金中附小兒童遵守規律的願詞

一、開會時的規律

(1) 我聽到鈴聲或號聲不叫喊;

(2) 我聽到鈴聲或號聲,立刻排隊;

(3) 開會時,我不衝過别人的隊伍;

(4) 排隊時,我能做到"快""齊""静"三個字;

(5) 遲到時,我願站在隊尾或坐到會場後面去;

(6) 開會時,我能做到"静""穩"兩個字;

(7) 散會時,我願照次序走,不争先亦不落後;

二、上課時的規律

(1) 我聽到上課時的鈴聲不叫喊;

(2) 我聽到上課時的鈴聲立刻排隊;

(3) 上課時我願輕輕的走進教室,而且要從座位後面走;

(4) 上課時我不大小便或喝茶,我且能在休息時預先做好;

(5) 先生未到,我能安静守秩序,自動預修功課;

(6) 課業用品,我能天天都帶齊。

三、退課時的規律

(1) 退課時我要把桌椅和課業用品放好再出去;

(2) 出教室時,我能輕輕的走;

(3) 退課後,我不喜歡叫喊跑跳;

(4) 退課後,我不喜歡在教室裏玩耍;

(5) 退課後,我不喜歡在别間教室張望;

(6) 我走過别間教室的門口,終是輕静的;

(7) 退課時,我能不争先恐後。

四、放學和回校時的規律

(1) 放學時,我願照編定的隊伍回去;

(2) 放學出校,我不願離開隊伍;

(3) 放學時,我不願衝過别人的隊伍;

(4) 放學或回校時,我不喜歡在路上停留;

(5) 來校時,我不願和别人牽手並肩走。

(四) 佈置環境及聯絡家庭

學校環境,常與中心訓練的目標相適應,例如舉行健康週時則舉行各種運動技能比賽等;但社會家庭所給予之影響頗大,故往往有"一曝十寒"之弊,於是聯絡家庭期收較良效益。過去因年幼的兒童問題較多,曾於低級舉行母姊會一次,至原有各項文字調查或報告事項,以多數家屬係屬農工階級,施行不易收效,故未舉行。

(五) 兒童自治訓練

兒童自治訓練,悉依原有"麗正鄉"自治組織作自治活動的訓導集團,由各導師分頭指導,其組織及活動,悉以實際需要與否而變更之,因另有"麗正鄉的組織"單行本刊行,故略不贅。

## 困難要點及其意見

"公民訓練",係重在實踐的行爲科目,其重心在於"做",已爲一般所公認;惟此項訓練標準,係從各優良小學原有的"好國民""好市民""好公民""好學生""好兒童"……等訓練條目中擷取而來,將過去各行其是者而統制之,乃大佳事;第其實施及考查方法等既屬在在成爲問題,而此項科目之本身應處若何的地位,亦大可供商討的餘地,兹將經過困難要點及研究意見分述如後:

(1) 公民訓練是否係一種科目?——此於吾人記載成績時,爲了對立着的"學業"與"品性"成績,弄成模糊難分的問題之一,在課程總綱作業範圍,科目及每週教學時間總表内明白規定"公訓"每週教學時分爲六十,排着十種科目中之一;説明一又載"公民訓練和别種科目不同,重在平時的個别訓練;表内所列的,是團體訓練時間。"

教學通則三"公民訓練的指導,不在文字教學和理論的探討,應就學校家庭及社會生活方面,指導兒童身體力行"。其爲一種科目而異其教學方法的學科,乃甚明顯,但一按小學課程標準編訂經過第四節"編訂完成時期"第一段,明白標明"一、增加公民訓練標準——就是小學訓育標準,因爲小學不特設公民和修身等關於道德訓練的科目,所以增加這項標準,以爲公民訓練的根據",如此則"公民訓練"成績,究應屬於學業成績之一乎,抑代品性成績而取之乎?

因是吾人認爲"公訓"是目前適應國際現勢的一種教育目標,一種教育方法的手段,不宜列爲十種科目之一。試一按"公訓標準"的四種目標即可明白。"公訓"的成績似應即爲性行的成績,不應列爲十種學業成績之一。

(2) 知行其能合一乎?——此點認爲課程標準整理委員會遺下的最大缺點,亦即吾人試行以後的最大問題,尤其表現着目前教育手段之錯誤,在在示其"訓教不合一""知行不必打成一片"顯現着"教學"自"教學""做"自"做"的"教學做"分家之流弊。

謂予不信,請一按"公民訓練"與"公民知識"分列在課程標準中即可知之。原"公民"之下加以"訓練",且在顯示其有需於"做"的精神,不能不謂其爲與過去"修身""公民"之僅憑紙面談兵者爲較勝一籌;然過去之"修身""公民"不在其科目之無精髓,祇在其含蘊不豐富,(僅在個人德性之陶冶)在於"教學"之不本乎"做";今新課程中竟以"公訓"爲實踐的"做"的科目,而將"公民知識"分裂於社會及其他科目中,試問如何能使其"知"與"行"打成一片?"知識"自"知識""實踐"自"實踐"(指訓練),其安能行得通?否則舉自然科爲例,其亦將以自然科重在實驗,以"自然實驗"與"自然知識"對列之,其能謂爲妥乎?

因此吾人以爲"公訓"應設法使"知行合一",换言之,即需"訓教合一",而以"做"的精神使其整個的表現着;把"公民知識"分裂在社會科等處,是大有問題的。

(3) 實施時的關鍵——在教師的精力而定效果之有無?"公訓"重在平時的個別訓練,教師如不能以身作則,不深入兒童的隊伍,則"公訓"有等於無,絲毫無效率可收;否則,師生"同工作,共生活"。事事須在“做上教,做上學”,這是“公訓”成效的關鍵！但普通小學教師教務忙碌、待遇微薄者有無此種精力應付？乃教學上最大的難題。

(4) 考查成績的困難——因了上面的問題,考查“公訓”的成績,就發生了問題,且訓練條目又有抽象不具體及不常用的現象,如何而後可使各項條目變成有機體的東西,供吾人正確的考查其成績,又係有待於研究改訂者,故吾人以爲將來再進一步的公訓標準,要使其訓練出一個理想的公民出來,就有需於行爲學者來找出一條明確易行的有機體途徑,然後此項困難可以解除。

(5) 試行分段考績的結果——尚能不超出於常態之外,按本附小將部頒公訓條目分段試用結果,曾合併各級成績,作下列的統計如附表,除一上、二上等級考查結果不能持常態,對該階段條目須加修正外;其他各級及全校總計結果,分配尚屬均勻,茲附統計表如後:

**公民訓練成績統計表**

| 年級<br>等第<br>人數 | 一上 | 一下 | 二上 | 二下 | 三上 | 三下 | 四上 | 四下 | 五上 | 五下 | 六上 | 六下 | 總計 |
|---|---|---|---|---|---|---|---|---|---|---|---|---|---|
| 甲等人數 | 13 | 2 | 9 | 2 | 5 | 8 | 17 | 6 | 13 | 0 | 0 | 2 | 77 |
| 乙等人數 | 22 | 8 | 11 | 7 | 17 | 19 | 33 | 21 | 14 | 18 | 21 | 15 | 206 |
| 丙等人數 | 5 | 2 | 12 | 4 | 19 | 4 | 17 | 6 | 13 | 15 | 13 | 14 | 124 |
| 丁等人數 | 1 | 0 | 15 | 0 | 4 | 0 | 17 | 0 | 0 | 5 | 5 | 7 | 54 |
| 總人數 | 41 | 12 | 47 | 13 | 44 | 31 | 84 | 33 | 41 | 38 | 38 | 38 | 461 |
| 備注 | 幼稚班兒童不計算在内 | | | | | | | | | | | | |

(6) 各階段條文修正問題——學期結束時,曾徵求各級試用條目後之困難問題及修正意見如後:

各人意見:

一上:第十四條不易考查。

一下：第五、六兩條“不多”的程度很難定。

二上：第四條似太混統，應改爲“我每晚八時睡，每晨七時起”。

第十四條太抽象，應改爲“我不玩弄和不弄髒黨國旗”。

二下：第十七條太抽象，應改爲“我聽父母家長的話”。

三上：第六條不易碰到。

第二十四、二十五兩條以重複。

三下：第三、四、五條非到家庭查不出。

四上：第六條會發表的人易犯，不會發表的人佔便宜。

第十四條寄宿生成問題。

第十五條與九條有疊架之處，“規避”詞意太深。

第十六條“非分”，兒童不瞭解。

第十七條須從不知耻的兒童入手，否則易啓争端。

四下：第四條與事實不符，難做。

第二條句子太長。

第九條有語病。

第二十條不明瞭。

五上：第八條程度太深。

第十六、十七兩條無從考查。

五下：第三條和二十一條有一部分重複。

第十三條無論如何做不到。

第二十二條參加機會很難得。

五下甲比五上甲要多做兩條，似不公允。

六上：在一個學期内絶對没有感到那種情形的，應如何記法？

如 1、2、10 等條。

第十三條和二十三條有一部分重複。

六下：第九條以國家社會的大難，期望小學兒童來扶持，未免過奢。

第十七、十八、十九三條有一部分重複。

第十九條"一定去做"是一事,"要做的好"又是一事,兒童往往能做到"一定去做",不能更進一步而達到"做的好",考查起來易成問題。

第二十一條碰到的人很少,可不要。

總意見:

(1) 高級裏面,抽象條文太多,考查不易。

(2) 評定等第,要做條數,隨年級而增加,似欠平允。

(3) 最好分兩種:一種要天天做的,加以考查。一種只要曉得不是天天做的,不要考查。

(4) 分低中高二階段就够了。

將來我們就須將上面的意見詳加研究後,於編印中國公民册頁時加以修正,以便正式施用。

總核實施結果,略如上述,謬誤或不周之處,在所難免,尚祈識者正之。

(原載《浙江教育行政周刊》1934年第5卷第36期)

# 測驗後的兩種重要統計法
## ——“中數”與“組距”的應用

本文係作者在縉雲縣小學教師暑期講習會講稿的一部分，取材於俞子夷先生的《教育統計術》及《統計概要》；行文重在舉例實“做”，含有“做學教合一”的精神；在該縣暑講會應用時，純不用講演式講述，該會學員亦依法試“做”，尚易體會。今節録付諸本刊，以供進修同志參考。作者附誌

### 一、測驗後統計前的應有準備

教育統計是什麽?

統計學是專門的科學，高深繁雜的統計，須有高深的教學基礎，方能運用自如；教育統計自亦不能例外。不過教育測驗後的統計技術，不一定要有高深的數學基礎才能做的。很有幾種是簡單易行富有教育意味的，大凡教育方法的改進，教材、教法以及診斷學習結果的症狀等等，均不難從這種統計中顯示出來的。

因爲舉行教育測驗後，如不能運用統計方法，是勞而少功的。所以一般人都認教育統計是達到某項教育目標的重要工具。這是很對的。

測驗後爲什麽要統計?

統計是應用測驗工具後的手段，前面已經説及。測驗的目的，無論是考查學生成績，探求教學結果及研究實驗各種問題等等的成績如何?若不加以統計，必不能看出究竟，不易估量其價值，這是誰都知道的。

因爲測驗的本身不能算是教學以後的終的,要達到此終的,必須用統計來做手段,才能明白兒童的程度達到怎樣的地位?這一位教師的教學方法及兒童的反應達到怎樣的程度?這一級的兒童與兒童間的程度距度達到怎樣的情境?……這些都非有統計,不能知其究竟的。

統計前的注意點:

測驗的種類不外"自造""標準"兩種,無論用那一種,測驗後,學生總可得到一個分數。用標準測驗,則有説明書可以核計,可以查對;用自造測驗,則可按照題數定出批分標準。測驗後之應有某種分數,這是無疑的。

不過一級兒童裏所得的分數,不能大家都同,就須在卷面批分。用標準測驗的,封面上有印好的記分地位;自造測驗亦須有一定的記分地位,例如記在右角上,則全體都記在右角上,不要這一本記在右角,那一本記在左角,又一本記在下端的左或右角,假使如此,則統計時翻來翻去非常麻煩;如果每本都記在右角的,那末一找便得,可省却不少的翻閲時間,這是事先應注意的。

## 二、怎樣求中數?

求中分數的方法很簡便,只要把全級的測驗卷,依照分數的多少排成次序,最多的分數疊在上面,以次排至最少的,或者從最少的排到最多的,都可以。

排好以後,再數一數本數,比如是逢單的,那末,中間的一本便是中分數;逢雙的,就須將中間兩本的分數加起來,用二平均之,用二平均就是折半的意思。請看下面的例子:

ㄅ、逢單的:例如十一本中的第六本,九本中的第五本,十三本中的第七本,十七本中的第九本……餘類推。這中間一本的分數,就是中分數,比他大的有八本時,比他少的也一定有八本;比他少的有十本時,比他大的也有十本,這是一定的道理,不會變的。

下面有十五本測驗卷的分數,係依照由少而多的分數次序排成的,這十五本的中間一本是第八本,分數是 47,比 47 少的有七本,比 47 大的也有七本;所以 47 便是十五本裏的中分數,請看後例:

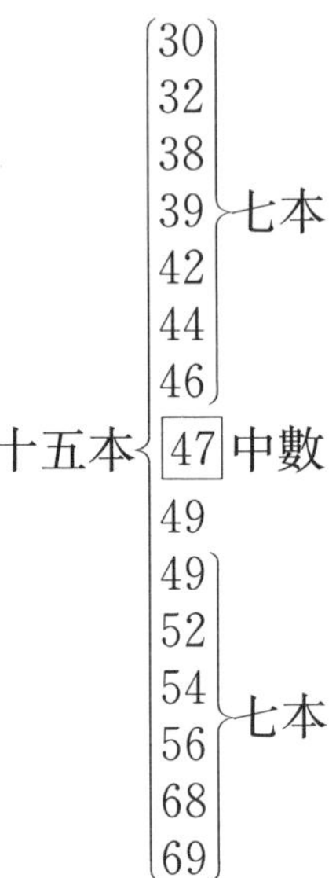


攵、逢雙的:例如十四本卷子的中數地位,便是七、八兩本,把這兩本的分數相加折半便是中分數:如二十四本時,用十二、十三兩本的分數相加折半。……餘類推。下面有例:

例一:

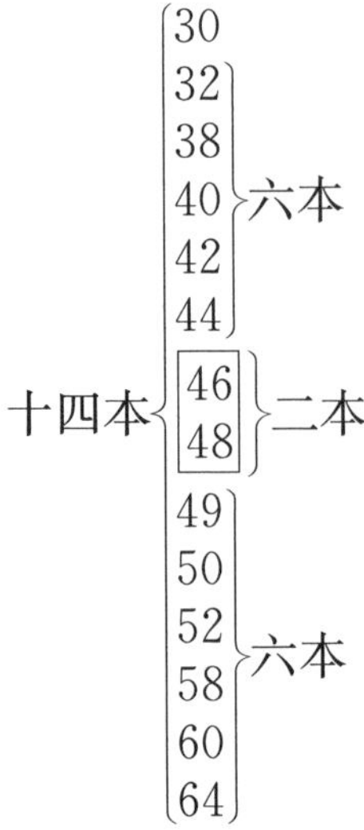

上例共有十四本卷子,中間的兩本是七同八,他的分數是 46 加 48 共得 94,折半得 47,這 47 便是十四本卷子中的中分數。再看例二。

例二:

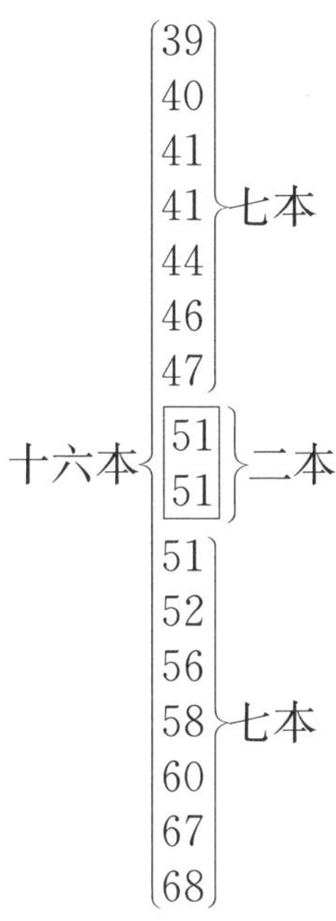


上例十六本中間,第八、九兩本是中數的地位,第八本的分數是 51,第九本也是 51,那末中數便是 51,不必相加亦不必折半。

## 三、中分數有什麼用?

中分數是中間的分數,也叫中數;有了中分數,可以比較各級成績的好歹;因爲中分數在統計學上,比求平均數省時、省力、省事,普通用起來尚屬可靠,非但各級可以比較;即各校各同年級的中分數彙列成表後,亦可作比較研究,從表中可以看出那一校的成績好,那一校的成績不好,那一級的成績比那一級好。例如:

| 校　別 | A | B | C | D | E | F | G | H | I | J |
|---|---|---|---|---|---|---|---|---|---|---|
| 中分數 | 45 | 52 | 44 | 38.5 | 60 | 49 | 43.5 | 60.5 | 55 | 47 |

照上例看來，h 校的成績最好，因爲 h 校的中分數有 60.5，假定他的人數是 21 人，那末在 60.5 以上的有十人，60.5 以下的也有十人，最不好的是 d 校，其中分數只有 38.5，假定他的人數也是 21 人，那末，在 38.5 的中數以上的只有十人，不到 38.5 的也有十人，以與 h 校比較，相差已很大了。

若是同一測驗，在一校中的各級一律測驗的，統計了各年級中分數，可以看出全校中各年級的程度，是不是按步上進。下面有兩個例子：

**一例**

| 年　級 | 一 | 二 | 三 | 四 | 五 | 六 |
|---|---|---|---|---|---|---|
| 中分數 | 29.5 | 31.5 | 44 | 45 | 59 | 72 |

照此例看來，全校各級的成績，尚算不差，能保持按步上進的常態；只是一、二年級相差無幾，二年級教學某科時尚須注意改進。三、四年級亦然。有了上面的情形，我們對二、四兩級教學上，就須研究出一個所以然來，加以改進纔是。

**二例**

| 年　級 | 一 | 二 | 三 | 四 | 五 | 六 |
|---|---|---|---|---|---|---|
| 中分數 | 39 | 32 | 48 | 57 | 50 | 71 |

照上例看來，二年級反比一年級成績低劣，其中必有一個重大的原因；五年級比四年級更壞得多，這是一個極嚴重的問題，應該加以補救，學校當局和教員，須負有相當的責任！

中分數的應用大致如是，應用很大，手續簡便，這是中分數的長處。

## 四、中分數有缺點嗎？

中分數有缺點嗎？有的，因中分數祇能比較各級成績的好歹，比較各年級的程度是否按步上進，但是在特殊的某種狀況之下，有時還不能把一級成績的真相完全表示得出，補救此項缺點，就有需於“組距”的推算了。

## 五、怎樣求組距?

中分數的不能完全表示得出各級間的真正程度，上面已略說及，補救之法，就有需乎組距，例如某校有兩級四年級，人數都是十七，用同材料測驗某科後的成績如後，兩級成績頗不相同，例如：

| 四甲 | 12 | 14 | 15 | 30 | 38 | 44 | 45 | 46 | 47 | 48 | 52 | 55 | 57 | 63 | 67 | 74 | 82 |
|---|---|---|---|---|---|---|---|---|---|---|---|---|---|---|---|---|---|
| 人數 | 1 | 2 | 3 | 4 | 5 | 6 | 7 | 8 | 9 | 10 | 11 | 12 | 13 | 14 | 15 | 16 | 17 |
| 四乙 | 28 | 35 | 36 | 40 | 43 | 44 | 46 | 47 | 47 | 49 | 52 | 52 | 54 | 60 | 64 | 64 | 68 |

照上表四年級甲是十七人，四年級乙也是十七人，兩級人數相同。再看其第九位的中分數也均爲 47，兩組相同。若即以中分數定二級的全體成績，這話就根本不對了！因爲甲組分數最少的人只有 12 分，乙組最少有 28 分，兩人要差 10；而甲組最多的有 82 分，乙組最多只 68 分，兩人要差 20 分。這明明告訴我們只看中分數來定兩級兒童的成績，還有點靠不住！

補救之法，只有“求組距”，第一步先看看甲組自己最少的 12 分，最多的是 82 分，頂好和頂歹的人相差 70 分；再看四乙頂歹的 28 分，頂好的 68 分，相差是 40 分。我們根據統計原理中的“組距愈小愈好”的話，便可斷定甲組兒童程度差得太大，能力不集中；乙組却能力比較平衡，程度都尚好。

## 六、組距的應用如何?

組距的效用已略述如上，四甲的差數是 70，四乙的差數爲 40，這

70 和 40 便叫“全組距”，全組距數目越小，則該組學生程度越勻越好，反之則程度差得太大，勢非將最好的升級，最歹的降級，或自行分團教學以圖補救不可。

爲研究醒目計，不妨把兩組畫成直方圖，法甚簡易，可用泰文格或用鉛筆畫成格子，定出組距度數：

例如四年級甲組最少分數是 12，最多爲 82，如以 5 爲一組距，則組距欄可從 10 至 14，15 至 19……80 至 84 爲一圖待用。

四年級乙組最少分數是 28，最多爲 68，亦以 5 爲一組距，則組距欄可從 25 到 29，30 到 34……65 到 69 爲一圖待用。

自左而右將代表分數的組距排好後，每組距當牠 5 分，左面分數是少的，愈到右面愈大，依照前面的成績，自下而上每人塗去一格，可畫成後面兩圖：

**（四乙）**

| | | | | | | | | | | |
|---|---|---|---|---|---|---|---|---|---|---|
| | | | | | | | | | | |
| | | | | | | | | | | |
| | | | 第 | | 一 | | 圖 | | | |
| 人 | | | | | | | | | | |
| 數 | | | | | | | | | | |
| | | | | | | | | | | |
| | | | | | | | | | | |
| | | | | | | | | | | |
| 組距 | 25 到 29 | 30 到 34 | 35 到 39 | 40 到 44 | 45 到 49 | 50 到 54 | 55 到 59 | 60 到 64 | 65 到 69 | |

（四甲）

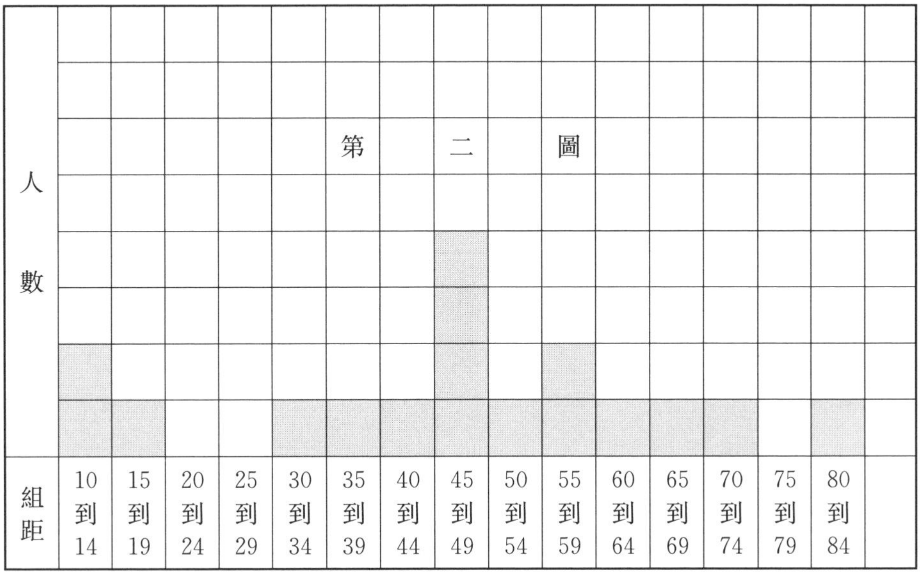

第　二　圖

人數

| 組距 | 10到14 | 15到19 | 20到24 | 25到29 | 30到34 | 35到39 | 40到44 | 45到49 | 50到54 | 55到59 | 60到64 | 65到69 | 70到74 | 75到79 | 80到84 | |
|---|---|---|---|---|---|---|---|---|---|---|---|---|---|---|---|---|

看了上面兩圖，就很清楚的可以知道兩組不同的地方有如後列：

ㄅ、第一圖（乙組）的學生程度還勻稱，能力尚集中，衹有 28 分的一人（即 25 到 29 欄）比較差點，或者另編下一級去，或者教學時特別加以個別指導；其次則 55 到 59 分的人一個也没有，中間或許還有些微問題；60 到 69 的四個人或者可予升一級。

ㄆ、第二圖（甲組）和第一圖比較，學生的程度散漫極了，好的太好，壞的太壞，能力一點也不集中；至少應該把 12、14、15 分的三人編入下一級或另分一團教學；得 82 分的一人不妨升上一級，如此補救則所餘十三人中最不好的是 30 分，最好的 74 分，74 減 30，全距不過 44 分，比以前 82 減 12 差 70 分的組距小得多了。

以上是統計圖表告訴我們的鐵證，也便是組距最大的用處。

## 七、中數和組距混用

我們不妨把中數和全距混合着再來做一個證明，如此相得益彰，美善極了！試將全校各級（初級四級）的成績，都畫成了圖形，就可以找出有趣的問題來，比如後面是四級兒童的分數：

| 一年級 | 10 | 14 | 16 | 16 | 19 | 21 | 23 | 24 | 24 | 26 | 27 | 29 | 33 | 35 | 40 | ＼ | ＼ | 中分数 | 24 | 全距 | 30 |
|---|---|---|---|---|---|---|---|---|---|---|---|---|---|---|---|---|---|---|---|---|---|
| 二年級 | 18 | 21 | 21 | 24 | 25 | 25 | 26 | 27 | 27 | 29 | 30 | 31 | 33 | 38 | 42 | 44 | 45 | 中分数 | 27 | 全距 | 27 |
| 三年級 | 28 | 35 | 36 | 40 | 40 | 43 | 46 | 47 | 48 | 49 | 52 | 52 | 57 | 59 | 64 | 68 | ＼ | 中分数 | 47.5 | 全距 | 40 |
| 四年級 | 33 | 41 | 56 | 58 | 60 | 61 | 63 | 65 | 67 | 67 | 69 | 70 | 72 | 73 | 78 | 78 | 81 | 中分数 | 67 | 全距 | 48 |

我們看完上表，可得下面的幾點結果：

（ㄅ）先看中分數：

A. 四年級爲 67，三年級是 47.5，兩級差 19.5。四年級較好，按步上進，不成問題；

B. 二年級爲 27，一年級是 24，兩級差 3。二年級雖較好，可是比一年級好得太少了！彷彿程度差不多，這裏有一個大問題急須解決。

（ㄆ）再看全距：

A. 一年級 30，二年級 27，都在 30 左右，所差不大，能力尚稱集中；

B. 三年級 40，四年級 48，比一二年級分散得多了，其間也還有問題急待解決。

以上四級的結果，各有其問題含藴，如任其自然不予解決，勢必影響教育效率。數目字告訴我們尚不能十分明瞭，愈看愈眼花，不妨給牠繪成下面的圖形來看：

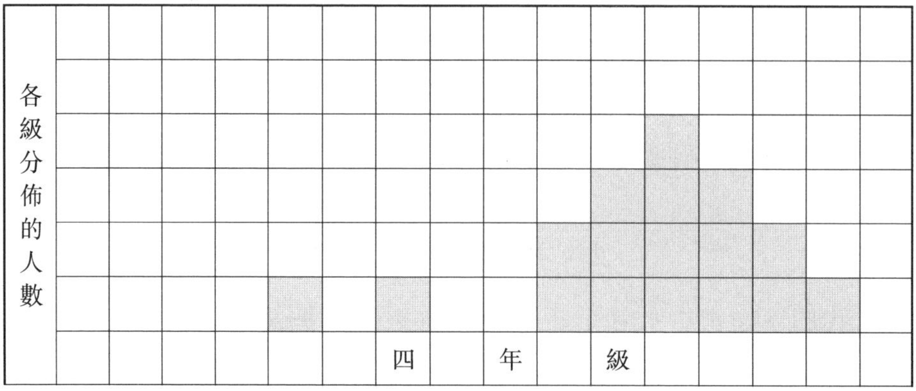

各級分佈的人數

四　年　級

**續表**

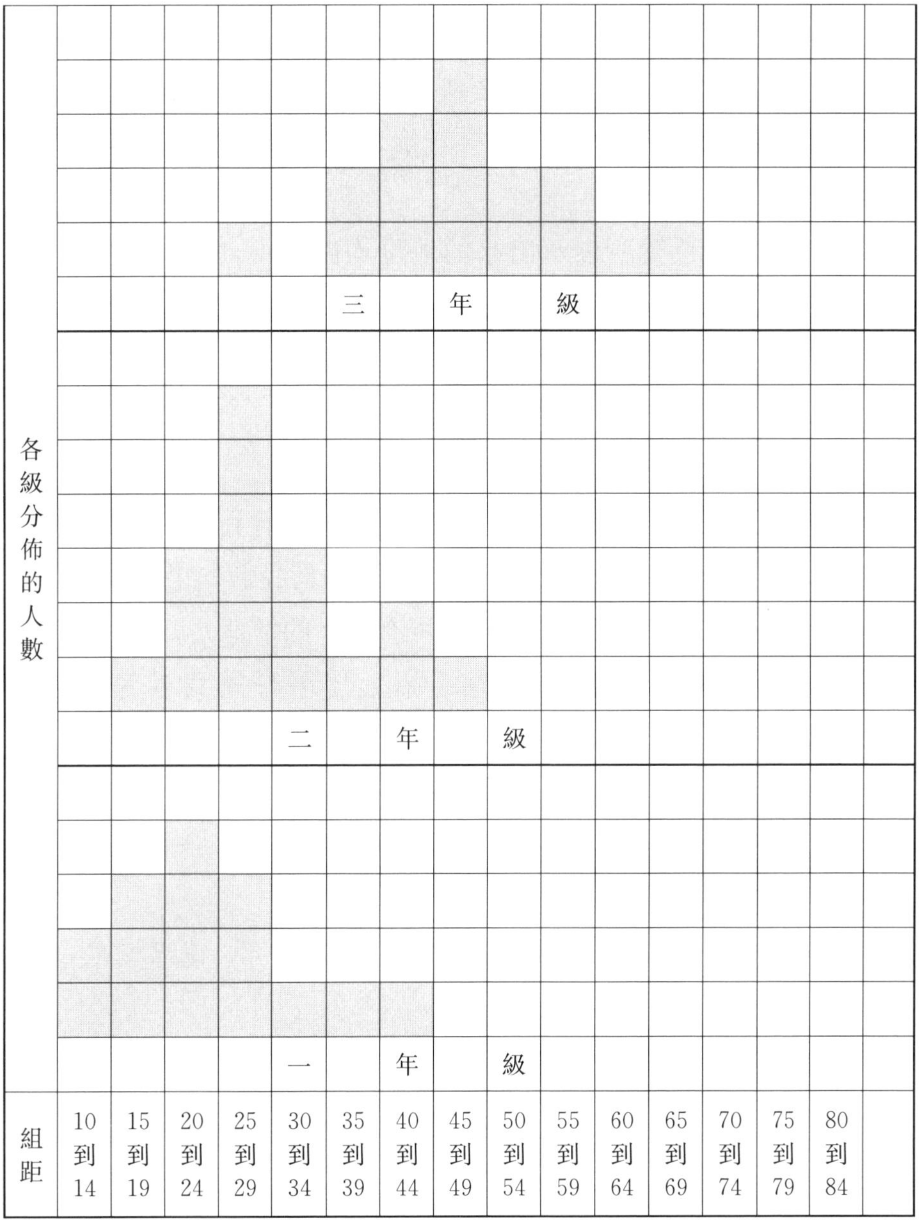

| | | | | | | | | | | | | | | | | |
|---|---|---|---|---|---|---|---|---|---|---|---|---|---|---|---|---|
| | | | | | | 三 | | 年 | | 級 | | | | | | |
| 各級分佈的人數 | | | | | 二 | | 年 | | 級 | | | | | | | |
| | | | | | 一 | | 年 | | 級 | | | | | | | |
| 組距 | 10到14 | 15到19 | 20到24 | 25到29 | 30到34 | 35到39 | 40到44 | 45到49 | 50到54 | 55到59 | 60到64 | 65到69 | 70到74 | 75到79 | 80到84 | |

上面是仍以 5 爲一小組距的直方圖，依照各級兒童所占的分數地位繪成的，我們看了就可得如下的結果：

（勹）四年級中 30 到 34，40 到 44 兩人的程度太差，應編入三年級去；

（攵）三年級中25到26的一人程度也不够，應編入二年級去；

（亠）一、二兩級的程度好像差不多，組距的地位也彷彿一樣；那便是二年級的程度太壞，應與一年級混合重行編級；大約在25分以上的編入二年級，24分以下的編爲一年級，如此則一、二兩級的程度很銜接了。

此外則四級單獨所表示出來的地位均尚集中，所以問題又不在自己一級裏兒童能力的平衡與分散，而應從上一級和下一級的銜接與否爲定奪了，這是更進一步的統計法之應用。

## 八、尾　聲

上面兩種統計法的應用，不論學校行政、教育行政，以及教師自身的試探教學成績如何，無往而不可應用；因爲我們如果能依照前法不斷的應用起來，至少在教育效能上可有不少的增進。

教育統計的方法很多，謹先介紹上述兩種給我教育同仁試用——當然在那兒試用的已大有人在——粗淺謬誤之處，尚乞原諒。

於浙金中小。

（原載《進修月刊》1935年第4卷第9期）

# 教育理論研究

## 教育實驗的基本法則

### 一、緒　論

美國教育科學實驗研究專家麥柯爾氏教育實驗的序文裏，有這樣的一段説話："教育者，欲洞悉教育之進步，務必熟諳教育試驗的方法；或至少須有若干運用此方法之技能。"

浙江省教育廳二十一年度省輔導計劃第三章第十三條，也有這麽一個規定："省立學校附屬小學，應輔導各縣市中心小學選擇試驗題目，訂定試驗計劃，計算試驗結果。"

我們自己的隊伍也常常感覺得："教育學術科學化這一個問題，不獨是我們少數人的事業成敗問題，乃是整個教育事業的成敗問題。"

最近教育專家的名論，教育行政當局的規章，和我們幹教育實際工作的感覺，都深感教育問題有需於科學方法作客觀的、精密的、合理的解决；免得主觀的、粗淺的、臆測的弊病，似乎是教育學術要求"百尺竿頭更進一步"的必經途徑！

可是教育實驗工作，責重事繁：經濟、人才、設備、環境以及一切試驗的手續……等等，在在均和實驗因子，有密切關係；偶一不慎，事敗垂成，無妄犧牲，可立而待！故實驗之需要既若是之切，而實驗工作之繁重又若此之甚！教育者往往不敢輕易嘗試！

本文爲推進實驗工作計，故將教育實驗的理論與實際，作簡要的叙述，使從事教育實驗工作者，對教育實驗的基本法則，得列一個概念，以便作實施的參考；那末教育學術科學化，在不久的將來，或能普遍的實現着！至文内遺漏或錯誤之處，因參考書不多自所不免，尚祈識者匡正！

## 二、教育實驗的理論

麥柯爾氏説："自來教育研究，大概可以分爲三個時期：第一個爲權威專斷時期——例如有疑難問題，往往取决於名人學説或在上方的意見；第二個爲自由討論時期——如有問題發生時，先多討論，然後折衷群言；第三個爲假設時期，亦可説是'科學研究'時期，採取各人的意見，定爲假設，然後用科學方法，證明假設的確否？——例如近人所用的各科比較實驗……等是。"

麥氏鑒於教育學術，受了輓近成立的——生物學、社會學、心理學等三種科學進步的影響；明知教育學術不能故步自封、默守成法的盲目幹下去；故將教育學術分爲上述三個演進時期，因是教育過程中對於行政、教學、訓練、課程編製、成績考查……等，都給牠改變方向，由主觀的進于客觀，由邏輯的進于科學，由空泛的漸及實質，由簡易而進爲專門，由附庸而絶對獨立！

固然，教育學術受科學的洗禮尚是近十幾年來的事，幼稚而多舛誤，膚浮而非即永久的標準；在日新月異，愈進昌明的教育過程及科學事業中，當然没有最後之成功這一回事！可是從事教育者果能循科學途徑，迎頭的向前追去，實亦未始非教育前途之福利！

我國各地學校，年來頗多教育實驗工作，即以浙江而論，省立各中學附屬小學及各縣市中心小學均應負有教育實驗之使命；可是此項科學的實驗工作，非旦夕所可奏效，應首先注意下列五個教育實驗的要素：

（1）有科學的方法，慎選急待解決問題；

（2）有充分的準備，要擬切實固詳計劃；

（3）有特殊的環境，情形能保持平衡；

（4）有客觀的測驗，結果能反覆證明；

（5）有合理的假設，能得顛撲不破的結論。

能合乎前列五個實驗要素，方可期得相當的結果。否則，實驗工作會得事敗垂成而無謂犧牲，恐已得不償失矣！

教育實驗之所以如此繁重，推原其故，厥在于人的環境較任何事物爲複雜；因此教育實驗的工作，不能像行爲主義的心理學者設置相當環境，便可控制貓鼠同居，制貓素食……等那麽容易！——見拙著《行爲主義的兒童理學》——故教育者，在如此複雜的環境裏，應該把最重要的差異份子設法消除，只留因子本身的不同，然後可以得到可靠的結果！

## 三、教育實驗的方法

教育實驗，重在比較，比較作用，爲教育實驗的惟一法則。例如被實驗者祇有一組，前後相較，名曰“單組法”；被實驗者爲人數、能力相等的兩組或兩組以上，將其結果彼此相較者爲“等組法”；合“單組”“等組”兩法而爲一，將實驗因子循環實驗而比較其結果者，謂之“循環法”。所以教育實驗的基本方法只有三種，兹將各種方法、意義及公式分述如後：

ㄅ、單組法　（1）意義——所謂單組，是指被實驗者始終只有一組或一人一物；所謂單組法是把兩個或兩個以上的實驗因子先後施之于一組一人或一物，以比較各個實驗因子所生的結果之大小意思。——例如要實驗“低年級算術教學隨機與正式教學就優的比較實驗”，“隨機”與“正式”爲兩個實驗因子，前後施之于一組，或一個學生,而比較二實驗因子所生之結果以求優勝,即爲單組法。

(2) 基本公式:單組法——2 個實驗因子——1 種測驗

被試—(初試 1—因 1—覆試 1—差 1)—(初試 1—因 2—覆試 1—差 2)

(説明)被試—爲一種物質,一個人,或一個團體。

初試—是在未實驗所得的成績或固有狀態;

因 1—是第一個實驗因子;

因 2—是第二個實驗因子;

覆試—是實驗完結時的成績或被試狀態;

差 1—是初試與覆試的差異;即因 1 所發生的影響;

差 2—是因 2 所發生的影響;

差 1 與差 2 的較數,就是實驗的結果;假使差 1 比差 2 大,便是因 1 的效率高;反之如因 2 大于因 1 即因 2 佔優勝的表示。

(注意)初試與覆試材料須相同。

攵、等組法 (1) 意義——被實驗者在一組以上,而各組一切情形均確實相等,——如人數相等,能力相等,——各施以二個或二個以上的不同的實驗因子,叫做等組法,例如試驗"寫字描紅與不描紅的比較",如用等組法則一組實驗描紅,一組實驗不描紅,各測其進度而求比較數。假定衹用一種測驗,公式如下:

(2) 基本公式:等組法——2 個實驗因子——1 種測驗

被試 1—(初試 1—因 1 -覆試 1—差 1)

被試 2—(初試 1—因 2 -覆試 1—差 2)

(説明)被試 1—即實驗第 1 因子的一組;

被試 2—即實驗第 2 因子的一組;

差 1—即實驗第 1 因子後的差異數;

差 2—即實驗第 2 因子後的差異數;

差 1 與差 2 相較,即得本實驗的結果。

此外尚有三種以上的因子，一種以上的測驗，及三組以上的被實驗者，其公式依此類推。

ㄇ、循環法　(1) 意義—循環法，爲兩種或兩種以上的單組法所合成，倘被實驗各組的人數是相等的，則爲單組等組兩法所合成。其特點在能將兩個以上之因子，變換次序，施之于被實驗的各組以消除前因子與後因子的影響，或由混雜要素所生的錯誤，如以“獎勵與責罰之效率孰大”爲實驗，則先獎勵以測其結果，次責備以求其結果；兩組先後用單組法實驗以後，將結果相較即得：

(2) 基本公式：循環法—2 個實驗因子—1 種測驗

被試 1—(初試 1—因 1—覆試 1—差 1)—(初試 1—因 2—覆試 1—差 2)

被試 2—(初試 1—因 2—覆試 1—差 3)—(初試 1—因 1—覆試 1—差 4)

因 1＝差 1＋差 4；因 2＝差 2＋差 3。

(説明) (差 1＋差 4) 與(差 2＋差 3) 之和相較，即爲本實驗結果。

尚有三種以上實驗因子或三組以上被實驗者的公式，均可依此類推。

## 四、實驗問題的選擇

“認清問題，研究問題，解決問題，是好教育。”“教育者等於庸人：‘天下本無事，庸人自擾之。’教育者應天天以庸人自擾的態度來從事。那末，這教育便不平凡，便有進步！”這是我們找問題、選擇問題的基本法則。依麥柯爾氏的意見，有五種方法可以發現實驗問題：

ㄅ、問題的發現　(1) 要找着真正的實驗問題，最好是早些變成一個專門學者，專門研究教學上的某種問題，那末，日夕思維，問題自多了！

（2）在讀書談聽和工作時，取一種批評和反省的態度，養成事事懷疑的習慣，把各種未經驗的理論，都當作一種假設。各種教育名著的字裏行間，包涵着無數的問題，只要我們去尋求利用。

（3）把各種困難，當作練習機智的一種機會看。教育上的許多困難中常藏着許多寶貴的問題，我們如果是畏難苟安，就會失掉這個機會的。

（4）舉行一種實驗，看牠發生些什麽問題？

（5）不要失掉已經獲得的問題。無論何人，有時機靈洞開，發生很希罕的見解，或者是極重要的問題，如果不立時紀録，事過必致忘。推士博士所以在科學界馳名者，他歸功於他曾購置了一口鋼鐵箱子，將他個人獨闢的見解和問題，隨時記録下來，分類陳列箱中。由此可見問題的發現和紀録，於科學進步是很有關係了！

攵、問題的選擇　選擇問題，應注意下列四事：

（1）無須乎説而又不得不説的—實驗者應選擇尚未解決的問題而實驗之。最近美國有一位研究教育測驗學者，在科學家會議席上報告其苦心研究某種結果，不幸此項問題已經解決，且其結果亦經他人刊布于他處。精力虛靡，金錢虛擲，殊覺不慎于始之爲害！

（2）實驗者應選擇自己所專攻的問題而實驗之——因爲專門問題的實驗，需要專門的智識和經驗爲之指導，當然非具有專門訓練和經驗者不辦。

（3）實驗者應選擇較切實重要的問題而實驗之——有實驗價值的問題太多，專門作科學研究的教育家太少，他們的精力有限，故當選擇其較爲切實重要者實驗之。

（4）實驗者應選擇可以實行解決並能定出可以證明假設的問題而實驗之——有許多重要假設，難于證明的，暫時應該放棄。例如現在或因所需要的測驗尚未造成，或因適當的被試不易選得，或因實驗者不能充分的制馭實驗的境遇。

有許多極關重要的實驗問題，常不得解決，所以我們在選擇實驗問題的時候，應該留意這幾件要素，

㈠、問題的範疇　問題既經選定以後，就要把問題的概念及研究的範圍弄清楚。形成實驗的範疇也有三種：

(1) 太大的範疇——于實驗上毫無裨益。某次有一個實驗者晤麥柯彼氏商議研究題目，他形成的題目是："各種要素對于學習的影響如何?""時間的支配，對學習的影響怎樣?"麥氏一再促其縮小範圍；最後這個問題變成"小學四年級生，每週上三次默讀課，每次三十分鐘，比一個相等的班次，每週上五次默讀課，每次上十八分鐘，那一種效率大?"麥氏以爲即令如此，尚嫌失之寬泛，于此我們可知問題的範疇不在乎太大。

(2) 太狹的範疇——愈研究，範圍愈狹，這種實驗家可以做很好的工作；但是每種研究，都是零碎斷片的，没有一個全盤的計劃，不能從大處落眼，從小處下手，也不會有圓滿的結果的。

(3) 適中的範疇——就大處落眼，從小處下手，這是最好的方法。專門的實驗家，第一步是定一個大的問題，然後把這個大問題打碎，變成極小而特殊的若干問題；這些特殊的實驗研究之結果，就是一種美麗的鑲嵌細工。

## 五、實驗步驟及計劃

實驗任何一種問題，應定整個計劃進行步驟，特舉例分述如下：

準備期：第一步——學理上的準備

1. 閱讀《麥柯爾教育實驗法》；

2. 參考專家教育實驗的理論或實際報告；

3. 其他。

第二步——方法上的準備

1. 選擇實驗問題；

2. 决定實驗方法;——單組法;等組法;循環法;

3. 找尋實驗問題的參考資料;——書籍或徵求意見;

4. 决定實驗組級及擔任教師;

5. 擬訂實驗計劃。——目的;方法;進行步驟……等。

第三步——工具的準備

1. 搜集已有的標準測驗材料;

2. 編輯實驗教材;

3. 編製應用表格。

實驗期:1. 選擇實驗對象——被實驗兒童或班級

2. 初試;

3. 分組;

4. 定實驗因子;

5. 覆試。

比較期:1. 求進退數;

2. 求優勝點;

3. 求實驗系數。

報告期:1. 整理;

2. 付印。

比照了上列步驟,可以規定比較科學的實驗計劃。玆將前東大附中在十二年二月間籌備實驗道爾頓制的計劃,録述於後以供參考:

ㄅ、準備時期的歷程:

1. 手續的準備:(1) 物色教師;(2) 討論大體;(3) 定奪班、級;(4) 擬定表格;(5) 初試在暑期舉行;(6) 籌備作業室。

2. 工具的準備:(1) 編製表格;(2) 搜集各科教材;(3) 編印學生須知;(4) 預備作業用具;(5) 編製各科作業綱要;(6) 編製各科應用測驗;(7) 搜集各種測驗的標準;(8) 搜集已有標準的測驗材料。

3. 預定的方式：等組法—24 實驗因子—？ 種測驗材料。

被試 1—(初試 1—因 1—覆試 1—差 1)。

被試 2—(初試 1—因 2—覆試 1—差 2)。

(説明)被試 1——代表導爾頓組。

被試 2 及因 2——代表普通教學徒。

初試——係未開始實驗前的成績。

覆試——係實驗以後所測的成績。

差 1 與差 2—即因 15 因 2 所生影響的結果；比較其大小，即爲本實驗結果。

攵：實驗時期的歷程

1. 實行組，在下學期開始時：(1) 用各種測驗試驗兩班的學生；(2) 將各種測驗成績化爲 T 分數；(3) 求各個指定人的智力與教育 T 分的平均數；(4) 依據平均 T 分數，將學生分爲人數相等、能力相等的兩組。

2. 實行試驗：(1) 除兩所用教學方法不同外，其他一切情境能差異愈少愈好；(2) 保持兩組學生自然的態度與興趣，勿引起學生與實驗衝突的機會。

3. 比較結果：(1) 重行測驗兩組學生——即覆試；(2) 核算各人進步的數量；(3) 核算每班進步的平均數和每種測驗的平均進步數。

4. 徵集意見：(1) 教師的意見；(2) 學生的意見。

5. 報告結果：(1) 整理材料；(2) 核計成績；(3) 研究優勝原因；(4) 結論。

上列導爾頓制的實驗計劃，其預定方式一項，係作者爲了舉例具體起見，臨時加入，與原計劃略有不符。

此外統計一項，對實助工作非常重要，兹以篇幅關係，略述如次，以供參考：

## 分組成績表

### （表一）指導組

| 學生號數 | 教育測驗 | | | 智力T | 總平均T |
|---|---|---|---|---|---|
| | 文法T | 綴法T | 平均T | | |
| 1 | 76 | 70 | 73 | 77 | 75 |
| 2 | 63 | 65 | 64 | 74 | 69 |
| | | | | | |
| 32 | 61 | 65 | 63 | 61 | 62 |
| 33 | 50 | 54 | 52 | 50 | 51 |
| 平均數＝60.9T | | | | | |

### （表二）批改組

| 學生號數 | 教育測驗 | | | 智力T | 總平均T |
|---|---|---|---|---|---|
| | 文法T | 綴法T | 平均T | | |
| 1 | 52 | 70 | 61 | 67 | 64 |
| 2 | 55 | 55 | 55 | 58 | 56.5 |
| | | | | | |
| 32 | 57 | 52 | 53.5 | 51.5 | 52.5 |
| 33 | 54 | 70 | 62 | 62 | 62 |
| 平均數＝61.2T | | | | | |

### （表三）指導組

| 名次 | 作文成績 | | |
|---|---|---|---|
| | 初試 | 復試 | 進退 |
| 1 | 80 | 80 | 0 |
| 2 | 65 | 73 | 8 |
| | | | |
| 32 | 65 | 63 | －2 |
| 33 | 70 | 75 | 5 |
| 人數＝33　標準差＝8.16<br>平均進步數＝7.39<br>平均標準差＝1.43 | | | |

### （表四）批改組

| 名次 | 作文成績 | | |
|---|---|---|---|
| | 初試 | 復試 | 進退 |
| 1 | 85 | 90 | 5 |
| 2 | 70 | 68 | — |
| | | | |
| 32 | 58 | 88 | 3 |
| 33 | 56 | 68 | 12 |
| 人數＝33　標準差＝8.16<br>平均進步數＝9.12<br>平均標準差＝1.51 | | | |

### （表五）總　核

| 平均進步數 | | 優勝點 | 優勝點標準差 | 實驗係數 |
|---|---|---|---|---|
| 指導 | 批改 | | | |
| 7.39 | 9.12 | 1.73 | $\sqrt{(1.51)^2+(1.43)^2}=2.08$ | $\frac{1.73}{2.78\times 2.08}=0.3$ |

上面表一表二是分組時的成績，兩組人數既要相同，成績也要差不多，這是等組法必不可少的手續。

表三、四、五是每種比較實驗的結果少不了的統計表。今試以上列三表來做本實驗的結論。——這結論是一般的公式，録述如後：“從上面的統計看來，我們知道批改組的成績比指導組勝 1.73，但這結果是否可靠，只須看其優勝點標準差是 2.08 就可知道。人數若加多，時間若加長，則真正的優勝點必在 1.73 ± 3(2.08)之間，就是多至 7.97，少至 −4.51。這中間可變動的機會很多，因此知其不甚可靠！我們再看實驗係數，更可證明其不甚可靠。根據實驗統計，凡一種實驗，如實驗係數在 0.5 以下者，結果均不甚可靠，表五實驗係數爲 0.3，更可知其不甚可靠。然後再研究其不可靠之原因……”

## 六、結　論

本文係僅叙述教育實驗的綱領，作教育實驗的階梯，其不能盡量羅述並舉整個實例以資參考，固無待諱言，但際此教育學術科學化，實驗工作逐漸推行之時，深感無所適從者大有人在，兹編所述，不過供舉隅三反之助耳！謬誤和不周之處，尚祈識者指正！（留）

二十一年雙十節後一日于浙七中。

（原載《浙江教育行政周刊》1932 年第 4 卷第 9 期）

# 推行簡體字的我見

推行簡字有兩個最大的阻力：(一) 是如何使其標準化；(二) 爲解除文人學士們的非議。

關於前者，教部已本其“述而不作”的原則，選定簡字分批公佈，將社會最流行的簡字選入，不另創新字，這“標準化”的問題已不成其爲問題。至於草體中筆勢圓轉而多鈎聯者，亦規定以其方折近楷字者選用，這於輾轉抄寫變形的弊病似尚可免。

關於後者，問題較爲複雜，非議中之較有力量者爲：

(1) 識字的經程由繁入簡是自然的趨勢，堅持“由繁入簡易，由簡學繁難”的成見。這一點，確有研究的價值。我們都是學過繁難的正體字的人，由讀寫正字轉而讀寫簡體字，困難比較的少；今假使以簡字教兒童，則兒童勢必不能認識簡字之正體字。這點是事實。旬日來見内子教一未滿五週歲的姪名叫丰年的，讀寫他自己的名字，“丰”字易學易寫，不到二分鐘已能讀能寫；我原主不必再教“豐”字的，那知星期日他的大姊寫了“豐年”兩字叫他認，他當然衹認得“年”而不知“豐”，於是我即試教其讀寫“豐”字，五分鐘後，迄不能收讀寫之功。本來文字縮結愈繁複，學習效率愈低，這是不必白費氣力去試驗的。事實上，關於這問題的關鍵，在於有簡體的正體字要否並存，而不在難易的争持。解決這問題的辦法，只有由行政當局來取締已有“簡字”的“正字”不能再用。

(2) 正簡字應否同時教學。同是一字，要小朋友認兩個字形，是否經濟？我敢説誰也不會説是經濟的，所以不推行簡字則已，要推行便該廢其一而存其一，一字學兩形，無異加倍兒童學習的負擔。推行之先即須力避；將來各種教材的用字，應予特别注意。須知一字識兩形，即無異於一個生字變成兩個，這種加倍兒童學習負擔的勾當，斷斷不可以做的。

(3) 别字代用，有損文字造義，這點是文人學士最大的非議基點。他們説："那裏"代以"那里"？則"里"同"居里"之"里"，將作何解？"幾桌"可代"几桌"。則"几"與"茶几"之"几"同，又作何解？一别字之差，相去何止千萬里？中文造義一失，流弊將不勝舉了！這實是數千年來言文異趨之流毒，想不到"言文一致"的現在，尚有此傳統思想。個人之意以爲"詞兒連寫""注意標號""不斷字取義"……的幾種辦法，都可解决這問題。假如問："今天你請几桌酒"？總不至使對方誤答爲"有二几""一桌酒"的笑話的。要從此等處非難别字作簡字以代正字，其理由似難成立。

(4) 讀物用字未能徹底改革前，反滋障礙。這也是推行簡字的困難點，解除此困難，只要由政府以斷然的手段，取締新刊一律採用簡字，舊刊翻印時改排簡字，否則不予發行。同時更編《正簡字彙》以資對照參考，作爲過渡橋梁，使已認得簡字的認得正字，或只認得正字未認簡字的知所問津，那就好了！

拉拉雜雜將推行簡字四大障礙略加説明，附注管見如上，未計慮到的一定很多，尚望同志們指教。

於浙金華中小。

（原載《進修半月刊》1936 年第 5 卷第 10 期）

# 短期小學各科教材及教法講話

## 第一講　開場白

短期義務小學，無論在修業年限、入學年齡、各科教材、教學方法、就學人數、執教教師……在在都有其特質含蘊着，其不能與普通小學相衡，明甚。

推行義教第一期，自廿四年至廿九年七月止，全國致力于一年期短小之創設，其暫行課程標準，早經公佈；爲了教材與教法之不能分割，爲了教材教法之必須以課程標準爲準繩，因此第一講就先來談談“一年期短小課程内容的特質”。

一年期短小的分科，簡言之，可説是重質不重量，故簡括爲國、算、公訓、課間操四科，事實上不容許其分科太細。故其：

(1) 課程内容：以國語(包括常識)、算術爲主；公訓、課間操爲輔。國、算是國民基礎教育的重要工具，公訓、課間操是輔佐訓練國民的行爲體魄的必經定程。終極之目的爲實施義教後，希望人人能識字、明理，好好的做人，完成其“國民型”。

(2) 教學時間：每週都有規定和分佈，國語科，讀書五四〇分鐘(分十二節，每節四五分，每日二節)；作文六〇分鐘(分二節，每節三〇分)；寫字一二〇分鐘(分四節，每節三〇分)；算術一八〇分(分六節，每三〇分，每日一節)；公訓九〇分(分六節，每節一五分，每日一節)；課間操九〇分(分六節，每節一五分，每日一節)。

(3) 特殊編制：短小學級編制，概以二部教學的原則，義教法規，

定之綦詳,課程標準説明内亦有如後規定:

(甲)半日二部制:分兒童爲上下午兩班,其教學時間與節數上下午可以相同。(課程表見後例一)

(乙)全日、間時二部制:分兒童爲兩班,全日在校,兩班相互間時,直接教學或自動,節數與時間可同上例。惟一班上課,他班應指定課外作業。(課程表見後例二)

(丙)全日、半日混合二部制:分兒童爲兩班,一班全日在校,一班半日在校(上午或下午),全日在校教學時間,須與半日班交互支配,半日班上課時,全日班要有自動作業。(課程表見後例三)

(4)教學時間表實例:部頒一年期短小每週教學時間,已如前述。每日兒童生活日程(不論課内外)之編配,關係到可重大,擬例如後,以見一斑。

編排短期小學日課表,對于"經濟教學時間"一原則,應十二分的注意,上列三表内①,關于"公訓""課間操"均極注意共同訓練,合併教學,以節省教師教學精力和經濟兒童學習時間;並以節餘時間,集中于"算""國"兩科的教學。

爲了課程内容與時間編配,關係各科教材與教法的實施,異常重要,特于開場時定爲一講,先來解決問題的根幹。

## 第二講　公民訓練

健全之公民,是現代國家的基礎,公民訓練,又係造就此健全公民的工具。以時間短暫的義務小學,欲使其完成是項重大工作,確非易易,故教學時間之務求經濟,教學活動之須有通盤支配,實爲短期義小首宜注意之兩大要點;茲再分述如後:

---

① 編者按:三表見下頁。

## （例一）半日二部制教學時間表

<table>
<tr><td rowspan="2">時間<br>科目<br>星期</td><td colspan="6">前　　部</td><td rowspan="8">前部放學支配自動工作</td><td colspan="6">後　　部</td><td rowspan="8">後部支配明日上午自動工作</td><td rowspan="8">（説明）<br>（1）前後兩部教學時間可互調，例如後部改編前部時，紀念週可以輪到做了。<br>（2）後部日課表如全完依照前部排法亦可，“夕會”不妨改爲“午會”。<br>（3）課間操在退課後即舉行，不必休息後再做，寧可做了後休息。<br>（4）前部課間操排在第四節，後部排在第三節，均可調劑疲勞，午後人體先前較疲，逐漸恢復，故第一節應排練習作業或午會。<br>（5）各部放學時，教師應支配在家庭做的自動作業。</td></tr>
<tr><td>7:55<br>8:10</td><td>8:20<br>9:05</td><td>9:10<br>9:04</td><td>9:50<br>01:20</td><td>10:20<br>10:35</td><td>10:50<br>11:35</td><td>1:00<br>1:30</td><td>1:40<br>2:25</td><td>2:25<br>2:40</td><td>2:50<br>3:20</td><td>3:40<br>4:25</td><td>4:35<br>4:50</td></tr>
<tr><td>1</td><td rowspan="6">紀念週公民訓練（朝會）</td><td>讀</td><td>作</td><td>算</td><td rowspan="6">課間操</td><td>讀</td><td>作</td><td>讀</td><td rowspan="6">課間操</td><td>算</td><td>讀</td><td rowspan="6">公民訓練（夕會）</td></tr>
<tr><td>2</td><td>↓</td><td>寫</td><td>↓</td><td>↓</td><td>寫</td><td>↓</td><td>↓</td><td>↓</td></tr>
<tr><td>3</td><td>↓</td><td>↓</td><td>↓</td><td>↓</td><td>↓</td><td>↓</td><td>↓</td><td>↓</td></tr>
<tr><td>4</td><td>↓</td><td>作</td><td>↓</td><td>↓</td><td>作</td><td>↓</td><td>↓</td><td>↓</td></tr>
<tr><td>5</td><td>↓</td><td>寫</td><td>↓</td><td>↓</td><td>寫</td><td>↓</td><td>↓</td><td>↓</td></tr>
<tr><td>6</td><td>↓</td><td>↓</td><td>↓</td><td>↓</td><td>↓</td><td>↓</td><td>↓</td><td>↓</td></tr>
</table>

## （例二）全日間時二部制教學時間表

| 科目　時間<br>星期 | 組別 | 7:50<br>8:05 | 8:15<br>9:00 | 9:10<br>9:55 | 10:15<br>10:55 | 11:00<br>11:45 | 11:45<br>1:20 | 1:30<br>2:00 | 2:10<br>2:40 | 2:40<br>2:55 | 3:05<br>3:50 | 4:00<br>4:45 |
|---|---|---|---|---|---|---|---|---|---|---|---|---|
| 1 | 甲 | 紀念週 | 讀書 | 自動 | 算術 | 自動 | 午膳 | 作文 | 自動 | 課間操 | 讀書 | 自動 |
| | 乙 | ↓ | 自動 | 讀書 | 自動 | 算術 | | 自動 | 作文 | | 自動 | 讀書 |
| 2 | 甲 | 公民訓練（朝會） | 讀書 | 自動 | 算術 | 自動 | | 寫字 | 自動 | | 讀書 | 自動 |
| | 乙 | | 自動 | 讀書 | 自動 | 算術 | | 自動 | 寫字 | | 自動 | 讀書 |
| 3 | 甲 | | 讀書 | 自動 | 算術 | 自動 | | 寫字 | 自動 | | 讀書 | 自動 |
| | 乙 | | 自動 | 讀書 | 自動 | 算術 | | 自動 | 寫字 | | 自動 | 讀書 |
| 4 | 甲 | | 讀書 | 自動 | 算術 | 自動 | | 寫字 | 自動 | | 讀書 | 自動 |
| | 乙 | | 自動 | 讀書 | 自動 | 算術 | | 自動 | 寫字 | | 自動 | 讀書 |
| 5 | 甲 | | 讀書 | 自動 | 算術 | 自動 | | 寫字 | 自動 | | 讀書 | 自動 |
| | 乙 | | 自動 | 讀書 | 自動 | 算術 | | 自動 | 寫字 | | 自動 | 讀書 |
| 6 | 甲 | | 讀書 | 自動 | 算術 | 自動 | | 寫字 | 自動 | | 讀書 | 自動 |
| | 乙 | | 自動 | 讀書 | 自動 | 算術 | | 自動 | 寫字 | | 自動 | 讀書 |

（説明）

（1）課間操與公民訓練甲乙兩部合并舉行，

（2）自動組須支配相當工作，交由小領袖輔導進行。

（3）甲乙兩組放學與到校時間可以不同例如編路遠學生爲乙組，可以遲一節上課。

★注意：如人烟稀少，學生離校遠近相差甚大時，自動開始組可編路遠學生，較遲到校。

## （例三）全日半日混合二部制教學時間表

半日班在上午，與全日班間時教學之一例

| 科目 時間 星期 | 別班 | 7:30<br>7:50 | 8:00<br>8:45 | 8:55<br>9:40 | 9:50<br>10:05 | 10:20<br>10:50 | 11:00<br>11:30 | 11:30<br>1:00 | 1:00<br>1:40 | 1:50<br>2:35 | 2:35<br>3:20 | 3:30<br>3:45 | 4:00 | |
|---|---|---|---|---|---|---|---|---|---|---|---|---|---|---|
| 1 | 半 | 紀念週 | 讀書 | 自動 | 課間操 | 算術 | 自動 | 午膳（半日班放學時支配自動工作） | 寫全 | 讀全 | 作業整理 | 夕會 | 放學 | （說明）<br>（1）半日班排入下午亦可以。<br>（2）半日班之作文、寫字，表上未排入，須由教師指定家庭工作並預先共同決定作文題或出宿題，定爲家庭作業之一。<br>（3）全日班午後作業可加多。 |
| | 全 | | 自動 | 讀書 | | 自動 | 算術 | | | | | | | |
| 2 | 半 | 公民訓練（朝會） | 讀書 | 自動 | | 算術 | 自動 | | 作全 | 讀全 | | | | |
| | 全 | | 自動 | 讀書 | | 自動 | 算術 | | | | | | | |
| 3 | 半 | | 讀書 | 自動 | | 算術 | 自動 | | 寫全 | ↓ | | | | |
| | 全 | | 自動 | 讀書 | | 自動 | 算術 | | | | | | | |
| 4 | 半 | | 讀書 | 自動 | | 算術 | 自動 | | 寫全 | ↓ | | | | |
| | 全 | | 自動 | 讀書 | | 自動 | 算術 | | | | | | | |
| 5 | 半 | | 讀書 | 自動 | | 算術 | 自動 | | 作全 | ↓ | | | | |
| | 全 | | 自動 | 讀書 | | 自動 | 算術 | | | | | | | |
| 6 | 半 | | 讀書 | 自動 | | 算術 | 自動 | | 寫全 | ↓ | | | | |
| | 全 | | 自動 | 讀書 | | 自動 | 算術 | | | | | | | |

注意：半日班作文、寫字兩項作業，表上未排入，係指定爲家庭自動作業，如指導不便，亦可與課間操編配；全日班課間操得排至下午。

一、宜注意其特質：短小與普小公訓特異之處，至爲顯著。如：

（1）在校時間之短暫，終業期限的短促——在一年制短小中，公訓每週僅占六十分鐘，二部編制下，間有採用半日制者。以如此短暫的時間，對此項重要課程，祇有多多利用團體訓練機會（如紀念週，朝會、夕會等）。第一講各種課程表示例内公訓與朝夕會合併的原因在此。

（2）自動時間特多，兒童年齡較大——此又爲短小特異之點。自動時間多，個人與團體行動，在在足以影響全校校風和秩序。兒童年齡規定在九至十二歲間，尤宜利用年長優秀兒童爲重要助手，斯又爲短小公訓應特别注意之點。

（3）環境複雜，家庭貧苦——短期義小，類多設于人口集中之農工地帶，人的智愚賢不肖以及教育程度之至不齊一；在公訓一科中應如何打破環境影響兒童行爲之困難，又爲短小公訓特别注意之一。“校社合一”的教育方式，頗可解決或借助而收厥功。

二、宜根據特質，針對國際以收國民訓練之功：

（1）依據教育宗旨，特重於民族意識和精神的培養：因短小兒童均爲失學有業之輩，與普通小學學生的年期長，受教機會多者，未可同日語。因彼等大都來自田間或工商區，爲現有職業而又爲未來的社會中堅分子，故除以中華民國教育宗旨爲根據外，對此非常時期中急應注意之民族意識的培養問題，尤宜利用公訓，再三注意。

（2）根據條目，嚴格訓練：短小公訓條目，定諸部頒公訓課程標準，根據需要，擇定條目，嚴格訓練，不可一有例外。

三、宜特别注意的幾個實施要點：

（1）重實踐，不用書，因爲公訓是行爲的課程，祇有實行做學教合一方能收其功效。

（2）人各有事，校無閑人，此又爲成功之訣。成人群居無事，當易爲惡；兒童如無適當活動支配，則擾亂秩序，不良行爲將層見而迭出。故課内外工作遊戲的支配或設備，在在可以影響公訓的是否能收厥功。

(3) 宜注意普通訓導原理：例如教師以身作則；多用積極的，不用消極的訓導，追求犯過原素，設法代替工作等等。

四、宜注意實施要則：

(一) 團體方面

1. 利用集會：如紀念週、朝會、夕會、午會、週會、紀念會等。

2. 組織團體：如級會、合作社、巡察團等。

3. 建設環境：物質環境與精神訓練的刺激。

4. 中心訓練：視需要時，定一中心爲訓練目標，以期集中。

5. 團體比賽：舉行出席、清潔、秩序等比賽以爲之佐。

6. 休閑生活：在短期小學，休閑時間較多，但其直接受教機會極少，故對於自動作業、課餘遊戲等應加以注意。

(二) 個別方面

1. 偶犯的優良兒童——個別考詢“原因”“狀況”“錯處”，然後積極訓導，使其注意“改進點”。

2. 常犯的問題兒童——個別考查其“成因”“特狀”，常令與“優良兒童爲伍，教師時加監督，防患未然。

3. 特別注意家庭狀況與生活環境之是否良善。

4. 多舉行家庭訪問與家屬懇談會。

5. 多頒揚優良行爲，勿專重頑劣行爲之檢舉與責罵。

以上各點，僅舉其在短期小學公訓不可缺少之幾大綱目，至如教師的以身作則，訓導應重積極，懲獎須顧及心理身體等等普通理論，均從略。

在時間短暫、人手缺少、學生衆多、社會複雜的短期義小之下，竊以爲公訓方面果能照此認真實踐，收效亦頗可觀了，其他原理原則，或可不必多贅吧！

二五.九.一夜於浙金。

（原載《義教輔導》1936 年第 1 卷第 1 期）

# 小學教學注音漢字問題

本問題實施之初,覺得有三個前提值得注意:(一)音符應在何時教學?(二)字旁注音有無妨碍注意?(三)漢字注音的價值在那裏?

## (一)音符在何時教學

筆者以爲要對初入學的兒童教學音符,這是一大困難,因其枯燥乏味,機械呆板,引不起學習的興味和需要,……這都是事實。教部實施辦法内定爲初上學的兒童即須先教注音符號,這是一種理想。

初教音符,祗有於教學生字時作爲"校正讀音"、"指導發音"的輔助工具;不能以純音符,純拼音爲初學教材的。所以第一步是利用音符爲校正發音期,祗由教者念出音符,輔助兒童拼音發音之用。

三年級以上的兒童,進而特定時間專教音符及拼音,是爲正式教學期,這是第二步。嗣後依照漢字注音自行拼音發音,斯爲第三期。

簡言之,教學注音漢字,仍須分"暗示發音""輔助學習""自動發音"三個時期,這是承認注音漢字應予提倡推行的教學步驟;可是最大的效果,亦只有知字音。查字義,仍須請教字典。音義未成一片,這是一個缺點。

## (二)字旁注音有無妨碍注意

字旁注音,易分散兒童的注意力。陳鶴琴氏,首先有此顧慮;而黎錦熙氏以爲日文片假名等音字並列，並無妨碍。況感應結强固後，不爲再看注音。兩氏之大意如此，頗堪玩味。

筆者以爲陳氏之見，在已能讀文的人，復需其閱注音漢字的文章，則注童力之分散，是可能的；假如從初學即教以此類字，我想綰結固定後司空見慣，當不至有多大妨碍。至黎氏之見，引日文爲證，亦係事實，但日人對於音字並列，固已訓練有素，不以爲異的了。因此個人以爲在過渡期的兒童，至少要影響其降低閱讀率的。至如從初學教起的，或可不至如是。

## (三) 漢字注音的價值在那裏?

此外我們要估量注音漢字的價值在那兒? 那當然於推行國語上大有幫助，讀音發音可以正確統一。

不過筆者以爲如無説國語話的環境刺激控制以助之，深恐注音漢字，只有校正讀音方便一點；這可從以前《小朋友》上和《杭州民衆周刊》上音字對列的刊物去觀察牠推行的結果便知，不必辭費的。

知字音而仍須查字義，文字改革上，只成功了一半；但如從整個民族觀點上説，滿、蒙、回、藏的同胞們，行將便利不少，這是可喜的！

於浙江金中小。

（原載《進修月刊》1936 年第 5 卷第 10 期）

# 小學課程標準修訂後的兩點感想

（一）減少教學時分後的自力生活指導。

（二）各科作業要目的相互聯絡問題。

教育部修訂中小學課程標準，已於昨日（十八）正式公佈，關於小學方面，經採納教育實際人員意見，毅然的實現了"減時""併科"的主張，這不能不説是一件值得欣慰的事情！

回憶是項課程標準，正式公佈於民二十一年十月，實行於二十二年春季開始，已十足的三年另二個月於兹了，爲期不能算暫，而時移勢易，環境亦大異於當時，其有需於改訂，誰也不會加以誹議，因此教部爲博訪周諮，廣採衆議計，曾於去春頒發初等教育問題，對"現行課程標準"定爲中心研究問題之一，我們自接到是項文件後，當經召開研究會議分配工作，予因須總其成而不得不表示一總的意見，曾根據事實，大聲疾呼的發表過後面的話：

（原題）現行小學課科目時間應否變更？

（意見）依照下列實際情形及其趨勢，似應變更：

（一）目前所分科目太細，雖明知學科是達到課程目的的工具，但一般均誤爲學科便是課程的本質，於是課程目的、教育目標便難收獲實效。

（二）分科過細，支離破碎，割裂易而聯絡難，各科教學無中心，兒童得不到整個的知識，教育效能，事倍功半，早爲世人詬病。

（三）在課程標準統制下，雖有所謂："兒童本位""中心統合"，"大單元聯絡"和"設計教學"……等教學法可實施,然往往均以學科自成統系,教學各人分位,不易聯絡,推行未見盡利。

(四)美之哥倫比亞大學師範院附小,完全取消學科名目,以兒童所做工作,集中於社會問題的探究,視兒童解決並認識該社會問題實際能力如何,爲教育成效標準,功效甚著。

(五)蘇俄新教育的合科制,祇將課程分"自然現象""社會特質""勞動習慣"爲勞動教育三大要素,雖實施後對語文方面的文字符號水準降低,而勞動教育實質已在整個課程支配下,收獲相當成效。

(六)在國内教育界的理論及實際方面,年來亦有"小學綜合課程""混合課程""合科制"等實施報告和著作等之刊行,各項學科之有需於合併,已爲一般所注意。

總上實際情形及趨勢,吾人固不必立異標新,效颦他人;但小學科目分得太細,教學時間雖多,兒童所得仍屬有限,此種吃力不討好的原因在:

(一)分科太細,難聯絡,教學無中心;

(二)總時間太多,兒童每天雖忙於上下課,仍無整個知識之獲得;

(三)零零星星的教學,事倍功半;

(四)兒童自力生活時間減少,個性不易發展。

因此我們竭力主張:"併科""減少教學總時間""增加課外生活指導時間,培養兒童生活力""各科盡量聯絡,以期打成一片"。各項意見,分見下列各題。按當時我的草案是主張把小學科目祇分:

(一)書算科——包括國語、算術兩科内容及實質;

(二)知能科——包括社、自、勞、美、衛五科内容及實質;

(三)康樂科——包括體、音、衛、勞四科的内容及實質;

(四)公訓——不另列科,確定其爲訓育目標,并將整個的民族意識分化各科的内容實質上去爲中心目標以資適應當前需要。

是項意見提出後，于會議場中煞費唇舌的僅能將總意見全文繕送浙教廳，以便轉呈教部。至具體分科意見，仍以原課程標準總説明之意見爲意見，原草案擬全般澈底改造認爲時機尚早，暫行保留。（當時浙全中小同事二十餘人，聚精會神的研討至午夜始散。）

浙教廳據呈後，全部總意見完全採納，呈復教部，全浙初教同人對是項意見均不約而同，斯可証明該課程之有需於改善了！

此次教部修訂文告中已據實現者爲“減時”“併科”；予以爲隨之而來者在前項意見中尚有：“兒童的自力生活”决將緊接“減時”而愈見其指導之繁重；此外尚有各科教學細目如何使修訂後能發生一種自然的“聯繫”？這問題亦跟“併科”有不可因循而應予改進的機會。四者今已實現其兩，爲將來實施上易於順應起見，特不憚辭費，願在全部要目、通則等等未公佈前再貢蠡測之見：

（一）減少教學時分後的兒童自力生活指導問題：個人以爲此事關係修訂後的課程標準實施效能上，最成問題的問題！因教學時分既經減少至十分之一以上，即課外活動時間正比例的隨之加多，課餘的自由活動與集團訓練，行政當局應於修訂課程後有一個附帶説明書明確的規定；今查公佈文告與教學時間表後之總説明未有隻字提及，將來課程總則上若無嚴切説明或規定，則小學兒童自力生活原屬最難納其上軌的困難問題，益其困難之加甚，將遺“訓導”上以非常的打擊，可以斷言，我們在修訂課程總意見上連類推及不爲無因，謂予不信，請看後面兩個非常矛盾而係實際經驗者的説明：

甲教師洞明世故，對維持學校風紀和秩序有其簡明深切的見解。他説：“維持學生秩序和學校風紀，多上課倒不成甚麼問題：一退了課，就吱吱咕咕，吵得你頭昏腦悶，處理非常棘手！”

這種似是而非的説法，與統治哲學家之主張會考，初無二致，然而我們不能不認是一個嚴切的問題——而在課程修訂減少教學時分後爲尤甚！

更有經驗豐富、受過指導課餘活動的教師說：

“課外活動指導十分鐘，寧願到教室去教三十分鐘的書，因爲前者吃力而後者省力！”

這又和修訂課程減少時分的事實何等矛盾！然而這話又何等使人恍然於目下課内教學與課外指導的評價如何的嚴重。

因此我還是杞人憂天般的認爲減少教學時分增加課外指導。

這個脣齒相依的問題，行政當局如無明文規定，初教同人觀念永難統一，深恐併科減時之利未見而弊叢生，小學訓導一團糟了！

（二）併科後，科與科間如何使其發生可能的聯繫？本問題的重要，實不少讓於前者，人盡知教學效能的獲得，“零售”遜於“躉批”，因此我們對修訂課程標準之初意，即望各科能設法使其可能的聯絡，免致過去科自爲政，各不相關。試問第一節講遊記，第二講骨骼，第三唱總理紀念歌……一天到晚説東話西、指南道北的，弄得小腦袋裝得此即忘了彼，此中損失，焉止恒河沙數！教部此次修訂各科作業要目全文雖未公佈，其祇將合并科目混編爲一，與其他科要目之未必設法聯繫。前據參加修訂委會之某委員來金談及與報章傳來消息，其未能澈底的加以修訂，似係事實，支離破碎，互爲割裂，個中痛苦，祇有我們從事實際教育者知之最深，後而話便是其一：

“誰都異口同聲的説：‘各科要盡量的聯絡，那麽，教學有中心，兒童在某種事物上就易獲得整個的智識，而於某天的所獲科與科間聯繫的想像易，感應結之自然强固爲尤甚！

“可是課程標準内各科作業各自成一系統，查一查作業要項，都自成統系的，毫不與他科發生關係，教科書不是照這細目編的，試問抛開課程標準和教科書呢？還是遵照課程分科教學各自爲政的好？雖然教學通則上有過‘把各科聯絡成大單元教學，不分科，不重複’……的話，終是其本身尚未臻於美滿之境，而有是項齟齬的規定。

“你看教育實際者‘顧得中心單元，就顧不得課程標準；顧得課程

標準,就難爲乎中心單元',自苦自得知,真是天曉得!(全節文字大意見《全區教師之友·業餘閑話》)

今教部公佈修訂之課程如仍只知"併",而遺漏了"聯",我以爲半斤八兩,换湯不换藥,殊失修訂之本意!

據某修訂委員談及此事會中早已計及,而一時苦難辦到,因爲須全部重定單元,另聘委員起草;况且有的科目且不易聯絡。事實固屬困難,而如何使某一教育目標——比如是當前的國難問題——之下,使各科發生可能的聯絡,方不會像現行課程般給我們零零星星的做"零折",而有一天是完完全全教我們去"躉批",教、學兩獲其利,則不禁馨香祝禱矣!

編者按[①]:本文作者徐先生現服務於浙江省立金華中學附小,著作豐富,爲本刊特約撰述者。最近將此稿投登本刊,披閱之餘,覺得全文充滿研究精神,實可作各地小學教師取法,亟爲披露,尚祈讀者注意。

(原載《安徽教育輔導旬刊》1936年第1卷第32期)

① 此爲登載刊物編者按。

# 小學課程標準減時併科後的兩點意見①

## 減少教學時分後自力生活指導各科作業要目之相互聯繫問題

去年部頒初等教育研究問題中，關於現行課程標準問題，我們曾根據事實，大聲疾呼的表示過下面的意見：

（原題）現行小學課程科目時間應否變更？

（意見）依照下列實際情形及其趨勢，似應變更：

1. 目前所分科目太細，雖明知學科是達到課程目的的工具，但一般均誤爲學科便是課程的本質，於是課程目的、教育目標，便難實現。

2. 分科過細，支離破碎，割裂易而聯絡難，各科教學無中心，兒童得不到整個的知識，教育效能事倍功半，早爲世人詬病。

3. 在課程標準統制之下，雖有所謂："兒童本位""中心統合""大單元聯絡"及"設計教學"……等教學法可實施；然往往均以學科由各人分任，不易聯絡，推行未見盡利。

4. 美之哥倫比亞大學師範院附小，完全取消學科名目，以兒童所做工作集中於社會問題的探究，視兒童解決並認識該社會實際問題能力如何爲教育成效之標準，功效甚著。

5. 蘇俄新教育的合科制祇將課程分爲"自然現象""社會特質"

① 按，此篇與上篇《小學課程標準修訂後的兩點感想》内容雷同，上篇詳而此篇略，蓋發表于報紙時作了删改。爲保存文獻計，此篇仍予保留。

“勞動習慣”爲勞動教育三大要素，雖實施後對語文方面的文字符號水準降低，但勞動教育已在整個課程支配下收獲相當成效。

6. 在理論及實施方面，年來已有“小學綜合課程”“小學混合課程”等實施報告及著作刊行。各項學科之有需於合併，已爲一般所注意。

總上實際情形及趨勢，吾人固不必立異標新，效顰他人；但小學科目分得太細，教學時間雖多，兒童所得仍屬有限，此種吃力不討好的原因在：

（一）分科太細難聯絡，教學無中心；

（二）總時間太多，兒童每天雖忙於上課下課，仍無整個知識之獲得；

（三）零零星星的教學事倍功半。

因此我們竭力主張併科，並減少教學總時間，增加課外生活指導時間，培養兒童的生活力。分項意見，見下列各題。（大致與此次修訂同，不贅。）

是項意見呈覆教廳後，經與其他各校意見併合，呈報教部，對前項總意見中：“併科”“減少教學總時間”“增加課外生活指導，培養兒童生活力”“各科作業要目不可各自爲政，應使科與科間設法聯絡”等四個要點，此次教部公佈修訂小學課程標準文告中，一、二兩點已具體實現，三、四兩點，惜尚未提及，爰再誌所感：

（一）減少教學時分後，設法指導利用課餘時間，培養兒童自力生活問題——個人以爲此事關係修訂後之課程標準實施效率上，最成問題。今教部公佈文告與各科教學時間總説明中，未見隻字提及，將來各小學教學時間減少，課外活動時間必然加多，（每日普通以五節，平均每節四十分算，每日依減少十分之一以上計，將少了一節以上的教學時間。）兒童自力生活能力究屬薄弱，如無嚴切規定或説明，將遺“訓導”上以莫大的打擊。

常常聽到一般洞明世故的小教同人説：“維持兒童秩序在上課時倒没有甚麽問題，一退了課就吱吱喳喳，吵得頭昏腦暈，處理非常棘手。”從這種論調裏，我們可以曉得指導兒童自力生活，是一件不容易的事，而在修訂後的課程標準的將來實施效果上尤成問題。

因此我以爲行政當局如對兒童課餘生活之指導没有明文規定，將使小學訓導上愈感困難。

（二）併科後，不是僅把合併科目的作業要項歸併到某某幾科便了事的；我們的重要要求還在於各科能發生一種可能的聯繫——過去以各科各自爲政，不易聯絡。我們因感到不少的困難，曾喊出下面的話：

誰都異口同聲的説："各科教學要盡量的聯絡，那末教學有了中心，兒童在某方面就易獲得整個智識，感應結愈能强固！"

可是課程標準内各科各自成系統的，查一查各科作業要項，都有很詳的細目規定着。教科書又是照着這細目編的。

試問拋開課程標準好呢？還是遵照課程標準，各科作業要項分科教學好？雖然在教學通則上有過叫我們把各科聯成大單元教學：不分科，不重複……的話。但總覺得牠——課程——和教育實際是有點兒矛盾的。往往"顧得中心單元就顧不得課程標準；顧得課程標準，就難爲乎中心單元！"（見《金區教師之友》）

今教部公佈修訂文告中只説明"併"而未顧及"聯"，去冬某修訂委員來金華談及，亦謂一時尚辦不到——因全部重定單元，交由起草委員重定草案纔能使其聯絡，有的科目且不易聯絡——我們的希望固仍在如何使各科可能的在一目標發生聯繫，（例如："民族意識之培養"便是中心目標之一，各科作業要目如不聯絡規定，將來必等於具文。）不致像現在零零碎碎做"零賣"，將來有一個改善的課程給我們來"躉批"。

人將説我這兩點意見等於兩條尾巴，是修訂課程中的小搗亂，我却以爲尾巴雖小，將來仍舊弄得尾大不掉時，却不是玩的。

寫於金中附小。

（原載《益世報（天津版）》1936 年 10 月 26 日第 12 版）

# 師資訓練方式商榷

國民教育的推行，有需大量基層工作人員，已成今日最迫切嚴重而亟需設法解決之一大問題。筆者濫竽師訓機關先後達十年，總以此問題有其内在與外爍的積重性，特就所見分述當前解決國民教育師資的幾大原則，證以實際，藉供當局參考。

“培師”與“留師”須兼籌並顧　戰後各方需才孔亟，小學教師釀成溜人潮。省教育廳於萬分艱苦中在治本上免除師範生全膳外，復於治標上有津貼貧瘠縣份小學教師待遇之舉。似此培師與留師均已顧及，但仍因：1. 物價高漲，生活指數日高，小學教師能力較强意志不堅者，仍絡續爲其他待遇較高之機關收羅以去。2. 師範生之來源，四年制簡師因高小畢業生數量多而升學就業機會較少，招生亦易；一年制簡師與三年制師範則以初中畢業生出路廣，升學就業機會多，歷年招考甚感困難。再有一種因素或謂是 3. 緩發證書，强制服務的反應。

因此在“培師”方面則有招生困難、質量減退之虞；“留師”方面非積極從一般不合格的在職教師之智能補充，提高待遇，遞升其資格……諸方面着手不爲功。筆者今夏在某縣署講會中曾向主管縣教育行政人員及受訓學員中獲悉，該縣此次舉行小教總登記時，審查結果不合格教師達百分之六十五以上，特准參加代用教師考試，選得四十餘人加以訓練。將來對於待遇菲薄之私小教師，每月在縣教育行政經費内每名可津貼月薪一二元；詢之受訓學員，對於縣方此種措施均樂於接受。故對我們司炊事的講師，亦特别表示此種智能食糧之供給,表示着殷切的需要。我們認爲此種在職教師訓練工作如行計劃的調整,則功效不難立見。這是“培師”與“留師”須兼籌並顧的一大原則。

“經濟”與“易行”以適應當前需要　去冬教廳公布師範方案時,我們曾經數度非正式的討論到此方案乃一“正常”的百年大計,似非“非常”的應變計劃,當時以課職繁冗,身體不健,屢擬貢其蠡見未果。今以國民教育五年完成與本省三年施政計劃教育章言。人才、經濟、設備等實際需要中,在經濟、設備二者,祇要國府下最大决心,尚易辦到,而人才則非三四年後不易養成,所以當前各師範最大之使命,不在三年制與四年制正規師資之養成,而在如何以經濟易行能見功效之應變辦法之確立。粤、桂、閩、贛諸省均已利用國庫協款着手進行,本省當局諒亦在積極籌議中。筆者以爲在職教師之抽調訓練,實爲一簡切易行、經濟有效之辦理。——當然,這裏所指的經濟簡易,不能與粗製濫造同日而語,亦不是捨正規的三四年制師範而不顧。爲適應當前需要計,留師之中應有這種培師之舉。這又是培養國民教育師資的一大原則。

行新政用新人,但仍應以就熟駕輕爲原則　國民教育的範疇及其領域既倍蓰於前,國民師資之責任及其地位亦艱巨數倍於往昔。記曰:“能爲師者然後能爲長,能爲長然後能爲君。”正與書云“天降下民,作之君,作之師”的政教混一體制同其意義。所以管教養衛合一的如何可促其實現,三位一體的一人三長制,如何可望其勝任愉快,在推行新政,選用新人前,有下列數點,我們似應加以注意:

(1) 校長兼鄉鎮保長與壯丁隊長,方面既多,責任自巨。此事非由老成持重、譽望兼備、頭腦清新者不辦;

(2) 就地取材,就地用,應以駕輕就熟爲主。否則,人地屢易,政出多頭,影響功效必非淺鮮;

(3) 新政之推行,自須利用新人來努力。竊以爲這“新”字必不是初出茅廬之新人才，而是社會經驗較豐富，推行新政最努力，且具有改造社會之熱情者方爲當選；

(4) 就前項人才施以合理的補充訓練，而主持此項訓練者究以何種機關爲宜？是一值得考慮的問題，——不是我不信任幹訓團，因爲主持國民教育基層工作者方面雖多，而究應以教育爲中心才是。

因此行新政用新人的惟一原則應顧及就熟駕輕而在地方上有相當建樹者。此項人才捨遴選在職人員施以訓練，恐無其他較合理的辦法。

一個具體建議的回顧　由上三大原則，假定在職教師抽調訓練確能符合"經濟""易行""就熟駕輕"及"培師兼能留師"的話。則筆者敢將抗戰前與友人朱君商訂，經彼實際施用、收穫相當成效之蘭溪實驗縣小學教師抽調訓練計劃介紹於省縣教育行政當局之前，藉資商榷焉。

## 節鈔蘭溪實驗縣小學教師抽調訓練計劃書

抽調訓練爲使各教師不妨礙原任職務及易於維持生活起見，期間不能過長，(現定爲三個月)期間既不能過長，則訓練之收效必小，故在此短期間中，如何使其經濟而有效，實爲本計劃籌度時最應注重之問題，亦即兩大原則依據之確定。

## 訓練對象

甲、爲未在師資訓練機關畢業之現任小學教師但具有下列資格之一者不在此限。

(1) 初中以上學校畢業曾任小學教師一年以上著有成績者。

(2) 農業、工業、藝術及體育等各專科以上畢業，具有相當之小學教育經驗者。

乙、非現任之小學教師、年齡在十八歲以上、具有初中畢業資格或小學畢業資格，但任小學教師五年以上者。惟是種學員須於現任教師抽調不能足額時招收，故名之曰遞補學員。

## 抽調辦法

將全縣不合格教師二百四十人分爲五期，輪流訓練，每期以五十人爲限，其人數以各學區平均抽調爲原則。兹訂定“小學教師抽調訓練抽調辦法”如左：

一、凡本縣小學教師奉調入所訓練者，均須依照本辦法辦理。

二、凡本縣現任小學教師未在師資訓練機關畢業者，均須抽調訓練，但具有下列資格之一者，得暫予免調。

1. 初中以上學校畢業、曾任小學教員一年以上著有成績者。

2. 農業、工業、藝術及體育等各專科以上畢業，具有小學教師經驗者。

3. 凡應予抽調之小學教師，一經縣政府通知，必須如期入學。如託辭違抗，即不得在本縣各小學充任教師

4. 各小學教師抽調入所訓練期間共計三個月，在訓練期内仍保留其原有職務。

5. 各小學教師奉調入所訓練後，其原有職務應自請或由校長代請相當之人代理，否則即由縣政府另派妥員接充。

6. 教師被調訓練之多級小學得不請人代理，由未調教師試行二部制教學，惟事前須由校呈請縣政府備案。

7. 各小學教師奉調入所訓練期間，除書籍由所内購備借閲外，並每月津貼膳費二元，其膳費不足之數，應由各學員自行設法。

8. 各奉調訓練教師於入學時應依照入學簡章辦理各種入學手續。

9. 本辦法自公布之日起施行。

## 訓練辦法

訓練辦法分抽訓期間及試用期間兩階段：抽訓期間，即抽調入所

訓練之期間;試用期間,即抽訓期滿後發還原服務學校或本縣其他教育機關試用,而繼續施以相當訓練之期間。至抽訓期滿後,尚須繼續施以相當之訓練者,因鑒於抽訓期間頗短,若不在期滿後加以相當訓練,並使其自動進修,則三個月之抽訓效能恐亦將因一曝十寒而化爲烏有,兹將抽訓期間及試用期間之訓練項目分别舉述如下:

甲、抽訓期間

(1) 閲讀指導　閲讀指導乃廢止堂課,不採用講授式之意。因講授式一則不能適合學員參差不齊之程度;二則抽訓期間頗短,研究書籍又不可少,用講授式時間殊不經濟;三則講授式含有注入意味,非教育上良好方法。至閲讀指導之辦法,係每日規定若干小時爲學員自由閲讀時間,並每日開討論會一次或二次,由導師指導解答書内疑問,各學員並須備讀書筆記,將内容摘記,以助記憶。其讀書筆記導師應隨時抽閲。兹將閲讀指導的書目規定:

第一學月

教育概論　鄉村教育　各科教學法;

第二學月

教育心理　小學行政　複式教學法;

第三學月

教育法規　教育公牘(本學月因開始參觀實習,故閲讀指導時間減少)

(2) 實際工作　普通之師資訓練,每多偏重理論而忽於實際,誠爲一大缺陷。兹有鑑及此,特設實際工作一項,以謀理論實際之並重。例如編擬測驗題,檢查學生清潔,擬訂各種章則、做開會時之主席、編訂校務進行計劃……等,均爲小學教師應做之實際工作,非加以相當訓練不可,故擬編訂"學員實際工作綱要"一種,每人分發一份,令依照綱要逐項學習,事後由導師考核通過。

(3) 技能訓練　技能訓練包括美術、音樂、勞作、體育四科,因小學教師對於此種技能必須具有相當程度,非有以設法提高不可,且此種學科一般小學教師均視爲無關重輕,輒僅在日課表列一名目而未切實教學,故各該科教育價值之所在,亦須對學員爲相當之啓迪。

(4)參觀實習　參觀實習於第三學月行之。上半個月爲參觀,下半個月爲實習。以城内各小學爲特約實習小學,在此期間特别注意各學員教育實際經驗之獲得,蓋欲達到本計劃第三條辦學原則之第一項,必取道於是。

(5)專題講演　專題講演在補助上列各項訓練之不足,暫分初等教育、社會教育、地方自治、縣政概況四種(必要時得酌量變更),由主任臨時聘請對上列項目有研究或經驗之人員擔任之。

乙、試用期間

在試用期間,應採取通訊指導法,令各學員修習教育原理、教育概論、教育心理、教法教材、統計測驗、成績考查、保育法、鄉村教育、幼稚教育、社會教育等科,定期舉行測驗。其材料爲體恤各學員經濟困難、無力購買書籍起見,均由所内編發講義。所用體裁,擬採取淺近明白之問答式。又除上列各種讀物以外之教育實際問題,亦隨時通訊指導。

上述小學教師之抽調訓練計劃,不但比較經濟,如能成功,尚可爲他縣所倣行。蓋就效率言,調所訓練三月及試用五月(在試用期間仍有嚴格之訓練)前後共計八個月,期間不爲過短,而調所訓練期間,有閲讀指導、實際工作技能訓練、參觀實習、專題講演等項,對於小學教師之基本知識與技能已有相當之培養。在試行服務期間,又有《教育原理》、《教育心理》、《教法教材》、《小學行政》、《統計測驗》、《成績考查》、《保育法》、《鄉村教育》、《幼稚教育》、《社會教育》等進修讀物分發修習,更可求其深造。其次就經費言,則前後五期計需款三千七百二十二元五角,共可訓練教師二百四十人。平均培養教師一人,僅需銀十五元五角壹分,殊爲經濟。再次就實驗意義言,如訓練方法中之廢止堂課,採用閲讀指導實際工作技能,訓練專題講演,均爲教育上較爲進步之新方法。又爲延長訓練期間及防止學員出所後變更志向與慎重畢業問題起見,另定試用辦法,更爲師訓辦法中始倡之試驗工作焉。

結語　如果參考前項計劃,斟酌下列情形分步實施,預計期年以後,可解决目前國民教育師資之大半困難。

(1) 由師範區之獨立師範學校原有輔導人員組織國民教育師資巡迴教育隊(假定此名),分期赴區内各縣,留駐數月,巡迴施教。其辦法及任務略如後列:

(一) 教育隊人員,以師校地方教育指導員主其事,教育教師及附小學識經驗兩皆優長之教師任巡迴教育員之責。——但師範及附小均須添聘人員,其經費可在中央協款及輔導費内列支。

(二) 巡迴教育隊任務爲:選定規模最大之中心學校,設某某縣國民教育師資訓練班,(事先由縣教育科預爲計劃)常川留駐,至少三個月一期。同時在該縣做若干地方小學實際輔導工作。

(三) 被抽調之小學教師原職,由師範派最高年級學生接防見習,抽調人在班受教時之月薪及職位概予保留。

(四) 教育隊第二次到達該縣時,抽調第二批不合格教師,并兼負直接輔導已受訓教師之責。

(五) 師範本部須將通訊研究部組織健全,與教育隊取得密切聯絡,視能力範圍供應教材。

(六) 詳細辦法另擬訂。

(2) 由各縣教育科主辦此項工作,則可參酌蘭溪實驗縣抽訓計劃,就縣方力量所及分期實施。

至於整個的培養國民教育師資,當須顧及正規的師資訓練,本文所述不過各部門訓練方式中之一部分耳。走筆倥偬,尚希識者指正!

(原載《浙江教育》1940年第3卷第5期)

# “教育懺悔”闢謬

《大公報》在五、八兩月份，先後發表潘光旦氏《國難與教育的懺悔》和《再論教育懺悔》兩文。筆者於拜讀之餘，以其執迷教育之衹求“人化”，極度評隲“教育方法論”之非，倒果爲因，膠執己見，原不足論。蓋“人化”之有需於“人化方法”之講求，正與方法論者之不能離開“人化”而曰方法已備，兩者同轍，不能偏廢，此在粗具常識之學者，類能道之。曾迭擬爲文以闢其謬，然均以爲此種常識，人所共有，屢中輟。

頃拆閲一卷十期《圖書展望》，竟復有以“衡”爲筆名者，著《教育懺悔之路》響應潘氏而廣其義，深爲痛惜！

該文内先則表示己見曰：“現在所謂教育學者則寖假成爲各式教授法之總和，而所教授者又似是一些智識的片段。”再則五體投地的引潘氏之文：“自服務之論出，而個人人格修養之論，便等於廢棄，淺識者流，往往己未立而欲立人，己未成而思成物，此種學成的人越多，社會生活便越走不上健全之路。”譽爲“精到不刊之論”。執意一偏主見，粗到且未，遑論“精到”與“不刊”。

原夫“服務人群”，乃爲服務論者多方“設計”，期達之“的”。故其經程在講求“方法”，而終握“目的”在有利人群，淺識者流（引原意）尚見及此，不意高見之“潘”“衡”兩氏，竟以爲“人化教育”可不需“方法”而能完成，且視貶“吏”崇“師”便是“服務極的”。便宜粗淺，簡易單純，教育能事，可止於是。殊爲方法論者所不料。

“教育懺悔”，在教育實際園丁，反正在自憾“方法”之欠缺而未完成於“人化”；不圖時賢乃代以太多用“方法”爲杞憂，倒果爲因，斤斤於“人化”的終的而放棄用何“方法”以達“人化”却不置論。筆者以爲：“此種謬誤趨向越多，社會生活（索性可説人化教育）便無改善之望。”（引原文語氣）見仁見智，人各不同，要其本末倒置，衹事譏評之態度，實有不能不令人一傾梗噎，以自勉勉人也。

寄自浙江省立金華中學附小。

（原載《益世報（天津版）》1936年9月21日第12版）

# 小學校非常時期實施特殊訓練具體辦法

## 一、緒　言

風雨如晦，鷄鳴不已，國勢阽危，國亡無日，我小學教育同人雖不能直接擔當救國工作，然以負荷培育第二代國民基礎訓練職責而論，斯又不可謂不重。

本生聚教訓復興越國，普法戰争，普之勝法功在小學的原義，爰爲訓練兒童應付非常時期事變計，小學之有需乎特殊訓練的實施，已形成一非常的需要。浙江第七省學區七届輔導會議曾决議請省立金中附小擬定辦法，印發各縣地方小學實施，因就實際試行結果，並搜集各方參考資料，草擬"避災""警備""救護""消防"四種訓練具體辦法，供實施者之參考。方法務求簡切易行，集團行動訓練必期能收指臂之功。所望雖大，要在識者惠而教之！

## 二、警備訓練具體辦法

**（一）目標**

（1）培養兒童機警、靈敏、鎮静的態度，以應非常事變之突來。

（2）養成兒童有秩序、守紀律、能偵察、會警備的行動和習慣。

**（二）活動要項**

（1）組織：（甲）偵察隊　（乙）傳訊隊　（丙）警報隊　（丁）糾察隊

(2) 設備:(甲)警笛　(乙)警棍　(丙)紅緑旗　(丁)其他

(3) 選舉警備領袖人才,加以特殊訓練。

(4) 聯絡地方警備機關,聘員講述警備常識。

(5) 實施機警、敏捷、偵察、傳訊、守法、服從、互助、合作、勇敢、鎮静諸方面的訓練。

(三) 實施方法

(1) 平時訓練

甲　動作方面

1. 快步、左邊走、大讓小、小讓老、快齊静等行動和美德的訓練。

2. 口令、警訊、傳訊、吹警笛、打電話、接電話、駕駛、拳術、綑綁、抬送等技術的訓練。

3. 偵察敵人、盤查奸細、維持秩序、指揮行人、合作互助、救援老弱婦孺等服務美德之訓練。

乙　知識方面

1. 警報、紅緑旗等信號之認識;

2. 指路標符、指揮行人、避免擁擠、辨別危害方向等方法的説明和訓練;

3. 偵察敵人、查問奸細、應付浪人、綑綁方法之研究。

丙　精神方面

1. 勇敢、奮鬥、犧牲、精細、前進、服務等精神之養成。

(2) 特殊活動

甲　假設情境:ㄅ、假造非常危急時期的環境,

ㄆ、僞裝奸細、暴徒、亂黨擾亂秩序,

ㄇ、假設火燒、爆炸、焚燒的僞建築,

ㄈ、佈置交通障碍物及指路標符等,

ㄪ、設警備司令各組織隊員總動員。

乙　警備實施：聞警報後，警備人員全體動員，非警備人員靜候消息，或逕趨指定避難所。

ㄅ、探聽敵蹤，傳遞消息，

ㄆ、維持交通，準備救護，

ㄇ、指揮群衆，領導趨避，

ㄈ、緝拿奸細，鎮壓亂民，

ㄪ、解除警備，處理善後。

四、注意點

(1) 信號應預先規定，預先試用；

(2) 組織應使健全，全體絶對擁護服從；

(3) 情態務使畢真，不得稍予放鬆故縱；

(4) 準備應十分充分，勿得臨時張徨；

(5) 此項訓練曾以遊戲手段實施之，但絶對不得視爲兒戲；

(6) 基本訓練如緊急歸隊之應做到快齊静，走路之應做到靠左走，見紅旗紅燈之知有危險事項，須充份分期訓練。

## 三、避災訓練具體辦法

(一) 目標

(1) 養成兒童應災難的準備知能；

(2) 培養兒童機警、敏捷、鎮静等臨難時不張徨的動作和態度。

(二) 活動要項

甲　秩序訓練

(1) 聽見信號立刻遵行，

(2) 信號要聽得清楚正確，

(3) 動作要很敏捷，心很定，

(4) 行動要很有秩序，大讓小，男讓女，

(5) 出入門口要依序快步，

(6) 不叫喊不啼哭,不亂跑不驚怕,
(7) 絶對服從巡警員指揮,
(8) 排隊集合絶對的做到“到”“齊”“静”。

乙　避火訓練

(1) 見失火之即報告消防隊,
(2) 記清起火地點和方向,
(3) 迅别風向火綫生路,
(4) 注意電綫、電表、開關,
(5) 學習爬行,緣樹及繩鎚等,
(6) 學習躲避、擋架、電之常識等。

丙　避彈訓練

(1) 迅别彈之來路方向,
(2) 迅察彈道高低深邃,
(3) 迅即卧倒,不得竚立,
(4) 團體迅即分散躲避,
(5) 不站高處,不亂跑叫喊,
(6) 注意空中飛機及信號。

丁　避毒訓練

(1) 練習“輕”、“緩”呼吸之習慣,
(2) 練習掩護口鼻及濕毛巾之使用,
(3) 迅辨風向,速逆風跑去,
(4) 急避空氣流通的地方,
(5) 速戴防毒面具,準備藥品,
(6) 行動輕快不急,免使呼吸急促,
(7) 學做簡單防毒面具,
(8) 學戴防毒面具,
(9) 講述避毒、消毒、用藥方法,

(10) 演習避毒辨毒方法。

(三) 實施方法

甲　日常訓練

ㄅ：動作方面的

(1) 模仿操：伏地、掩避、潛行、蜷伏、打滾、暗中摸索等。

(2) 競技：聽力比賽、視力比賽、嗅覺比賽、輕快競走、機變競走、碍碍競走、携物背人競走，……等。

(3) 其他：輕呼吸、輕步、快步、跳步、跳躍緣墻、爬竹、撑竿跳、墜繩……等。

ㄆ：知識方面的

(1) 簡易電學的講述：避電、接電、急救觸電……等法。

(2) 簡易防毒的講述：避毒、消毒、毒性、使用藥物……等法。

(3) 動作訓練的應用原理的説明：如何掩避、奔逃等。

乙　特殊活動

(1) 分項練習——例如先做“秩序”，次及“避火”……等。

(2) 綜合練習——整個避災練習分區實施，分别逃避，使兒童練習適應與機變的知能。

丙　注意點

(1) 事前多説明，多練習，運用即知即行的“做學教合一”法。

(2) 要認真，要如臨其境，不苟且，不兒戲。

(3) 每次練習，事前計劃，事後批評、糾正，爲下次參考。

(4) 某項多數做不到時，反覆至做到爲止。

## 四、救護訓練具體辦法

(一) 目標

(1) 練習救護方法，體驗戰時救護情況，

(2) 養成同情互助、慈愛救人濟急等美德。

（二）實施要項

甲、救護器具：紗布、綳布、橡皮膏、脱脂棉、調膏刀、鑷子、剪刀、止血帶、安全計、體温計、受膿盆、酒精燈、副木、捲子……等。

乙、藥品：硼酸軟膏、硼酸水、石炭酸、碘酒、上血藥、安母尼亞水、白蘭地、十滴水、同拉蒙、酒精、萬金油、八卦丹、□養膏、衣克度油膏……等。

丙、用具、抬床、扛子、繩索、椅子……等。

常識　(1) 講述簡要救護方法及醫藥常識和手術。

(2) 共同討論救護方法及目的。

（三）實施方法

(1) 平時的：

甲、動作方面：止血、捻搓、包紮、消毒、敷藥、人工呼吸、綁繃帶，綁之角巾、扛抬……等法的練習。

乙、知識方面：急救與緩救之剖別及其利害，用藥的分量和性能；止血應紮血管的探究等。

(2) 特殊的：

舉行救護練習：先分組，後綜合；其法爲：

甲、僞裝各種不同之傷狀，如折骨、出血、暈厥、火傷、中毒等。

乙、救護隊出動(分組時只演習一組)：

1. 急救組：趕往受傷人場地實施止血、解血、人工呼吸……等救護方法；

2. 輸送組：至受傷場地將不緊要者(即一時無性命之危的)，扛送或背負至後方醫院治療；

3. 後方治療組：即成立“戰時後方病院”開始工作。

4. 看護班：動員時分別至前方或留後方工作，但應有：

(1) 同情的態度；不厭惡病人，不作悲哀、憤恨語。

(2) 快愉的精神；能安慰病人，彼此精神上都要很快樂。

(四) 注意點

甲、實施前應將救護常識充分而切實的指導之,

乙、實行的機會愈多愈好,

丙、其他救護常識,如:

(1) 救護隊隊員要人人能作,安慰受傷的人,詳察傷的程度和地位,如係危險地帶,立即移往安全地帶。

(2) 救護員要人人能有豐富知識,如見傷者呼吸迫促,立即解下衣帶,或施行人工呼吸等。

以上雖次要於用藥等,而實爲不可缺之常識,均應注意。

(原載《益世報(天津版)》1936 年 6 月 22 日第 12 版)

# 小學實施國防教育具體方案

本年六月間，筆者曾應本刊編者函約，曾草小學校非常時期實施特殊訓練具體辦法一文，投登本刊第八期。但均爲行動訓練上的條件，對於各科教學如何聯絡，尚未計及。兹復以編者索稿故，爲補叙上項缺點計，特將此間施行比較有效，並竭力輔導地方小學施行之國防教育具體方案，録投本刊，以便就正於識者。

## 一、實施目標

（一）使兒童明白我國國勢阽危、國土日蹙情況，激發其愛國衛國的情緒；

（二）使兒童認識世界現勢及我國國際地位的應予提高，須從自力更生、整頓國防陣容上做起；

（三）培養兒童民族自信心和健全體魄，激發其雪耻報仇，收復失地之觀念；

（四）培養兒童明白國難十分嚴重之下能負重任遠，努力於知識技能，生産勞作，爲國犧牲的精神。

## 二、實施原則

（一）各科應盡量聯成大單元教學，切實注意國防知識之啓導與技能的訓練；

（二）實施時須從小處入手，大處着眼；由近及遠，不好高，不鶩

遠,能與兒童實際生活、鄉土環境内之實例相表裏;

（三）側重本地鄉土教材,選用當地民族英雄、有功鄉黨的名人故事,養成其愛鄉愛國的熱忱;

（四）各項設施,切實集中於國防教育一點;全校師生校工對於國防訓練上之各種活動,一律參加,不能例外,俾全事功;

（五）各與國防有關之實地演習,情境務求逼真;並盡量聯絡當地防禦機關如防空監視哨等,易取事半功倍之效;

（六）實施之初,首須注意自我犧牲、合作互助、大公無私……等精神訓練,爲國防教育上養成基礎。

## 三、實施標準

甲、關於行政方面者:

（一）布置環境

紀念廳及其他公衆場所,最低限度應有如下的設備:

1. 國防常識掛圖(上海學友美術社出)

2. 國防掛圖,防空及航空掛圖(杭州航空學校防空學校出)

3. 中華國耻地圖(新亞地學社出)

4. 愛國兒童故事圖(新亞書局出)

5. 世界當代名人像傳、歷代民族英雄像傳、革命先烈像傳……等(浙江省立圖書館出售)

6. 學校衛生習慣圖(衛生署編,商務出)

7. 其他——如剪貼《防空畫報》,沙箱裝排國防形勢及戰事模型,張貼國防警語……等。

（二）充實圖書

（ㄅ）關於教師參考的:

1. 國防常識叢書(生活)

2. 中國國防問題(現代)

3. 中國國防論(民智)
4. 國防與物質(大東)
5. 最新兵器與國防(南京)
6. 防空與國防(南京)
7. 世界戰時學校動員(神州國光)
8. 國防論壇半月刊(現代)
9. 空軍週刊(中央航空校)
10. 戰時民衆自衛叢書(蘇教育院)
11. 其他——新出參考書極多。

(ㄆ)兒童讀物

1. 最强盛時的中國(新中國)
2. 中國的民族(中華)
3. 日本侵華的陰謀(中華)
4. 國耻紀念史(新中國)
5. 飛艇和飛機(商務)
6. 毒氣和毒氣的防禦法(商務)
7. 少年航空智識(商務)
8. 兒童用無綫收音製作法(商)
9. 航空小叢書(航空署)
10. 中國的革命偉人(北新)
11. 中外的發明家(北新)
12. 中外名人故事(商務、兒童)
13. 中國兒童時報(杭州時報社)
14. 兒童晨報(兒童)
15. 新兒童報(上海兒童報社)
16. 其他——各小朋友等期刊。

乙、關於訓教方面者:

特殊訓練具體辦法，業誌八期本刊，恕不贅外，這裹應多談一些教學方面的話。

非常時期的各科教學材料、修正小學課程標準内已有多量的加入，除照規定，在各科分教練習外，更應注意下列各事：

1. 實施國防中心的大單元設計做學教，以資適應當前的實際需要；

2. 盡量採用鄉土教材，激發兒童由愛家鄉而愛國家民族的觀念；

3. 注意手腦並用，智識與技能由做學教合一法中訓練其相長的功能；

4. 勿過分刺激兒童，勿專對兒童講敵人如何强，自己如何弱，致使心灰氣餒；

5. 多和兒童講述我國古代民族英雄與衛國健兒一類的故事，所謂培養民族意識，肯從此等處做起；

6. 多帶領兒童參觀就近軍事要地、軍隊演習、軍工設施，或戰事遺跡，陣亡將士紀念建築物及參謁民族英雄或先賢塋墓；

7. 多指導兒童製造小工藝，研究科學上的粗淺問題，培養其科學頭腦及製作上的發明創造力；

8. 國防中心活動上所用一切材料，應絶對的勿用外國貨，養成愛國觀念，要從最易疏忽處做起；

9. 健康訓練，除注意運動的指導和提倡外，尤須對兒童的營養、睡眠時間、美的環境、心理衛生……諸方多加注意；

10. 各科教學，除課程標準規定必須厲行外，再提出下列要點爲實施者參考(有重複者，尤須加意)：

(一) 公民訓練

作者在本刊八期發表《小學校非常時期實施特殊訓練具體辦法》一文，可説是從公訓做出發點，以公訓爲基本科教學做的，兹再列舉實施國防中心教學時，應特别注意的幾點如下：

1. 關於愛群、憂家鄉、愛民族的訓練；

2. 關於勞動習慣、生産技能的訓練；

3. 關於合作、互助、義俠、勇敢的訓練；

4. 關於敏捷、應變、强身、强心的訓練；

5. 在集會中各紀念週、週會、朝會、夕會等集團活動時，應用具體教材，作集團上的訓練。

(二) 國語科

言爲心聲，文字是言語的符號，激昂慷慨的文字，能奮發兒童的情緒和行爲；悲抑悽楚的文字，會使人頹喪鬱悶，志隳意墮的危險。小學實施國防教育時的國語教材，應注意：

1. 能發揚民族固有精神的；(詩文之類)

2. 能引起愛好河山勝地的；(遊記之類)

3. 與國際時事、國防史實有關的；

4. 國耻史略，能激發兒童知耻雪耻的；

5. 合群禦敵的物話、童話等足爲楷範的；

6. 其他。

(三) 社會科

留心國際大勢與國内外外交上等史略，不論過去的、現在的、將來的，均可資爲社會科中心教材；至於選材要點，略述如次：

1. 報章雜誌上的重要時事；

2. 我國古代民族光榮史略；

3. 我國近代衰弱史略；

4. 各弱小民族的困苦狀況與復興之望；

5. 邊防問題與戰時人民自衛與動員的計劃；

6. 其他。

(四) 自然科

近代戰争，由平面變成立體；器械戰進爲化學戰。其直接受自然科學進步之影響,不待贅言。小學實施國防教育,欲望其直接有所獻替固難,然而,基本科學人才的培養,實有需於初等教育同志們努力,可能而具體的材料,約如下列:

1. 軍器的構造與運用的大意;

2. 毒氣的成因和防毒的常識;

3. 軍事交通器具的演進;

4. 非常時期衣食住行等需要的解決和救濟;

5. 其他。

(五) 算術科

非常時期的經濟、民食、民用,以及地勢的丈量計算等,均有調查計算,小學兒童,實際上要其能瞭解此種離實生活很遠的問題,固多困難,然能假設例題,予以訓練,不能不説他於國防上無所補益,列舉教材内容實例如次:

1. 本地民食的調查分配,計算其有餘或不足數額;

2. 調查本地人民人口數及總動員時對外對内工作人數的分配及其設題;

3. 失地的調查核計;

4. 國防防禦物的丈量計算;(交通路綫及運輸時間等)

5. 其他。

(六) 體育科

體格訓練,在非常時期的國力的表現,至爲重要,雖然對於兒童營養、環境及心理衛生諸方面均應注意,而平時運動習慣的養成及訓練方針,應多加注意:

1. 秩序、紀律、組織等活動力的訓練;

2. 簡單軍事訓練如整隊步伐等;

3. 軍事上攻守應變等技能動力等的演習;

4. 嚴肅、敏捷等行動上的訓練;

5. 其他。

(七) 勞作科

非常時期勞作教學問題異常廣泛需要，舉其犖犖大者如下：

1. 非常時期民食資源的研究和試植；(如馬苓薯等)

2. 食糧的儲藏、防腐、消毒與農倉建築的方法的計劃試造模型等；

3. 防禦、防毒工程的假設練習；

4. 防毒面具、軍品模型的製造；

5. 國防地形的裝排和模型的製造；

6. 其他。

(八) 美術科

美術一科，於國防上亦有相當幫助，要點如下：

1. 戰事宣傳畫；

2. 繪國防地形、地圖——

3. 軍器模型的雕刻、剪貼。(與管作聯絡)

(原載《益世報(天津)》1936 年 12 月 21 日第 12 版)

# 實施國防教育後幾個問題

風雨如晦，鷄鳴不已，國勢阽危，達於極點。非常時期的國防教育問題，先知者既倡之於先，後覺者乃行之彌切；然固教育政策之未臻協調，歧路徬徨、莫衷一是的所在都有。謹列其犖犖大者以就正於高明：

## 一、嚴格訓練與解放兒童

問題原屬相對而非絶對，因“嚴格訓練”爲國防教育必需的手段和經程，誰亦未加否認，然往往以操之太急，有“揠苗助長”之病，解放兒童運動者，就和它形成尖鋭的矛盾，甲曰：“鐵的紀律，必須嚴格訓練！”乙曰：“兒童幸福，不能不予相當自由！”壁壘森嚴，兩難縷縷。如何使其於自由活潑之中，養成“整齊劃一，嚴守紀律”之習慣，在嚴格訓練範疇内，兼顧兒童“身心發育與發展個性”的功能，相輔而成，因賴實施者加以注意，惟教育政策亦似應與此協調。此應請教育當局加以注意者一。

## 二、民族信心與自卑劣怯

“知己知彼，百戰百勝”，這是我國兵法的箴言。復興民族，端賴民氣，民氣發揚，更賴自信，又爲民族復興者所常道。惟我初教同仁每在集團施訓時，不曰：“××軍器如何如何厲害！”即曰：“××政府如何壓迫侵略！”“我政府如何如何容忍退讓！”名流學者且復高唱其

“退到堪察加”①“劃出文化城”……凡此種種，均足長他人志氣，滅自己威風，民族信心，何從培養？奮發圖强，更何由達！此應請我教育同仁於集團施訓時，加以注意者一。

## 三、自發活動與盲目服從

民意民氣之消沉，與盲目服從之倡導，互爲因果。“在上者言，在下者從。”因爲治人哲學之古訓。唯以此法訓練兒童，行之不當，易消磨其自發活動和求知慾念；而民族基層的團結力，竟會因此而麻木涣散。或且有埋没天才，壓抑個性，斲喪兒童身心之嫌。此又應請我教育同仁加以注意者一。

## 四、强身訓練與强心訓練

“健全之精神，恒寓於健全身體之中”，明訓昭然，無可否認。然而健全身體之有需於營養、環境、工具，以及心理衛生……等多方注意，長期培育者，亦爲識者所公認。惟我初教同仁，往往以“奉令等因”，行之綦切。於烈日風寒中，强嫩苗般的幼童佇立聆訓在一二小時以上者視爲常事。大論長篇，對一種不同程度與年齡的兒童作注入式的訓話固無論矣。且往往因訓義艱深，致使兒童而摇動其身者，嚴厲制裁隨之。身心能否消受勝任？似明知而强爲之，健全心理、科學興趣及技能的訓練，更不遑兼顧，奪主喧賓，其危孰甚？在現代科學戰爭中，敢促我初教同仁對於初期科學人才的培養，多加注意。此於强身與强心兩端不能偏廢者又一。

## 五、形式劃一與精神劃一

專騖形式，不顧民力，此種表面的整齊劃一，與精神統一的由下

① “退到堪察加”句見二十四年七月二十一日《大公報》“星期論文”及八月份《國聞週報》《獨立評論》“諸問”。

層意志之凝結，衆擎衆力以助政府者，孰爲切實有效，識者類能言之。年來地方小學因力求形式整齊劃一，化費於服裝用具者不在少數，因是而招致家屬誤會，減損學權信仰的，更不一而足。此於形式、精神兩爲者孰輕重，應請我教育同仁熟加衡量者又其一。

以上五點係就輔導地方小學與通訊研究中最常見者言之，他日國防教材、目標以及應用工具和設施等，尚多距離事實過遠之處，願舉此一隅之見，以求三反。

（原載《益世報（天津版）》1937 年 1 月 18 日第 12 版）

# 農業問題研究

## 農業盛衰關係經濟贏絀之考證

管子曰:"民無所遊食必農,民事農,則田墾,田墾則粟足,粟足則國富。"

是春秋時,吾國已知農業關係經濟之重大矣,故管子確信農爲富國之本也。

晁錯曰:"今海内爲一,土地人民之衆,不讓湯禹,加以亡天災數年之水旱,而蓄積未及者,何也? 地有遺利,民有餘力,生穀之土未盡墾,山澤之利未盡出也,遊食之民未盡皈農也。"王符曰:"一夫不耕,或受之飢,一婦不織,或受其寒。今舉俗舍本農,趨商賈;是則一夫耕,百人食之,一婦桑,百人衣之;以一奉百,孰能供之?"此即吾國古代經世濟民之理想,以爲一切善政,始自農桑,一切罪惡,歸之不農。良有以也! 時至今日,益復岌岌可危,一般民衆,均舍本農而騖工商矣。亡本逐末,感慨繫之。

《大學》曰:"物有本末,事有終始,知所先後,則近道矣。"又曰:"其本亂而末治者否矣。"以農與商較,則農爲本而商爲末矣。此何以故? 蓋以"民之生,以食爲天,而人無穀氣七日即死者,其天絶之也。"《洪範》八政:"一曰食;二曰貨。"劉陶曰:"民可百年無貨,不可一朝有餓。"晁錯亦曰:"夫珠玉金銀,飢不可食,寒不可衣,……故明君貴五穀而賤金玉。”——見《論貴粟疏》。

然則，金玉何以賤？五穀何以貴？是又不能不判而明之也。故《農政全書》序曰：“夫金銀錢幣，所以衡財也，而不可爲財。方今之患，在於日求金錢，而不勤五穀，宜其貧也益甚。此不識本末之故也。”荀卿曰：“田野縣鄙者，財之本也；垣窌倉廩者，財之末也。”夫捨本逐末，賢哲所非；重農之道，伊古尚矣。古代天子躬耕，后妃親桑，實寓提倡農業之意。

唐太宗曰：“夫末作之民尚有益於世用，古人且若是抑之，而況世降俗末，又有出於末作之外者，舍其人倫，惰其身體，衣食之費，返侈於齊民；以有限之物，供無益之人，上之人不惟不抑之，返從而崇之，何哉？”又曰：“農人受飢寒之苦，見遊惰之樂，反從而羨之，至去隴畝、棄耒耜而趨之，是民之害也。”然此爲人口增加，慾望提高，固所不免之現象。工商之利，速高出於農業之上，及今而更顯著。諺曰：“以貧求富，農不如工，工不如商，刺繡文不如倚市門。”農夫四時之間，無日休息，春不得避風塵，夏不得避暑熱，秋不得避陰雨，冬不得避寒凍。而商賈則操其奇贏，日遊都市；男不耕耘，女不蠶織，衣必文采，食必粱肉，亡農夫之苦，有阡陌之得。而晁錯乃曰：“今法律賤商人，商人已富貴矣；尊農夫，農夫已貧賤矣！”

總是以觀，農業爲經濟之本明矣，奈何世人皆棄其本而逐其末，日營營惟工商是騖也！

（原載《農林報》1925年10月1日第2版）

# 政治良窳關係農業盛衰之考證

記者在廿二期本報建議席欄發表之《農業盛衰關係道德興替》之考證文内，曾許閱讀諸君，以尚有關於政治經濟……等作見饗。玆續披露此文。敬祈指正。

《農通篇》曰："穀者人之天，是以興王務農，王不務農，是棄人也。王而棄人，將何國也。"《淮南子》曰："食者民之本，民者國之本，國者君之本，是故人君者上因天時，下盡地利，中用人力，是以群生遂長，五穀蕃植。教民養育六畜，以時種樹，務修田疇，滋植桑麻。"故古代天子躬耕，勸民務農，負君人養人之責，無一不以農爲國本也。

漢文帝曰："農事修，則食用嬴，衣食裕，器用精，財用饒，而生養遂矣。是故天子則君人養人者也。士以上，皆裨君養者也。君不知稼穡，逞欲殄物，民困以極。民火動而元民摇，醫論且然，况君以民爲命者哉。"

昔者天子臨御天下，使斯民生業，富樂而永無飢餓寒冷之憂。立大司農，以勸課農桑爲專務，農業與政治常生密切之關係，遇水旱災患時，天子又必代民禱告於天。且因天災之故，必講蓄積之道。人君之行政，以蓄積五穀爲本務，蓋如此可以維持民食，而使民心悦誠服也。

楊溥曰："堯湯之世不免水旱之患，而不聞堯湯之民有窮困之患者，蓋預有備也。"

吕祖謙曰："大抵荒政，統而論之，先王有預備之政，上也。修李悝平糴之政，次也。所在蓄積有可均處，使之流通，移民移粟，又次也。咸無焉，設糜粥，最下也。"

《禮記·王制》則曰："國無九年之蓄，曰不足；無六年之蓄，曰急；無三年之蓄，曰國非其國也。"

是故國家有積蓄之必要，而積蓄之本，非務農不爲功，於是爲民上者，不能不講求政治，督促斯農，崇尚斯農也。

總上云云，是政治之良窳，關係農業之盛衰至重且大。而農業盛衰又與國運之存亡至爲密切，斯兩者誠相依而相靠者也。今之爲民上者，可不加之意乎？

（原載《農林報》1925年10月1日第3版）

# 論棉業與民生之關係

棉業與民生之關係，可從成語上面研究之。曰一婦不織，或受其寒。又曰：衣食足而後知榮辱。意謂無衣則寒，寒則不顧榮辱。不顧榮辱，則破壞社會之安寧。而衣食住三者並稱之，爲生活中三要件。夫食之重要，人盡知之。蓋無食必餓死，然無衣亦必凍死，此古來凍餓並名之所由來也。或曰衣誠重要矣，然衣之原料甚夥。如絲、麻、葛、羊毛等，未盡爲棉也。按中國人民積習，用麻、葛、羊毛爲衣料者，其數極少。即有用之者，亦在特別情形之列。至普通之原料，爲絲與棉。絲之出産少，價值昂，質不及棉之耐久，除富貴人家用少許外，普通人用之者，誠不多覯。試顧吾自身，自頂至踵，所着之衣，由絲製成者幾何。除好奢侈之士間用絲織物外，若中等之家，其由絲製成之衣服，僅一鞋一帽而已。若勞工等，謂其全身悉數用棉，未爲不可。況富貴人家幾何？中下人家又幾何？世界用棉之人，據一般調查，謂占百分之九十。吾國人民，有喜棉之特性，則用棉之數，當在百分之九十以上。蓋歐西人之衣料，羊毛占重要地位。中國用羊毛者，尚未普及也。

若再推而言之，棉爲植物，由田中而生。經農夫之栽培，辛辛苦苦，閲數月之久，始得收穫。收穫後，其枝幹可充燃料，葉可飼畜，根可入藥，種子可榨油，油可製造物品。其所收之花衣，賣於軋花廠，軋花廠軋之，經打包者之包裝，儲之於堆棧，賣之於商人。商人欲運其貨，由運輸商之轉運，乃至市場。商人或投樣於交易所，或賣於紗廠。

紗廠紡之爲紗，賣與布廠。布廠織之爲布，賣之於布商，由布商再從而販賣之。且雙方之交易、金錢之兑匯，又經銀行家之手。由棉至布，所經之手續如此之多，换言之，賴其生活者，不知若干萬人。兹單就我國言之，全國棉田據統計家言，約有棉田三千萬畝，每人以十畝計，已有棉農三百萬人。全國紗廠約共三百二十八萬錠子。每人以二十錠計，有紗工十六萬人。（按此係據民國十一年報告，現已不止此數。其外人在内地開設者尚不在内）其他布廠、襪廠、毛巾廠等等，以及一切用紗之工廠，合計之不知若干萬人。再加銀行家、交易所、軋花廠、油廠、打包商、堆棧商、轉運商、販賣商、布商、裁縫匠等等，以及一切與棉業有關係之人合計之，無慮億兆人。每年棉産之豐歉，則此若干萬人，必因之飢飽，其與民生之關係，豈淺鮮哉！

（原載《農林報》1926 年 2 月 11 日第 3 版）

# 論棉業與國際之關係

歐戰發生，説者謂協約國與德奥諸國仇視已久，以致忍無可忍，一旦而暴發之者。至其仇視之原因，雖甚複雜，然可一言以蔽之：經濟優勝地位之競争耳。夫此次戰争以英德爲主，英爲實業國，自十九世紀以來，執世界商業之牛耳。世界各國，莫能與之争。自昔戰勝荷蘭及法，遂握海上霸權，及得充分之原料地。此後領土之原料充足，海上之運輸便利，可謂世界上實業之主人翁矣。誰知竟受德國之掣肘。溯德自俾斯麥相國，國益日富，加之德人科學技術俱較他國爲優，至前德皇，更以偉大之政策，確定實業之基礎。故自十九世紀末葉，已與法國並駕齊驅，與英國漸相競争。至二十世紀，科學特别發達，實業因而更盛，不惟駕法國而上之，且英國市場亦漸被其蠶食。英知爲河魚之患，思欲破壞之，而德以英故，不能暢所欲爲，因含恨之。終日仇視於無形，以至忍無可忍，遂發而爲五年之血戰。夫英國國内最大之實業，厥爲紡織，世人所謂皇皇赫赫格藍志紡織事業是也。而此次戰争由於德之蠶食英之市場。换言之，即德人蠶食英之紡織事業之市場。則此次大戰，謂爲紡織事業而起，亦不得謂無理由也。

英國最大之工業，首推紡織。夫人而知之，以現在之統計，全國有六千萬紗錠，佔世界五分之二，然英爲島國，其原料何自取乎？其仰給之國，曰美、埃及、印度，而最大之供給爲美，約占其需要額十分之七。設英美一旦失和，則英之紡織業將受若何痛苦？則格藍志七十萬紡織工人，必因之失業，全國貿易額必減少三分之二。爾時也，英國社會之現象、金融之停滯，又將若何耶？昔者美國南北戰争，海岸封鎮，原料不能出口，歐洲各國莫不受其影響，而尤以英爲最甚。研究英國紡織史者，所謂棉花飢饉時代是也。請再以日本言之。日亦島國也，棉花之供給十之六仰於印度，十之三仰於美，十之一仰於我國。自印棉出口有税之議起，日乃全國譁然，謂日本紡織將陷於窮途矣。有謂乃英人破壞之者。雖張大其詞，然印棉一旦斷絶，則痛苦隨之。英爲紡織業國，故其出口大宗，以棉紗及棉貨爲最，主顧以印度與我國爲尤。查印度輸入年約十二萬萬元，三分之一爲棉製品，十之九由英國而來。我國棉製品輸入年約四萬萬元，其中英占三之二，則我國與印度已占英棉織業出口貿易額十分之七以上。若我與印採行保護關税，或禁止英棉貨進口，則其銷路必停滯，而格藍志紡織公司至少有三千萬紗錠不能開機。日本棉貨亦出口大宗。其最大主顧爲中國、印度及南洋群島。若日本失去中、印、南洋之銷路，則六百萬紗錠亦無開機之可能矣。由此觀之，棉業與國際之關係若是之大也。

或曰：英、日與美，以棉爲維持和平之關鍵。驟聞之似或不然，細思之，似有深意存焉。蓋英、日係美棉之供給國。則英、日不敢失美，前已言之矣，然美亦不能失英、日，蓋英、日爲美之顧客。若英、日與美失和，則原棉之貿易勢必停止。英、日既感痛苦，美亦如之。因原棉之貿易既停，則植棉者必起恐慌。往昔歐戰時，棉之貿易杜絶，美國南部棉農以困憊之過甚，要求政府設法維持，以致政府無法可想，實行一户一包主義，即美中流人家各盡義務，購買一包，貯藏一年，以圖補救是也。觀此，則美因棉不敢失和英、日可知矣。故棉爲英、日、美維持和平之關鍵，非虚語也。現有人主張使各國棉業家結合鞏固，則世界和平可以維持而不再戰争，言雖誇大，然不得謂之絶無意義也。

（原載《農林報》1926年2月21日第2版）

# 母猪産象問題

某夕，予母爲談及外祖母家曾親見有母猪産象事。該象産下後，高約九寸，長尺二三，白嫩異常，柔軟如綿，立起立仆，似不勝其無力者然。

當時闔家均非常驚異，并謂俗有“母猪産象，其兆不祥”之諺，故皆憂心惴惴，厭煩達於極點。詎未半日，小象即斃，而外祖母家果漸以衰。

據老者謂象産下後，即須以利刃或碗爿割破其膚，愈多愈好，劃至該象能起立爲止，即飼以豆腐漿等，便能長大。

憶前月某日（未能記憶），本報本埠新聞内載浦東某姓家，亦曾有同樣事實發生，而不祥之説亦同。故頗覺有研究的價值。爰將下列各點假青光披露，以供國内外物理學家之研究。一，母猪怎能産象？孕從何來？二，該象産下，何以軟弱無力？祇有三五小時之壽命？三，該象生下後，須以利刃或碗爿劃破其膚，方能長大，其理何在？四，（不祥之兆）其説有無根據？

（原載《時事新報（上海）》1928年8月26日第13版）

# 雜　俎

## 來鴻去爪誌操師

操校長震球我師，自去夏來浙，努力鄉村教育，竟致勞瘁成疾，不得不暫捨吾等以去；雖云來日方長，後會未來無期，然其來鴻去爪，殊予吾儕以特異之深刻印象！予每於朝夕馳繫之餘，夢寐中亦嘗縈廻於腦際；無蹟懷人，寧毋悵悵！心之所鍾，不能不使予一誌，以示不忘。

### 籌營創校費苦辛

操師自去歲五月間來浙，籌備創辦本校，與孔雪雄先生等往返湘杭，圈劃校址，進行工程，斬棘披荊，開荒闢蕪，既備嘗奔波經營之勞矣，旋復籌備招生，事無巨細，躬自爲之，徹夜焦勞，煞費苦辛，此致病之因也！

### 桐富奔波宣講忙

招考期中，操師嘗一度宣講於杭縣暑期講習會矣。詎不旋蹤，而繼以桐廬、富陽兩地宣講之長途奔波。回憶操師病體難支時，嘗告余曰："當在杭縣暑期講會宣講時，適忙於招生，其時各方堅囑赴會講述鄉教，時間又在下午，暑溽難忍！我（操師自稱）處此頗覺兩難，講演大綱，既須臨時編訂，手頭參考書，復一無所有；招考事宜，正在進行……事務紛集，心想婉謝，則無以對正在萌發時期之‘浙江鄉村教育’！去則精神與事實，兩均困難！再三設想，前後量衡，終乃决於一去。憶講述時，汗流浹背，淋漓一若落湯鶏。結果雖堪告慰，而精神已大受打擊！”云云。此事聽講人員無不口碑載道，欽戴畏□！

未幾，復有桐、富兩邑之行，同時更須兼顧建築校舍，往返奔波，可以想見，此又致病之一大原因也！

## 和藹誠摯化同人

開校後，同志中頗有未明校中一切辦法與宗旨者，故初則生活頗覺浪漫。操師苦心孤詣，既於日常活動身先同志，領導工作；復於茶餘飯後，夕陽銜山時，聚同志三五，諄諄誘掖，得以漸趨正軌！正期日進佳境，而突以致病聞！回憶其血誠一片，雖一舉一動、一言一詞，均可資人作磨礪之階梯也！

## 病中亦使人感戴

操師病後，湘湖同志均繫念非常，每於旦夕祝福其痊復外，並即迎其休養湘雲村中，俾得就近時刻聆其謦誨，其感人之深，可謂至矣！

“操師多一日病，同志多一損失！”此湘湖同志於飲泣之餘，而顫聲呼喊之口號也！

## 奈何天中痛别離

去矣！操師竟暫捨吾等去矣！懞懂的我，今才曉然於心中矣！（去歲予在前方，操師辭呈送出頗早，余竟風息無聞。憶在寒假聯歡會席上，祗聆其告别同志之言曰：“予即將返里，暫别中，頗望書面談心；並祈諸同志以余爲鑒，各宜珍攝自愛！”余於此一字一淚之話别中，自悲悲人，——（時余病亦初愈）——不禁掩面飲泣，全場黯然！）

是時操師病狀，已漸進佳境，余私謂再經寒假長期休養，則明春返校，復能領導吾等，努力加鞭，前途正無限量。萬不料其遽爾辭職，暫離湘湖，使闔湘同志均感“去了一位良導師，不啻剜却心頭一塊肉”之痛苦也！

操師足跡所至，即樹鄉教風聲，杭、桐、富、湘，均留深刻印象，誠不愧爲吾浙鄉村教育之急先鋒也！予於祝福其早日痊復之餘，略誌其在浙努力之巔末如此；深恐掛一漏萬，尚祈諸同志有以教之！

（原載《湘湖生活》1929 年第 4 期）

# 寒假隨感録

驚天霹靂念操師——1 月 30 日清晨，團部護兵照常將京、杭、滬、湖各種日報由窗口送進來，不先不後，開卷第一章，就看到一九九次省府會議議決准予操校長辭職的消息。霹靂一聲，令人心碎，那時富於情感的我，真不覺熱中達於極點，眼眶的泪簌簌的流個不住；同時把操師自從來浙後的種種功績一幕一幕像演電影一般的顯現在眼簾，腦子裏的印象恐終此生也磨滅不掉了。乃於悲痛之餘即作函詢問程師以操師通訊地址，曾作函慰問之，只有朝夕祝福其早日復原，爲鄉村教育展拓無限光明了。

（原載《湘湖生活》1929 年 3 月）

# 吃 橄 欖

## (一)

我總算幸運,自始至今仍能和本部結這不解緣。回憶本部産生之日,我正在東海濱一所比較優良的小學主事,天涯海畔,僻静荒涼,是一個適於進修的所在。照我們的進修計劃,只虞坐井觀天天不大,海闊天空畢竟於進修研究上尚鮮助力,反正大海茫茫缺少了南針來指引。這是當時自然現象給予我們力圖進修的進程中一極不快的感應!

轟雷似的浙江師資進修研究部巧在我們的不滿足的、摸黑路的、進修計劃實施中成立了。這一樂非同小可!那時我曾爲了如何將我們的小天地——職教員進修的惟一“早讀會”和晚上開的“半時會”(那時名叫做學教研究會),和大世界溝通起來,互爲運用的問題,廢寢忘餐的設計了多時,就與同事們毫不遲疑,立即首先全體加入本部。我們的所獲,勝讀十年書,迄今猶在嘗這一顆橄欖般的滋味。一年以後我雖幸運的脱離了海濱小學之險——那所小學於我離開後的數月内曾被海盜洗劫,教職員全體被匪綁去——同時我在形式上也不繼續本部指定的工作,可是事實是没有分離的。我的書堆中已經有了六大厚册的本刊彙訂本了,這可證明我始終還吃這顆橄欖的。我爲什麽要説吃橄欖呢?爲了牠苦澀嗎?是的。爲了牠清甜嗎?是的。是清甜而又苦澀,我享受至今了,焉得不寫些出來告訴本部的進修同志。

## (二)

早讀會：這是我們每天自然的集合。我那時僅約集了同事早起早到辦公室，什麼“早讀會”的名稱是沒有的。在當時因爲全體同事住在那麼僻静的海之涯，非至例假誰也不回家去，所以每天早上齊聚着閲讀自己所樂意的書。這種自然促成的朝氣，的確是很寶貴的。我因樂此朝氣而聯想起“如何交换閲書心得”與“如何規定我們所應讀的書”等問題來。不圖二月以後，本部成立，即給我迎刃而解决了，因此愈增我們早讀的興趣。

質疑：在未有本部前，我們是分頭自質質人的，那時幾位有經驗的老師和友朋間的通訊問難，在旁人看來真够煩了，好像我們不是在教書而在讀書似的。旁觀者清，當局者混，我們在當時萬萬也想不到會給人作侮辱的口實的！——詳情另在下文分解。——加入本部後，我們乃得質疑問難的一個總匯之所。

報告：我們是利用每天晚上半時會——即“做學教研究會”中抽空或特定某日舉行的。我真佩服極了，當時有幾位同事閲完了一册或一部書後，提綱挈領把全書精要擷摘無遺的交互用文字報告出來。所以我們當時的讀書是合作式的讀法，一次一人原來只能讀一本的，可是一夜之中却能收讀三五本之功。這話怎講呢？就是受益於互相報告。比如我看的《修學效能增進法》用文字報告給旁的同事，旁的同事衹要看了這報告，他已能知本書的大要了。所以這是經濟的學習，合作的讀書，在人事冗忙的場合，很可取用的。

問題研究：我們每晚舉行的“半時會”，是廣大無邊的一個集會，什麼訓、教、設施、行政、經濟、人事……等等無所不包、無所不談的一個集會。回憶每晚集五六同事於一堂，燈燭輝煌，(其實每同事一燈，集在一處可省其半，然竟因此定爲我的辦學罪案之一)暢談自己今天訓教的失敗或成功，縱論人生問題及閲書的心得。由隨便談話中把握住問題之核心而加以研究，毫無一般會議形式的苦悶，可謂這是我們的大樂事。

做學教研究會：這就是上述半時會的前身，因爲起初的組織過於興奮了，每天晚上放下碗筷就齊集一室縱談至就寢，有時幾達四五小時以上；事後大家覺得力有不濟，我自己亦一病而虛損，至今未復。因此後來改爲半時會以示限制。可是問題多了，質疑多了，各人且均備有筆録。因此，常會超過了半小時的限制的！

以上是我五年前自造進修環境下的一個輪廓，自己率筆寫來雖覺津津有味，局外人或僅能體味其一二。兹再挈要條述如後：

（一）我們進修計劃與本部的進修辦法是交互利用，表裏相彰的。未有本部時，我們覺得大波茫茫，無所依恃，本部成立後，我們如獲指針，一往無前。

（二）我們的"早讀會"是自然環境造成功的。加入本部後，我們得復習指定的必修書籍——當時的書大多均已看過——而百尺竿頭更上一步的須做讀書報告和質疑。

（三）爲了做讀書報告，閱書質疑，愈加充實我們的半時會。高興時，某天晚上大家坐着聽取某同事的閱書報告，在我們的小天地中，實無異是學術講座，聆名人的講演一般。

（四）閱書質疑問題，我們每晚能解决的盡量解决，不能當場解决的，付委幾位同人去專門研究。受委的人就須竭盡智能去找參考書——那所小學裏的圖書却很豐富，再加同人自備的，所以普通應用，頗能予取予求——到了下次會上解决不了時，然後寄諸本部，請專家解答。所以一翻本刊首卷各期及前出《教行週刊》本部閱答，頗多資我回味之處。

（五）我們每星期幾乎是規定要寄《閱書報告》或《質疑問題》給本部的，是一件例行公事。我們每次接讀本部解答問題的回信時，大家無不興高采烈的在半時會恭而敬之的聽取報告專家的答案。

約略的照這五個要點看來，一般的同志們都可以有權享受這一個橄欖的。如果本部能將存積着的我們的閱書報告以及質疑紙片還給我做一個永久的紀念，同時我自己翻翻以前許多可笑的問題，的確我與本部所結之緣是值得紀念的。

## （三）

不過話説回來，且來談談我爲嚼橄欖而留着的苦味。我不是説過嗎？海濱小學環境雖好而很古舊嗎？不，這是社會的問題，人事的變幻，不干進修的事；只是我們爲勇於進修而受了莫須有之罪，這想是進修同人所多願意聽我傾説的吧！

那所小學是一位留滬買辦捐資創設的，其勇於社會事業，至堪慰佩。在我們未去以前，據説有人因剜取校長不成而悻悻然去的，捲土重來，自須有中傷的設計。於是我們辦學的罪狀來了：

（一）他們讀書未足，所以早讀晚會的趕呢——鄉下人誰懂得進修，智識階級借此騙取鄉人的同情，真奇突。進修同志預防一着。

（二）教員要校長指導的，那裏有好教員？——鄉下人又同情了，校董也聽納了。就向我提出撤换教員的苛刻條件，我亦因此憤而堅辭。——好！鐵一般的事實，我們幾位勇於進修的老同事，現均服務省會或杭市著名小學，成績斐然！盲目的校董，我恨不請他每個都碰一次面。

（三）每夜燈燭輝煌的開什麽研究會？消油談天而已。——住在間壁的校董少奶奶姨太太聽在耳裏，痛在心頭，因此，辦學罪案愈定了。——我上面不是説過每教員一燈，如不集會，共須六盞，開會時至多亦只用三盞，暗裏實在可以省油一半。

（四）他們要試驗什麽複式教學、單級教學，創辦什麽鄉村幼稚班，唱着什麽做學教合一，簡直是把校董的汗血錢抛諸東海，犧牲兒童，毫無足取。——造謡中傷、剜取地盤者竟竭其能事。

（五）身兼數職，焉能不曠？——那時該縣師講所大鬧風潮，教育當局適爲波溪小學的主席校董，而堅拉我去整理。藉該所同人竭半載心血，幹得有條不紊。個人除自備夫馬巡迴數次外，實在寸步不曾他離。

話説得遠了，以上一二三四等項，直接是由進修而予人之口實，是橄欖的苦味。友人曾對我憤激的説，你們的男女同事如果能拋却進修，略用智能去捧捧場，陪陪少奶奶姨太太們白相相，叉叉麻雀，吸吸紅丸大煙，在黑白不分的社會之缸去鬼混鬼混，我深信至少總有幾位貴同事可以長生供奉！這話我迄今雖有幾分相信，但終不忍相信。

## （四）

今天因接着本部來函約我爲本刊特約撰稿，我不期然的回味到這苦、澀、清、甜的一個橄欖滋味。所説的話，好像拿着木鐸來勸人謹防進修似的。實則不然，大大的不然。上面社會的教訓雖是前事之師，可是我們苦幹一年以後，行政當局是給予過傳令嘉獎的，我們的幾位教員，三數年來服務省會各校均有相當的地位和成績。同志們！這是那兒來的？

臨了，我要感謝諄諄誘掖的本部首先主動人羅迪先先生。因爲羅先生在未發動設立本部前，就非常熱切的指導我們的。

二三.一一，於浙金中小。

（原載《進修半月刊》1935 年第 4 卷第 6 期）

# 悼桂丹歌

雲漫漫，
風騷騷。
人間路呀！迢迢。
這隱約約的，
是你的遺踪。
那渺茫茫的，
是你的笑貌。
你不怕孤單，
你甘心寂寥。
爲什麽如醉如癡，
躊躅在那遠迢迢的荒丘古道！
天寒了，
日暮了，
剩有白楊的蕭蕭。
儘有那暮暮朝朝，
够你去尋歡笑，
去尋歡笑。
高山上有着好水，
平地上群芳炫耀。
日月光何皎皎，

更好些個人兒，
助你擔憂，
慰你無聊。
桂丹呀！
爲什麽如醉如癡。

（原載《盛京時報》1924 年 6 月 24 日第 7 版）

# 方巖胡公割額記

浙江永康縣方巖山有胡公大帝，係浙東開科舉士之第一人。因奏免浙東丁口賦有功於民，故特爲其建墓西子湖濱外，永康大小村落，均立像建廟，以垂紀念。每到春秋佳日，士女如雲，焚香禮拜，爲訟德也。

相傳方巖山乃胡公薨時指定建廟之所。廟在萬山之頂，羊腸曲徑，拾級而登，空谷傳聲，如臨天際，誠絶景也。

方巖下街及廟内，一到舊曆八九月間，遠如閩贛邊鄰，蘇杭甬紹，近則温處各屬，附近縣邑，莫不遠道兼程，前來瞻仰。各地學校旅行，亦是爲勝地，年必更番往來者甚衆。屆時各商店販莫不利市三倍。廟内攤販滿佈，不讓滬之城隍廟也。

來歷説明，言歸正傳。有某紈褲子，在其夜半烟賭席中閒談角勝事體，胡公不幸被其點將般的點着，即宣告曰：有能將胡公額割來獻者，當以若干金爲壽。重賞之下，自有勇夫，某無賴即應聲去。潛登岩頂，入寶座，用銅絲鋸鋸胡公額至齊眉。事畢，裝以布袋，探路下山，夜半深池，走入歧路，盲人瞎馬般的走來跑去。直至黎明，廟祝下山，驀見其形跡可疑，探囊得胡公額。乃即鳴衆將其捉住，送縣科以重罰了事。

不料香市更盛，良以一般迷信者流，均謂胡公頗多靈異，不然則盜額賊安能當場捉獲？該神像係用木雕，額用膠水糊回，痕跡至今尤在，固無怪好奇者必欲一廣見聞也。

前月份本欄内，曾數見寶山縣城隍失首記載，今以事相彷彿，聯想及之，爰爲補述如上，固不計其明日黄花也。

（原載《時事新報（上海）》1928年10月18日第13版）

# 群狐出没浙江病院

## ——大狐被狗咬死，小狐四散奔逃

杭州運司河下浙江病院，院舍寬敞，樹木陰森，時有狐狸出没其間。二十一日晨六時許，突有母狐一頭，率領其小兒女一群，在外游散，爲院中狗所見，立將母狐咬斃，小狐即紛向新開弄方面逸去。當曾追覓，但無影踪。母狐計重三十餘斤。該院已將狐皮剥去，加以藥製，作爲標本云。

（原載《新聞報》1929 年 4 月 25 日第 19 版）

# 介紹兩本推行義教專刊

## (一)《浙江教育廳進修半月刊》:推行義務教育專號

零售國幣乙角　全書一八〇面

《進修半月刊》是浙江教育廳的定期刊,“義教專號”係第五卷第一二兩期合刊,中心題材有關於:

(一)義教問題之探討者——六篇,(二)義教法令輯要——六則,(三)義教經費問題——四篇,(四)二部制及大小班教學報告——六篇,(五)短小教學研究——五篇,(六)學童調查報告——五篇,(七)其他各學員園地——八篇,亦有關於義教意見之討論。

至改良私塾與籌設小學一欄各文,亦頗可供推行義教之借鏡,全刊内容頗爲“豐富切實”。

舉例來説:推行義教最基本之“經費開源”“師資培養”“設校招生”“强迫入學”“短小設備”“短小課表”“補課辦法”,以及“聯絡中心小學”等等,由始及終,源源本本的舉例詳述,足資實際園丁作爲準繩者。有羅迪先先生之《浙省實施短期義務教育的幾個問題》一文,就可代表該刊内容之一斑。

至如小教學研究各文,雖甚簡略,但頗切實,足供實施教學活動時之參考。籌措義教經費,亦有辦法與原則探討的文字。二部教學各文,雖未能達完善之境,法規、課間操與公訓標準等轉載文字計達五分之一以上,然均不能謂爲材料空泛枯竭。蓋此等基本法規與教法,尤須集爲專輯,俾易保存而資參証也。

## (二)《江蘇教育廳小學教師半月刊》：推行義教號

定價國幣五分　全書四六面

江蘇教育廳主編之《小學教師半月刊》，可以與上述《進修》半月刊，列爲姊妹行，内容充實，更有過之而無不及，故亦爲前進的小學教師所必讀。

推行義教號，是該刊預定之三卷九期中心。編輯旨趣，該刊編者在卷首説得很明白，他説："二十四年八月起，全國實施義教種種辦法如：辦理短少，採二部制，訂三期進行計劃，定經費分配標準等等，……實施後，能否達到預期？有無意外阻力？亟需負實際的教師們發表出來，以圖救濟。"

又説："在政府未定實施義教辦法前，民間已有'異軍突起''推陳出新'的方法來負推動之責，這方法是'改良私塾'和'小先生制'，不過施行以後有無條件的限制？能否收預期完美之果？却又都是問題，亟須加以探討或批評的。"

臨了，説明了該刊的内容："……除總述、概論、實施報告、書報介紹、法令選刊外，又選'短期小學問題''小先生制問題''改良私塾問題'三科，爲專題討論。是'老店新開'的編法，因爲在本專號以前，已刊過不少同類文字。二卷二十二期，且曾編有專輯。"

我們看完了編者的話，便可抓住本專號的重心，可以説與前刊是相得而益彰的。

（原載《義教輔導》1936 年第 1 卷第 1 期）

# 進修者的寶筏:《讀書生活》

(半月刊)

十一月十日創刊　定價全年二元四角

我首先要聲明的:我和《讀書生活》編者概無一日之雅,我竟叫牠是進修者的寶筏,完全是由衷之言。因爲我自己所受的學校教育不十分得過實惠,我是抱着做到老學到老、以做學教合一爲圭臬的,因此,我在教室中得來的好處遠不及圖書館的賜予來得大。而且養成了一種嗜好,幾乎任何刊物都要一嘗禁臠的——雖然今年大家都説是雜誌年,全國刊物打破了六百種以上的新紀録,我現在選訂在手頭的也有二十餘種,但值得一看的真是鳳毛麟角。《讀書生活》是我新近獲得的寶物,至少在我一人是要叫牠作——進修的寶筏的。總之不是我過份的吹噓就是了,况且吹又是我所最討厭的呢! 閑話甩開,言歸正傳:

《讀書生活》的前身,是《申報讀書問答》。據編者在啓事上説,爲了某種關係不能再在申報附刊,因此就産出了《讀書生活》這一份刊物,凡是留心過《申報讀書問答》的,誰都早已知道其取材精審謹嚴,博洽群;行文深入淺出,極合大衆閲讀的。

創刊號已於十一月十日出版,月出兩期,全年定價二元四角。創刊號内容至爲豐富。兹就該刊各欄内容分别介紹如後:

(一)短論:每期都有,相當於《中學生》的卷頭言,犀利精彩,有過之無不及,用意在正確和糾正一般讀書太過或不及者的觀念。

（二）學術講話：分科學、文學、哲學……等欄，正確而又通俗，能使讀書對專門學術因淺出深入的文筆寫來，至少可以獲得一深刻的概念，我覺得這一欄是非常寶貴的。

（三）生活紀録：係讀者大衆的發表園地，可澈底瞭解社會層及各業生活的特殊實況，相當於《新生周刊》的職業講話，但就創刊號内容看來，似乎尚不及《新生》，或許是編者保留其廬山面目之故。

（四）文藝指導：爲鼓勵大衆寫作而特創的專欄；牠主張特約專家來負責指導，這確是自學者的一個福音。

（五）讀書問答：便是在《申報》附刊上搬過來的，這一欄的精彩早已爲大家共見，可無庸多贅了！

此外在創刊號見到的尚有值得注意的如：

（一）時事小品：把國際上的重要時事輕鬆鬆的寫來，使一般忙於工作的可不必看報，也得一整個的概念，是一可貴的長欄；

（二）書報介紹：重在讀法指導，而於抉擇書報上尤多致意；

（三）讀書方法：指導尤爲周詳。此外尚有讀書經驗，亦爲名貴作品，在創刊號上，尚没有虚構的理論見到。

我覺得這份刊物不能不算是比較前進，極值得我進修部同志們人手一編的，因爲牠開宗明義的就説是爲忙於生活的店員工友們看的。我們小學教師誰能較店員工友們清閑，誰無求智慾。我説得此一書勝讀萬卷，在少有閑暇讀書的教師們説來並不過分，因爲我們絶不容許有閑來讀千萬卷！

至于該刊微有使人不滿者，例如：

（一）校對的疏忽——在創刊號發見的錯字，幾于每段皆有，這一點在幫助自學讀者的刊物，應速予糾正的。否則，雖有好作品，也會使讀者得不到好處的。

（二）定價太高——要使店員、學徒、工友們大衆都人各一份，似不可能，個人以爲篇幅不妨少些（雖僅見創刊號，將來定要比該號少點)期數不妨增加——改爲十日刊或周刊更好——像《新生周刊》那麽的定價,一定會行銷得無遠勿届的。

臨了,我要祝牠長生不老,勿踏一般刊物短命的故轍。

二三.一一.二五,於金華附小。

(原載《進修半月刊》1934 年第 4 卷第 4 期)

# 業餘閑話

## 一、日滿支《聯絡雙六擲骰圖》

今年元旦《滿洲日日新聞》隨報附送過一張兒童遊戲的地圖，名叫日"滿"支《聯絡雙六擲骰圖》，是送給日"滿"兩地（原文兩國）兒童玩的。圖上除繪着東瀛三島外，從滿洲至中原各省以迄邊陲的包頭、迪化、龍州等重要都市，非常詳細。原圖雖未見及，但據報載是這樣的。

起點在中國的瀋陽城（日本人改名奉天）和東京兩處，然後分西北、中、東南等路綫，沿綫羅列着：山海關、天津、北平、張家口、西安、包頭、蘭州、迪化、鄭州、開封、濟南、青島、烟臺、海州、南京、上海、杭州、福州、九江、漢口、南昌、廣州、重慶、成都、龍州等省市重地，地名之旁，各注一至六的數字，而在每數字下，更注聯絡地名。玩的時候，比如甲擲骰爲一，而出發點在東京或瀋陽，就依其旁所注數字下之地名移到山海關或滿洲各地；乙擲六則依出發數字所注地名進到北平或天津。各依各路路綫，擲點進攻均以南京爲終點，誰先到達誰優勝！玩時人數可多至三五人。這事情在他們玩的時候是遊戲，在大陸政策與侵略教育下是一件事情的某方面，他們教小孩子在遊戲中學會了併吞中國的深刻印象；我們于寒心之餘，復作何感想！？

## 二、東北奴化教育之一斑

據報載東北來客談中小學教育情形最使人痛心的如後：

㈠ 以日語代國語，修改課程，改换課本；

㈡ 檢定中小學教師，有反日言論、行動者免其職；

㈢ 灌輸宗教思想，提倡迷信，敬奉天皇；

㈣ 放學時日警抽查學生，要問："你那國人？"如答："滿洲國人。"即放行；答以"日本人"，即拍肩稱奬；若曰："我是中國人！"那末，不但立加痛打，且罪及教師！

朋友！他們的教育，有武裝同志做先鋒，做後盾，做監督而兼執行者，奴化的同胞苦矣，我們呢，怎樣？

## 三、救我便是辱我

友人自東京來信云：

某某日參觀一尋常小學，見甲乙兩孩打架，甲被乙打倒地上，救之起；乙反拳足交加而罵我（友人自稱）。疑而問其教師，據云：你救他就是侮辱他，因爲他被你剥奪了抵抗的機會！

嘗爲友解誚云："你吃了這尋常小學教師的酸頭了！"同時據參觀過上海日租界日本小學的人説："曾見兩孩相打，甲傷，反受教師責，乙勝却得稱賞有爲！"問之故，該教師云："我們要訓練孩子頑强會反抗，做一個時代的兒童；其摇尾乞鄰、無勇無謀之弱者，均在責罰之列。"

苦無以名之，名之曰："兩敗俱傷，毁滅世界的教育"！

看到了上面的幾件事實，覺得野心家的教育政策，跟軍事、政治等是整個而一貫的；多管齊下，各司其事，實相助而相成。像我們的敉平學生愛國運動，訂頒非常時期教育方案等多頭矛盾的内在，相形之下，殊堪太息！

二五.三.一八於浙金中小。

（原載《金區教師之友》1936 年第 76 期）

# 校　　史[①]

本校創始於遜清光緒三十三年，由金華府知府宗舜年呈請改試院（即金華鼓樓裏金中高中部）爲金華府師範學堂，未及開辦而宗氏去職。繼任嵩連，聘應貽哲先生爲監督，設簡易、完全兩科，於是年八月招生開學。

宣統三年二月應氏辭職，由知府啓濆代理監督職，同年六月聘王葆初先生繼任。未幾，革命軍興，浙省光復，府制取消，經費無着，勢將停辦。乃集八縣士紳，籌措經費，得以維持，改名金郡師範學堂。（筆者按：此節持證）。

民國二年，省講會議决收購省辦，改稱浙江省立第七師範學校，加委王氏爲校長，添建校舍，籌設附小。

民國六年八月，王校長病故，省委胡俟錫先生繼任。添置圖書儀器，擴充附屬小學；改建西式樓房教室、自修室、□室及教職員宿舍等凡五座，規模粗具，至民十二實施新學制，率令併入省立第七中學，師範不獲獨立設置者垂十八年。

民國二十九年四月，本省以實施師範教育方案劃分師範教育區，府令省立金華中學將師範部劃分獨立設置，委馮品蘭先生以專門視察員名義着手籌備，是年七月府令任命馮氏爲校長，八月勘定武義縣履坦鎮爲臨時校址，稱浙江省立金華師範學校，添設簡易師範班。原

① 編者注：此校爲浙江省立金華師範學校。

有附小仍由金中劃併爲本師範附屬國民教育實驗學校。因實施國民教育,添辦附屬民衆教育館以利實習。劃定舊金、衢、嚴三舊府屬二十縣爲本師範輔導區,兼負推進實施國民教育之責。此本校三十五年來之史略也。三〇年元旦徐德春于履坦。

(原載《金師通訊》1941 年第 1 期)

# 金師通訊編竣記[①]

《金師通訊》與《金華師範區輔導季刊》係姊妹刊。前者偏在金師畢業校友之通訊聯絡與服務指導，後者則以整個師範區地方教育爲輔導對象。就師範教育方案原定“分區招收師範生，分區任用”之原則言，初無二致。祗以制度施行伊始，尚待貫澈進行耳。

本期係創刊號，先將師範畢業生服務法規等基本法集刊，冀以校史、校況、校歌、校址及校友動態等作相見禮。今後切望把這園地讓每個校友來栽培灌溉，以期盡善。

本刊暫定爲不定期刊，有材料即編印，分贈畢業校友（祗要我們知道通訊處的），以便取得經常聯絡。故内容以溝通母校與服務校友消息及補充學養爲限。這一期因校中人少事繁，畢業生服務指導委員會尚無專員負此職責，編者忙裏抽閑，打伙作此，當然難得滿足讀者諸君的慾望的。

（原載《金師通訊》1941 年第 1 期）

① 此標題爲編者所擬，原作“編完以後”。

# 五四運動與《新青年》

五四運動的原動力是什麼？是當時的《新青年》。所以不談五四運動則已，談起五四運動，就聯想到那時候的《新青年》是怎樣的負過學術思想界劃時代的責任，領導過青年怎樣的由思想轉變而見諸行動。

我想這時候再來介紹五四時代的《新青年》有點兒不當時，記得本刊編者在第六期《我們的話》第六段內曾顯明的説到時代背景與現代青年的使命，因此筆者不願在這劃時代的五四紀念日説一句多餘的話。——我想只有把五四時代的《新青年》告青年書內敷陳的六義，節選出來，以紀念五四，才是比較有意義的：

> 青年如初春，如朝日，如百卉之萌動，如利刃之新發於硎。人生最可寶貴之時期也。青年乎！其有以此自任者乎？謹陳六義，以供抉擇。
>
> （一）自主的而非奴隸的；
>
> （二）進步的而非保守的；
>
> （三）進取的而非退隱的；
>
> （四）世界的而非鎖國的；
>
> （五）實利的而非虛文的；
>
> （六）科學的而非想像的。”

上列六義，是五四時代新青年教條，是思想行動的基本條件，是新思潮的主流。當茲强敵壓境，萬方多難，上下一心，敵愾同仇，新青年尤應準此六義，身體力行；那末，今日的紀念五四才不是多餘的。

（原載《新青年》1939 年第 1 卷第 11 期）

# 致湘湖師範信

（上畧）

“多動少静”“見異思遷”……亦爲同學服務之一大病態，迭得師友函告有一學期一易席地者，有使介紹導師不勝其迭爲介紹之苦者，此亦非湘湖畢業同學的好現象。

到湘時見到母校各處都有活動，動境均使人留戀難捨，且深感無充分時間，跑遍湘湖：分散的活動，整個的記載，對外似已有宣傳的必要，否則，不到湘者，不知湘湖有如此教育意味的活動。有志鄉教者，無從知鄉教之動境，不向社會公佈，似乎可惜。質之老師，諒以爲然?!

（中畧）

母校各方面實力逐漸充實後，“化散爲整”是大問題，生意吾師須提綱挈領的設法，不使踏過去散漫無歸宿之弊；此事生在滁師長校時曾迭陳之，敬以人子之心，對母校再陳之，諒吾師或亦早已在設計中了。（下畧）

徐德春自金華七中附小寄，二十二年一月四日。

（原載《湘湖生活》第二卷第四期《校友來往書函摘要》。）

# 湘湖通訊編竣記[①]

本刊延期出版，大半原因是爲了母校的事業倍增於前(學級數已由七級增至十三級)人員雖略隨比例增加，可是事務人員反較在湘時減少；因此校友們惟一盼望的《通訊》，委實無法徵編，一延再延，迄今始獲刊出，這是十分抱憾的！

當去年十月一日母校立校十週紀念時，本刊第九期，曾化去不少時力，油印四百餘份，在盛大隆重的立校紀念會中分送，所餘已屬無幾，致校外服務校友無法添印寄送，這是更其覺得抱憾的！——因爲我們深深知道校友們多麼關心非常期中的母校，校外通訊是多麼需要！

去年十二月間，曾忙裏抽閑，編成一期以實施導師制報導爲中心的初稿，集稿既成，而僅有的工作人員——抄印者——調動了，油印不能，鉛印吧，"印刷所"在幾百里外，印刷費又無的款，路路不通，就此延擱下來，諸位校友以及關心我們的同志們每次來函索取刊物，迄無以應，這是尤其抱憾而爲局外人無法知道個中困難且無可原恕的——因爲愛校愈深者，往往在通函中有以大義相督勉的。

現在，我們已勉强解決了上述的人力時力以及物力的極度困難，可是承印者會不會再有困難。——因爲印刷所印務極忙，且相隔甚遠，編排校勘，仍屬不便，我們深感僻處山鄉之苦！

---

① 此標題爲編者所擬，原作"編完以後"。

這一期份量相當的多,定不出一個中心來,我們可從:

(1) 言論欄中校長寫了一篇《二期抗戰中教育者應有的反省》一文提出幾點,是值得校友們注意的。

(2) 師範教育制度的急需改善,這是無可諱言的。俞公達先生提出的改良待遇,予師範學校以行政權……等等外,編者以爲各級師範聯繫上亦有許多急待改制的地方,例如師範規程内對師範生入學資格定爲必須在中小學畢業得有證書者,致有很多能力極好而没有資格、當過多年教師的青年望校門而興嘆;簡師四年畢業仍須受試驗檢定,師範生服務依照修業年期加倍計算……等等,有的限制得流弊百出,有的却在規程本身自相矛盾(例如第七條規定師範生入學年齡爲十五足歲至二十二足歲,假定某甲在小學畢業時恰爲小學規程内規定之最低年齡十二足歲,簡師降格録取後經過四年,畢業時爲十六足歲,加倍服務八年,要到廿四歲方得升學,豈不予守法師範生以永不能升學的限制。)至於師範生升入師範肄業(例如簡師升師範,師範升師範院。)他的師資原未變質,非但不予以方便(照例師範生對教育學科已具根底。)却加以限制,事之不平,實有甚於待遇之不善、任用的不周者。編者以爲我們應力促教育當局改正者正多。

(3) 本刊所刊新訂章則,太半爲適應戰時教育訓練而擬訂者,我們擬訂章則是先由事實需要而來的,内容如何,該閲者去批評,在我們是一字一句都係事實經驗之作,絶非懸擬者可比。我想任何簡則都應如此,方合教育設施的原理與原則。

(4) 在視導計劃内擬"成立校友會或鄉教同志會",此事在編者視導部會議席上討論此案時,即首先加以贊同。"非我同志,其心必異。"我們深感十年前全湘師友互以同志爲敬詞者,殊覺含有事業興志願觀之深意,假使我校真能確立一個堅强有力的校友會或鄉教同志會,行見槍砲打不散,大湘師的基石不難奠定。可能的話,籌定幾許鄉建基金(已有辦法見章則欄),利用餘力與成法試辦鄉村中學,這二個工作中心,倘能逐一實現,我想是值得校友努力的,深望組織健全的集團,來擔負此任。

(5) 關於本刊内容及計劃者,家庭通訊,將逐期設法使其充實;書報評介,本期因稿擁擠抽去,出版期數擬予增加。(印刷有辦法的話)抗戰期中的湘師概況,盼能順利編印,以供同好;校友動態,甚望直接間接訪問告知,以便續刊。

(原載《湘湖通訊》1939 年第 10 期)

# 師範學校的組織擬以小學爲中心師範生的訓練擬以做學教合一爲教育法案

理由：一、訓練師範生，除給予書本上的智識外，尤須特别注重小學組織行政及訓教上的實地訓練。

二、僅靠書本講授而往往以三五星期的參觀了之，似失師範生訓練的重心！致有畢業後做教員時尚須從頭學起之弊。

辦法：基上理由，故擬改變師範學校的組織及訓練方法如案題，並擬由本會委託（一）衢縣縣立鄉師，（二）宣平縣立師講所試行，至下届本會常年大會時，將試驗結果提出報告。

（原載《浙江教育行政周刊》1933 年第 4 卷第 52 期）

# 三 個 建 議

流光如駛，本部創辦迄今，瞬届五載。事業之由“規定進修書目”“解答閱書質疑”“擬訂考成辦法”，進而“探討實際問題”，更進而創“通訊借書庫”，最近復有派員“實地視導”之舉。回朔五載以還，事業之與時俱進，由需要而逐一添設。“經濟”“切實”“有效”，證以本刊，能見諸窮鄉僻壤，學員滿佈省内外，進修空氣有轉變學風之自然傾向，以及省外同仁之贊許仿行。（皖教廳已逐漸採行，筆者曾應友人約，擬有計劃，承採用，現正推行中。）這些都是鐵一般的事實，有發揚光大的必要！今本部有發刊五週紀念刊之議，獲訊，雀躍無似！

憶本部創辦之日，筆者巧在東海濱某小學推進進修事業，急切需要指導機關爲質疑問難之所。故首批學員中，該校全體同人實占相當數額；五年來個人直接間接受益於本部者不少，去歲元旦發行之四卷六期《進修半月刊》，曾記《吃橄欖》一文詳誌經過，今逢一元復始，爰師獻曝之意，提出三個芻議如後：

## 編印問答集以便解答質疑

此事在數年前即曾向本部作一度之請求，學員中亦有此急切需要。筆者曾爲了便利查覆第七學區同人通訊研究，爲解決自己平日實際問題計，一度作分科分類以便索檢之舉。覺得本刊與前教行週刊之學員質疑，可供參證之處很多。惜卷帙太多，檢閱不便；拆出彙訂又非正辦。（其實已訂成八大厚本彙訂本）此種需要與困難，諒非筆者一人,部中諸導師聞亦早具此意,本年度且已定此項工作爲推進事業之一。不惜繁贅,以期早日觀成。這是第一個建議。

## 附設書報介紹部以輕購書負擔

事實告訴我們,書商爲競争營業,普通書籍雜誌,對範圍較大的學校,往往有對折雙九折等優待券分送;而叢書文庫,則於預約價外,又有八折九扣等的暗盤。在書店老闆的意見以爲這種優待,爲的是大規模學校生意大,主顧好,份數多……因此有這格外的優待。在我們的意見適得其反,地方小學經費少,辦書難,買了一點是一點,真够算苦心經營了。比不得大的學校經費多,書籍多,而買起來又便宜。我常説中國人幹起來的事,總多是畸形發展的。個人近爲推進進修計,曾兩度做聯合定閲書誌工作。最近我們定閲原價二元二角的《教與學》,聯合定閲,只要九角一分;原價一元二角的《中華教育界》,聯定只要九角六分;原價一元二角的《教師之友》,聯定只要九角七分;特價一元二角、原價一元五角的《大衆生活》,聯定只要一元一角,諸如此類,舉不勝舉。聯合訂閲雜誌全年份數多了以後,起碼總得便宜一點——特價的當然例外。至於最近預約過的副課本,分年補充讀物等,照預約價尚有八折等優待的;過去預約的《幼童文庫》,我們聯定了五六部,照預約價折實十二元一部,以爲總算便宜了,那知上海方面有便宜至九元一部的。試想這種明裏帶暗的明吃虧,何等寃枉!一老一實的依照所謂特價(例如《教與學》六折特價一元三角二分全年,總以爲便宜了。)所謂預約,向書店買了來,總以爲便宜了,然而大大的不然。

因此很希望本部把這進修者的源泉——書報雜誌——就能力所及,專設聯合介紹的部門。比方某書某誌是值得介紹學員們用的,就首先向書坊接洽介紹手續,這手續要求簡捷易行,不妨向書店商洽用介紹證之類的紙面書件,學員憑此向書店購買,書店憑此予以聯定的優待折扣。我想這事是三方面得益的：在本部推進進修工具，在學員得廉價書誌，在書店推廣營業——有人以爲我這計議於書店不利的，要知道，這計劃實行後，至少能多銷點貨，可斷言的。這是第二個建議。

## 開拓我們的園地，闢時事問題講座

筆者常想，我們天天在教育圈裏談教育，怕不是正辦。舉個實例：最時髦的民生本位教育，不是想做生產、勞作、救國……諸教育名詞的替身了嗎？如果你是一位只懂教育原理原則，天天在講教育方法改進、而不明國際現勢、經濟文化……等演變的，那簡直是蒙了兩眼捉迷藏，白化力氣不討好的。試問經濟機構、社會組織……等不改善，生產不分配化、社會化，那你這生產教育最美滿的結果還不是生產過剩，富家有餘粮，路有餓死屍！最近全國學生大聲疾呼救國運動，不是由高唱救國教育者來壓平你這運動；華北學生要埋頭讀書，以符當局讀書救國的功令，不是敵人的飛機大砲隆隆軋軋的來警醒你的夢想。你要組織民衆，説幾句救國愛國的話，敵人會嫉視你們，當局會禁止你們。我常説：生產教育是從教育消費來的，勞作教育在少爺小姐隊裏是需要的，救國教育是教育亡國的大人先生喊出來的。我們要的是什麽？我們希望對政治統系、社會組織、經濟機構……的如何改善以適應世界現勢。在這問題上要有深切明白的認識，尤其希望教育刊物有了一個治本方法的指示。我們不願枝枝節節的爲了少爺小姐們提倡勞作教育，爲了自己走錯了路的消費教育者提倡生產，爲國要亡了而實施救國救亡的教育。——因爲教育者本身，本應該是勞作的、生産的、救國救亡的……不則，還要什麽教育?!

拉回話匣，仍説我的建議，我祈求本刊特闢一片談談國際政治文化上最重大的問題講座一類的園地；具體點説：我知道由“白銀問題以至幣制改革，日人在滬發行紙幣”，“意阿戰爭以至英法分贓式的和平方案及海軍會議與遠東緊張形勢”“埃及學生運動和華北問題産生的全國學生救亡運動”……等非常重大而切身的問題,我想本部進修學員,需要本部同人、本刊園地指示的,一定更迫切而需要。

因此筆者建議本刊每月似應闢一專欄,把一月或半月來的大事抓住,闢一“講話”之類的門欄,將該問題前因後果,淺出深入的指示給讀者以一個輪廓。必要時請專家撰述之。——如此則一天忙到晚,或窮鄉僻壤的教師不易有好報章雜誌看的人,一定獲益匪淺!這是第三個建議。

本愛護本部以共始終的信念,區區之意,算是爲紀念五週年而兼在元旦試筆時的獻禮吧!

二十五年元旦於湖金中小。

(原載《進修半月刊》1936 年第 5 卷第 6—7 期)

# 一次讀書教學演示後的研討會紀要

一、時間：卅四年三月

二、地點：省立台師附校廣嚴寺分部

三、參觀者：台師春秋四年級兩級學生及附校教師六十餘人

四、演示者：胡瑞正先生

五、年級：春四年級

六、教材：國定初小國常混合課本第七册"陳老師的演説"，分三次教學(此次係一二兩次)

演示完了以後，接着舉行研討會。首先由演示教師報告心得及自認不滿足各點，繼由參觀的師生極力的提出實際問題，共同研討。兹將會中研討的結果，略紀如後，以供小學教育同仁們參考。

(一) 學生概覽課文時有那些常規必須訓練?

(研討結果)

(1) 關於默讀的訓練：

1. 不發音，不用嘴唇，也不暗發喉音，

2. 手指不點字，不指行句，

3. 養成有規律的眼動與視野，

4. 能提綱挈領尋求文内要點。

(2) 會在生字難句旁，記出符號，以便板摘或提問。

(3) 默讀完畢，立即舉手；大多數人未讀完時，自動查字典，或重

看,或檢視研究疑難字句。

(4) 要準備報告大意或回答問題。

(二) 報告大意時要注意些什麽?

(研討結果)

(1) 一個小朋友在報告大意時,其餘的小朋友好不好看書? 不看書,把書闔上,可以促兒童集中注意聽取報告;但如一面聽報告一面看書,則可以從報告中找出改正錯誤、補充内容的資料,養成耳目並用的習慣。

權衡利弊,後者似較前者妥當。

(2) 大意報告不出時怎麽辦? 用問題啓發兒童回答,其法由教師:(複式學級由助手)

1. 就書中時、地、人的關係中整理出問題來作簡短的啓示——例如本課文内教師可提問: 演説的是×老師? 在××時光? ××地方講的? ……

2. 最重要的片斷,可利用問題暗示兒童,幫助其記憶與整理報告要點。——例如本課文内,可問: 老人説些甚麽話? 陳老師怎樣引證補充? (按): 南方老人説:"即使楚國只賸了一户人家,亡秦的還是楚國。"……

3. 養成學生會批評指正、補充的習慣: ——聽到報告錯誤時,鼓勵兒童批評指正;聽到報告遺漏時,鼓勵兒童補充説明。

(三) 教學"生字""難句"時該注意些什麽?

(研討結果)

(1) 發音務使正確。開始教生字時不可讓學生齊讀,齊讀了易於不正確。——例如這次教學,率即指黑板要學生齊讀,似嫌太早。

(2) 可酌量參用簡單文字學提示學生,幫助理解,並强固其縮結。——例如"同心協力""協"爲生字,教師可將"忄""劦"拆示字義字音,因爲"協"是"會意"兼"諧聲"字。

（3）多用表情、比喻、比較等“做”的方法來救濟解釋的不够具體。——例如“百折不撓”“激昂慷慨”……等難句必須在“做”上“教”才“教得真”，在“做”上“學”才“學得切”。

（4）新詞應連寫連教，不可一字一字拆開來讀——例如“激——昂——慷——慨”四字分開讀講；“百——折——不——撓”四字分開講讀就難望其有明白的瞭解了。

（四）怎樣革除兒童用“文章調”讀書的習慣？

（研討結果）

（1）教師範讀前，兒童試讀後，應舉例説明並研究讀法，然後示範作用可以生效。——例如本課爲演講詞，兒童試讀時仍用“文章調”拉長腔讀，這是不對的。

（2）革除一字一字讀，一句一句的讀；要詞兒連讀，句段一氣呵成的讀。

（3）“講”“讀”合一，白話文不應有“試講”“試讀”“範講”“範讀”的分次教學過程。講便是讀，讀要像講。過程名稱可用“試行講讀”“示範講讀”，以免一件事情二次做。

（4）兒童一次講讀得不像樣，再令講讀；連續訓練到不用調子讀爲止。

（5）避免齊讀，輪組齊讀；充其量只可由教師領讀爲止。

（6）除詩歌外，應多用課文演講、表演、對話、報告……不作機械的背誦。

（7）低年級説話教學應特別注意語彙、語調之改正。

（五）現在尚有很多教師，因學校設備缺乏，常以背誦語體文爲督促、考核兒童學習的惟一辦法，或作爲維持學校秩序的不二法門的。此種事實吾人不必諱言，請問與文章調有無關係？

（研討結果）

（甲）相關因素：

(1) 因爲要背誦,必須把白話文讀得熟溜而且快,容易把語體變質。用文章調來讀,這裏面必有多少相關。

(2) 一般家庭或社會人士,没有講讀白話文的習慣,通常學生易受直接的影響,亦爲不可避免的相關因素。

(3) 齊讀,一字一字、一句一句分開唱念,與文章調更有直接的相關。

(4) 教師考查學生的方法太呆板,避重就輕,往往以背誦了事,此其四。

(乙) 應就文體分别改善教學方法及考查方式如次:

(1) 詩歌和韻文——可配譜歌唱吟誦,可教兒童吟唱,背誦時亦可照原文考查。

(2) 演説詞、話劇及對話文體——可用表演式講讀——例如演説詞就像演講一般講出來好了,不必一字一句要兒童死記硬誦。惟遇語法、文法、主詞、文字有錯誤時,須加指正。

(3) 記叙文、説明文、議論文——可用講述式考查,亦不斤斤於字句的背誦。

(4) 實用文——除講述内容外,可與作文課聯絡,考查格式的正誤。

於省立台師輔導室。

(原載《進修》1945 年第 4 卷第 8 期)

# 浙江省立湘湖師範學校大事記

二月二日　操方兩指導員赴寧聘請指導員。

五日　行政部主任程本海先生，已將校務結束就緒，本日離校。

十二日　方校長因聘請指導員已有頭緒，本日由寧返校。嚴寒跋涉，感冒風邪，形容憔悴，病勢甚重。

十三日　分函（一）南京陶知行先生。（二）滬揚兩處程本海先生。商懇接洽聘請指導員事。

十四日　開工修築湘堤、橋埠。由農友沈君夢林、彭君傳昌兩人分別承包。

十四日　方校長於今日就職。

十六日　開工修葺定山宿舍地面及湘雲村、圖書館、藝術館等處。

十七日　洋鐵匠徐君德昌、油漆匠來君如鏞，同日開工裝修中山堂、圖書館、藝術館……等水落及油漆窗户門壁。

十八日　石匠朱君阿有，開工重修湘堤橋埠内之石工。

二十一日　程指導員偕新聘指導員董純才先生到校。

二十一日　安徽歙縣縣督學汪任民先生來校參觀。遠道考生亦有數人到校。

二十二日　陶知行先生來信，謂國術及軍事指導員已代物色左明宵先生，不日即可來湘。

二十三日　社會改造部主任王琳先生由浦江回校，新聘指導員祝宏猷先生到校。是夜開指導會議,分配考試第二届新生主試各科人員。

二十三日　本日開學,舊同學及第二届新生應試人員已有數人到校。

二十四日　投考人員陸續來校,膳宿均由校中代辦,以定山小學爲寓所。

二十五日　本日舉行新生第一試。

二十六日　第二試本日午後舉行,當晚發表,計録正取十名,試做六名,内女生一名。

二十七日　投考人員紛紛離湘。考取生由方、程兩指導員偕往杭州醫院檢查體格。内一名因身體有病落選。

二十八日　新舊生陸續到校,定明日(三月一日)舉行開學式。

三月一日　本日上午十時,在湘雲村中山堂舉行開學典禮。

一日　夜開指導會議,議决續招新生等要案。方校長因積勞成疾,請假半月。

二日　方、程、李、董四指導員因事赴杭。浙大函知具領一月份前半月經費。

三日　方、董兩指導員由杭返校。王指導員赴杭。

四日　李指導員由杭返校。

夜開第　次共同生活會議。

五日　開第十六次指導會議,議决添聘藝術指導員等要案。

六日　由定山舊師部(現改爲科學館及農藝館)移至壓湖山湘雲村。搬運什物均由師生親自動手一時湘定道上踵趾肩摩,異常熱鬧。

六日　小學指導部。本夜七時開會。總理逝世四週紀念籌備會,本日開會。

七日　本日起一切活動均集中於湘雲村。祝指導員赴杭。

八日　全校同志。分(一) 教育、(二) 史地、(三) 算術三組研究,由各人就所需要者選習一種，以二星期爲限，輪流交换。但結果因選習教育組者占多數，乃復就該組分成（一）教育心理、（二）教學法、（三）教育原理三種，分别研究。

九日　續招第二届新生。本日起舉行考試。

十日　上午繼續考試。下午揭曉，計正取四名（内女生一名），試做四名。

十一日　舉行第二次總理紀念週。方校長對第三次全國代表大會略有伸説。

十一日　李指導員偕同新生赴杭檢查體格。

十二日　總理逝世四週紀念。上午在中山堂舉行儀式，下午全體分頭出發，至各村落宣傳，並各分頭植樹。

十三日　李指導員由杭返校，報告新生體格檢查均及格。

祝指導員代表本校赴寧參與曉莊學校三週紀念。

何孝在、徐德春、陳金榜等冒風乘渡至塘下施，調查學齡兒童。

十四日　本日第一組同志在湘堤分植翠柏、青桐、白楊、垂柳等樹。

（原載《湘湖生活》1929 年第 4 期）

# 浙江省立湘湖師範學校大事記[①]

二月二十五日　開第一次籌備會議於國立浙江大學，出席委員計有蔣夢麟（劉大白代）、沈定一、俞子夷、劉大白、周鳴和、孔雪雄、沈肅文等十三人。首由劉大白代表浙大校長蔣夢麟致詞，謂："……浙大鑒於師資之缺乏及一時不能創辦大規模之師範學校，爰擬先成立鄉村師範一所，樹全省的模範；將來本大學教育系成立後，預備設一集中的大規模師範學校……"云云。次討論下列事項：（一）決定以湘湖爲試驗區。（二）將來計劃每縣至少設立一所。（三）浙大組織鄉村師範指導委員會，預備派委人員，分赴各縣，巡迴指導。（四）推定周鳴和赴湘湖察看校舍地址。孔雪雄、張渭斌、傅炳然赴滬寧考察並物色人材。（五）定四月一日爲第二次會期。

四月一日　第二次籌備會議，出席者，蔣夢麟、沈定一、陶知行、劉大白、俞子夷、孔雪雄等，議決計劃大綱、支配經費等要案。

六月二十四日　在湘湖籌備處開第三次會議，出席者爲蔣夢麟、劉大白、邵斐子、孔雪雄、周鳴和等，議決要案爲：（一）校長請陶知行先生介紹三人，擇定一人。（二）指導員暫定四人。（三）校舍在定山購地建築。（四）招考章程留待校長訂定，但先定原則等案。

二十七日　陶知行先生偕操、程、王三指導員到杭商議校務進行事宜。

---

① 本篇爲與沈麟同輯。題下原有"爲篇幅的關係祇能彙輯重要方面的事項"一行字。

七月三日　孔雪雄、操震球等赴湘湖圈定校址，樹立界牌，通知工程師計劃圖樣。

十二日　操震球先生常川住浙大負辦理招生事宜。

十六日　招生簡章審訂完竣，登報招生，即日開始報名，以月底爲截止之期。

八月一日　在浙江大學禮堂舉行新生入學第一試。

二日　同上。

同日　是日當晚第一試揭曉，計録取五十五人；並通知於明日上午齊赴湘湖覆試。

三日　由江干三廊廟乘輪，至聞家堰登岸。時適大雨滂沱，全體齊赴湘湖農場舉行第二試，田間操作，箬笠樱衣，泥塗手足，考生五十餘人，精神非常興奮。舟次分成四組，舉行個别談話。

四日　新生覆試揭曉，計正取生三十名，備取生十名。

六日　程、王兩指導員由杭至湘湖進行校務事宜。

十一日　國立浙江大學委任操震球爲本校校長。

九月二十六日　浙江大學勞農學院復函，准許趙伯基先生兼任本校農事指導員。

十月一日　本日開校，因定山校舍未竣工，暫借東汪農村小學爲臨時校舍。

三日　正取生注册日期截止，函知備取生來校。

四日　在定山小學門前廣場舉行開校典禮，到有浙大代表羅迪先、劉澡，各機關各團體代表及附近農友來賓等，約數百人。校長操震球主席學生徐德春紀録；由羅迪先監誓，全體師生先後宣誓。即日開始共同生活。

同日　下午爲東汪中心小學補行開校典禮，全體師生參加活動，盛極一時。

同日　夜間開第一次生活會議決：（一）推定王琳、徐德春、毛守誠三人起草共同生活會組織大綱。（二）推定操震球等五人籌備慶祝雙十節事宜。（三）議定制服式樣及顔色質料。

五日　第二次共同生活會議通過共同生活會組織大綱。

同日　指導員孔雪雄先生因任建設廳第一科科長，本校教務不便兼顧，辭職。

六日　派王弼、沈麟擔任東汪小學教學做；毛守誠、徐耀士擔任定山小學教學做。

七日　奉浙大令，於黨部舉行減租宣傳時，將黨義及公民科改爲減租宣傳。

同日　第三次共同生活會議決：（一）自八日起至十日，將教學做時間改爲國慶紀念活動。（二）本校校徽、旗幟式樣由全體同志計劃圖樣，定下次議決。

同日　指導員程本海到校，當夜開聯歡會，興味融融，儼如家庭生活。

八日　分頭印寫國慶紀念標語及宣傳品。

九日　全體分赴各村莊宣傳及張貼標語，佈置會場，練習遊藝等。

十日　上午八時在滙上灘舉行國慶紀念大會，到黨、軍、警、政及各機關各團體學校並農工商協會，暨附近男女老幼村民共二千餘人；會畢遊行潭頭、東汪村、聞家堰、黄山西殿、浦沿等大小村落一周，大隊亘三四里長，中間有街村籌備會及本校，佐以鑼鼓、歌聲、口號等，四鄉民衆警覺不少，論者謂爲空前盛舉。

同日　夜間在聞家堰乘該處演劇之便，本校師生與東汪小學生舉行雙十節遊藝會，計節目二十餘，盛極一時，操校長對民衆之演説詞，極生動深刻之至。（詞見《孫總理到聞堰來》）聽者均感動。

同日，浙大令：准借用實習農地三十畝。

十一日　第一次共同生活臨時會議決：（一）校徽決採用王琳、

徐德春所製圖樣,彙成一種。(二)組織編輯委員會推定操震球、王琳、程本海、徐德春四人爲編輯委員。

十四日　第四次共同生活會議決組織紀律委員會,及各部各科辦事細則由各部各科自定。

十五日　會同湘湖農場、東汪農場代表開"東汪民衆茶園籌備會。"

十七日　函准壽昌諸葛倪來校參觀。

同日　第二次臨時生活會議決制服質料用三友社自由呢,但亦可用顔色相同的布料,以國貨爲限。

十八日　東汪民衆茶園開幕。

二十一日　第五次生活會議決增設交通科,以利郵遞。

同日　前日劃定之實習農場,本日由各同志各自繪成圖樣,以便進行。

二十二日　本日紀念週時,操校長對獻身鄉教之過去事實演述至二時餘,詞極剴切,娓娓動聽,同學均爲感動不少。

二十二日　第二次指導會議決定明日遷往定山新校舍。

二十三日　操校長因公赴寧。

同日　遷入定山新校舍,搬移什物,部署房舍,均由師生共同操作,並不假手他人。

二十四日　舉行第一次中心小學聯席會議。

二十六日　紀律委員會正式宣告成立,細則由程本海先生在朝會宣讀,即日施行。

同日　臨浦吕祖殿復函,允送大鐘一口,於昨日寄到,即懸掛大樹上,自本日起用,鐘聲一擊,四山皆應,報時準刻,環湖民衆受益不少。

二十八日　第六次共同生活會議決:(一)組織總理誕辰紀念會,推定王琳、唐文粹、徐德春、徐可進、何孝在、項采林、馮貴常等爲籌備員。(二)公推操校長代表赴悼本校籌備員沈定一先生。

同日　第二次中心小學聯席會議決小學活動評點表。

二十九日　操校長由杭州醫院來函,謂在松江車次咯血舊症復發,已進醫院,一時不能返校,全體師生聞之頗念。

三十日　明日爲本校籌備員沈定一先生追悼會日期,操校長因病不能前往,改派何孝在、徐耀士二同志代表前往參加。

十一月一日　第四次共同生活臨時會議討論招待國立浙江大學勞農學院來校參觀,推定徐德春、徐賢選二同志爲招待員。

二日　臨安縣教育局保送盛友仁來校長期參觀。

同日　第五次共同生活臨時會議決組織歡迎勞農學院來校參觀大會。

三日　浙江大學勞農學院旅行團一百五十餘人,來校參觀,本校全體師生及定山、東汪二小學全體在運動場開歡迎會,主席程本海致歡迎詞,王琳報告校况,唐文粹、徐德春紀録,會場佈置簡單,而精神非常飽滿,會畢,賓主盡歡而散。

四日　第七次生活會議決修改本會組織系統及大綱,推定程本海、王琳、徐賢選、徐德春等爲審查委員。

同日　派徐德春、徐可進赴東汪中心小學擔任教學做;定山中心小學由小學指導員唐文粹主持,暫不再派,其前派人員概行調回後方工作。

五日　舉行本省光復紀念,全體分赴各村莊宣傳。

同日　指導員方與嚴自曉莊到校。

六日　開共同生活會,組織系統及大綱審查會全體委員均出席。方指導員亦列席,推程本海主席,徐德春紀録,全部審查完竣。

七日　蕭山縣教育局保送莫煦來校長期參觀。

七日　第六次共同生活會通過改訂後的本會組織大綱及系統表。

九日　崇德縣教育參觀團十餘人來校參觀。

十日　陶知行先生來校，是夜開會歡迎，并討論問題極多，精神異常興奮！

同日　前請杭州陸軍測量局派員到校測量本校校址及四圍山地，於本日到校。

十一日　第七次共同生活會議決推定程本海等三人爲起草本會議細則委員。

十二日　在東汪小學中山堂舉行總理誕辰慶祝會，是夜並開遊藝會，觀衆擁擠非常。

十三日　第一民衆夜校開學，地點在東汪村民衆茶園内。

同日　國術兼軍事指導員張子和到校。

十五日　改建壓湖山湘雲寺爲中山堂，並呈報浙江大學及蕭山縣政府備案。

同日　第七次共同生活臨時會議討論明日壓湖山中山堂成立典禮等事宜。

十六日　壓湖山中山堂舉行成立大會，儀式極爲隆重。

十七日　操校長由杭返校，暫在壓湖山静養。

十八日　第九次共同生活會議決：（一）赴蕭山南鄉參觀小學聯合運動會。（二）組織壓湖山設計委員會。

二十日　赴南鄉戴村參觀運動會，是夜宿臨浦小學。

二十一日　晨間全體至自由莊農村小學參觀，承該校開會歡迎。午刻全體返校。

二十二日　奉浙大令：中等以上學校，應附設平民夜校，並設施民衆教育等辦法。

二十五日　第十次共同生活會通過本會議事細則。

二十八日　校長操震球患咯血症，早經呈請浙江大學賜予請假一月，校務暫由指導員程本海代理，今已令准。

二十九日　福建教育廳特派鄉村教育參觀團來校考察，並開談話會，雙方感情至爲融洽。

同日　江蘇省立揚州中學鄉村師範科姚舜生先生來校參觀。

同日　第二民衆夜校開學，地點在壓湖山。

三十日　編輯委員會第一次開會，出席者有程本海、王琳，列席者方與嚴、張子和、唐文粹（操震球、徐德春因病缺席），議決：（一）月刊定名《湘湖生活》。（二）推編輯主任程本海。（三）出版日期定十八年一月一日。（四）内容暫分：A. 言論，B. 研究，C. 我們的生活，D. 校聞等四門。（五）經費每期暫定三十元至四十元。（六）册數一千份。（七）向郵局掛號爲新聞紙類。

（原載《湘湖生活》1929 年第 4 期）

# 閱書問答

## 《小學行政 ABC》

徐德春問

1. 把教育分成“教”“育”，祇見了“育”的詮解；敬問“教”“育”是否兩件事？“教”的意義是不是著述者囫圇吞棗過去？　　P4

答：專就“乙、合於兒童生理”一節説，的確祇解釋了“育”而未及“教”，或者在著者原意“生理”根於“育”的方面。至於“教”“育”，可以分爲兩件事。普通學校所分別的教學、訓育、養護、衛生等項，就各項注重點而説，教訓或重在“教”，養護衛生或重在“育”。依學校類別而分，托兒所及嬰兒院等重在“育”，中學以上重在“教”，小學和幼稚園似乎“育”“教”並重的，這是舉例説的而已。

2. 最良好的教育，是導師與兒童以至於校工，都以共同立法、共同守法爲原則；視第一章第六節比較表内：兒童、事務員、校工均無立法、司法之權，對嗎？　　P18

答：兒童是有立法之權的，第三節内也説明過，司法是關於懲戒事項，兒童自己當然不必參與，（自治方面的公約另一問題），事務員應否參與立法，確是問題；司法事似與他没有關係。

校工對立法、司法均無關係，他們應該遵守校内規程，不必自立規程。他們不必參與司法，做範圍以外的事。

3. 白癡兒童,不能受普通小學教育,應施以如何的特别教育? 在鄉村小學遇到重白癡與輕白癡的兒童時,用何補救? P55

**答:** 白癡兒童當受特别教育,美國有這樣試驗,詳情不知。在鄉村小學裏(或普通小學)不會發見白癡兒童,因爲白癡兒童,也不送到學校裏了;而在事實上和統計學上看來,白癡是很少很少的。

4. 低能兒不能與中等兒童同時學習同一材料,有何最經濟的時間、教材……來補救? P55

**答:** 尋常所説的低能兒,大都是劣孩頑童。真是低能兒,也决不能進小學校。另有低能班,或低能學校,專收低能兒來教育的。

5. 鄉村學校,以兒童集中地爲立校之本;同時要做"改造鄉村社會的中心",照第三章第一節(甲)項的意見,對嗎? P22

**答:** (甲)項所述還是都市情形,在鄉村方面决没有,或很少這樣噪雜淫穢的地方,病人、僧尼聚居的地方更是罕見。兒童集中地大概是一個大村落,設一學校當無不宜。若以爲學校是改造社會中心,要教十歲左右的兒童在噪雜淫穢的地方去幹"化社會"的工作,不但無效,且不經濟。因爲要改造這樣的地方,用行政力量比較有效。如果教師能够盡力改造社會,正需從此等地方做起。

6. 教室内的空氣,每人要佔多少? 假使四十人的教室,要多少容積的空氣;窗子要多少大? 其比例如何? 本書26—27頁所説的標準,對嗎? P25

**答:** 甲、依施菊野所擬標準:教室長三十呎,寬二十呎,高十二呎。容四十人,每人平均佔地十五方呎,佔空間二百至三百呎間,窗下框距地板三呎,上框離天花板一呎。

乙、又一標準:教室凈長三十二呎,寬二十四呎,高十二呎。窗宜設於左牆,以近後牆爲宜。若近前牆,斜光射黑板上,有反射光,極不相宜。窗離天花板以六吋左右爲最好,窗的上端宜方,舊式人字式或弧形者均非所宜。窗與地板的距離不得少於三呎,多於四呎,普通以三呎半爲最適當,過少則光綫供給逾量,刺激視官太烈;過多,則供給又不足。窗之寬度以三呎半爲最普通,而窗間之直檽不得過一呎。窗的全部面積,北部一帶不得少於地面四分之一,温帶不得少於五分之一,光綫不足的地方,窗面尤宜闢大。

丙、原書教室長三十尺,闊二十尺,高一丈,是對的。以五十個兒童計算,平均佔面積十二方尺;原書説"六平方尺",不知如何核算。原書行列前後左右的距離最小限度,不能再減了。原書窗的下框,距地板二尺五寸,或嫌太低。

7. 在"一"字形的校舍,教員又不能散開住(没有房間),管理上頗感困難,有何法可補救?

答:"一"字形的校舍,大約是鄉間單級學校。若在學級數很多的學校,在事實上校基不合,衹是狹長一條必是一大塊地,倘有如問題中所述情形,或把教師辦公桌放置教室内,以便管理。

8. 照三章二節第二(甲)項説:"一兒童約佔六平方尺",那末,單人的桌椅(連的)要多少長闊? P26

答:所謂"約佔六平方尺",並不是每人坐位必須有六平方尺,這個比例連四周和中間空地都算在裏面。至桌椅以雙人桌爲最合宜而經濟,椅子是各人一張,其大小須依兒童身材而分等級。關於桌椅構造尺寸,請參考南京市教育局所出版《教育月刊》第一卷第三期及《兒童教育》(開明出版)第三卷第一期。

9. 音樂室,何以不要鋪地板?假使曰"不設地板,可免聲浪",那末,地板或許較其他的地要能助迴聲,同時於節奏上也有幫助,照著者意見,有無因噎廢食之弊? P27

答:音樂室不鋪地板,可便兒童於唱歌時做遊戲或兼作舞蹈用(普通地板的確太鬆動,不相宜)地板能傳散聲浪或能助迴聲以利節奏,或者言之太過。

10. 自製標本儀器的參考書,坊間出版不多,敬請將所知賜予

介紹！　P36

答：自製標本儀器，衹有製法的參考書，如《動物標本製造新法》（杜其堯）、《動物採集保存法》（許家慶）、《昆蟲採集保存法》（許家慶）、《礦物採集鑑定法》（陳家鄂），均商務出版。

11. 敝校貼鄰有火神廟一座，現已由縣政府准撥作擴充校舍之用，搬神像時，多數兒童都受了成人的影響，説火神是有的，且引證某家不請火神就火燒等來證明，當曾用做單元設計，結果未能滿意（抽象講述，究不若科學的證明。）未稔有何經濟方法來打破牠？（例如雷殛是觸電，不是那人有罪孽的，可用發電機證明）　P41

答：由火神廟可以研究火，研究火神的來歷，調查某家失火的真原因，證驗搬去火神後，有無影響等等。

12. 如遇假作癡呆的教員，校長雖以身作則，嚴己寬人，將校務教務萃於一身時，勢必致把教育效率降低，應用何法去感化？　P45

答：或者先要推求他所以假作癡呆的原因吧？平常一個人偷懶則有之，假作癡呆似有原因。

13. 級任教員"遞升"與"固定"的利弊如何？——因書中未詳盡。

P50

答："遞升"制之利在熟悉兒童個性與團體精神，明瞭兒童的學習經過，便於教學。與兒童相處既久，感情亦濃，訓育上易生效力。其弊在教師個人的性格影響於兒童太大，每年變換教材，於教學效率上亦將減少。"固定"制之利弊適與"遞升"制相反，最好低中高三階段作三個界限，在各階段内採"遞升"制，各階段間仍行"固定"制。尤須視學校習慣與教師能力而定。

14. 因人數關係，初級與高級編成複式，其課程配合頗感困難，過去曾把高級的史地、自然等科與初級的常識科目同時分授，結果未能十分滿足；不知此外有没有較好的方法？　P72

答：複式教學請參考顧旭侯著《新學制複式教學法》。所述高初級分授方法及結果之不滿足，須有詳細記述，解答方切實際。

15. 複式學級，“自勞工作”甚爲重要；我校雖定有中心研究問題，但因交通不便，新的方法書籍未能盡量搜羅；敬懇把所知的介紹一二！再自勞工作的書籍有没有地方買，如没有，本部可否要求教廳能否請專家在《小教叢書》編一專號？ P12

答：何謂“自勞工作”？貴校研究經過，便希詳示！

16. 鄉村小學，因社會迷信讀書，一時不能打破不適環境的教科書，應用何法補救，方不致與部定的課程標準及社會的迷信有所出入？

答：貴校試行“做學教”嗎？這樣試行，教科書自無地位，但爲適應家庭要求，則每日規定練習國語的時間（常識等本不必用教科書）教學國語；同時於“做學教”中採選補充讀物，或自編讀物；慢慢地把補充讀物或自編讀物代替那教科書。至於“做學教”之如何依據課程標準，又一問題。

17. 記分，有没有專書？ P87

答：《小學各科成績考查法》（唐湛聲編）、《教育測驗概要》（趙欲仁編）或《測驗概要》（廖世承編）等幾本書内討論得詳細些。

18. 調查并指導兒童的道德意識，其具體方式與標準怎樣？

答：調查兒童的道德意識，尚無定式與標準，可以自擬若干道德問題，徵求兒童答案。詳細方法或請參考中華出版的《兒童心理與興味》（葛承訓編）一書。

19. 檢查兒童體格時用的（1）目力表，（2）發育標準表……等，以何處所出版的爲最妥適？ P104

答：目力表，普通所用的口字形表可以適用。發育標準，俄人希格洛加格洛夫曾有《中國人發育之研究》（商務出版，英文本）。江蘇無錫中學實驗小學，近有《兒童發育與體格檢查》一書，所定標準，頗可參考。

20. 書内八月二十日至十一月二十五日(十七年度);一月一日至七月十五日(十八年度),這"年度"對嗎?　　　　P106—107

答:這"年度"兩字是錯,應改爲"十七年"與"十八年"。不然,八月二十日至二月四日稱十七年度上學期,二月十五日至七月十五日稱十七年度下學期。

(原載《浙江教育行政周刊》1930年第2卷第15期)

# 《實際問題》

徐德春問

一、教育爲什麽要和社會共墮落、相浮沉？（理由）就個人身受及觀察所及，在幾年前，教育界本身尚不失其清廉，社會待之亦頗清廉，在最近幾年來，教育界遂大半變成爲與政治同樣污濁，與社會同墮落，卑鄙齷齪，往往不以教育事業爲事業，社會待之亦降格至不足與齒之列！

答：這似乎是人的問題，不完全是教育的本身問題。政治不上軌道，社會秩序紊亂，都是民德墮落、民風澆薄的根本原因。一木焉能支大厦，單靠教育的力量，挽回頽風，雖非不可能，實極不容易。不過在服務教育的人，却不該自甘墮落，同流合污，亦不該消極灰心，放棄責任。明知其不可爲，亦須爲之，而况尚未至"不可爲"之地乎。教育界同志倘能互相勸勉，各盡所能，作中流砥柱，爲社會矜式，由一人而感動一校，由一校而感動一區，復由區而縣，由縣而省，由省而國，影響所及，學風丕變，這並不是做不到的事。從前學者如韓退之、朱晦庵、陸象山輩，均能憑藉其個人的道德學問，著書立説，感動人心，整飭一時，即其先例。我們感到教育破産的厄運，已呈現於眼前，但祇要個個人有此覺悟，一面高尚自己的品格，一面改進教育的方法，補救當前的危難，實也不難。假使服務教育的人，仍不知振作，没有共挽危局的志願，跟着腐化的政治、惡化的社會，同一漩渦的混下去，那真要不可救藥了。

二、教育機關領袖，處於一政治化的環境中，不與政治聯絡，則本身對教育對社會對學生等雖均可無愧，但政治要捲你入渦，否則不能使你久站（因無派別背景），要久站則在在足以分化你的研究進取的時間及空閒，敬問處此“順我者昌逆我者亡”的環境中，主持者將何以去適應，抑即脱離不與去浮沉？

答：“我不入地獄，誰入地獄”這種精神，教育家應當具備的。“不入虎穴，焉得虎子。”這種手段，教育家也應當具備的，我們要想改造社會，應當在社會裏努力，不能跳出社會去努力。做領袖的人，在某種環境之下，對人不要存“不屑爲伍”的心思，而用和靄誠懇的態度、勸導合作的方法去應付，對事認真努力的去工作，有了成績，得了信仰，雖無派别背景，不見得就不能久站的。社會雖無是非，公理自在人心，辦事有主張，順應環境去達到目的，並不就是與世浮沉，這是我們要辨别清楚的。

三、教育機關領袖一被横逆之來，若不與之周旋，則社會是盲目的，主管機關亦易爲其矇蔽的，衹有潔身引退；（但已背教育之本身原則）不然則要化時間去周旋，亦與自身事業犧牲太大，敬問潔身引退呢，抑與之周旋？各有何最美善辦法。

答：這個問題與上一個問題相仿，所云“潔身引退”與“與之周旋”，那是要看事實怎樣，同時要看利害怎樣。利害要分事業與個人兩方面看，引退與事業有利，那就不妨引退，周旋與事業有利，那就不妨暫時與之周旋。倘横逆之來，與個人有莫大之害，那也只好引退了。

（原載《浙江教育行政周刊》1931年第3卷第4期）

# 《做學教 ABC》

徐德春問

一、做學教是生活法，“生活即教育”“教育即生活”的喊聲，吵得人眼花頭暈，模糊不清；敬問“教育可包括生活的全部”？抑“全部生活應涵蘊於教育領域的”？——因爲仔細把“生活即教育”“教育即生活”兩語推究起來，相差太大。

答：“生活即教育”“教育即生活”，意思似没有什麽不同。至所云“教育包括全部生活”“全部生活涵藴於教育之中”，則似有不同，後者云云，似言教育領管到全部生活，與教育包括生活有異。又教育包括生活與教育，與“教育即生活”亦不相同。後者指抽象的而言，着重在“生長”的一方面，故可云“教育即生活”，若指具體的生活而言，説“教育包括一切”（即“教育可包括生活的全部”），則殊有未然，此意對於實際應用，關係殊不爲小。試就建設而言，物質經濟、政治等建設，因自身教育的建設有别，而當同時並進，不能有所偏廢也。

一、“文納德卡制”，與“做學教合一”有無類似或不同的地方？

答：“文納德卡”和“做學教合一”，都廢除上課時間表和課室教授，用活動的方法，使學生按照各人的能力去學習，這是他們相似的地方。可是他們很久不同之處，略舉如下：

第一、在文納德卡制之下，兒童學習，仍以教材爲出發點，但在做學教合一制之下，完全以生活爲出發點。

第二、在文納德卡制之下，兒童學習的興趣，在迅速的進升，而不在課程的本身，但在做學教合一制之下的兒童則否。

第三、文納德卡制，把課程分做二部分，第一部分是關於人生所必需的知識技能，完全採用個別教學；第二部分是關於團體的活動，給兒童以社會的訓練，而做學教合一，並無這種劃分。

第四、文納德卡制對於最低限度的知識和技能的研究，異常重視，而做學教合一，並無這種規定。

第五、文納德卡制注重診斷測驗，並有可供學生自己應用、自己校正的練習材料，而做學教合一，對於工作的進行，注重分工合作，共同負責，試行的結果由大家總審查，總考核，總反省。

以上所舉，不過是個大概；要是仔細比較起來，自然更有許多異同的地方。

（原載《進修半月刊》1931 年第 1 卷第 3 期）

# 《革新單級教育》

徐德春問

一、人類的智愚，究竟是本能的？抑學來的？

答：人類的智愚，依機能派的心理學解釋，一部由於先天的本能，一部由於後天的環境。若依行爲派之心理學解釋，則人類根本没有所謂本能，那末，智愚之分，當然純粹是後天的關係了。

二、依力薩培制，何以不能行於單級學校？

答：依力薩培制不能行於單級小學，完全爲教師應付困難的關係，原書第七頁説得很明白，請細閲。

三、單級編制要利用優良生做助手，但是照過去的經驗，有勢力有手段的兒童，往往少學力；有學力的兒童，往往無勢力。試問訓練助手時應注重前者呢？抑偏重後者？兩者衡量，誰劣誰優？如何方能得到中平？ P5

答：我們訓練優等生做助手，可各因其才，分別利用。遇到需要維持秩序更迫切的時候，可令幹才好的充任，遇到需要指導更迫切的時候，可令學力好的充任，有時更正副並用，各盡其長。這樣辦法，似可兩全，請試行之！

四、依力薩培制與能力分團，有何異同？ P5

答：依力薩培制與能力分團制，均依兒童能力分團教學，辦法並無多大差別。不過依力薩培制分團的辦法較爲活動，改編的機會每學期往往在三次以上，而能力分團每學期只編一次，變動的時距要長一些，這是他們不同的地方。

五、怎樣的字體叫做單體？　　　　　　　　　　P28

**答：**單體是對合體而言。大概六書中關於指事、象形方面的文字都屬於單體一類，如上、下、日、月等是。由二個以上單體合成的文字都稱爲合體，如誠、信等是。

（原載《進修半月刊》1931年第1卷第3期）

# 《做學教 ABC》①

徐德春問

（一）有人以“做學教合一”爲“實驗主義”的教育法，對嗎？

答：凡欲改造教育方法與制度，以求進步者，都可以叫做實驗主義的教育。“做學教合一”對於教育方法既有改造的精神，似亦可稱爲實驗主義的教育。

（二）《俞子夷》先生説：“……‘教學做’‘做學教’都是不大通的，教育一定要有目的，有計劃，如果毫無計劃去做，去學，去教，有什麽意思？”——見《湘湖生活》第九期 P79——其實在《做學教 ABC》第 P16 有：“……若把做學教看死了，用死了！那是很危險的！我們應該把牠看得活，用得活，看得有意義，有目的，用得有規劃，有步驟。……手到，心到，口到，眼到，……”據此看來，做學教”與“教學做”，究竟通不通的？

答：這由於見解上的不同。但無論如何，總要有目的有計劃；毫無目的無計劃的做，當然没有教育價值的。

（原載《浙江教育行政周刊》1931 年第 3 卷第 1 期）

① 標題下原有“實際問題”四字。

# 《實際問題》

徐德春問

（一）“做學教合一”，現正在試驗中，但懷疑的人很多，推行一處，即失敗一次，要是説他無目的，少計劃，倒亦不見得——例如湘湖師範訓練師範生，實際與理論并重，即教即做，故用起教育書籍來，均無一班師範感覺教育書籍枯燥之弊，出校服務後，不必從頭學做教員，對付小朋友的技術，多少都有一點，這是對訓練師範生實惠許多的地方，已有事實可做鐵證！——此次因春係《做學教 ABC》的著作者，故來漵浦城南小學服務，原擬於三五年内，得社會信仰後，在小學試行着，那知，事未着手進行，而外間竟首先懷疑起來，予人以攘奪詆毁的工具和口實，故即須行退，而不禁爲之心灰！爲集思廣益計，不知此法能否行得通，小學可否試行？如果到一處引人一次的疑忌與失敗，則事業前途，頗不經濟，除力求諸本身的病點外，將如何對付現社會下的詆毁、攘奪、鑽營等一般政治化的教育敗類？

“問者並不因此而灰心，但總須求諸已並質諸人，應如何應付？敬求教益。”

答：“做學教合一”是對於現代一般教育方法有所不滿而思改造，以求進步的一種教育方法。問者既不因此而灰心，自可本其素有之學識與經驗，以試驗的態度，以改造的精神，繼續努力以求貫澈，將來自有成功的希望。至於“如何對付詆毁、攘奪、鑽營等一般政治化的敗類”,只有用一片至誠之心努力做去,非至萬不得已時決不潔身引退。我們知道西洋教育家新創一種方法,也常受人而且同是教育界的人的攻擊,如福禄培爾之創幼稚園,何嘗不是如此呢?

(原載《浙江教育行政周刊》1931 年第 3 卷第 4 期)

# 《教育心理學 ABC》

徐德春問

一、“……色盲，男子多於 25%，女子少於 0.5%”“多於”“少於”作何解，是否修辭之誤？ P39

答：據可靠的統計，色盲男子多於女子。男子中患色盲者，二十五人中有一人；女子則二百人中始有一人。換句話説，色盲人數，男子百人中尚不止二個半人，女子一百人中尚不到半個人。按照統計，雖屬人數也可有小數點，或且有好幾位的小數，如説色盲人數男子中占百分之二.五而强，女子中占百分之〇.五而弱，比原語“多於”“少於”似更清楚。

二、“内耳的三半規管”是否生理名詞？在何處？作何用？

P41

答：内耳有半圓形的管三個，互成直角而聯接管腔之兩端，均與前庭相通，生理學上稱之爲三半規管。其作用在維持身體之平衡，與聽覺無關。當頭部運動時，管中淋巴液跟着流動，刺激管腔而生感覺，於是即起頭部運動之感覺。

（原載《進修半月刊》1932 年第 1 卷第 8 期）

# 《實際問題》

徐德春問

一〇、沒有低級的團體智力標準測驗，求不出 TBC 分數，有無方法補救？①

（説明）七中附小現欲試行各種比較實驗（如低級算術正式教學與隨機教學，低級寫字隨機教學與正式教學等比較實驗）但目下只有兩級二下年級可資試驗，而苦無是項程度的團體智力測驗材料，求不出 TBC 分數，分級時根本發生困難，即將來試驗結果，亦難得正確比較結果。敬問除現有的廖氏團體智力測驗因年級不合外，陳氏圖形智力測驗又嫌太深，此外有否其他材料？有無補救辦法？

**答：**要測量低年級生的智力，用廖氏團體智力測驗，及陳氏非文字智力測驗，雖亦可以加減修正數，求得標準，但因程度太深，恐怕不易達到準確。補救的辦法，可採用陸志韋編訂正《比納西蒙智力測驗》（商務出版）。不過這種智力測驗，是要個別的測驗的，用時宜多請幾位教師主試，俾得縮短測驗時間。此種測驗，共包含六十五個測驗，分爲二部，預備測驗十一，正測驗五十四。測驗時，先用預備測驗，從第一個起，順次到第十一個止，求一個總分數，得了總分數，再看應從那一個正測驗試驗起。有時爲節省時間計，就用預備測驗的總分數來定兒童的智力，不過這樣所定的標準，恐怕有些不準確，因爲測驗

① 按，此爲第十問，前九問爲他人所問，故不採入。

的數目太少了，不宜常用。這測驗的標準已經求得，請購閱商務出版陸志韋氏訂正《皮奈西蒙智力測驗説明書》，即可一覽無餘。（彬）

一一、要擬訂一學期的《設計教學大綱》，是否於設計教學原理無礙？有無參考資料？

（説明）要預定一學期的設計教學大綱，是否能適應兒童的生活及需要，對設計教學原理不相背嗎？除各種革命紀念日可做大單元的中心設計資料，能使各級各科均可聯絡實施外，其他材料能否預定？

答：擬訂一學期的設計教學大綱，是可以的；不過這個大綱的訂定，最好在學期開始時，由學生提出各項研究單元，師生共同討論決定，不宜單憑教師的主觀。而且定了以後，不當奉爲金科玉律，若遇有應時的、偶發的、有價值的、有興趣的設計材料，或自發動機，即應改變原定的大綱，而從事適應。或則此種大綱，由教師自己參照課程標準、學生能力、地方需要及時令節氣，預爲編定；而於教學時預先布置環境，刺激兒童，引起動機，實施教學，若在兒童有濃厚的興趣，有明確的目的的情景之下，也不算有背設計教學的原理。維在教師方面，却萬萬不可呆板的依着預定大綱，依次逐一實施，而不知順應兒童心理，隨時斟酌變化。否則，和依着教科書教學，有何分别呢？

在初行設計教學，或設備不甚完備的學校裏，教師對於設計的經驗既尚缺乏，學生對於自動的學習亦未熟練，學校對於設計設備的供應又難充分。在這種情形之下，預擬設計大綱，及各種聯絡教材，參酌活用，在教師既有應付方案，在學校又可預爲設備，在學生亦不致感到枯燥呆板、被動拘束，這實在是有利而無害的。參考資料，如中華的《設計協動教學材料綱要》（定價七角）、商務的《設計教學法實施報告》（教育叢著之一，計上下兩册，定價各一角）以及蘇中實小的《新教學法實施報告》（該校出版，定價三角五分）等書，均尚可用。（彬）

（原載《進修半月刊》1932 年第 1 卷第 15 期）

# 《鄉村教學經驗譚》

徐德春問

五、問題四的解答，是否該打破教科書，去誘導其作自己喜愛的功課？在班級制下，有一定的功課和書籍，假使遇到這樣的兒童——即原問題説不喜歡讀書——怎樣教導？[①] P48

答：教師宜在課外多用誘導的功夫，使他感覺讀書的興味。一面在指定作業時，不要課以過重的分量，以免他因繁重而不願學習，而致自暴自棄。（彬）

（原載《進修半月刊》1932年第1卷第22期）

① 按，此爲第五問，前四問爲他人所問，故不採入。

# 《教學問題十二則》[1]

徐德春答

一、學生因事缺課，應如何補救？

答：補救之法有：（一）課外補授；（二）指定優良生協助補修，教師予以抽查；（三）採導爾頓制工約辦法，與該缺課生約定補習數量，每日予以查考。——以上均係加重兒童負擔，教師應斟酌缺課生受納能力，不可過重。因事缺課係不得已，求全之責，毋使逾份；積極辦法自以不使缺課爲是。（徐德春）

（原載《進修》1941 年第 3 卷第 7—8 期）

① 此篇爲徐德春答。

# 附　　录

# 我的著作目録

徐德春

## 一、已出版的

審定師範簡師課本《教育通論》 中華書局 1948 年 4 月出版。

師範選科課本《教育輔導》 中華書局 同上版。

ABC 叢書《做學教 ABC》 世界書局 1929 年 7 月版,浙教廳師資通訊研究部必讀書。

《行爲主義兒童心理學》 湘湖教育革命出版社 1929 年 10 月初版,大華書局再版。

《做學教合一概論》 陶行知、方與嚴校,世界書局 1930 年 10 月版。

《小學實用文練習本》四册 徐德春、斯紫輝、沈石英、何遇隆、聞人傑、張若英編校,商務印書館 1934 年 8 月版。

《教育實際問題答疑彙編(行政之部)》 浙江省教育廳師資通訊研究部叢書之一(1940 年 10 月版)。

《教育實際問題答疑彙編(訓導之部)》 浙江省教育廳師資通訊研究部叢書之一(1941 年 8 月版)。

《蒙古人的生活》 北新書局 1933 年 8 月初版,新中國書局再版。

《我國各地的風俗》(小學生副課本) 中華書局 1935 年 10 月版。

《中國兒童故事研究》 浙江小學教育月刊專輯,1936 年 9 月版。

《教育實驗的基本法則》 教育實驗研究小叢書之一,浙金師輔導區印行。

《教育實驗研究小叢書》(全套8册)　浙金師輔導區印行。

《勞作教育小叢書》(全套90册)　朱耀庭主編,徐德春校,浙金師輔導區印行。

金區《教師之友》《兒童之友》週刊　《浙東日報》副刊　徐德春主編,1933年8月至抗日止。

《北方話拉丁化新文字字母發音圖説》　徐德春編,毛慈德、吴有泰繪,浙台師輔導區1949年10月印。

浙台師輔導研究小叢書要目:《師範生服務手册》《員生手册》《中心學校章則表册》《師範教育運動周專輯》《浙台師33年度地方教育輔導計劃及工作報告》《浙台師代教育部視導區内各縣國民教育及視導工作報告》,教育部國民教育司指示及浙教廳付知令飭臨黄温各縣遵照指導意見切實辦理並以撥輔導費傳令嘉獎加强輔導工作。(以上均見《台師通訊》創刊號1945年7月30日版)

青少年時期的處女作:《英語惜陰》(短篇小説)試譯稿若干篇,1916、1917年在徐氏小學主編《週報》内陸續發表。《抒情》新詩,1919年春在《時事新報》《學燈》副刊發表;話劇《呆馱富貴》劇評,1928年冬在《湖州日報》副刊發表。

第一篇教育論文《做學教合一概論》,1929年9月在《中華教育界》發表。

## 二、已完約稿

《怎樣口試?》　1953年春上海新知識出版社約稿。

《函授教育》　1956年秋北京函授師範約稿,福建教育出版社收去。

《啤酒花》　1959年秋北京農業出版社約稿。

《陳亮詩詞選注》　1974年陳亮詩文選注小組約稿。

《魯迅詩歌選注》 1974—1975 年手稿　人民文學出版社收去。

《陳亮》 歷史小叢書主編吴晗約稿,“文革”開始中輟。

《劉基》 歷史小叢書主編吴晗約稿,“文革”開始中輟。

《陳亮年譜》 陳亮學術思想研究小組(籌),已打印部分初稿。

《陳亮故事新編》《陳亮朋輩考》《陳亮與朱熹》《陳亮史略》《陳亮集校注》《陳亮經時濟世講求實用學説》。

《氣功入門(氣功小叢書之一)》 1958 年春北京人民衛生出版社約稿,下同。《簡易氣功》《氣功静呼吸養身保健法》《老年静卧保健功》《氣功簡史》《氣功與生理效應》《氣功與經絡》《氣功趣談》,神經衰弱、高血壓、心臟病、胃腸病、肺病、肝炎、痔瘡、癌症、閃腰、支氣管炎……等慢性病氣功療養法。

以上各稿,1959 年衛生出版社通過衛生部及浙江省衛生廳要求不用“洪濤研究室”名義,改用自己姓名出版,我因非氣功師,未同意,就這樣把這批書稿擱置下來了。1987 年季春在姑蘇附記。

《24 節氣淺談》 北京農業出版社 1981 年春約稿。

《高血壓自療經驗談》 1958 年在九堡公社太公堂編寫。

《養禽場簡介》 1958 年夏《浙江日報》通訊。

《育蟲養雞》 1958 年夏《浙江科技》發表。

《老年心理漫談》 1982 年《老同志之友》約稿。

《老年病理漫談》 1982 年《老同志之友》約稿。

《老年學講話》 1983 年《老同志之友》約稿。

《五峰詩文選》(第一集、第二集)初稿　1983—1986 年完稿。

《文革紀實》(第一輯、第二輯)初稿　1981—1986 年完稿。

《藥粥 50 種》 1986 春在閩北完稿。

《閩北散記》 1980—1986 年初稿。

《壽山生活》創刊號　1944 年元旦油印本,現存永康縣誌編辦。

《壽山生活散記》第一集初稿　1986 年春完成。

《退補齋漫墨》(一、二、三本草稿)　1980—1986 年隨筆。

《通訊集》(一、二、三、四集)　1980—1986 年份。

《紅樓夢精華録》《紅樓夢故事選》　1983 春開始。

## 三、擬編寫稿

《論語》《孟子》選注,簡稱《論孟》譯注(1987 年開始)。

我的生活教育回憶録書,分：1. 北伐時代。2. 湘師時代(浙大文理學院)。3. 海鹽縣師、永康女師時代。4. 金師時代。5. 戰時湘師時代。6. 錦師、永師時代。7. 台師、黄師時代。8. 東北水專、杭師時代。9. 浙師院、杭師院時代。10. 退休後的教育生活。

《做學教生活教育新編》《中外教育家簡史》(就《通論》選輯)。

《中國學制簡編》……其他。

(據徐德春先生手稿整理)

# 臨時省會在方巖

徐德春

“九·一八”日寇侵佔我東北後,1937年7月7日,又借故發動蘆溝橋事變,向我宛平進軍。後又在上海發動“八·一三”戰役,我19路軍蔡廷鍇、蔣光鼐部英勇抵抗,相持至11月5日,因漢奸引路,在杭州灣金山衛全公亭登陸,偷襲我軍後路,上海失守,波及浙江,省會杭州經常遭到日機侵襲,危在旦夕。新任省主席與第三戰區副司令黄紹竑當機立斷,令省會各機關團體向金華撤退。

黄主席是桂系軍政四領袖之一,原任湖北省主席、第二戰區副司令,精通軍事。南京政府因戰事緊迫,才將親信朱家驊主席調離,由黄接繼。省府移駐省立金華中學後,12月23日後半夜,黄紹竑等最後一批過了錢塘江,立即將錢江大橋炸毀。次日,日寇就佔領杭州,並利用空軍,瘋狂向金華空襲,損毁民房,死傷慘重。省府各機關不得不再向永康方巖撤退。

## 戰時浙江省會在方巖

省府選定永康方巖五峰書院爲駐節處。五峰書院在壽山,五峰環抱,下多石洞,如胡公家廟石洞、廣福寺石洞,多不勝舉,僅五峰書院石洞,廣袤可容千人,是一個天然防空處所。省主席辦公廳、秘書處、檔案室及一切機要文件均安置在石洞内。

方巖在永康縣城東南16公里,有公路直達。南至麗水、温州;東達仙居、臨海，交通稱便。但方巖這一彈丸之地，要容納省會各機關、人員及其眷屬，是十分困難的，同時爲了便于應變，在戰略部署上，另在麗水、碧湖、雲和、小順一帶，將大量東移的機關、團體、學校，浙西流亡難胞與公教人員眷屬，無法在方巖安置的，就向浙南疏散。

永康名流吕公望，抱着愛國愛民的可貴精神，急政府與難民之所急，創辦了難民工廠，收容大量難胞和家屬。公路交通客貨運輸，在少得可憐的 30 餘輛破舊汽車無力應付下，又組織了手車隊，將分散四鄉的獨輪車和農民剩餘勞動力，組合成幾個手車大、中、小隊，達數百人，解決了大量客貨運輸的困難。一向冷落的方巖山區，一時成了戰時的省會。這個臨時省會，在方巖頭尾共六年。

## 臨時省會各機關的布局

五峰書院是戰時省會的神經中樞。國民黨浙江省黨部，駐在胡公家廟石洞前的一座新建樓房内，建國小學是省級機關子弟學校，在壽山坑口，校舍係特建。公務員工及家屬，除租用岩下街一帶平時接待旅游香客的幾十家大小旅社外，另在壽山坑自建許多臨時小住宅，分散在風景林區。財政廳亦在壽山，民政廳、教育廳、衛生處、會計審計兩處均在岩下街。教育廳因在碧湖辦聯中、聯師、師資訓練班等，旋亦遷往碧湖。高等法院駐岩上街程紹常祠堂，省臨時參議會、中、中、交、農四行和浙江地方銀行，油茶棉絲管理處，均在永康縣城南溪下園朱村。

## 抗日救國，施展宏圖

壽山風景雖好，但非世外桃源。黄紹竑受我黨的影響並在周恩來同志的親自幫助下，曾在這裏做過不少有益國家與人民的工作。

前面談到黄是桂系四巨頭之一，與國民黨政府向不協調。1934 年，他第一次來浙任省主席時，不到二年就被 CC 派勾結復興社，把黄撵走。前事不忘,後事之師,此次重主浙政,又在國事危難之時,壽山雖好,豈可苟安!

黄紹竑深深記得抗戰一開始,他在娘子關前綫吃了敗仗,幸得八路軍增援,才救了他一命;周恩來同志又專程到太原,對他做了些工作,唤起了他的愛國愛民靠近我黨的赤心。此次來浙前,周恩來同志又與他會過兩次面,懇切指出:"浙江在抗日前綫,再去主浙後,務望在軍事上保衛東南,政治上更要加强抗日統一戰綫工作。"1939 年 3 月下旬,黄從方巖去武漢參加國民黨臨時代表大會,周恩來同志又與他交談劉英、粟裕兩同志被國民黨軍包圍,要設法給他們解圍,黄遵辦了。後來劉英任中共浙江省委書記被捕,在方巖殉國。"青山有幸埋忠骨",劉英烈士墓在方巖爲名山生色。

黄主席在政治上較開明,經我黨的支持與贊助,模仿我黨提出的《抗日救國十大綱領》,制訂了《浙江戰時政治綱領》,國民黨反動派是有顧慮的,但在省府擴大會議時,因人心所向,得到多數人支持,得以通過實施。但在軍事上,蔣介石對黄有戒心,他一到任,就把原駐防桐廬、於潛的桂軍廖磊所部調走。黄兼任的第三戰區副司令,成了光杆,没有自己的半個兵丁。可是他並不氣餒,立即向李宗仁、白崇禧商調兩個團來浙,擴編成兩個師;再整編一些地方雜色部隊,成立了"浙江省抗日自衛軍總司令部",自兼總司令。司令部設金華。

不久又成立"省軍管區幹部教導總隊",自兼總隊長,下設十個分隊,隊長及政治指導員,十有九個是共産黨員。在共産黨員建議下,又在各縣成立政工隊,負教育群衆團結抗日專責,奠定地方基層的宣傳組織的穩固基礎。以省會所在地永康爲例:抗日劇團,經常在縣城、芝英、古山、清渭街、象珠、唐先等鄉鎮巡迴演出;農會、工會、婦女、青工會等紛紛恢復活動;夜校、成人、婦女、兒童班(團),如雨後春笋,生機蓬勃地普遍展開。組織群衆,教育全民,團結抗日,聲勢浩大!周恩來同志知道後,高興地説:"全國各地,國共兩黨時鬧别扭,只有季寬(黄紹竑字)領導下的浙江例外。抗日聯合統一戰綫工作干得不錯。”不久,他曾親到方巖來視察過。

金、衢兩地區,原來共産黨員只有50多人,到1939年3月就發展到1 200餘人。從而戰時的浙江,黨、政、軍各方面都比别的省份協調。在臨時省會方巖,壽山五峰書院成了中樞神經,指揮兩浙的抗日救國工作,堪稱爲東南沿海的典範。

## 文化界的抗日救國宣傳

浙江戰時省會除了在政治上、軍事上的成就外,文化教育宣傳方面,也在我黨支助下依次展開,並取得一定的成就。

延安方面在周恩來同志授意下,來了多人,華北、武漢、京、滬、杭的進步文化人與學者,亦紛紛前來,方巖壽山五峰書院又成了東南文化的指揮堡壘,與CC派等展開文化教育宣傳戰。

CC派以胡健中爲首,在金華繼續主編《東南日報》外,又創辦了國民出版社、正中書局等,連中小學教科書亦在搶編。筆者曾一度代表湘湖師範,參加過全省中等學校編選中學語文活頁文選工作,親身感受當年競争的激烈。

黄紹竑有比較開明的政教措施,以嚴北溟同志爲首,亦建成一支精悍隊伍。嚴的主要職務是省軍管區幹部教導總隊政治處主任,襄助黄紹竑制訂《浙江戰時政治綱領》爲根本法,一切軍、政、財貿、文教設施,均以《綱領》爲準繩。文化方面先後創辦《浙江潮》、《浙江日報》等主要刊物,宣傳抗日救國,團結禦侮的民族統一戰綫,取得進步青年、社會人士的極大信譽。給《浙江潮》寫稿的,都是我黨作家與進步文化人,主編是嚴北溟,發行量曾超過10萬份。

國民黨浙江省黨部常委兼教育廳長許紹棣對此曾密令禁止大、中、小學師生訂閱《浙江潮》(包括《生活周刊》、《民主》與《文匯報》等),他們説:“《浙江潮》的言論,是赤化浙江,毒化青年的共産黨刊物……”

千方百計給予破壞。先則利用新聞檢查加以控制,最後竟在1940年10月下令封閉,不準刊行。但省保育會理事長黄紹竑夫人蔡鳳珍主辦的《浙江婦女》、救亡團體刊行的《戰時生活》、《抗建論壇》和《東南戰綫》等進步刊物,雨後春笋般出現在金華、永康浙東南的大地上;加上鄒韜奮的《生活周刊》和後來杜重遠編的《新生》,李公朴的《讀書生活》與《民主》、《文萃》等等全國性進步刊物配合一起,逼得反動派無法招架!

黄紹竑在《浙江潮》被查封後,1941年3月即約請嚴北溟到方巖商定創辦《浙江日報》,報社設永康縣城西北郊嶺張村,自建簡易印刷廠房二所,餘租該村民房爲辦公、編輯等室,經費暫由省籌墊,以後自力更生,成爲民辦的報刊,以與《東南》《正報》等抗衡。電訊是大多用中央社的,社論與特約通訊,由我黨進步文化人與延安、收復區、淪陷區等全國各地特約通訊員撰寫,報紙辦得很有特色。《江風》副刊,更爲廣大青年與進步人士所喜愛。報紙發行量與日俱增,不久就能自給自足。在這巨大成績面前,CC派又進行破壞,先則在嶺張村附近派特務巡邏、盯梢,編者、記者、排印工人常被糾纏,甚至以查户口爲名,進民房抄查書刊文件,並公開揚言村裏有共産黨員。新聞檢查,控制言論,更不必説了。

這場文化戰,延續到日寇再次南侵,臨時省會撤離方巖時。《浙江日報》員工背負肩挑印刷機械器材,從武義、宣平,翻山越嶺到松陽,輾轉運到麗水復刊。

## 周副主席親到方巖視導

中共中央副主席周恩來同志,于1939年4月2日,以國民政府軍事委員會政治部副部長的公開身份,風塵僕僕親自到方巖視導工作。因爲是年1月份,蔣介石制訂一套所謂“容共、防共、限共”秘密反共的反動政策,國共合作聯合抗日的大好形勢開始惡化。

周副主席即在當年2月專程趕往皖南，敦促新四軍軍長葉挺與項英迅速向敵後發展，對國民黨軍嚴加戒備。3月17日到金華，周恩來身着軍裝，顯得威武莊嚴，召見黄紹竑主席；黄偕主要成員，亦以軍禮相見。地處抗日前綫，對廣大軍民表示我們的持久戰有信心打敗頑敵。周對新聞記者指出：國共兩黨均以團結禦侮，一致對外爲主要任務。這次特回故鄉，看看東南半壁的抗敵情況，凡屬炎黄子孫，不能有絲毫異心，置國家民族、神聖國土于不顧。他語重心長地要求新聞工作者正面宣傳，教育民衆。當天晚上周副主席召見嚴北溟等，聽取了匯報，同時明確批駁了分裂抗日陣營的所謂容、防、限共的反動政策，告誡戰時浙江省會要提高警惕，注意防犯；鼓勵嚴氏等要全力協助黄主席做好抗日統一戰綫工作，前途是光明的。必須滿懷信心，做好宣傳教育，組織民衆團結抗日工作，取得最後勝利。這次竟夕長談，給浙江的抗敵工作者以極大的鼓舞。周副主席于19日黎明離開金華。在這三天中他不分白天黑夜，連續工作70多個小時，他的愛國、愛民、赤心爲國精神，是十分感人的！

他離金後取道淳安、桐廬、分水、於潛，赴浙西行署所在地天目山，再次與黄會談。同月28日至31日，以回紹興原籍掃墓名義，約請當地父老及各界代表，暢談抗日統一戰綫的必要性與緊迫性，鼓舞大家滿懷信心，克服困難，迎接抗戰勝利的早日到來。31日晚至諸暨，深夜乘火車又回金華，次日再與劉英、龍躍等當時地下中共省委負責人在江南旅社召開黨的幹部會議，布置東南地區抗日工作。原定還要在金華塔下寺聯絡點召開東南各省負責人大會的，因特務監視作罷。

4月2日，應黄紹竑邀請，周恩來同志對省軍管區幹部教導總隊作了題爲《建軍的重要性與社會文化宣傳教育的實施》的報告，對總隊、十個分隊與各縣政工隊工作作了具體指示。這個報告對浙江臨時省會以至東南前綫廣大地區軍政文教基層工作，起了鼓舞推動抗日救國統戰工作的奠基作用。報告會結束後，當日下午由黄陪同赴方巖，周副主席親自檢查、指導各項工作，雙方均表滿意。方巖壽山五峰書院屬浙東著名的名勝地區，周副主席以軍事旁午，無心瀏覽，即驅車直赴麗水、雲和一帶視察，特别是小順鋼鐵軍械冶煉廠，認爲黄很有遠見，應予重視，以期發展。雲和叢山多鐵礦，就地取材，爲後方制造軍器的理想基地。

周恩來同志回永康、金華時，還對《浙江潮》、《東南戰綫》等刊物作了指示。

周恩來同志 4 月 7 日結束了對浙江的視導，工作繁忙了二十多天，當夜乘火車至江西。

## CC 派勾結省臨參會對黄紹竑進行人身攻擊

1940 年 1 月，浙西各地下了幾場大雪，盤踞杭州的日寇，策劃渡江南犯，派先頭部隊在 21 日黎明冒大風雪，戴白帽，披白褂，趁幾十只橡皮快艇渡江，在蕭山江邊、浦沿等沿江一帶登陸。我江防自衛總隊奮勇抵抗，終以寡不敵衆，急電國防第十集團軍增援，但他們竟按兵不動，蕭山終于失守。

CC 派策劃已久的驅黄運動，選定了這個時機，立即策動被他們控制的省臨時參議會，提前召開第三次緊急擴大會議，特邀黄到會報告蕭山失守經過，追究責任，迫他辭職以謝兩浙人民。會場還是在永康縣城南溪下園朱氏宗祠。會議氣氛十分緊張，密鑼緊鼓，一場由 CC 派牽綫的傀儡鬧劇，就在蕭山失守的第三天演出。

40 名爲 CC 派控制的省臨參議員，除少數有正義感、明是非的人不受利用，托故請假者外，到會 32 人，情緒都很惡劣。黄紹竑一到會就議論紛紛："蕭山失守，浙東垂危。""下次會議可能不在這裏開了。""養兵千日，用在一朝，一定要追究這些尸位素餐、喪權辱國的當權者。”有的竟指名道姓，村婦駡街，吵吵嚷嚷，會場鬧得烏烟瘴氣，真使人窒息。

黄紹竑胸有成竹，鎮定自若，克制自己的惱怒情緒，坐在臺上看這些上流社會人士要盡流氓花招！

會議原定三天，議長徐青甫振鈴開會，行禮如儀後，宣布今日主要議程是：先請省主席報告蕭山失守經過。

黄如實報告後指出，省自衛總隊主要責任在維護地方治安，負責組訓、給養等後勤任務。此次在蕭江邊巡邏，發現敵人僞裝偷渡，立即電告國防軍，並首先奮勇抵抗，付出極大代價，死傷了多人，地方部隊能視死如歸，是對得起地方父老的。國防軍按兵不動，坐山觀虎鬥，議員諸公何不議一議？大會爲何不約請國防軍負責人來報告國防邊境失守的經過？……話未談完，臺下一片鼓噪，質問：“你省主席就没責任？把蕭山失守推給第十集團軍，倒十分干净……我看還是黄主席引咎辭職纔對得起兩浙人民。”于是又一片驅黄聲，此起彼伏。黄紹竑見這些民意機構中的上流人士向他進行人身攻擊，就大聲説：“我黄某是炎黄子孫，决心與國家民族共存亡，驅我走，是妄想！再見吧！鬥士們！”説完，就大摇大擺在侍衛護送下登上小汽車，直向方巖駛去。這場由 CC 派拉綫串演的丑劇，就草草收場。

在這鬧劇之前，1938 年 4 月，黄在武漢與周恩來、葉劍英二同志對抗日救國統一戰綫問題，交换了許多意見，也發表過不少言論，反動派是十分注意的。

黄再次主浙政，南京政府迫不及待地調走桂軍廖磊部，黄不得不自力更生，組建地方自衛部隊，發動群衆成立縣政工隊，羅致我黨文化幹部與大批進步文化工作者，做了大量宣傳教育、唤醒民衆團結抗日的具體工作，所有這些，均被 CC 派説成“黄紹竑在浙江招兵買馬”；“任用共産黨員當幹部、做縣長”；“政工隊在各縣放毒，赤化浙江，毒害青年”；“勾結中共，聯絡桂系，浙江將成廣西第二，與中央對立!”……如此等等不一而足。蔣介石偏聽偏信,1938年夏,在武漢電責:“浙江省政府,聲名狼籍!”黄主席即從方巖奔赴武漢向蔣請辭。蔣説:“耳有所聞,故有所告。”勸黄返浙,繼續工作。

在1939年初籌備成立浙江省臨時參議會。浙江是蔣政權、陳家CC派的老窠,籌備期間爲40名省參議員分配名額,金融財閥、地主豪紳、CC嫡派,占絶大優勢;民主人士僅數人,只是裝點門面而已。3月初在永康縣城孔廟大成殿開成立會,選徐青甫爲參議長,中國銀行行長金潤泉爲副議長。會址選定下園朱氏宗祠。

## 日寇南侵,戰時省會撤離方巖

日寇佔領蕭山不久,即退回杭州,向嘉興、湖州一帶魚米之鄉搶掠物資。1941年春,黄從方巖到金華組織“縣政檢查團”,奔赴蕭山收復區,至寧、紹等處檢查工作。沿途均遭日機低空轟炸掃射。在紹興的第二天,敵人又從寧波、鎮海一帶登陸,進犯紹興。“縣政檢查團”立即折回金華。紹興失守,蕭山、諸暨等縣告急,方巖亦被日機輪番轟炸,損傷慘重。爲預防敵人向金華、永康流竄,省府决定暫離方巖,取道武義、宣平,到松陽静待事態發展。同時派員赴雲和部署第二個戰時省會駐節處所。吕公望主辦的難民工廠,已在大港頭等處安置大量難胞恢復生産。雲和小順鋼鐵冶煉廠、軍械廠亦已籌備就緒,投入試生産。這樣進可向浙東、浙西收復失地,退亦能作持久戰的策劃,迎接勝利早日到來。到松陽後,敵人無繼續南犯行動,省府决定回方巖。7月份,各機關、團體先後仍回方巖原址辦公,方巖秩序恢復,人心安定。省府因爲與各專區、市、縣已有四個月失去聯係,急需召開一次全省行政會議,檢查並布置抗敵軍政等各項工作。經過周密安排,會議于7月底,在離方巖三華里的派溪程氏宗祠召開,全省各區專員、市、縣長與軍政長官均紛紛前來參加。會議開始,黄紹竑滿懷信心地向到會人員傳達中央對東南沿海前綫的戰略部署,認爲必要時可化整爲零,打游擊戰。省府已在浙南雲和選定第二臨時省會地址;難民工廠、鋼鐵冶煉與軍械廠等,已一一投産,持久抗戰,形勢大好。接着各專區、市、縣與部隊首長等分頭交流應變辦法,部署繼續抗敵工作,會議開得非常順利。

第三日是會議最後一天,第三戰區司令長官顧祝同,從江西上饒專程前來聽取黄的匯報,並在結束大會上講了話。

## 戰時省會從方巖撤退雲和

省府第一次撤離臨時省會方巖,是 1941 年春紹興失守後,從武義、宣平到松陽;7 月初,仍遷回方巖。CC 派控制下的省臨時參議會驅黄運動失敗,全省行政會議的成功,鼓舞了全民抗日的鬥志與信心;加上周恩來同志風塵僕僕地奔走于浙、皖、贛等省市,部署抗日前綫黨、軍、政工作的巨大收獲。中共浙江省委書記劉英與主要省委成員龍躍等,在樂清雁蕩山辦了幾期游擊幹部訓練班,吸引大量進步青年,影響整個華東地區(包括白區與淪陷區)。中共衢州特委書記張貴卿也在金、衢、嚴屬的龍游、建德、蘭溪一帶,配合浙南以劉英爲首的抗日組織宣傳活動,工作非常順利。這就引起中統與 CC 派更加恐懼,不惜任何代價,收買一些流氓和混入中共黨内的蜕化分子,向劉英與張貴卿進攻。

1942 年 1 月底,浙江中統室頭目陳家璧,從方巖赴樂清,幾次到雁蕩山,以游覽爲名偵察我黨辦的游擊幹訓班活動。筆者在省立台州師範的不少進步男女生,絡續從仙居上張聯絡站進雁蕩山受訓的先後近 100 名,普師一個班,在省撥財糧(學生全部公費)中斷時,全部上山受訓,人數占臨解放最後一期訓練班的一半以上。

我省委書記劉英,是 1942 年 2 月 8 日因叛徒出賣,在温州被捕的;龍躍是浙南本地人,同幹訓班學員在雁蕩山,得免于難。2 月 23 日劉英被押解到浙江中統駐地方巖,釘脚鐐、戴手銬、蒙兩眼,秘密關在岩下街程振昌(一説爲程振興)旅社的一間鮮爲人知的密室裏。

同年4月3日,中共衢州特委書記張貴卿在龍游會澤里的一個農民家中被捕,也被押解到方巖,關在橙麓程氏宗祠。至此浙江中統特務頭目陳家璧抓到中共浙江省、地兩個書記,立了“大功”,重慶方面認爲東南沿海共黨組織,必須以浙江爲突破口,要從劉、張口中拿到共黨在東南各省的組織與聯絡點,進而斬草除根,一網打盡。陳家璧奉密令,用盡酷刑,始終撈不到半根稻草。浙省府黄紹竑風聞此事,着手設法營救。5月中旬,日寇鐵騎已從東陽四路口方面逼近方巖,敵機在沿綫狂轟濫炸,臨時省會再次倉惶撤離方巖,直赴雲和。重慶下達放棄浙贛沿綫的密令,却不同浙省府打個招呼。5月17日夜,蔣介石密令浙江中統室特務頭目陳家璧立即處决劉張二人。

據與張貴卿關在程氏宗祠的程紹庭和另一位叫程討飯的老農民事後説:5月18日黎明,天下着濛濛細雨,陳家璧帶領十多名荷槍實彈的刑警,打開關閉劉英的密室,僞稱“日本人來了,快快出來一同南逃”。劉英明知這是謊話,同至橙麓程氏祠堂前,特務高喊:“張貴卿快出來,劉英來接你了。”那時張貴卿已被酷刑折磨得病在床上,關在一起的共産黨員程紹庭扶着他走出祠堂門,看見劉英被五花大綁站在那兒。張貴卿與難友一一告别後,撑持到劉英身邊,這兩個生前戰友,被特務押到附近的一棵櫸子樹下,一陣槍聲之後,兩位烈士就在方巖山下光榮犧牲了!

第二天(5月20日)日寇佔領離方巖十餘華里的古山鎮,22日從世雅直犯永康縣城。方巖在省府各機關倉忙撤離時一片混亂,岩上街、岩下街和壽山坑一帶各機關所遺器物,全被莠民搶光;五峰書院前的大小房舍、門窗,一起被拆毁。當地人痛稱它爲“夏五之役”。

(原載《杭州文史資料》1988年第10輯)

# 五峰書院史略

徐德春

永康五峰書院，在縣城東南16公里的方巖壽山固厚峰下石洞中，廣袤可容近千人，爲南宋淳熙間朱熹、吕祖謙、陳亮、吕子陽等讀書講學之所。明正德時，鄉先賢應石門、程松溪、李東溪、周峴峰、程方峰、盧一松等，曾在此鑽研王陽明先生的格物致知學説。應石門創建麗澤祠，祀朱（熹）、吕（祖謙）、陳（亮），俗稱三賢祠，後以程松溪附祭。郡守陳受泉，復命縣尉吕瑗，建正樓三間，額名"五峰書院"。祀王守仁（陽明），以應石門、程方峰、盧一松等配享附祭。吕瑗曾手書一聯曰：

夫子何爲？萬類陶成歸覆釜；
誰人繼作？千秋夢覺聽鷄鳴！

兩浙督學彭元瑞巡游至此，亦作一聯云：

桃花萬樹春風裏；
瀑布一簾化雨中。

原注：覆釜、鷄鳴、桃花、瀑布，均爲五峰名。

這兩副名聯，抗戰期間永康縣簡易師範學校遷此復課時，尚有板刻聯對，高懸五峰書院禮堂，成爲名勝學府十分貼切的不朽文物。

明季，邑人周佑德（以明）再築“學易齋”於樓西，祀郡賢何基、王柏、金履祥、許謙、章懋等五先生；以後學李珙、周瑩、杜子光附祭。每年秋季，四方學者紛紛前來講學，極一時之盛！應石門、程方峰、盧一松等，并購置會田若干畝，將每年租穀收入，作講學入會的費用。至清代，陳龍川、程松溪、王柏、吕東萊的後代又添助一部分，以補其不足。

周佑德子祖承，曾因其父建築的學易齋遭兵火，復捐資重建，仍可設筵講學，嘉惠士林。

民國廿五年（1936年），縣名勝管理委員會集資，將書院樓房、學易齋、麗澤祠及胡公家廟全部修葺一新。

抗日戰争初期（1937年），省垣淪陷，浙江省政府遷此，首尾六年，方巖地區成爲臨時省會，車水馬龍，盛極一時。五峰書院石洞，爲省主席辦公處。壽山公園、建國小學，園林建築，頗具規模。1942年夏，倭寇鐵蹄深入浙東，省府南遷，損毁甚巨。次年秋，永康縣立簡易師範遷入五峰書院復課，名勝學府，相得益彰。陳龍川的“經時濟世”、王陽明的“格物致知”之學，復以陶行知的“做學教生活教育”學説爲永師戰時教育措施核心。例如：開闢第二課堂以輔正課之不足，其中成績最顯著者，有朱觀成老師輔導的文藝小組下的“春潮”、“飛瀑”兩個文學社成員和程遠松老師輔導的書畫小組。能書善畫、擅長寫作的人才，在四十年後的今天成爲文教部門的骨幹力量者，大有人在。永師在壽山的事業是不朽的。

（原載《永康文史資料》第5輯《方巖名勝專輯》）

# 流行在家庭的幼兒算術教材

斯紫輝

算術遊戲和算術故事，在低級的算術教學上，頗能得到相當的效果，把從前刻板式的數字教學，已大大地改了一個方向。記得小時候，每逢上算術科，怕得似見魔鬼一般，先生是"硬按牛頭吃水"，2 加 3 是 5，一定要你照着去做，做不出，不是打手心，就是立壁，因此對算術更沒有興趣，更畏之視虎。現在比從前進步了，上算術科時，聰明的老師，想出許多算術遊戲呀，算術故事呀，來增加兒童興趣，同時在無形中使兒童學習到數的知識和技能，真是現代小朋友的幸福！

現在我們要更進一步的設法，對未進小學前的幼稚生，也給他培養一個穩固的正確的數的基礎來。此法惟何？祇要你能留心搜尋平素啞啞學語時的兒歌，就有不少很有價值有意義的教材散在各處。祇要我們加以搜集整理，大可充作幼稚生的算術教材。

唱山歌是兒童所喜愛的，有時還可以做，在做上去教學，更有意味有價值；就是單唱的，祇要聲調和諧，小朋友也會牢牢記住。現在把平日搜集的幾隻含有算術意義的兒歌，抄在下面，算是我抛了一塊磚，希望引得玉來：

（一）

抽中指，打手心；

一、二，吃肉不吃鰲；——"二"字要讀作"兩"字。

三、四，豆腐煎鴨子；
五、六，湯匙拿來舀；
七、八，筷子拿來挾；
九、十，大小姑娘來摸食。

這一隻兒歌，有二個小朋友就好做了。甲孩將右手做出佛手似的形狀，左手捏住右手手指，露出指尖，叫乙孩去抽，如抽着中指，那末甲孩給乙孩打手心，一面打，一面唱上面的歌，如抽不着，乙孩給甲孩打。自四歲起的小友，都喜歡做。兒童唱了這歌，除認識十以内的數目，同時可使其明瞭手指的名稱。

（二）

第一，金龍，
第二，大蟲，
第三，姜太公，
第四，高官騎白馬
第五，五子登科，
第六，六順風，
第七，七巧雲，
第八，八仙來過海，
第九，九龍來獻寶，
第十，十個烏龜爬出洞。

唱這歌時，兒童三人先各將自己的手交互成叉，再把三人的手互結起來，然後三孩依次從兩手結成的洞中自上而下一個一個的脱去；每脱一個唱上面的歌一句。誰輪到第十，算是烏龜，就要停止遊戲，另换一個小朋友來做。是很有趣味的！

(三)

一二三，
三二一，
一二三四五六七，
七六五四三二一，
一二三，
三二一，
一二三四五，
六七八九十，
看誰要趕出。

這歌小朋友多多少少都可以做的。先坐或站成圓形，令一兒童，從自己的坐位右邊第一個起，唱着歌中的數字，用食指依次點去，點到“出”字的那個小朋友，就要離開坐位，讓點的小朋友坐，讓位的小朋友照樣點去，如小朋友有點到兩次“出”字的，就要請他唱個歌，或者鞠個躬。這隻歌，把十以内的數字，翻翻覆覆的顛倒着，實在是給兒童練習的一種頂好教材。

(四)

一隻兔子一條尾，
兩隻耳朵篤得起，
四隻脚兒乒乓跑，
第二隻兔子輪到你。

表演這兒歌時，先由教師範做，再叫小朋友做。做的時候，嘴裏唱着歌，同時須把歌中的意義表演出來。如唱兩隻耳朵直篤起，須用左右手在兩耳之上伸。唱到第四句的時候，用手指指出隨便那一個人來,這就算是第二隻兔子。不過第二隻兔子唱的時候,句子裏的數字就要加多一倍。因爲有兩隻兔子,就有兩條尾巴,四隻耳朵,八隻脚了。其餘的照樣倍上去。不過須中高年級的小朋友纔能做,而且普通家庭中尚不甚流行,我們不妨來提倡一下。

(五)

四隻小小鳥,
站在樹上叫,
一隻大鳥飛過來,
樹上的鳥共多少?

這是四和一的加法的練習,同時可使兒童明白大鳥和小鳥的關係。

(六)

三隻青蛙閣閣叫,
叫得真真好,
一條大蛇遊過來。
一隻青蛙趕快跳,
二隻青蛙還在叫。

這一隻歌除了三和一的減法外,同時可以欣賞蛙的叫聲。

(七)

一二三四五,
做人要吃苦;
六七八九十,
勿做没得吃。

（八）

一二三，
黄狗走上山；
四五六，
黄狗吃塊肉；
七八九，
黄狗翻觔斗。

這兩隻兒歌，雖無甚意義，但兒童唱起來很有音節，頗合兒童的口味的。十以内的基數，也很易練熟。

（九）

一月寒，
二月温，
最好時候三月春；
暖四月，
燥五月，
熱六月，
漚七月，
不冷不熱是八月；
九月凉，
十月冷，
十一、十二凍冷凌。

這是一隻關于氣候的兒歌，兒童唱了，一面能認識數目，一面還能知道十二個月氣候不同，十二個數的數法。

(十)

正月正，
麻雀飛過看龍燈；
二月二，
油菜年糕好吃頭；
三月三，
鵝菜花兒上灶堂；
四月四，
殺隻鷄兒請灶司；
五月五，
糖霜粽子過端午；
六月六，
猫兒狗兒要洗浴；
七月七，
七樣果子由你吃；
八月八，
大潮小潮一齊發；
九月九，
剥開菱角配老酒；
十月十，
不做强盜不做賊，

(十一)

第一窮，
睡到日頭紅；
第二窮，
家有田地勿耕種；

第三窮，

借債出利張門風；

第四窮，

無子繼子傳後種；

第五窮，

肩背鐵大筒；

第六窮，

月亮底下照燈籠；

第七窮，

日裏夜裏捧弟兄；

第八窮，

女子打堆□大熜；

第九窮，

讀書勿用功；

第十窮，

勤吃懶做一世空。

小朋友唱了這歌，除熟基數之外，更可使其明白節儉的道理。

（十二）

癩痢一，

早上爬起向人作個揖；

癩痢二，

掃地掃中央；

癩痢三，

穿起一件破大衫；

癩痢四，

走到溪灘摸螺螄；
癩痢五，
買個猪頭過端午；
癩痢六，
弟弟妹妹不要哭；
癩痢七，
頭髮鬍鬚打了結；
癩痢八，
赤脚割大麥；
癩痢九，
九粒糯米做缸酒；
癩痢十，
洗菜淘米做飯吃。

（十三）

阿大阿二挑菠菜，
阿三阿四來燒麵，
阿五阿六吃得飽，
阿七阿八黏盆缸，
阿九阿十看看没得吃。

（十四）

一月陪陪客，
二月摝摝麥，
三月餓一餓，
四月有麥磨，
五月苦一苦，

六月新米吃反肚，
七月搧搧扇，
八月唱唱戲，
九月拖拖鞋，
十月找找柴，
十一月騙一騙，
十二月做皇帝。

以上三隻兒歌，有關于禮貌的、節儉的、勤苦的、互助的，及十二個月中每個月的生活狀況和米麥收割的時候。除認識十二個月份外，同時還能明白其他許多情形。

(十五)

一、一，一株楊梅一株橘；
二、二，爺替囝抓癢——“二”讀作“兩”；
三、三，爺當差人囝做官；
四、四，爺敲銅鑼囝做戲；
五、五，五把大蒜過端午；
六、六，爺吃骨頭囝吃肉；
七、七，爺開橱門囝拿吃；
八、八，爺殺雞囝殺鴨；
九、九，爺燒糯飯囝做酒；
十、十，十個癩痢打壁直。

這是疊音的數字練習，能使小朋友格外認清數字的發音和知道父親愛子的情形。

(十六)

一月甘蔗節節長，

二月青果兩頭尖，
三月青梅好飲酒，
四月枇杷樹上黄，
五月楊梅紅如火，
六月蓮子滿池塘，
七月青棗樹頭白，
八月菱角帶刀槍，
九月大栗正開口，
十月摘橘滿園香，
十一月炒榧正上焙，
十二月圓眼荔枝湊成雙。

(十七)

一癩病，
二癩來算命，
三癩請醫生，
四癩來探問，
五癩買塊肉，
六癩滚勿熟。
七癩偷肉湯，
八癩生疔瘡，
九癩十强，
十癩争到西方上。

(十八)

一螺窮，
二螺富，

三螺撮狗屎，

四螺高官騎白馬，

五螺管天下，

六螺磨刀槍，

七螺殺爹娘，

八螺做宰相，

九螺捉去，

十螺跌殺。

（十九）

一希奇，

一隻麻雀抱雄鷄；

二希奇，

二根蚯蚓捆田鷄；

三希奇，

三隻黄狗拜天地；

四希奇，

四個鴨子爬道地，

五希奇，

五個燒鍋媽媽翻在灶床裏；

六希奇，

六個上灶姐姐跌在湯罐裏；

七希奇，

七歲妹妹抱姊姊；

八希奇，

八十歲老公公坐在摇車裏；

九希奇，

九頭黄牛伏在蟹洞裏；
十希奇，
十隻老虎當猫騎。

(二十)

一古怪，
蒼蠅蛟碗破；
二古怪，
灶螂爬鑊破；
三古怪，
灶司菩薩偷柴賣；
四古怪，
湯罐裏頭洗拖鞋；
五古怪，
尼姑拗花戴；
六古怪，
和尚頭皮添髮牌；
七古怪，
七歲弟弟做爺爺；
八古怪，
三歲妹妹抱娃娃；
九古怪，
倪子話爸勿墊債；
十古怪，
閻羅大王怕鬼拉。

(二十一)

東瓜東瓜，

兩頭開花，
（一口氣念十根冬瓜）
一根東瓜，
二根東瓜，
三根東瓜，
四根東瓜，——餘類推，至十根止。

（二十二）

一貌堂堂，
二目無光，
三產無日，
四足肢無力，
五官完全，
六親無眷，
七竅不通，
八面威風，
九登高地，
十足無用。

上面的二十二隻兒歌，大半是從鄉間小朋友那裏收集來的。他們花明月下，成群結隊地唱着做着，無形中認識了十以内的基數，這様看來，這些有算術意義的兒歌，不單可作低級小朋友的算術補充教材，家庭教育中和幼稚教師們都可利用起來當作初步的算術教材。

二十五年五月於浙金中學。

（原載《安徽教育輔導旬刊》1936 年第 6 期第 2 卷）

# 參觀複式教學演示以後

斯紫輝

本年五月十三日下午，省立七中附小舉行複式演示教學。到場參觀的除七中高中師範科本届畢業生二十餘人外，城鄉各小學教員及聞風自動冒雨參加的亦有二十餘人，參觀場所頗擁擠。我因任務關係，是日亦告了半天假，自動加入參觀，所得印象極好，特將經過紀實於後。當然有許多地方是就私人觀點説的，不妥的地方，還請予以指正！

會場速寫：演示學級爲二、三、四年級，學科爲算術、國語，均同時間同教科，是複式教程最不易配當的；教師爲徐文謨先生，到場參觀的除前述約六十人外，尚有該附小教師十餘人，合共約八十餘人。場所擁擠，塞及門窗，當時爲之捏了一把汗，因恐分兒童的注意力也。那知事出意料，秩序很好，可見其平日訓練有素了！

覺得沉默：看完了兩節演示教學後，接着就開討論會，由該附小主任李賡韶先生報告，演示教師徐文謨先生申述經過情形後，接着就是批評。來賓中沉默得鴉雀無聲，這大概是人地生疏，看了尚滿意的緣故？——我便是其中的一個。臨了，還是由他們自己的同事不客氣的批評着。

自動工作的配當：複式教學最感困難的，就個人經驗所及，莫過於自動工作的配當與否。如果支配得不妥當，小朋友好動成性，一定會吵得你"頭昏顛倒"的。——因爲他没事做——否則就呆如木鷄般的坐着。他們的犧牲，就是教學效率的低落！這種大減價的買賣，複式教師最易犯到。今天看到的兩節演示，尚無此弊，這是值得取法的。尤其是同時同教科。

複式學級的秩序和自治：有人説："複式學級的教育效能和自治能力，比單式學級易於收效。"這話很有相當可靠性，但一跑到内地小學去看看複式教學，却可把上面兩句話打入烏托邦裏去。始終是不可靠的居多。看看他們自動組兒童，不是"一動也不動"，便是"大動而特動"！要説效能是"一效也不效"，"自治"會變成"被治"的。因此甲組秩序不好，乙或丙組直接教學就教不來，自動工作更無從作起。所見到的二節教學，三組秩序均好，教師隨時能於一時間内看管全級兒童。我願複式教師都能養成"三頭六臂"的本領。

苦口百解不如輕鬆一做：當國語科教學二年級新詞時，教者均能用動作來助講解，小朋友很易領會，這是最可取法的。否則那時教一個"裝"字，任你百般講着"裝是裝置"，"藏起來"；……低級的兒童一定會給你一個閉門羹，莫名其妙！那時教者只拿着東西放袋裏一塞，以手代口的講着"裝"，小朋友就領會了。又教"拖"字時，雖然小朋友都學樣把椅子隆隆隆地拖起來，未免使他組的注意力分散，教者即予制止；但經此一拖，"拖"的意義，當瞭然了。餘如講"喉嚨"即指自己喉嚨，這是不費錢的模型；講"嗆"做嗆狀；"啞"做啞聲。……看來似乎輕易得很。但就個人過去曾教幼稚生以"喉嚨"二字，苦口婆心的説了幾千百句："喉嚨就是我們的喉嚨，就是生在身上的喉嚨。"小朋友始終不知喉嚨在那裏！這真叫教者諄諄、聽者藐藐了；究其實其罪均在於教者少了一"做"。近人倡議在"做"上"教"，在"做"上"學"的"做學教合一法"，於今信然。

偶發問題的處理：教學複式的教師，是應多隨機應變的。今天算術科教學演示時，突有一位小朋友很不客氣的檢舉了另一位小朋友昨夜已把練習題算好了。這時教師如果硬板板的要照教案教學，不逕予以處理，那末不但是這位已算好的小朋友仍舊無事可做，同時天真爛漫、毫不客氣的小朋友也因失望而覺到工作時間及價值的懷疑了！——例如下次我也先託人算好，上課時可以不做事了——那時演示教師剛在直接檢答該組學生，故立即先去面檢那位預先算好的小朋友，因無託人代算的流弊，就利用他去做助手，檢答旁的同學，這是處理偶發事件，隨機應變利用機會的好辦法。——我們相信：如果教師處理得不當，雙方各不相讓的争執起來，那末非但整個教室的秩序要弄糟，且恐因此而養成小朋友作僞的惡習！——如教師不面予檢答，將見小朋友都預先請哥哥姊姊或要好的朋友預先代算好，上課時衹要繳卷，這是用教科書的學級裏常會碰到的事。所以像這類偶發問題，表面上雖似無關緊要而骨子裏的影響是很大的呢！

吵得你烏烟瘴氣：在複式學級的秩序是很難維持的，教師既要有三頭六臂的身手，但是自動工作支配得太少或淺易，也會吵得你烏烟瘴氣一團糟的。今天二年級的複習習題，我們初看了似乎太多，所以退班時尚没有算完。其實在複式學級裏，寧可這樣多支配的；否則兒童好動的慣性，很快的算完後就不能怪他因無工可做的吵！況算不了而多下的工作，原可在課外補做的呢！

今後的期望：參觀以後仔細一想，覺得此行不虚，個人以爲衹要自身感到困難和需要的，多少總可得幾許進益！所以今後尚有下面幾點渴望：

ㄅ、演示教學，本來不限於省學區辦理的，希望縣學區也切實的做做看；

ㄆ、演示科目及學級固須視地方教育的需要而定，但切實的需要者即爲到會參觀的人。個人以爲下届演示科目及學級，最好由到場的人在討論時共同决定一個原則；

ㄇ、根據上面决定的原則，各校代表就可回去先事試教——

其實是特別注意而已——把所有困難問題統通記載下來，以便下屆演示以後討論；

匚、下届開會時，就以上届決定的原則做討論研究的中心，那末會場中便不致像這次的消沉了；

万、將來逐科演示時，即似不甚重要的低級遊唱和工作……等科目，亦可逐漸試行，務期達到無微不至。

上面是就個人管見所及而説的幾句話，不對或想不到的地方當然很多，希望小學教育同人各抒所見以供研究！

于金華女小。

（原載《進修半月刊》1932年第19—21期）

# 回到家庭之後

斯紫輝

我是曾受高中教育的智識婦女，自舊制師範畢業後，已教了二十多年的書了！解放之後，想不到因爲學校裁併，使我這二三十年來過學校團體生活的，一變而爲家庭婦女了！我是一向不喜歡舊家庭的大家庭的，我們（有子女五人）今天所以可説是成了無家可歸的一群。何處是吾家？一個合理的社會何時能實現？“幼有所養，老有所終，壯有所用！”這個理想的大同世界，近來更使我憧憬着！

在這一理想社會未實現前，一個家無恒産、子女衆多的人，將怎樣來過生活呢？這個問題一開始，的確使我十分憂慮！想去想來，都只有一個改造自己、自力更生的辦法，那就是放下智識婦女的包袱，走向生産的道路，這亦許是我唯一的生路。我能縫紉，我能針織，我能耐勞忍苦的過着簡單樸素的生活。我一定要向工農婦女看齊，我一定要向勞動婦女學習了！

過去一般的家庭婦女，是過着小資産階級的、蛀米蟲式的生活的，如今可不能了！所以一個初回家庭的我，自然應該跟着大時代來一個百八十度的大轉向了！這個轉向的目標，就是剛纔在上面所説的：要向工農大衆看齊，要向工農大衆學習，過着勞動、生産、簡單、樸素、耐勞、刻苦的生活。

總括一句，我們必須放下小資産階級和舊智識份子的包袱，努力改造自己，自力更生！

（原載《中華教育界》1949年第12期）

# 徐德春生平大事記

徐立斌　整理

1903年一歲。據家譜載，徐德春於清光緒二十九年（1903）癸卯十一月廿一日戌時出生。

據徐德春所遺“華東革大浙江分校學員登記表草稿”，其“自傳提綱”又有“苦讀經過（小學畢業教書；進工廠、蠶校、蠶種場；桃園；養蜂；曉莊……）”云云。則二十歲前或曾半工半讀。

1922年，舊制高小畢業，應聘擔任永康僧民小學、徐氏小學教員。

1926年11月，徐德春始任徐氏小學校長；不久，應兄徐長春之召入張國威旅，任司書。

1927年，徐德春與兄徐長春在揚州被孫傳芳部俘虜，關押江都縣監獄四十九日。獲釋後，徐德春返回永康，繼任徐氏小學校長。

1928年6月，陶行知到浙江落實創辦湘湖師範事宜。8月1日，在浙江大學禮堂舉行新生入學第一試，次日揭曉，取55人；3日，於湘湖農場舉行第二試，爲田間操作；然後分四組個别談話。4日，複試揭曉，計正取30名，備取10名。徐德春廿六歲，於8月考入湘湖師範。11月10日在湘師參加陶行知與全校師生討論“教學做”會議，與陶先生有三問三答。隨後，即往蕭山東汪小學任義務教員。約于同年年底被保送入浙江大學心理學系半工半讀。

德春公與行知先生之問答内容略爲：(1) 問：知與行何爲先？陶答：“行是知之始。”“知是行之成。”（按此時陶先生猶名“知行”，此次會後乃改名“行知”。）(2) 問：“于出頭處求自由”，何解？陶答：能出頭便得自由。自由又分公共的（如民族獨立、富强）和私人的（如言論、出版、信仰、居住)。中山先生謂“在立脚點謀平等”,而在出頭處若不自由,則非出現截長拔短現象不可。(3) 問:“教學做合一”,是爲“做”而“學”;如何避免“臨渴掘井”或“臨時抱佛脚”? 陶答:“臨時抱佛脚”是可耻的;“臨渴掘井”未至於“討水”、“偷水”,不無創造精神。至於積極方面,則應立定先後緩急的計劃。

1929 年 1 月,徐德春在湖州國民兵團部度寒假,撰《寒假隨感録》一文,對操振球校長咳血表示慰問。8 月,奉教育廳委派,出任海鹽瞰浦城南完小校長,一度兼任海鹽師範講習所代理所長。

同年草成《湘湖師範教育局十八年度施政計劃》,載《湘湖生活》。又在《中華教育界》第 5 號發表第一篇教育論文《做學教合一概論》。西湖博覽會開幕前後,在杭垣長慶寺小學任義務教員,同時撰寫《做學教 ABC》書稿,7 月,徐德春《做學教 ABC》(陶行知作序)一書由上海世界書局出版,收入徐蔚南主編之《ABC 叢書》。並在馬坡巷浙江大學文理學院心理學系聽郭任遠博士(後曾任浙大校長)主講《行爲主義教育/兒童心理學》。自稱“三書生活”。

1931 年徐德春出任永康縣立女子師範講習所校長。

1932 年 8 月起,徐德春先後任教于浙江省第七中學(即金華中學)以及八婺女中。

1937 年抗戰爆發,徐德春應聘任教於已經遷至松陽的湘湖師範。

1939 年冬,出任永康私立卉川油桐初級職業學校董事長,擬推行“做學教合一”教學法。上課一個月,經費出現困難。省教育廳派鍾仕傑來校視察,核定徐德春離職返回湘湖師範,任校長辦事處秘書。

1940 年 7 月,教育廳長許紹棣致函各校校長敦促率教職員入國民黨一事,金海觀、江景雙與徐德春于廣田寺方丈室(湘湖師範校長辦事處)會商,議決不予理睬。同年徐德春調回金華師範。

1941 年 5 月,日軍進犯金華,徐德春攜妻兒等人與金師同人遷至武義履坦後,曾因戰火延燒,受困於民衆教育館隔壁。逃出之後,輾轉至麗水九龍山,再經縉雲,到永康與家人等會合。

1942年，徐德春遺稿《抗倭外史》前記云：民國卅一年（1942）春，“以敵竄浙東，倉卒間隨省校撤退，行裝文稿盡付淪陷，僅獲身免”。

1943年2月，徐德春在縉雲壺鎮出任錦堂師範地方教育輔導員。8月，奉命出任永康簡師校長（時已遷至方巖五峰書院），並曾兼任縣國民教育研究會代表、公職候選人應考資格審查委員會委員及慰勞抗戰將士委員會委員。是年冬，永康舉行小學教師試驗檢查，縣府委派徐德春主持，並於縣國民教育會議主講《勞動教育與李、顏學説》。時任永康縣長沈濤致徐德春函云：“先生教育專家，遐邇馳名。桑梓教育，應予重視。永師遷五峰書院整頓，省府批准，特再請教育科長朱持函再次面促，即來方巖就職。”

1944年率永師師生以靈岩爲應變區，堅持上課，受教廳嘉獎。

1945年年初，徐德春卸永師職，往仙居之台州師範，永師學生多人隨同轉學。徐德春先後出任台師教導處、輔導室主任。

1947年，加入徐氏宗祠所屬“斯文會”。

1948年，徐德春所著《教育通論》由上海中華書局出版。

1949年秋，徐德春回永康小住後，即奉命往臨海台州師範就任。

1952年初，徐德春與紫輝夫人應聘赴東北，任教于瀋陽東北水利專科學校。

1955年夏初，斯紫輝夫人卒于瀋陽中國醫科大學醫院。

1956年夏，徐德春調回杭州，任杭州師範學校函授部主任。

1958年徐德春被劃爲“極右分子”，開除公職。

1979年徐德春獲得平反。

1994年八月廿三日寅時于杭州去世。

# 徐德春與永康簡易師範

程獻群

每當我想起徐德春老師，尊敬之情就油然而生。他是我在永康縣立簡易師範學校讀書時的校長。雖然我直接受他的教誨只有二年，而且隨着歲月的流逝，相隔已四十多個春秋了，但他那個子不高，有點秃頂，戴一副眼鏡，穿着樸素，説話有條不紊的形象，和他那嚴肅而慈祥的態度，誨人不倦的精神，常常清晰地浮現在眼前。

首先使我從内心里感到尊敬的有三件事：

第一，我小學畢業時，正是抗日戰争最艱苦的階段，日軍侵永，而我又家境清貧，眼看是不能升學了。恰值那時永師遷到我的家鄉方巖壽山。聽説師範學校不僅免費，而且有飯吃；但又聽説升學也要有靠山，或者是送禮，可是我没有這些條件，抱着試試看的心情去投考。當時投考師範學校的人不少，記得我的準考證已是800多號了（後來知道，這期考生是1 215名），録取50名（含備取10名），總以爲没有希望了。等到張榜公布時，喜出望外的是我被録取了。根據入學後的觀察，覺得徐校長在招生工作上的確没有營私舞弊。如他有個親侄三次考試不録取，其母吵吵嚷嚷，但徐德春先生仍婉言勸導，要他再去補習班復習。

第二，永師窮苦的同學比較多，但也有家庭比較富裕的子弟，甚至也有本縣比較聞名的士紳的子女，而校中師友對所有同學都像大家庭一樣，親如兄弟姐妹。對富家子女没有特殊優惠，對窮苦學生也不歧視,一視同仁。

第三,當我讀到二年級時,徐先生不當校長,到台州師範任教去了。我們都非常可惜。後來我才聽説其原因。那時國民黨縣長劉信芳,到永康後娶了第七個姨太太高懷英,劉信芳叫教育科長薛裕生介紹到永師附小當教員,徐先生對薛裕生説:“我們是師範學校,是爲人師表的,高的作風不好,人所共知,絶難從命。”後來薛裕生又轉告徐先生,只要校方發一張聘書,人可以不來校,公糧薪金可由縣逕發。徐先生仍拒絶,説:“這聘書不能發”。最後薛裕生秉承縣長的旨意説:“那麽校長不當?”“當不當教廳自有權衡。”大概徐先生就是這樣去職的。由此更使我從心底裏感到徐先生在舊社會裏這樣硬朗,這樣有骨氣,更增加了我對他的敬佩。

由此三端,激起我回憶“壽山生活”,像電影鏡頭一樣,一幕幕在我的腦海里重演。

徐德春老師在教育方面是貫徹執行陶行知先生的“教、學、做”合一的方針的。他對“教、學、做”的理論作過詳細的闡述:教、學、做三者要密切聯繫,不可分離,從教中學,學中教,做中學,做中教。他從“教、學、做”合一又發展爲“做、學、教”合一。他常説:在做上教是先生(老師),在做上學的是學生。先生對學生的關係來説,做便是教;從學生對先生的關係説,做便是學。所謂做就是實踐,實踐出真知,理論與實踐一致,做是學的中心,也是教的中心。徐先生是這樣説的,也是這樣做的。

永師雖有三十多年的歷史,但後十幾年,先與中師合併,復經二度事變,三次搬遷,原有設備散失殆盡。1942 年永師又獨立,前任校長辦理不善,徐先生長校時,僅餘兩個班級課桌凳,其他辦公桌凳,甚至上課用書均需告貸。時際抗日戰爭最艱苦階段(日軍侵浙,省政府于 1938 年遷來永康方巖壽山,1942 年日軍侵永,5 月,省府南遷去雲和),永師遷入壽山,經徐先生苦心經營,使得初具規模。但學校財糧供給困難重重,常有下頓不接上頓的。所以徐先生曾風趣地説永師是"施飯"學校。惟校長既非富翁,又不會發國難財,實無米可施,只有求乞于政府,所以是"討飯校長"。

處于這樣困難的情况下,徐先生爲教育事業苦心孤詣,作出了貢獻。並且在"教、學、做"合一的教育思想指導下,在辦學上有很多特點。

## 一、壽山無曠土,壽山無閑人——廿斤蔬菜運動

抗日戰争愈至艱苦階段,生活愈加困難,物價飛漲,民不聊生,同學們面有菜色,因營養不足而患夜盲症者不少。徐先生十分注意改善師生員工生活。組織福利會,自力更生,開展每人"廿斤蔬菜"運動。壽山在省府南遷後,許多房屋拆毁,五峰書院前面,大路兩旁原省府花壇,均已荒草萋萋。校中即提出開荒種菜,種子、肥料、農具由福利會供應,每人每學期須向膳食會交廿斤蔬菜,並作爲勞動考核成績之一,超額嘉獎,不足須交代金。提倡"壽山無曠土,壽山無閑人",實行"人人生産,人人享用"。1943 第一學期收穫了 56 700 多斤蔬菜,甚至還到巖下街義賣。膳食由師生民主管理,並組織畜牧生産,養猪養羊,師生可以吃到不要代價的"福利肉",一月小葷三次。採取此項措施後,夜盲症大大減少,同學們身長體重普遍增加。

同時福利會還組織洗染組、理髮縫紉組等,廉價爲師生服務。戰時學生衣着十分困難,統一服裝又要加重學生負擔,而當時方巖一帶機關林立,集會、活動甚多,爲兩全計,學校提出每人一套黑色短裝,不論舊制服或小襯褲,只要染黑即可。福利會洗染組只收成本費。至于平時洗衣縫補,不論男女同學都會,"永師無少爺,永師無小姐"。

## 二、書聲滿壽山——一周一書運動

永師初遷壽山時,僅有殘破書籍 153 本。一個中等學校,簡陋如

此,確是意想不到的。但永師非常重視課外閲讀,乃於開學時,通告每個學生,向家中或親友借書籍 10—20 本,無論新舊圖書或課本,全校師生 200 餘人,湊到 3 000 餘册圖書。開學第四周把所有圖書舉行了一次“課外讀物展覽會”。五峰書院大禮堂裏,布置得琳琅滿目,美不勝收。不僅有古典文學書籍,還有魯迅、鄒韜奮、李公朴、郁達夫、郭沫若等現代名家著作和其他進步書刊,也有家藏古本爲坊間所罕見者。爲了保管便利,分成各班級圖書室,相互借用。另從縣圖書館(寄存鄒山)借來 3 000 多本。在抗戰艱苦到極點的時候,辦到 7 000 多本書籍,的確是不容易的。

徐先生非常重視培養同學們的讀書習慣,提出“書聲滿壽山”。清晨,朗朗書聲,響徹五峰;晚上在菜油燈下復習功課,寫日記,静得連銀針落地都可聽見。

除了正課要嚴格考核外,還有教導處每學期選出 300 多本課外書,開展一周一書運動。每星期日上午要寫讀書報告單一張,内容分“書名”、“編著者”、“出版者及出版年月”、“内容提要”、“質疑解答”、“讀後感想”等。還有口頭讀書報告會,要求有條有理,簡明扼要作三、五分鐘叙述,以促進和養成濃厚的讀書風氣。同時徐德春先生還非常重視和要求“活讀書”,反對“讀死書”,他説:“死讀書,讀死書,讀書死”。這對同學們都是有深遠影響和長期起作用的。

## 三、尊重各人志趣,實施個性教育

除了正課之外,十分注意課外活動,按照各人特長和志趣,自願報名,組織若干組,如文藝、音樂、畜牧、園藝、縫紉、書畫、體育等組,由有專長的老師進行輔導。

校中非常重視培養學生的寫作能力。除了要求每日記日記和每周一篇作文外,各班級每月還自寫、自編、自己布置一期級刊,並擇優選登校刊。記得在《壽山生活》刊中,徐先生説過:“有名小説家莫泊桑指導初學寫作的人,叫他先寫一百個不同的面相,是學寫作的一個好辦法。技巧、資料、予取予求,會心處便是好文章。”校中一個工友名叫程修卑,生相特别,言行滑稽,同學們喜歡和他鬧玩,在文藝組“飛瀑”、“春潮”二個文學社倡導下,還出了“修卑專號”,同學們從各個側面描寫了“修卑哥”,活靈活現,饒有興味,無形中提高了同學們的觀察、取材和寫作能力。

其他各組都在課餘時間開展“繪畫寫生”、“園藝種植”、“體育鍛煉”、“絲竹合奏”、“唱歌舞蹈”、“讀書報告”等等活動,經常在朝會、周會展覽或演出,生活緊張而活躍。

此外,還有一月一次全校師生的月光會,“演戲”、“歌咏”、“演説”、“講故事”、“説笑話”,寓教于各項活動之中,並鍛煉和提高各人的才幹。

## 四、提出壽山壽人須壽世,重視育人,與山並壽

徐先生非常重視對同學們的道德品質和事業理想的教育,除了經常進行師範生是人類靈魂的工程師,一舉一動、一言一行都要爲人師表的教育外,還提出“壽山壽人須壽世”,策勉全體師生爲故鄉基礎教育努力,以期“事業與山並壽”。在遷校復課時,就在始業式會上説:“方巖壽山,五峰書院是風景區,生活是可愛的,宋明先賢過化于此,鍾靈毓秀,代出哲人,‘桃花萬樹春風裏,瀑布一簾化雨中’這幅名對聯尚高懸五峰書院的禮堂上,本師範生有緣來此復課,是十分榮幸的”。並且自編鄉土教材:《方巖名勝甲浙東》、《五峰的名勝與古迹》等等,説胡公(胡則)曾在方巖讀書,後做過兵部侍郎,因衢、婺兩州民窮財困,公曾奏免人丁税,所以百姓感德,立廟塑像紀念他。並以陳狀元(陳亮,字同甫,號龍川)、朱熹曾在壽山講學,陳公同甫遺訓“堂堂之陣,正正之旗,風雲雷雨交發並至,龍蛇虎豹變化出没,推倒一世之勇智,開拓千古之心胸”勖勉全校師生,做一個有骨氣的人。

徐德春先生當永師校長時間雖不長，但他當年在五峰書院對教育事業的種種措施，使得戰時生活雖極艱困，而精神却生機蓬勃，十分活躍而愉快。日軍擾永，縣方迫令疏散淪陷區的師生回家，徐德春根據靈巖洞的地理優勢，遷洞中辦學，仍堅持上課，弦歌不輟，鎮定自若，因此，各校紛紛疏散，永師學生學業從未荒廢。事後獲省教育廳嘉獎。

徐德春先生從事教育事業近半個世紀，專心致志，潛心研究，曾先後出版過《做學教 ABC》、《做學教合一概論》、師範課本《教育通論》、《教育輔導》、《教育實際問題答疑彙編》等 10 餘本著作，對培育人才卓有貢獻，真可謂是桃李滿天下。他“一肩明月，兩袖清風”，年紀那麽大了，生活仍那麽儉樸。雖然退休了，但是他是閑不住的人，愛書如命，還在刻苦鑽研，時刻關心着國家和鄉梓建設。

（原載《永康文史（資料）》第 2 輯）

# 後　　記

2021 年 5 月,《永康文獻叢書》編委會剛剛成立不久,主編李世揚先生給我發來信息,讓我工餘之時多加留意徐德春先生的文獻資料,如果時機成熟,可以由我整理成書,納入叢書出版。

徐德春是誰? 這是我的第一反應。雖然熱愛鄉邦文獻由來已久,但徐德春的名字我却第一次聽説,而引起我興趣的是,翻閲《永康西街徐氏宗譜》後,發現徐德春先生雖然在光緒二十九年(1903)出生,足足長我父親整整六十歲,但居然和我父親同爲西街徐氏彝字輩,如果論輩分,我則應該叫一聲族伯。

然後便是懷着誠惶誠恐的心態,斷斷續續地在節假日、週末開始檢索翻閲各類資料,終於慢慢地有些概念起來,"永康人、民國教育家、陶行知的高徒、教育實踐家……"等等關鍵字慢慢的顯現在我的腦海。大概是二個月後,我便基本已經把徐德春先生在 1949 年前出版發行過的著作、文章搜羅了個八九分。

7 月,編委會章竟成兄告知我,已經尋得徐德春先生的兒子原蘇州大學徐斯年教授的聯繫方式和住址,讓我一同前往拜訪。對我來説這是異常迫切和必要的,一方面是徵求徐斯年教授的意願,是否同意整理出版《徐德春集》,另外一方面則是通過徐斯年教授的口述,更深入的瞭解徐德春先生的生平和學術思想。我們一行四人從永康出發,到達蘇州,徐教授已經早早地到自家樓下等我們。年近九十的他,步履健碩,精神矍鑠。我們説明來意後,徐教授首先是表達了同意我們進行整理出版的意見。見到我遞上的收集資料後,他有些震驚,並表示“很多文章我都没有見過,看來你們已經花了不少心思了”。在隨後的交談中,徐斯年教授圍繞着徐德春先生的生平和學術思想與我們娓娓道來,但由於數十年間,徐斯年教授因爲求學、工作、生活等原因,與父親也是聚少離多,所以也有信息斷層,但他知無不言,盡可能的將所知道的信息傳述給我。這次尋訪讓我收穫頗多,特别是徐德春先生早年參加北伐戰爭和解放後支援東北的經歷,是我無法從手頭資料信息中獲得的。數小時後,因擔心斯年教授年歲已高,不忍過多打擾,於是互加微信,約定日後保持聯絡,我再向他請教。臨别時他一再要送我們下樓,我這纔告訴他,我小他 50 歲,却與他同輩,希望他有時間回永康看看,他高興地笑了起來,並和我抱在一起,説“那是族弟了”。

往後我便稱呼他爲“斯年大兄”,而他也爽朗的叫我“立斌族弟”。兩個在這世上生活軌跡原本完全没有交叉的人,因緣際會而特别地親近起來。

後來兩年的時間裏,一方面受疫情所擾,一方面忙於工作奔勞,以及其他一些情況,《徐德春集》整理的進度比預想的晚了一些,但亦偶有所獲,與斯年大兄也保持斷斷續續的聯繫和問候。中途曾把整理的目録初稿發給他,希望能爲他父親的這本書寫序,但斯年兄因年事已高,加之視網膜脱落後視力不佳,婉拒了我的請求。

2023 年初秋,已經是臨近《徐德春集》的交稿日期,雖然前期資料收集得相對完整,但對於第一次整理出版書籍的我來説,依舊是一個巨大考驗,如《做學教 ABC》就底本來説就有三種,選擇哪一種最爲合適?又如散見於各類民國雜誌的文章如何進行分卷和排序?等等,一系列的問題擺在了我的面前。幸有主編李世揚、温州圖書館盧禮陽等先生的諄諄教誨和不吝賜教,才讓這些問題得以迎刃而解。

直到交稿前的一周,讓我喜出望外的又收穫了數篇徐德春先生關於農業實踐的文章,從而進一步驗證和豐富了先生"做"的内涵。永康教壇名師徐天送老師忍着腰痛和酷暑堅持了三個月,親自爲《徐德春集》作序,徐斯年教授又在徐天送老師的基礎上做了修訂並定稿。我甚至可以想象兩位已逾古稀的老先生克服種種困難爲之伏案的場景,想到此情此景便已淚目,心中的感動和敬佩更是無以言表。永康耆老,也是徐德春先生在永康中學時候的同事項瑞英老師則提供了異常珍貴的徐德春先生本人整理的《我的著作目録》手稿,這份手稿詳細記述了徐德春先生已出版和未出版的書稿目録,最晚的時間截止於 1987 年前後。我將徐德春先生自訂的目録,和自己整理的目録進行了比對,按照永康文獻叢書的體例要求,除個别書目未能尋獲外,1949 年前出版刊行的論著基本都已收録,這令我心安許多。先生這份手稿提供了一個更重要的信息,則是肯定了徐先生在生前便有過整理書稿和撰寫回憶録的想法,但由於種種原因而未能如願。

這一切都在合適的時機,機緣巧合地展現在了我的眼前。

本書一共分六個部分。前四個部分爲 1949 年前徐德春先生四部公開出版的著作的單行本:《教學做 ABC》,底本根據徐斯年教授的建議,最終在三個版本中選擇了世界書局 1929 年 7 月出版的版本。(另外兩個版本一個是 1929 年 5 月在《中華教育界》月刊第十七卷十期發表的論文《做學教合一概論》,這版本最早,但《教學做 ABC》在此基礎上增加了附録;還有一個版本則是 1934 年,世界書局請方與嚴校訂後改名爲《教學做概論》出版的單行本,這個版本調整結構較大,文字内容也有修改,從文獻存真的角度考量也不適合作爲底本。)當然,有興趣的讀者也可以通過網絡對它們進行閲讀比照。

第五部分則是發表在民國時期各類期刊上的文章,以及徐德春先生在教育實踐中對一些理論問題進行思考後所作的答問。也是本書收集整理最費精力的。第六部分爲附録,整理收録了徐德春生平年表,徐德春的學生程獻群紀念德春先生的文章,以及三篇 1949 年後徐德春先生所寫有關本人的文章,同時也收録了他的夫人,一直從事兒童教育的斯紫輝女士目前僅存的三篇文章。

這裏值得一提的是,斯紫輝女士出生于諸暨斯宅書香門第的教育世家,在民國期間跟隨徐德春先生四處輾轉踐行"做學教合一",抗戰時期一邊躲避敵人戰火一邊堅持教學,解放後則與徐德春先生一同支援東北教育,最後將生命也奉獻給了那片黑土地。

著名的兒童文學專家蔣風老先生曾回憶:"斯紫輝是數學老師,不過,她每週都會給學生上一節故事課,故事出自亞米契斯的兒童文學名著《愛的教育》。一次班會,斯老師用書中的人物給一些同學命名。我很期待,可她一直没提到我,當時很委屈,差點哭了。"

細心的斯老師看到了,班會結束後她把蔣風叫到辦公室。

"老師太粗心了,怎麽把你給忘了呢?其實,你比裘裏亞更勤勞,比卡隆更正直,比馬爾柯更勇敢。老師把這本《愛的教育》送給你,彌補我的過失。"斯老師還在扉頁上題字:"不要怕做平凡的人,但要永遠記住,讓自己那顆平凡的心,隨時閃現出不平凡的光彩。"

這件事在少年蔣風心中種下了一顆種子,並深深地影響了蔣風的一生。我想教育的意義在於喚醒,而不是塑造,這便是一個很好的例子。

在整理《徐德春集》的這兩年多時間裏,我經歷了種種人生未曾有過的經歷,工作、生活、讀書,亦復如是,特别是對讀書有了更深刻的感悟。年少讀書爲求學,涉世讀書爲功名,而即將邁入不惑之年的我,開始慢慢領悟了吴康甫先生的那副對聯:"讀書身健即是福,種樹花開亦是緣"。

感謝徐天送、徐斯年兩位老先生爲本書作序,感謝項瑞英老先生提供的珍貴資料,感謝李世揚、盧禮陽、章竟成及文獻叢書編委會的諸位先生的悉心幫助,感謝上海古籍出版社袁嘯波、戎默二位先生的認真審閲。感謝王關鍵工作室和吴華剛先生爲本書資料收集提供的便利。

“德高爲師，身正爲範”，這是我的母校華中師範大學矗立在北門一塊石碑上的一句話，它時刻提醒和激勵着一代又一代的師範人。僅以此書向徐德春、斯紫輝等“春蠶到死絲方盡”的教育家、老師們致敬。

由於學識有限，又是初次整理，書中一定有不少的差錯，懇請諸位方家指正。

需要説明的是，本書内有關教育的言論難免涉及當時政治。爲保存文獻計，除極個别地方略有删節外，其他均保留原貌，請讀者閲讀時對作者的觀点有所取捨。

徐立斌

2023 年 9 月 13 日初稿于浙江大學海寧校區

2023 年 9 月 17 日完稿于永康學古齋

# 《永康文獻叢書》已出書目

1 陳亮集 ［宋］陳亮 著　鄧廣銘 校點
2 程文德集 ［明］程文德 著　程朱昌 程育全 編校
3 吴絳雪集 ［清］吴絳雪 撰　章竟成 整理
4 胡長孺集 ［元］胡長孺 著　程嶠志 整理
5 樓炤集 ［宋］樓炤 著　錢偉彊 編校
6 徐無黨集　林大中集　應孟明集 ［宋］徐無黨 等 著　錢偉彊 林毅 編校
7 （正德）永康縣志　民國永康縣新志稿 ［明］吴宣濟 等 纂修　盧敦基 莊國瑞 校點
8 （康熙十一年）永康縣志 ［清］徐同倫 等 纂修　盧敦基 校點
9 （康熙三十七年）永康縣志 ［清］沈藻 等 纂修　盧敦基 校點
10 （道光）永康縣志 ［清］廖重機 應曙霞 等 纂修　盧敦基 校點
11 （光緒）永康縣志 ［清］李汝爲 潘樹棠 等 纂修　盧敦基 校點
12 永康縣儒學志　五峰書院志　（民國）永康鄉土志 ［清］趙凝錫 等 纂修　盧敦基 程朱昌 程育全 校點
13 胡則集 ［宋］胡則 著 ［清］胡敬 程鳳山 等 輯　胡聯章 整理
14 程正誼集　程子樗言 ［明］程正誼 程明試 著　程朱昌 程育全 編校
15 **徐德春集**　徐德春著　徐立斌 整理
16 王崇集 ［明］王崇著　李世揚 章竟成 整理